W0299213

Friedrich III.

Hans-Joachim Neumann

Friedrich III.

Der 99-Tage-Kaiser

edition q

Bibliografische Information der Deutschen Bibliothek
Die Deutsche Bibliothek verzeichnet diese Publikation in der Deutschen Nationalbibliografie; detaillierte bibliografische Daten sind im Internet über http://dnb.ddb.de abrufbar.

Alle Rechte vorbehalten.
Dieses Werk, einschließlich aller seiner Teile, ist urheberrechtlich geschützt. Jede Verwertung außerhalb der engen Grenzen des Urheberrechtsgesetzes ist ohne Zustimmung des Verlages unzulässig und strafbar. Das gilt insbesondere für Vervielfältigungen, Übersetzungen, Mikroverfilmungen, Verfilmungen und die Einspeicherung und Verarbeitung auf DVDs, CD-ROMs, CDs, Videos, in weiteren elektronischen Systemen sowie für Internet-Plattformen.

© edition q im be.bra verlag GmbH
Berlin-Brandenburg, 2006
KulturBrauerei Haus S
Schönhauser Allee 37, 10435 Berlin
post@bebraverlag.de
Lektorat: Bernhard Thieme, Berlin
Umschlaggestaltung: typegerecht berlin GbR
Satz: typegerecht berlin GbR
Schrift: Stempel Garamond 10,5pt
Druck und Bindung: GGP Media GmbH, Pößneck

ISBN 3-86124-602-3
ISBN 978-3-86124-602-2

www.bebraverlag.de

Inhalt

Dank

Es ist mir eine Bedürfnis, mich bei Frau Dr. Iselin Gundermann/Berlin auf das Herzlichste für ihre gleichbleibend freundliche Unterstützung bei der Erstellung dieses Buches zu bedanken.

Frau Dr. Gundermann hat mir den Zugang zu wertvollen Literaturquellen eröffnet, die besonders die 99 Regierungstage des Kaisers beinhalten, die sie selbst wissenschaftlich bearbeitet und analysiert hat. Außerdem hat sie mir freundlicherweise ihren Beitrag »Die Regierungszeit Kaiser Friedrichs III.« überlassen, der sich harmonisch in den biografischen Teil des Buches einfügt.

Ebenso fühle ich mich Herrn Prof. Dr. Dr. Konrad Haake/Berlin gegenüber zu ganz besonderem Dank verpflichtet, der sich als Kehlkopfspezialist der Mühe unterzogen hat, die Krankheitskapitel zu lesen und sie unter laryngologischen Gesichtspunkten kritisch zu betrachten. In einer Reihe von Gesprächen führten lebhafte Diskussionen zwischen uns zu den vorliegenden Ergebnissen, die in den einzelnen Kapiteln mitgeteilt werden, wobei der deutsch-englische Ärztestreit von damals bewusst ausgeklammert wurde.

Ich bedanke mich an dieser Stelle ausdrücklich bei Herrn Prof. Haake für sein kooperatives Verhalten und seine sachkundigen Hinweise und kompetenten Kommentare.

Hans-Joachim Neumann
Berlin, Juni 2006

Vorwort

»Auch Kaiser Friedrich lebt nicht mehr!« – so war es nicht nur in dem illustrierten Familienblatt »Die Gartenlaube«, sondern in allen deutschen Zeitungen zu lesen, als Kaiser Friedrich III. nach 99 Tagen Regentschaft am 15. Juni 1888 seinem Krebsleiden erlag.

Der Krankheitsverlauf mit dem tragischen Ausgang ist in der Folgezeit in Doktorarbeiten, Büchern, Zeitschriftenartikeln, Antrittsvorlesungen und Festvorträgen beschrieben, referiert und analysiert worden, woran die erbitterte Kontroverse zwischen den deutschen Ärzten und einem englischen Arzt, dem die Alleinbehandlung des Thronfolgers und späteren Kaisers anvertraut war, wesentlichen Anteil hatte – wenn die Bezeichnung Behandlung medizinisch überhaupt gestattet ist.

Die publizistische Faszination, die von dem deutsch-englischen Ärztestreit ausging, führte zu einer von der Presse lancierten, nie da gewesenen Polarisierung der öffentlichen Meinung. Während sich die Konservativen an die Seite der deutschen Ärzte stellten, deren Diagnose von Anfang an Kehlkopfkrebs lautete, scharten sich die Liberalen, denen der Kronprinz selbst, vor allem aber die Kronprinzessin zuzurechnen waren, um den englischen Kehlkopfspezialisten Mackenzie, nicht nur, weil er die düstere Diagnose seiner deutschen Kollegen von Bergmann und Gerhardt nicht teilte, sondern viel mehr, weil er nach ihrer Überzeugung die fortschrittliche Heilkunst überhaupt verkörperte. Damit führte die Krankheit des Kronprinzen von Anfang an zu einer Parteienbildung, zum Für und Wider für Mackenzie oder für von Bergmann, deren Namen in der Presse regelrecht zum Schlachtruf wurden, der erste für die Liberalen, letzterer für die Konservativen.

Auch die politischen Folgen durch den frühen Tod des Kaisers – für viele Deutschlands liberale Hoffnung – sind immer wieder debattiert und unterschiedlich vermutet worden. Bei allem Spekulativen, das solchen Betrachtungen zwangsläufig anhaftet, sind sich die Historiker in dem Punkt einig, dass die deutsche Geschichte bei einer angenommenen Regierungszeit des Kaisers von 15 oder 20 Jahren einen anderen Verlauf genommen hätte – um es als Nichthistoriker so allgemein und vorsichtig wie möglich auszudrücken.

Als Kronprinz hatte Friedrich Wilhelm – so der Geburts- und Taufname des späteren Kaisers – wenig auf sich aufmerksam gemacht, weil Bismarck und der Kaiser ihn vom politischen Leben ferngehalten und zur Tatenlosigkeit verurteilt hatten. Das liberale Gedankengut des Thronfolgers, das eher mit den gemäßigten politischen Ansichten seiner Mutter, der Kaiserin Augusta, als mit denen seines konservativen Vaters, Kaiser Wilhelms I., korrespondierte, war Bismarck immer suspekt. Noch mehr aber war es die englisch-liberale Gesinnung Kronprinzessin Victorias, der nach dem Vorbild Englands auch für Preußen und für Deutschland eine konstitutionelle parlamentarische Monarchie vorschwebte. Der Kanzler fürchtete ihren Einfluss daher mehr als den des Kronprinzen.

Wer war Kaiser Friedrich III., der schon ein Vierteljahr nach seinem hochbetagten Vater, noch wenig profiliert, verstarb, wenn man einmal von seiner glücklichen Hand als Feldherr in den Schlachten von Königgrätz, Wörth und Sedan absieht? Wofür er stand, was er politisch wollte oder konnte, das ahnten bestenfalls seine Anhänger und Freunde, eine überschaubare Schar, die mit Friedrichs Thronbesteigung eine liberale Morgenröte in Deutschland heraufziehen sahen. Ob ein gesunder Kaiser Friedrich jedoch die Kraft gehabt hätte, das von Bismarck geschaffene, zumindest formal föderative Deutsche Kaiserreich in eine parlamentarische Monarchie nach englischem Vorbild umzuwandeln, muss bezweifelt werden, zumal es ihm in seiner gesamten Kronprinzenzeit an einem liberalen Programm mangelte und er beim Thronwechsel noch immer ohne politisches Konzept dastand.

Dennoch wurde durch den Kaiser zweifellos Geschichte gemacht, aber doch nur vor dem tragischen Hintergrund einer todbringenden Krankheit. Nicht Friedrich III. selbst machte Geschichte – die Geschichte bediente sich nur seiner, aber leider dergestalt, dass eine politische Wende in Deutschland ausblieb. Sein junger, unerfahrener und eitler Sohn, Kaiser Wilhelm II., übernahm zunächst die von ihm bewunderte autoritäre Herrschaftsform Bismarcks und das preußische Hegemonialdenken Wilhelms I., aber ohne die politische Begabung und staatsmännische Klugheit Bismarcks und die menschliche Wärme seines Großvaters. Die 99 Regierungstage Kaiser Friedrichs konnten verständlicherweise politisch keine Spuren hinterlassen. Weil durch den frühen Tod des Kaisers eine Generation übersprungen wurde oder ausfiel, gingen die Staatsgeschäfte in Preußen wie im

Reich ohne nennenswerte Zäsur weiter, zumal der Reichskanzler zunächst noch weiterhin im Amt blieb.

Es hat aber auch – und auf diesen Umstand ist im Zusammenhang mit allen Erwartungen, die an die Thronbesteigung Kaiser Friedrichs geknüpft wurden, ausdrücklich hinzuweisen – Berührungspunkte zwischen Bismarck und dem Kronprinzen gegeben, die besonders bei der Reichsgründung zu Tage traten, an der der Thronfolger eifrig mitschmiedete, wenn dem Realpolitiker Bismarck auch für dessen reichsromantische Vorstellungen der Sinn abging. Auch die Tatsache, dass der Kronprinz nach seiner Thronbesteigung Bismarck in seinem Amt beließ, war keine krankheitsbedingte Schwäche dem erfahrenen und verdienstvollen Staatsmann gegenüber, da Bismarck auch unter einem gesunden Kaiser Friedrich mit hoher Wahrscheinlichkeit Reichskanzler geblieben wäre.

Wenn boshafte Zungen damals behaupteten: »Wenn der Kronprinz an die Macht kommt, wird die Kronprinzessin Kaiser«, dann wirft das immerhin ein Schlaglicht auf die Persönlichkeit des Kronprinzen und auf die politische Dominanz der Kronprinzessin. »Diese Engländerin«, wie man sie nicht nur in der konservativen und regierungsnahen Presse apostrophierte, war der Bismarckpartei immer verdächtig, schon weil sie überwiegend Menschen mit demokratisch-liberalem Gedankengut anzog, die wegen ihrer politischen Gesinnung besser nach England als nach Preußen passten.

Die Schmähungen und Verleumdungen der Kronprinzessin erreichten ihren Höhepunkt in der Zeit der Erkrankung des Kronprinzen und späteren Kaisers, in der merkwürdigerweise einem Engländer die Alleinbehandlung übertragen wurde, obwohl gerade Berlin in der 2. Hälfte des 19. Jahrhunderts über hervorragende Ärzte verfügte. Wer hatte den englischen Kehlkopfspezialisten Mackenzie eigentlich gerufen, dem es gelang, die deutschen Ärzte binnen kurzem auszuschalten? War hier vor allem ein willfähriger Arzt vonnöten gewesen, weil das therapeutische Vorgehen nicht nur von medizinischen Überlegungen bestimmt werden sollte? Und hatte man in dem Engländer diesen Arzt gefunden? Wie auch immer – offenbar schien die Zukunft des Deutschen Kaiserreichs kurzzeitig in die Hände der Medizin gelegt, deren Repräsentanten Rücksichten auf politische Interessen und Mächtegruppierungen nehmen mussten, womit sie alle, nicht nur der Engländer Mackenzie, überfordert waren.

Die ursprünglich rein medizinische Problematik erhielt bald eine politische Dimension. Der von seinem ersten Auftritt an als Retter des Kronprinzen gefeierte Mackenzie geriet dabei zunehmend in Erklärungsnöte und immer mehr ins Zwielicht. Doch im Herrscherhaus blieb seine Position, wenn auch zur allgemeinen Verwunderung, unangefochten, besonders bei der Kronprinzessin und späteren Kaiserin. Trotz diagnostischer Irrtümer und Widersprüche, trotz fehlender kurativer Behandlungsmaßnahmen und eines höchst fragwürdigen Therapiekonzepts hielt das deutsche Kaiserpaar geradezu in Nibelungentreue an Mackenzie fest. Wie war das möglich?

Im Mittelpunkt unserer pathobiografischen Betrachtung steht Friedrich III., der so genannte 99-Tage-Kaiser, der auch gelegentlich als »ewiger Thronfolger« und »stimmloser Schattenkaiser« bezeichnet wird, tragische Rollen, die ihm das Schicksal aufgebürdet hat. Den breitesten Raum in dieser Darstellung nimmt zwangsläufig wieder sein von einer todbringenden Krankheit gezeichneter letzter Lebensabschnitt ein, der an Dramatik und an Tragik kaum zu überbieten war. Anhand von Arztberichten, Briefen von Ärzten, Politikern und Familienangehörigen sowie Bediensteten des Kranken, von Tagebüchern, Telegrammen, Bulletins und zeitgenössischen, teils ungedruckten Zeugnissen und einer Vielzahl archivalischer Quellen wird der Versuch unternommen, das verworrene und schwer zu durchschauende Geschehen von damals mit allen seinen Schönfärbereien, Widersprüchen, Unwahrheiten, Beschuldigungen, Unterlassungen und Lücken transparenter zu machen, wobei einige Fragen wohl für alle Zeiten unbeantwortet bleiben müssen.

Kronprinz Friedrich Wilhelm – Sein Leben und seine Zeit

Preußens liberale Hoffnung

Am 18. Oktober 1831 wurde Prinz Friedrich Wilhelm von Hohenzollern in dem von Friedrich dem Großen nach dem Siebenjährigen Krieg erbauten Neuen Palais bei Potsdam geboren und einen Monat später, am 13. November, in demselben Schloss auf die Namen Friedrich Wilhelm Nikolaus Karl getauft. Sein Geburtstag fiel damit auf den Siegestag der Völkerschlacht bei Leipzig, der Jahr für Jahr in Preußen als Tag des Triumphes über das Napoleonische Frankreich gefeiert wurde. Der Geburtstag des Hohenzollernprinzen war also ein »Feiertag«.

Sein Vater, Prinz Wilhelm, der am 22. März 1797 geborene zweite Sohn König Friedrich Wilhelms III. und Königin Luises, war seit dem 11. Juni 1829 mit der am 30. September 1811 geborenen Prinzessin Augusta von Sachsen-Weimar-Eisenach, einer Enkeltochter des späteren Großherzogs Karl August von Weimar, vermählt. Da die vor acht Jahren geschlossene Ehe seines älteren Bruders, des damaligen Kronprinzen und späteren Königs Friedrich Wilhelm IV., bis dahin kinderlos geblieben war, sicherte die Geburt des Prinzen Friedrich Wilhelm den Fortbestand der Dynastie – auch wenn er erst der Zweite in der Thronfolge war – hinter seinem Vater.

Die Freude über die Geburt ihres ersten Kindes war bei beiden Eltern groß. Sie schien ihr Eheglück zu befördern, denn die Beziehungen zwischen den Eheleuten hatten sich durchaus nicht störungsfrei entwickelt, zu unterschiedlich waren sie erzogen worden, zu unterschiedlich war die Atmosphäre an den Höfen, denen sie entstammten. Prinz Wilhelm – oder der »Prinz von Preußen«, so lautete der von Friedrich dem Großen eingeführte offizielle Titel für einen Thronfolger, der nicht Sohn des regierenden Königs ist – war, anders als sein geistvoller, kunstsinniger und fantasiebegabter älterer Bruder Friedrich Wilhelm, eher eine Neuauflage ihres sparsamen, schlichten und spartanischen Vaters und ging vollkommen in der traditionellen preußischen Vorliebe fürs Militär auf. Dass er willens und bereit war, Disziplin und Gehorsam über seine eigenen Ansprüche und seine Gefühlswelt zu stellen, hatte sein Verzicht auf die von ihm geliebte Prinzessin Elisa von Radziwill gezeigt, einer Tochter des litauisch-polnischen Fürsten Anton Heinrich von Radziwill, des preußischen Statthalters im Großherzogtum Posen, die als nicht ebenbürtig galt und überdies noch eine Halbpolin war, so dass die Verbindung nicht nur dynastisch, sondern auch politisch unerwünscht war. Der Prinz von Preußen parierte und brachte der Staatsräson sein Opfer dar – vom Scheitel bis zur Sohle Soldat!

Die Mutter des jungen Prinzen Friedrich Wilhelm, die »hübsche, lebendige und geistvolle« Prinzessin Augusta, wie sie Wilhelm von Humboldt 1826 beschrieb, kam aus der geistigen Welt des berühmten Weimarer Dichterhofes. Durch ihren Großvater war aus der kleinen thüringischen Residenz Weimar das Zentrum der deutschen Klassiker geworden, die Wirkungsstätte Goethes, Schillers und weiterer bekannter Persönlichkeiten. In diesem Geiste wurde die junge Prinzessin erzogen, woran der alternde Goethe, zu dessen Füßen sie in ihren Kindertagen saß, noch persönlichen Anteil hatte. Verglichen mit dem Königreich Preußen, das seinen Aufstieg zur europäischen Großmacht Friedrich dem Großen verdankte, war das Herzogtum Sachsen-Weimar-Eisenach nur ein Zwergstaat, doch umso bedeutungsvoller waren seine Leistungen auf einem ganz anderen Gebiet, denn unbestritten bildete das thüringische Fürstentum die kulturelle »Großmacht« unter allen deutschen Staaten.

Weimar und Potsdam – das waren die beiden Pole, zwischen denen sich der Prinz im Elternhaus bewegen musste. An Bildung und Kultur war Friedrich Wilhelms Mutter, Prinzessin Augusta, ihrem Mann fraglos überlegen. Und ihre politische Gesinnung war, mit Blick auf England, das sie »das Land meiner Träume …« nannte, liberal. Prinz Wilhelm aber, Kommandierender General des III. Armeekorps, dachte und fühlte altpreußisch und militärisch und war – jedenfalls bis zu seinen Koblenzer Jahren – auf liberale und nationale Neuerungen nicht anzusprechen. Diese Gegensätze vermochte der Sohn in sich nicht auszugleichen oder zu vereinen. So energisch, engagiert und gewissenhaft die Mutter die Erziehung ihres Sohnes auch überwachte, lenkte und betrieb, am Ende war es wohl doch Potsdam und nicht Weimar, das die Oberhand gewann.

Während im Berliner Palais Unter den Linden die Persönlichkeit des Vaters dominierte, bestimmte im Schloss Babelsberg bei Potsdam die mütterliche Atmosphäre das Leben. So mussten sich die Beziehungen des Prinzen zu beiden Elternteilen zwangsläufig unterschiedlich entwickeln. In dem Vater sah der junge Prinz auch seinen Vorgesetzten, der ihn einschüchterte, unselbständig und unsicher machte. Doch von der ehrgeizigen Mutter, die in der Erziehung ihres Sohnes, um ein Wort unserer Tage zu verwenden, hauptsächlich sich selbst verwirklichen wollte, fühlte er sich in seiner freien Entfaltung ebenfalls eingeengt. Das Urteil seiner Eltern über ihn war wenig schmeichelhaft. Verkürzt und vereinfacht ließ sich die Eltern-Kind-Beziehung auf den Nenner bringen: Dem Vater stand der Sohn nicht stramm genug, der Mutter war der Sohn nicht klug genug ...

Bei diesen unterschiedlichen elterlichen Ansprüchen konnte es nicht ausbleiben, dass sich in Prinz Friedrich Wilhelm Minderwertigkeitskomplexe herausbildeten, die ihn im späteren Leben immer wieder einholen sollten. Was ihm blieb, war eine Art Flucht vor der Wirklichkeit, indem er sich hineinträumte in eine idealisierte Welt. Schon früh zeigten sich bei Friedrich Wilhelm Züge eines Romantikers, der er im Grunde immer bleiben sollte und die besonders später bei der Reichsgründung zu Tage traten. Es überrascht deshalb kaum, dass die Beziehungen zu seinem Onkel, König Friedrich Wilhelm IV., eng und harmonisch waren und der König bisweilen ein »Ersatzvater« für den jungen Prinzen wurde. Der »Romantiker auf dem Throne der Caesaren«, wie der Philosoph und Theologe David Friedrich Strauß König Friedrich Wilhelm IV. genannt hat, war jedoch weniger ein Romantiker als ein christlich Erweckter, der das Wesen des monarchischen Prinzips in dem unkündbaren Bündnis von Thron und Altar sah. Der preußischen Erweckungsbewegung nahe stehend, kreiste seine persönliche Frömmigkeit um Heiligung und Erlösung, die nicht schlagwortartig als romantisch abgetan werden sollten, da er an die Möglichkeit der »Aufrichtung eines göttlich verklärten Staates [glaubte], der sich auf dem wiedererweckten urchristlichen Glauben begründen [sollte]«, wie es Hans-Joachim Schoeps formuliert hat.

Die frühe Erziehung des jungen Prinzen wurde den Frauen übertragen, unter denen Madame Godet, die Mutter seines späteren Zivilerziehers, und Marie von Clausewitz, die Witwe des berühmten Generalmajors Carl von Clausewitz, erwähnenswert sind. Da bei den Prinzen, besonders den erstgeborenen, die militärische Ausbildung buchstäblich schon mit Kindesbeinen begann, wurde die Erziehung Prinz Friedrich Wilhelms bald in Männerhände gelegt.

Neben seiner militärischen Erziehung achteten beide Eltern aber auch auf die Bildung ihres Sohnes. Als Fünfjähriger erhielt er ersten Unterricht im Schreiben, Lesen, Rechnen und Malen, dem sich im Laufe der Jahre Fremdsprachen wie Französisch, Englisch und Latein anschlossen. Der Prinz wurde sowohl geisteswissenschaftlich

Das Neue Palais in Potsdam. Geburts- und Sterbehaus von Kaiser Friedrich III.

als auch naturwissenschaftlich geschult und erhielt Unterricht in Geographie, Geschichte, Mathematik, Physik, Chemie und Musik, wobei Religion die Prioritätenliste der Fächer anführte. Im Herbst 1838 wurde die Erziehung des Prinzen in die Hände des reformierten schweizerischen Theologen Frédéric Godet gelegt, der als Pendant zu seinem Militärgouverneur Oberst Karl Philipp von Unruh sein Zivilgouverneur oder Zivilerzieher wurde, eine pädagogische Aufgabe, die Godet bis 1844 wahrnahm. Godet begleitete den Prinzen durch den Tag, teilte mit ihm und seinem Mitschüler und Freund Rudolf von Zastrow den Schlafraum und trug auch Sorge dafür, dass der Prinz täglich nach dem Aufstehen kalt duschte, eine Morgentoilette, die ihm sein Arzt, Dr. Kunzmann, wegen seiner Neigung zur Heiserkeit und seines auffallend häufigen Räusperns besonders ans Herz gelegt hatte. Das wird hier angeführt, weil das erste Symptom seines späteren Kehlkopfkrebses Heiserkeit sein sollte.

Neben Rudolf von Zastrow gehörte Adolf Graf Königsmarck zum Freundeskreis des jungen Prinzen. Im Oktober 1844 wurde das Amt des Zivilgouverneurs dem Hellenisten Professor Dr. Ernst Curtius, damals noch Lehrer am Joachimsthaler Gymnasium, übertragen, wodurch die geistige Ausbildung des Prinzen eine bedeutungsvolle Wende erfuhr, denn Curtius weckte in ihm die Liebe zur Kunst und die Begeisterung für das antike Griechenland und Rom. Als Schüler war Friedrich Wilhelm »liebenswürdig und biegsam wie Wachs«. So sah ihn jedenfalls sein Lehrer Curtius, der ihn darüber hinaus auch als »weich, hingebend und anschmiegend ...« empfand. Das war es wohl, was der Vater an seinem Sohn bemängelte. Der Prinz war wie ein Musterknabe ordentlich, folgsam, fleißig, korrekt und strebsam, dabei gutmütig und fügsam, Eigenschaften, die sich aus der Sicht der Lehrer natürlich anders darstellten als aus jener der Eltern, die ihren Sohn dereinst als Herrscher sahen, den Gutmütigkeit, Folgsamkeit und Fügsamkeit nicht gerade für das hohe Amt qualifizierten. Und Oberst von Unruh hegte sogar Bedenken, dass aus dem Prinzen ein richtiger Soldat werden könnte, da er ihm einerseits als zu gelehrt, andererseits als zu schüchtern erschien. Solche Beobachtungen hoben natürlich nicht die Stimmung seines Vaters, den gewisse mädchenhafte Züge seines Sohnes, die auch ihm nicht verborgen geblieben waren, betroffen machten. Solche Eigenschaften mussten unter dem Gesichtspunkt der Königswürde und des Marschallstabs eher kontraproduktiv wirken.

Standesgemäß waren Fechten, Reiten, Tanzen und Turnen in Friedrich Wilhelms Lehrplan integriert. Worauf die Eltern noch Wert legten, war die Aneignung von Kenntnissen und Fertigkeiten in rein praktisch-handwerklichen Berufen, damit der Sohn die Bedeutung der werteschaffenden praktischen Arbeit kennen lerne und zu schätzen wisse und sich auch und gerade als Landesherr ein Urteil darüber erlauben könne. Im Übrigen hatte das Erlernen eines Handwerks Tradition im preußischen Herrscherhaus und war Brauch bei den Hohenzollern. So wurde Prinz Friedrich Wilhelm in das Handwerk der Tischlerei sowie der Buchdruckerei und der Buchbinderkunst eingeführt. Vorrang hatte jedoch die militärische Ausbildung. An die kindlichen Soldatenspiele schlossen sich zu Beginn der vierziger Jahre ernstere Manöver an. Im Sommer 1844 standen sich der Prinz und sein Vetter, Prinz Friedrich Karl, jeweils an der Spitze »feindlicher Heere« in so genannten Kadettenmanövern gegenüber, die sich im Umkreis Potsdams bis Glienicke, Kohlhasenbrück und Stolpe erstreckten. Bei allem spielerischen Charakter dieser Manöver – von Zelten, Biwakfeuer, einem Musikkorps des Potsdamer Militärwaisenhauses, hungerbedingten »Waffenstillstandsverhandlungen« und »militärischem« Lagerleben geprägt – war ihre Ähnlichkeit mit richtigen Manövern doch unverkennbar. Schon kurze Zeit später, im Herbst 1846, durfte Prinz Friedrich Wilhelm mit den Offizieren des 1. Garderegiments an einem wirklichen Manöver teilnehmen.

Früh zeichnete sich bei dem Prinzen die Lust am Reisen ab, so dass er mit Altersgenossen unter der Aufsicht seines Erziehers oder Gouverneurs seine traditionell werdenden Ferienreisen aufnahm, die ihn zunächst in die nähere Heimat führten, so in die Märkische Schweiz. Auf weiteren Ferienreisen in den Harz und in den Thüringer Wald, nach Dresden und in die Sächsische Schweiz, nach Schlesien und ins Riesengebirge sowie an die Ostseeküste mit der Insel Rügen lernte er allmählich größere Teile Deutschlands kennen. Auch Lübeck, Kiel und Hamburg sowie andere deutsche und baltische Hansestädte gehörten zu seinen Reisezielen.

Das Jahr 1848 war für den Prinzen von den revolutionären Ereignissen überschattet, die in den Februartagen Paris erschütterten und im März Berlin erreicht hatten. Es war der Ruf des Volkes nach Freiheit und Mitspracherecht, nach Einlösung der Erklärungen von 1815, eine »Versammlung von Landesrepräsentanten« einzurichten, und nach der damals schon in Aussicht gestellten Verfassung. Am 18. März 1848 erreichten die revolutionären Ereignisse in den Straßen Berlins ihren Höhepunkt in Preußen und hinterließen auch im Leben des 16-jährigen Prinzen ihre Spuren.

Als »Erweckungschrist auf dem preußischen Thron« verstand König Friedrich Wilhelm IV. sein Amt lutherisch »aus der Verantwortung der Obrigkeit vor Gott«. In der Revolution von 1848 sah er eine göttliche Bestrafung seiner eigenen Person, für die er Buße zu leisten hatte. Das vorrevolutionäre Zauberwort hieß Verfassung. Für den König war jedoch eine Verfassung, die er für ein Produkt der von ihm ohnehin verabscheuten französischen Revolution hielt, deshalb nicht annehmbar, damit sich nicht »zwischen unseren Herrgott im Himmel und dieses Land ein beschriebenes Blatt ... eindränge, um uns mit seinen Paragraphen zu regieren«. Doch der Zeitgeist war nicht mehr aufzuhalten, und der König musste sich wohl oder übel den beiden aktuellen Fragen der Jahre 1848 und 1849 stellen: der preußischen Verfassung und der deutschen Einigung.

Indessen zeugten die Barrikaden in den Straßen Berlins vom Beginn des Aufstands. Alle Beschwichtigungsversuche des Königs sowie seine um Mitternacht zum 19. März eigenhändig aufgesetzte Proklamation »An meine lieben Berliner!«, in der er von einem »unseligen Irrtum« sprach und zur Gewaltlosigkeit aufrief, waren wirkungslos geblieben. Am Morgen des 19. März erteilte er jedoch seinen siegreichen Truppen den Befehl, nach durchkämpfter Nacht die Innenstadt zu räumen. Er selbst blieb schutzlos im Schloss zurück. Am 20. März gewährte er eine Amnestie für politische Gefangene und erwies entblößten Hauptes den etwa zweihundert »Märzgefallenen«, die durch das Schlossportal in den Innenhof getragen wurden, gemeinsam mit seiner Gemahlin, Königin Elisabeth, vom Balkon des Schlosses die letzte Ehre, eine Referenz, die er bei der Bestattung der Gefallenen vor dem endlosen Trauerzug noch einmal wiederholen musste.

Prinz Friedrich Wilhelm, den die Ereignisse nach eigener Aussage um viele Jahre älter machten, war so tief erschüttert, dass er meinte: »Diese Geschichte ist mir fürchterlich, und ich mag nie wieder den Schloßhof betreten.« Insgeheim mag er wohl seinem Vater Recht gegeben haben, der die Existenz der Monarchie gefährdet sah und diese Bedrohung nicht kampflos hinnehmen wollte. Im Spätherbst rückten die königlichen Truppen wieder in Berlin ein, ohne noch auf Widerstand zu stoßen. Die Revolution in Preußen war beendet. Der König blieb Sieger. Doch war er ein großmütiger Sieger, denn Rache lag ihm fern.

Sein Bruder allerdings, der Prinz von Preußen, in dem das Volk den größten Gegner einer Verfassung sah, musste auf Druck der erregten Volksmassen nicht nur Berlin, sondern das Land verlassen. Der so genannte Kartätschenprinz wurde von seinem königlichen Bruder ins Exil nach England geschickt. Dabei hatte der Prinz von Preußen nie den Befehl gegeben, die Revolutionäre nieder zu kartätschen; ebenso wenig war er für die Straßenkämpfe verantwortlich. Lange hielt es ihn jedoch nicht in England, schon am 4. Mai kehrte er zurück nach Preußen.

Der König, der am 21. März mit einer schwarz-rot-goldenen Schärpe durch die Berliner Innenstadt geritten war, hatte ein Manifest mit der alten liberalen Forderung »Preußen geht fortan in Deutschland auf« erlassen. Parlamentarisch kam jetzt tatsächlich einiges in Bewegung. Am 3. Februar 1847 kamen aufgrund eines königlichen Patents alle 677 Mitglieder der acht Provinziallandtage in der alten Bischofsstadt Brandenburg zum ersten Vereinigten Landtag zusammen, der aber schon nach zweieinhalb Monaten wieder aufgelöst wurde. Zum 2. April 1848 wurde der zweite Vereinigte Landtag einberufen, dessen Abgeordnete eine Verfassung entwerfen sollten, womit der Weg in den Verfassungsstaat eröffnet war. Die Landtagsverhandlungen förderten auf jeden Fall die parlamentarische Parteienbildung sowohl bei den Liberalen als auch bei den Konservativen. Und erstmals machte hier ein Vertreter der konservativen Seite durch seine rhetorische Begabung und seinen öffentlichen Schneid auf sich aufmerksam: der Landtagsabgeordnete und märkische Junker Otto von Bismarck.

Am 18. Mai 1848 tagte zum ersten Mal die Deutsche Nationalversammlung als erstes gesamtdeutsches Parlament in Frankfurt am

Main, um die zukünftige Reichsverfassung zu beraten und letztlich zu beschließen. Das Verfassungsprogramm wurde im Wesentlichen durch liberalen Konstitutionalismus und durch deutsche Reichsromantik bestimmt. Bürgerlich-liberal gesinnte Abgeordnete hatten in dieser Versammlung, die zu zwei Dritteln aus Akademikern bestand, eine klare Mehrheit. Am 22. Mai etablierte sich in Berlin die Preußische Nationalversammlung, der 402 Abgeordnete angehörten, unter ihnen auch der Prinz von Preußen, den der Wahlkreis Wirsitz in der Provinz Posen für das neue Parlament entsandt hatte.

Im Herbst 1848 hatten sich die Konservativen soweit formiert, dass sie wieder eine Stabilisierung des Staates unter ihrem Vorzeichen ins Auge fassen konnten, zumal der demokratische Elan längst abgeklungen war. In der im Wesentlichen in Potsdam wirkenden »Kamarilla« der Hochkonservativen spielte der General der Infanterie, Leopold von Gerlach, der persönliche Adjutant des Königs, eine führende Rolle. Allmählich wurde diese Gruppe so etwas wie das Potsdamer »Küchenkabinett«, das dem König das Regieren in demselben Maße erleichterte, wie es ihm durch das verfassungsmäßige Kabinett erschwert wurde. Es handelte sich bei dieser Gruppe der Hochkonservativen, der nach seiner Ernennung zum preußischen Bundestagsgesandten am 15. Juli 1851 zunächst auch Bismarck angehörte, aber um keine Geheimverschwörung, was diesem Kreis oft unterstellt wurde, sondern um ein Beratungsorgan des Königs, das geistig in der Welt der pietistischen Erweckungsbewegung beheimatet war. Mit der am 1. Juli 1848 gegründeten »Neuen Preußischen Zeitung«, die nach dem Eisernen Kreuz in ihrer Aufmachung »Kreuzzeitung« genannt wurde, hatte sich die konservative Parteigruppe um ihren Gründer, den Magdeburger Oberlandesgerichtspräsidenten Ernst Ludwig von Gerlach, einem Bruder Leopold von Gerlachs, eine publizistische Plattform geschaffen.

Die zum 22. Mai einberufene Preußische Nationalversammlung, der König Friedrich Wilhelm IV. ohnehin nur zähneknirschend zugestimmt hatte, war durch Interessengruppen und Lobbyismus bald in sich zerstritten. Der ursprüngliche Verfassungsentwurf, den die Regierung der Nationalversammlung zur Beratung vorgelegt hatte, schloss sich eng an die belgische Verfassung von 1831 an, die allgemein als liberale Musterkonstitution galt, fand aber nicht den Beifall der Nationalversammlung, weshalb sie der neue Ministerpräsident, Graf Friedrich Wilhelm von Brandenburg, unehelicher Sohn König Friedrich Wilhelms II., im königlichen Auftrag kurzerhand am 5. Dezember 1848 auflöste, um am gleichen Tag eine vom König

»oktroyierte« provisorische Verfassung zu verkünden, die zum Erstaunen vieler immer noch dem liberalen Entwurf glich, den die Regierung der Nationalversammlung vorgelegt hatte und der in seinen wesentlichen Punkten dem belgischen Verfassungsvorbild nach wie vor folgte.

Außerdem wollte der König dem Vereinigten Landtag ein Wahlgesetz vorlegen lassen, nach dem zwei Kammern zur endgültigen Beratung der Verfassung gewählt werden sollten. Mit einem allgemeinen gleichen Wahlrecht hatte das aber noch nichts zu tun, denn für die Zweite Kammer, den späteren Landtag oder das Abgeordnetenhaus, wurde das »Dreiklassenwahlrecht« eingeführt, das die Wähler nach ihrem Steueraufkommen in drei Klassen einteilte. Am 30. Mai 1849 trat das neue Wahlgesetz in Kraft. Während die Zweite Kammer das Volk repräsentieren sollte, bestand die Erste, die seit 1855 als Herrenhaus bezeichnet wurde, im Wesentlichen aus adligen und vom König berufenen Mitgliedern. Seit 1854 entfiel bereits die in der Verfassung vorgesehene Wahl der Mitglieder für das spätere Herrenhaus, das bis 1918 bestehen blieb und sich durch seine lebhaften und niveauvollen Debatten auszeichnete.

Die »oktroyierte« Verfassung, die Friedrich Wilhelm IV. dem preußischen Staat kraft königlicher Souveränität gegeben hatte, wurde in der Zweiten Kammer noch diskutiert und revidiert, bevor ihre Endfassung – zwar monarchistisch geprägt, aber immer noch erstaunlich liberal – verabschiedet wurde. Damit war die konstitutionelle Monarchie nun auch in Preußen verfassungsmäßig festgeschrieben und der Absolutismus des Königs gebrochen. Aber es blieben einige Merkwürdigkeiten, die nicht in das Bild einer konstitutionellen Monarchie passen wollten. So ernannte der König weiterhin die Beamten, die wie eh und je auf seine Person und nicht auf die Verfassung vereidigt wurden. Nicht anders verhielt es sich in der Armee, deren Angehörige weiterhin dem König Treue und Gehorsam schwören mussten, der damit den Oberbefehl über die Armee und die gesamte Staatsverwaltung behielt.

Aber die Verfassung garantierte andererseits den Bürgern ihre Grund- und Freiheitsrechte, die Gleichheit aller vor dem Gesetz sowie die Religions- und Pressefreiheit. Bis auf die genannten Einschränkungen war die preußische Verfassung, die auch in der sich anschließenden Reaktionsperiode der fünfziger Jahre nicht angetastet wurde, modern sowie in vieler Hinsicht vorbildlich und nahm sich auch im internationalen Vergleich gut aus. Am 31. Januar 1850 wurde die revidierte endgültige preußische Verfassung verkündet, und der König leistete nach langem Zögern am 6. Februar desselben Jahres schließlich feierlich seinen Verfassungseid. Sie blieb mit wenigen Änderungen bis zum 9. November 1918, dem Ende der Monarchie, in Kraft.

In die Zeit des beginnenden Verfassungslebens fiel auch die Woge der Begeisterung für die nationale Einheit Deutschlands. Als Friedrich Wilhelm IV. von der Deutschen Nationalversammlung am 28. März 1849 in der Frankfurter Paulskirche zum Deutschen Kaiser gewählt wurde, lehnte er die Kaiserkrone ab, da sie als Ergebnis der Revolution von 1848 mit seinen »romantisch-teutschen« Vorstellungen nicht in Einklang zu bringen war. Außerdem war und blieb Friedrich Wilhelm IV. »großdeutsch« gesinnt, das heißt eine Ausgrenzung Österreichs, so wie es das Frankfurter Parlament vorsah, kam für ihn auf keinen Fall infrage. »Österreich« – so schrieb der Preußenkönig an Heinrich Graf von Redern – »ist aber Teutschlands Haupt auch dann, wenn dieses Haupt die Verrichtungen des Hauptes nicht üben will«. Der konservative Kreis um die Gebrüder Gerlach teilte voll und ganz die »großdeutsche« Gesinnung seines Königs und wandte sich gegen jede Ausgrenzung Österreichs. Ernst Ludwig von Gerlach schrieb dazu später: »Preußens und Österreichs Einigkeit ist deutsche Einigkeit. Preußens und Österreichs Uneinigkeit ist Zerreißung von Deutschland und Untergang Preußens, Österreichs und Deutschlands.« Noch dachte auch der junge Bismarck ähnlich.

Nicht nur die erbliche Kaiserwürde schlug Friedrich Wilhelm IV. aus, sondern auch die von der Deutschen Nationalversammlung erarbeitete Reichsverfassung. Eine »Revolutionskrone« aus den Händen dieses Parlaments wollte der Preußenkönig nicht. Ihm kam es auf die deutschen Fürsten an, aus deren Mund er einen gleichlautenden Antrag wohl nicht ausgeschlagen hätte, da er noch ganz in der alten Reichsfürstentradition lebte. Zu Heinrich Freiherrn von Gagern, dem Präsidenten der Deutschen Nationalversammlung in Frankfurt, hatte der Preußenkönig gesagt: »Vergessen Sie nicht, daß es noch Fürsten in Deutschland gibt und daß ich einer von ihnen bin.« Als am 27. April 1849 Friedrich Wilhelms definitive Ablehnung erfolgte, löste sich die Nationalversammlung am 30. Mai resigniert auf.

Die von der Frankfurter Nationalversammlung formulierte antiösterreichische Reichsverfassung sah einen nationalen Bundesstaat unter preußischer Führung bei Ausschluss Österreichs und eine konstitutionelle Monarchie für Deutschland vor. Das Doppelziel

König Friedrich Wilhelm IV. (1795-1861). Gemälde von Franz Krüger.

Einheit und Freiheit war bestenfalls zeitlich versetzt, aber nicht synchron zu erreichen, dessen waren sich die Abgeordneten der Frankfurter Nationalversammlung bald gewiss. Die nationale Einheit war am ehesten durch Preußens Machtposition in Deutschland herbeizuführen, die Freiheit aber nur auf dem Weg des Parlamentarismus. Dass dieser Weg dornenreich sein würde, das wusste auch Prinz Friedrich Wilhelm. Dahlmann, Historiker und Staatswissenschaftler in Bonn, bei dem der Hohenzollernprinz später Vorlesungen hörte, hatte als Mitglied der Frankfurter Nationalversammlung die Reichsverfassung maßgeblich mitformuliert. Für ihn musste Preußen auf dem Weg zur nationalen Einheit die führende Rolle übernehmen, wenn er schrieb: »Wir haben einen Staat in Deutschland, der den wunderbaren Speer besitzt, welcher heilt und zugleich verwundet.« Die Enttäuschung über die Ablehnung der Kaiserkrone durch König Friedrich Wilhelm IV. war allgemein, so auch in Preußen, wo nicht nur Prinzessin Augusta zu den begeisterten Anhängern eines deutschen Kaisertums gehörte. Der Prinz von Preußen teilte dagegen die Haltung seines königlichen Bruders. Dass sein Sohn, Prinz Friedrich Wilhelm, sich von der nationalen Woge mittragen ließ, war bei der allgemeinen Begeisterung im Land verständlich.

Dem sechzehnjährigen Prinzen Friedrich Wilhelm hatten die revolutionären Ereignisse schlagartig vor Augen geführt, dass in Preußen und in Deutschland eine neue Zeit angebrochen war, denn jetzt waren es nicht mehr nur die breiten Massen, die der absoluten Monarchie kritisch bis ablehnend gegenüberstanden, jetzt hatte sich auch liberales Gedankengut Gehör verschafft, Volksvertretungen und Verfassungen hatten die herkömmlichen Strukturen verändert. Für Friedrich Wilhelms politischen Reifungsprozess war diese Erfahrung eminent wichtig, denn schließlich sollte er dereinst die Krone Preußens tragen und der erste Mann im Staate sein – in einer absoluten oder in einer konstitutionellen Monarchie mit parlamentarischem Charakter? Die jüngste Entwicklung hatte den Weg in die Zukunft klar aufgezeigt.

Am 29. September 1848 wurde Prinz Friedrich Wilhelm in der Schlosskapelle zu Charlottenburg im Beisein der gesamten königlichen Familie, der Geistlichkeit, der Lehrer und seiner Jugendfreunde von dem Oberhofprediger Dr. Friedrich Ehrenberg eingesegnet. Nicht zuletzt aus Krankheitsgründen sah sich von Unruh, inzwischen zum Generalmajor aufgestiegen, genötigt, um seinen Abschied als Militärgouverneur des Prinzen nachzusuchen, dessen Nachfolger Oberstleutnant Friedrich Leopold Fischer wurde, ein Offizier im Ingenieurkorps mit liberaler Gesinnung, der sein Amt am 7. Januar 1849 antrat und den Prinzen bis 1852 begleitete.

Am 3. Mai 1849 begann Prinz Friedrich Wilhelm den aktiven Militärdienst. Sein Vater führte ihn in die Leibkompanie des 1. Garderegiments zu Fuß ein und stellte seinen Sohn dem Offizierskorps als jüngsten Offizier vor: »... Und so übergebe ich ihn Ihnen in der Hoffnung, dass er gehorchen lernen wird, um einst befehlen zu können. Ich hoffe, er wird seinem Namen und seiner Armee Ehre machen. Dafür bürgt mir der Geist, den der Himmel in ihn gelegt hat – nicht wir.«

Am 18. Oktober 1849 war der Prinz 18 geworden und nach Hohenzollernschem Hausgesetz nun volljährig. Aus Anlass dieses besonderen Geburtstages, der in Schloss Babelsberg begangen wurde, waren außer der königlichen Familie Gratulanten aus allen Ständen erschienen. Der Prinz sprach – sozusagen zum ersten Mal – öffentlich vor den Mitgliedern der königlichen Familie, den Abordnungen des Hofes, des Staatsministeriums, der Generalität und der städtischen Vertreter. Vom Schloss Babelsberg brach man auf in das Neue Palais, um den Prinzen als Ritter in den Schwarzen Adlerorden aufzunehmen, so wie es die Statuten des Ordens vorsahen. Die feierliche Investitur nahm sein Onkel, König Friedrich Wilhelm IV., vor.

Seine militärische Laufbahn wurde um diese Zeit unterbrochen, weil Prinz Friedrich Wilhelm, in erster Linie wohl auf Anregung seiner Mutter, ein Universitätsstudium aufnahm, um wissenschaftliche Bildung zu erwerben und seine Kenntnisse zu erweitern. Damit wurde er zugleich der erste preußische Thronfolger mit einer akademischen Bildung. Am 7. November 1849 bezog der Prinz die Universität Bonn und wurde zwei Tage später durch den Dekan der Juristischen Fakultät für das Studium der Rechtswissenschaften eingetragen. Daneben hörte er Geschichte, Politik und Vorlesungen über die englische Verfassung. Auch betrieb er recht intensiv Sprachstudien, hauptsächlich die neueren Sprachen wie Französisch und Englisch, dazu Literaturgeschichte.

Der Prinz legte eine so auffallende Studiendisziplin an den Tag, dass er dadurch bei seinen Kommilitonen aus hochadligen Häusern regelrecht Verwunderung auslöste. Wie schon als Schüler fiel er auch an der Universität durch vorbildlichen Fleiß und besonderen Studieneifer auf, versäumte keine Vorlesungen und nahm alle Termine peinlich wahr. Diese disziplinierte Haltung hatten schon seine einstigen Lehrer an ihm beobachtet, Eigenschaften, die sich offenbar immer mehr verfestigen sollten.

Die 1818 von König Friedrich Wilhelm III. gestiftete Universität Bonn, die seinen Namen trug und trägt, wurde zum Anziehungspunkt für viele junge Fürstensöhne. Auch Prinz Albert von Sachsen-Coburg-Gotha, der spätere Gemahl der Königin Victoria von England und nachmalige Schwiegervater Prinz Friedrich Wilhelms, war Student der Rheinischen Friedrich-Wilhelms-Universität gewesen. Es lag in der Natur der Sache, dass sich der Prinz überwiegend mit Fürstensöhnen und Angehörigen des Hochadels umgab, mit denen er gemeinsam die Hörsäle aufsuchte. Aber den eigentlichen Mittelpunkt bildete das Haus seines Militärgouverneurs Fischer, der den Prinzen nach Bonn begleitet hatte und zu seinen Abendveranstaltungen die Kommilitonen des Prinzen sowie dessen Universitätsprofessoren einlud, unter denen sich viele mit liberaler und nationaler Gesinnung fanden, nicht nur der alte Ernst Moritz Arndt, den der Prinz noch kennen lernte. Arndt, Geschichtsprofessor in Bonn, war unter König Friedrich Wilhelm III. als Demagoge verfolgt, von seinem Sohn und Nachfolger, der die verhasste Kommission zur Untersuchung demagogischer Umtriebe aufgelöst hatte, aber rehabilitiert worden. Als Wortführer der Reichsromantik hatte Arndt die Einheit seines Vaterlandes herbeigesehnt und wegen seines mutigen Eintretens für ein einheitliches Deutschland manche Rückschläge in Kauf genommen. Er war nicht müde geworden, in Wort und Schrift dafür zu kämpfen, wie es das Beispiel seines »ewig unvergänglichen Gesang[s]« zeigt:

Das ganze Deutschland soll es sein!
O Gott vom Himmel, sieh' darein,
Und gieb uns echten deutschen Mut,
Dass wir es lieben treu und gut!
Das soll es sein,
Das ganze Deutschland soll es sein!

Friedrich Wilhelms Studienaufenthalt im Rheingebiet mit seinen Kaiserdomen und Kaiserpfalzen machte ihn zum perfekten Reichsromantiker und zwar auf Lebenszeit. Einer der ersten Biografen des späteren Kaisers, der Historiker Martin Philippson, dessen Werk im Jahr 1900 erschien, fasste die Früchte seiner Studienzeit am Rhein kurz und knapp zusammen: »Da wurde vollends aus dem Altpreußen ein Deutscher.«

Unterbrochen wurde die Universitätszeit Friedrich Wilhelms lediglich durch seine alte Reiselust, die zunächst aus Ausflügen in die rheinische Umgebung und dem Besuch uralter Rheinstädte bestand, ihn aber bei besonderen Anlässen natürlich immer wieder nach Berlin führte. Im September 1850 schloss sich eine größere Reise in den Süden an, die ihm auch die Ärzte angeraten hatten, wobei er sich für Oberitalien entschied. Auf dieser Italienreise, die ihn über die Schweiz und Tirol an die Riviera führte, lernte er auch San Remo kennen, den Ort, der ihn Jahrzehnte später als Todkranken beherbergen sollte. Von Südfrankreich aus wurde die Heimreise nach Koblenz angetreten, wo der Prinz am 26. Oktober eintraf, um sein Studium nach drei Tagen in Bonn fortzusetzen.

Im Frühjahr 1851 verlegte der Prinz von Preußen, der schon seit Oktober 1849 das Amt des Militärgouverneurs der Rheinprovinz und Westfalens innehatte, seinen Hof von Berlin nach Koblenz und zog in das ehemalige Schloss der geistlichen Kurfürsten von Trier, wo die Familie mehrere Jahre zubrachte. Die stockkonservativen Kreise um Friedrich Wilhelm IV. wollten den Prinzen aus dem Zentrum der Macht entfernen, mehr aber noch Prinzessin Augusta, so dass dieser Wechsel von Berlin nach Koblenz einer Art Strafversetzung gleichkam.

Der Aufenthalt am Rhein, in dem der preußische Liberalismus, wenn überhaupt irgendwo, noch am ehesten beheimatet war, währte immerhin acht Jahre und sollte bei Prinz Wilhelm politisch seine Spuren hinterlassen. Mit tatkräftiger Unterstützung seiner Frau, die ein reges gesellschaftliches Leben entfaltete und Gleichgesinnte um sich scharte, die durchweg liberal oder konservativ-liberal dachten, wandelte sich Prinz Wilhelm hier zu einem politisch aufgeschlossenen und liberalen Konservativen. Den Mitgliedern des »Küchenkabinetts« in Potsdam und Berlin kam der Prinz von Preußen in dieser Zeit, wie es Franz Herre formulierte, fast »wie ein Jakobiner« vor. In der Rheinprovinz dachte man anders als in Berlin und war von der Notwendigkeit einer konstitutionellen Monarchie überzeugt, die man sich hier nach englischem Vorbild wünschte, ein Gedankengut, für das der Prinz von Preußen allmählich empfänglich wurde. Zu dem Koblenzer Kreis um Prinzessin Augusta gehörten hohe Staatsbeamte, Diplomaten, Abgeordnete und Universitätsprofessoren mit gemäßigt liberaler Gesinnung, der auch der Prinz von Preußen nahe stand. 1851 gründeten sie das »Preußische Wochenblatt«, ihre publizistische Plattform. Diese »Wochenblatt-Partei« galt als konservativ-liberal und stand in Opposition zur erzkonservativen »Kreuzzeitungs-Partei«.

Unter den Reisen mit seinen Eltern im Sommerhalbjahr 1851 wurde die zur 1. Londoner Weltausstellung, die der Gemahl der britischen Königin, Prinz Albert, angeregt und initiiert hatte, von besonderer Bedeutung für den Prinzen. Am 29. April 1851 betrat er zum ersten Mal englischen Boden und war zutiefst beeindruckt von dem Londoner Kristallpalast aus Stahl und Glas, in dem die Industrienationen ihre Exponate zur Schau stellten und ihre wirtschaftliche Leistungsstärke demonstrierten. Am 1. Mai folgte die Eröffnung der Weltausstellung, auf der die englische Industrie große Triumphe feiern konnte. Wichtiger als dieser Tag war für Prinz Friedrich Wilhelm die Ausstellungsbesichtigung, zu der die britische Königin Victoria und Prinz Albert den Prinzen und die Prinzessin von Preußen mit ihren beiden Kindern eingeladen hatten. Bei dieser Begegnung lernte der preußische Prinz die älteste Tochter des britischen Königspaars, Prinzessin Victoria, kennen, die er spontan sympathisch und anziehend fand, auch wenn die »kleine Dame« noch ein Mädchen und um diese Zeit erst zehn Jahre alt war. Auf jeden Fall blieb die Erinnerung an die junge englische Prinzessin in ihm lebendig, auch wenn es in den nächsten vier Jahren zu keiner weiteren Begegnung kam. Allerdings wurden Briefe ausgetauscht, was von beiden Müttern gern gesehen wurde, denen an einer späteren ehelichen Verbindung ihrer Kinder gelegen war, worüber sie sich schon im Vorfeld der Weltausstellung geeinigt hatten.

Auf Wunsch seiner Eltern unterbrach der Prinz seine Studien für ein halbes Jahr und nahm im Sommer 1851 seinen militärischen Dienst beim 1. Garderegiment zu Fuß in Potsdam wieder auf. Im Manöver bei Lehnin legte er einen solchen Eifer an den Tag, dass ihn der König am 15. Oktober, seinem 56. Geburtstag, als Zeichen seiner »besondere[n] Zufriedenheit für bewiesenen Diensteifer« zum Hauptmann ernannte. Offenbar war Prinz Friedrich Wilhelm in militärischen Dingen geschickt und zeigte früh eine auffallende Sicherheit im Schießen.

Ende Oktober 1851 widmete sich der Prinz erneut seinen Universitätsstudien in Bonn, um Ostern 1852 seine Studienzeit, die auf vier Semester festgelegt worden war, zu beenden. Der Rektor und der Senat der Universität überreichten »Dem hohen Prinzen des Preussischen Königshauses Friedrich Wilhelm ihrem erlauchten Commilito ...« ein von Künstlerhand entworfenes und gestaltetes Zeugnis, wie Friedrich Wilhelm überhaupt sehr aufmerksam von Bonn verabschiedet wurde, sowohl von dessen Bürgern als auch von den Studenten, die zu seinem Abschied zu einem Fackelzug angetreten waren.

Wenige Monate darauf führte ihn sein Weg nach St. Petersburg. Als sich Zar Nikolaus I., der die älteste Tochter König Friedrich Wilhelms III. und Königin Luises, Prinzessin Charlotte von Preußen, geheiratet hatte und damit Friedrich Wilhelms Onkel war, im Mai 1852 zu einem Besuch in Berlin aufhielt, wurde der junge Prinz von dem Zaren, der ihn an die dynastische Verbindung zwischen ihren beiden Herrscherhäusern und an die alte Waffenbrüderschaft gegen Napoleon erinnerte, nach Russland eingeladen, eine Reise, die er am 14. Juli 1852 mit dem Schiff in Stettin antrat.

Russland war für den Prinzen außerordentlich beeindruckend, weil er eine andere Welt kennen lernte. Die Reise führte ihm die unumschränkte Macht des Zaren vor Augen und machte ihm den russischen Einfluss auf die gesamte europäische Politik bewusst. Friedrich Wilhelms Vorstellungen von einem Herrscheramt entsprach die absolutistische Alleinherrschaft des Zaren keineswegs, und so stießen ihn diese uneingeschränkten Machtverhältnisse am Zarenhof, an die mitteleuropäische Maßstäbe kaum anzulegen waren, eher ab, wenn auch die kraftvolle Persönlichkeit Zar Nikolaus' I. ihren Eindruck auf ihn nicht verfehlte. Durch die Teilnahme an Truppenübungen, Manövern und Wachtparaden gewann er Einblick in die militärischen Kräfteverhältnisse Russlands, die ihn beeindruckten, weil sie nach seiner Einschätzung den preußischen nicht nachstanden.

Gesundheitlich war der Sommer 1853 für Friedrich Wilhelm durch eine Lungenentzündung getrübt, die aber nach einer Kur in Bad Ems und einem Aufenthalt im Chamonix-Tal ausgeheilt werden konnte. Nach seiner Genesung beschäftigte sich der Prinz vornehmlich mit der Gesetzgebung und der Verwaltung des preußischen Staates und nahm nun auch an den Sitzungen der Oberrechnungskammer teil.

Am 23. August 1853 wurde der vierzigjährige Gedenktag der Schlacht bei Großbeeren begangen, zu dem viele Menschen, Kriegsveteranen von 1813 und Bewohner der Mark Brandenburg, herbeigeströmt waren. Prinz Friedrich Wilhelm erhielt vom König den Auftrag, ihn bei dieser Gedenkfeier zu vertreten. So nahm er bei der festlichen Gelegenheit »mit seiner schönen, sonoren Stimme« das Wort und wandte sich zum ersten Mal als Redner an eine große Festversammlung.

Das Studium der Kriegswissenschaften betrieb der Prinz, der nun auch Vorlesungen an der Kriegsakademie hörte, zunehmend systematisch. Auch an den militärischen Konferenzen des Großen Generalstabs nahm er teil. Im Herbstmanöver 1853 war er dem Generaladjutanten des Königs, dem Kommandierenden General des Gardekorps, Karl Joseph Graf von der Gröben, als Adjutant beigegeben und wurde wegen seiner Tüchtigkeit am 11. September 1853 vom König noch auf dem Paradefeld zum Major »geschlagen«.

Im Spätherbst 1853 schloss sich die Aufnahme des Prinzen in eine Freimaurerloge an, in die er durch seinen Vater, der als Protektor der preußischen Logen schon seit dem 22. Mai 1840 der Freimaurerei angehörte, in Anwesenheit aller berufenen Mitglieder der drei preußischen Großlogen am 5. November feierlich eingeführt wurde. Damit war auch er Freimaurer wie einst Friedrich der Große und weitere Hohenzollern; allerdings stand König Friedrich Wilhelm IV. der Freimaurerei skeptisch gegenüber und bedauerte den Schritt seines Neffen.

Zur weiteren Vervollkommnung seiner militärischen Kenntnisse und Fertigkeiten wollte der Prinz nach der Infanterie auch andere Waffengattungen kennen lernen und war im Juni 1853 von seinem Regiment zu einem Garde-Artillerieregiment abkommandiert worden. Nach seiner Italienreise 1853/54 sah er sich in einem Garde-Dragonerregiment um, in dem er seit dem 22. September 1854 seinen Dienst versah. Mit dem Urteil seines damaligen Regimentskommandeurs, des Obersten Karl Gustav von Griesheim, konnte der Prinz zufrieden sein: »Das Gefühl, das einmal Übernommene selbständig und verantwortlich zu handhaben, ist in dem Prinzen sehr rege ... Dabei zeigte er sich stets von außerordentlich liebenswürdiger Haltung gegen Kameraden und Untergebene.« Ein recht geschmeidiges und gefälliges »Zeugnis«. Die Eltern waren jedoch darauf bedacht, dass ihrem Sohn aufgrund seiner herausgehobenen Position keine Sonderrechte eingeräumt wurden. Rücksichten auf seine hohe Herkunft hatten keine Rolle zu spielen.

Über seine militärische Ausbildung hinaus nahm Prinz Friedrich Wilhelm inzwischen auch an den Übungsreisen des Großen Generalstabs teil, die 1854 unter der Leitung von Oberst Helmuth von Moltke, dem späteren Generalstabschef, standen. Der König hatte dem 54-jährigen Moltke die erste Adjutantenstelle bei seinem Neffen angetragen. An seine Frau schrieb Moltke über den Antrag des Königs: »Er sagte mir Sachen, die mich ebenso mit Dankbarkeit wie mit Beschämung erfüllten. Er wünschte dringend, dass ich die erste Adjutantenstelle bei seinem Neffen annehmen möge«, was auch geschah. Damit wurde Moltke der persönliche Adjutant des Prinzen und auch sein militärischer Lehrer.

Während Moltke dem drei Jahre älteren Vetter Friedrich Wilhelms, Prinz Friedrich Karl, ein militärisch verheißungsvolles Zeugnis ausstellte, in dem er schon den großen Heerführer von morgen sah, »... der einmal den alten Waffenruhm von Preußens Heer wiederherstellen wird«, was auch so kommen sollte, fiel seine Meinung über seinen militärischen Zögling Friedrich Wilhelm zwar höflich, aber doch bescheidener aus, wenn er ihm in seinem Brief an seine Frau vom 19. August 1854 lediglich bescheinigte: »Prinz Friedrich Wilhelm ist ein wahrhaft liebenswürdiger Mensch«, um am 31. August in einem weiteren Brief an seine Frau fortzufahren: »Prinz Friedrich Wilhelm hat eine sehr hübsche Art, die versammelten Bewohner anzusprechen.« Viel war das nicht für eine große militärische Karriere, wenn Moltkes Feststellungen auch gut mit den Beobachtungen von Godet und Curtius sowie von Unruh übereinstimmten. Aber wenn eines Tages überhaupt besondere Verdienste bei Friedrich Wilhelm zu Buche stehen sollten, dann waren es militärische, gewiss zu Moltkes Überraschung.

Der Prinz von Preußen hatte in Moltkes Berufung zunächst ein intrigantes Spiel der »Kamarilla« gewittert, das seinen Sohn enger an den König binden sollte und zögerte daher mit seiner Einwilligung. Prinzessin Augusta hegte ähnliche Bedenken wie ihr Mann, wobei ihr grundsätzlich missfiel, dass das Militär in der Erziehung ihres Sohnes immer dominanter wurde. So war es ihr Verdienst, dass der Prinz auch auf administrativen Gebieten geschult und weitergebildet wurde. Er hospitierte in den Ministerien für Finanzen und für Handel sowie im Kriegsministerium und erwarb sich seine ersten Sporen auch auf dem Gebiet der inneren Verwaltung, die er in den Hauptstädten der Regierungsbezirke Potsdam und Breslau kennen lernte.

Friedrich Wilhelms Vater störte an Moltke dessen Übertritt von dänischen in preußische Dienste. Für einen Offizier saß ihm dieser Mann außerdem viel zu viel am Schreibtisch. Zwar hatte er als Militärschriftsteller und Militärtheoretiker, aus dessen Feder zahlreiche Schriften stammten, einen Namen, als Truppenführer jedoch nicht. Als er dann Moltke zum Gespräch nach Koblenz bat, änderte sich seine Einstellung zu ihm. Denn von Moltkes militärischen Kenntnissen und seinem kritischen Verstand war Prinz Wilhelm überrascht und ausgesprochen angetan, wie seiner Frau die Umgangsformen des preußischen Generalstabsoffiziers, seine Kultur und Bildung gefielen. Politisch war er weder stockkonservativ noch unkritisch liberal, am ehesten ein Mann der Mitte, was beiden gefiel, so dass Moltkes Besuch in Koblenz alle Zweifel an ihm ausräumte.

Sein offizieller Dienst als Adjutant Prinz Friedrich Wilhelms begann mit einer Reise im September 1855 nach England. Acht Tage nach seiner Ankunft hielt der Prinz im Einverständnis mit seinen Eltern und König Friedrich Wilhelm IV. auf dem schottischen Hochlandschloss Balmoral bei der britischen Königin und Prinz Albert um die Hand ihrer ältesten Tochter, der Prinzessin Victoria, an. Er erhielt zwar ihren elterlichen Segen, wurde aber darum gebeten, sich noch so lange zu gedulden, bis sie die Konfirmation erhalten habe, denn Vicky, wie man die Princess Royal Victoria in der Familie nannte, am 21. November 1840 geboren, hatte um diese Zeit noch nicht einmal das 15. Lebensjahr erreicht.

Ihre frische und unbefangene, geradezu quirlige Art zogen den preußischen Prinzen offenbar stark an. In ihrer äußeren Erscheinung glich die Princess Royal Victoria ansonsten ihrer Mutter, von der Marie von Bunsen sagte, dass sie »sehr klein, allzu rundlich [und] überaus unelegant« sei, denn auch die jüngere Victoria war klein geraten und figürlich eher untersetzt. Was beide auszeichnete, waren Willensstärke, Gewandtheit und Durchsetzungskraft, andere Qualitäten also, die auf jeden Fall auf die jüngere Victoria zutrafen, wovon Prinz Friedrich Wilhelm sich bald überzeugen konnte. Jetzt aber schrieb er erst einmal im Überschwang seiner Gefühle an seine Eltern: »Ich empfinde eine Seligkeit, die ich nie gekannt, und unbeschreiblich ist meine Dankbarkeit gegen Gott, der alles so gnädig und wunderbar leitete.«

Der junge Hohenzollernprinz, an dem Prinz Albert dessen »... große Geradheit, Offenheit und Ehrenhaftigkeit« schätzte, war dagegen die Inkarnation eines germanischen Jünglings: groß, schlank, blond und blauäugig. Wenn er später vielen geradezu wie ein junger Kriegsgott erschien, so war er seiner zukünftigen Frau intellektuell dagegen ganz offensichtlich unterlegen – wie er auch ihrem Temperament nicht gewachsen war.

Am 20. September 1855 hatte Prinz Albert an seinen alten Coburger Vertrauten und politischen Berater, den Arzt Christian Friedrich Baron von Stockmar, geschrieben: »... Die Angelegenheit ist heute nach dem Frühstück in ein actives Stadium getreten. Der junge Mann hat seinen Antrag an uns gestellt mit Erlaubnis seiner Eltern und seines Königs; wir haben ihn für uns acceptiert, doch für den anderen Teil bis nach der Konfirmation zu suspendieren gebeten; bis dahin solle Unbefangenheit und Kindlichkeit ungestört bleiben. Denn im Frühjahr wünscht der junge Mann seinen Antrag ihr selbst zu stellen, vielleicht mit Eltern und verlobter Schwester zu uns zu kommen. Der siebzehnte Geburtstag soll vorüber gelassen werden, ehe an einen Vollzug gedacht werden soll, der darum in das folgende Frühjahr fallen mag. Das Geheimnis soll bewahrt werden ... den Eltern und dem Könige die Wahrheit sogleich mitgeteilt werden.«

Aber es ging alles schneller und kam anders, als Prinz Albert es geschrieben hatte, denn die Verlobung zwischen dem preußischen Prinzen und der britischen Prinzessin auf Schloss Balmoral fand schon am 29. September 1855 statt. Königin Victoria vermerkte am Verlobungstag darüber in ihrem Tagebuch: »Heute hat sich unsere geliebte Viktoria mit dem Prinzen Friedrich Wilhelm von Preußen, der seit dem 14. bei uns ist, verlobt. Schon am 20. hatte er uns sein Anliegen mitgeteilt, aber um ihrer großen Jugend willen waren wir zweifelhaft, ob er jetzt mit ihr reden oder bis zu seiner Wiederkehr warten solle, entschlossen uns aber doch zu ersterem. Als wir nun heute nachmittag den Craig-na-Ban hinaufritten, brach er einen Zweig weißer Heideblumen [das Emblem des Glückes], gab ihr denselben und knüpfte daran auf dem Heimwege, den Glan-Girnoch hinab, Andeutungen seiner Hoffnungen und Wünsche, die dann alsbald glücklich in Erfüllung gingen.«

In seinem Brief vom 2. Oktober 1855 an Baron Stockmar schrieb Prinz Albert: »Vicky hat sich wirklich ganz vortrefflich benommen ... Die jungen Leute sind heftig ineinander verliebt, und die Reinheit, Unschuld und Uneigennützigkeit des jungen Mannes ist auf der anderen Seite gleich rührend gewesen ...«.

Victorias Vater, der seit dem 25. Juni 1857 den Titel »Prince Consort« [Prinzgemahl] führte, war ein Deutscher aus dem Hause Sachsen-Coburg-Gotha, der seiner liberalen Gesinnung wegen in dem parlamentarisch regierten England gut leben konnte. Er förderte die industrielle und technische Entwicklung, die England nicht nur wirtschaftliches Wachstum, sondern auch politischen Fortschritt brachte. So war die Londoner Weltausstellung von 1851, auf der die industrielle Vormachtstellung Englands große Bewunderung unter den Industrienationen von Rang und Namen fand, auch hauptsächlich seine Idee gewesen. Die in England erfolgreich praktizierte konstitutionelle parlamentarische Monarchie nach Deutschland, in sein Vaterland zu exportieren, ließ der Prinz nicht unversucht, wobei es ihm vorrangig auf Preußen ankam, dessen deutsche Führungsrolle auch von ihm nicht infrage gestellt wurde.

Stockmar hatte Prinzessin Augusta und Prinz Wilhelm die Erziehung ihres Sohnes im liberalen Geist zu einem aufgeschlossenen und fortschrittlichen Monarchen des 19. Jahrhunderts schon früh anempfohlen und war ein lebhafter Befürworter einer dynastischen Verbindung zwischen England und Preußen. Die Vermählung zwischen der Princess Royal Victoria und dem preußischen Prinzen Friedrich Wilhelm konnte nach seiner Ansicht nur zu einer Förderung des liberalen Gedankenguts in Preußen führen, so dass es aus der Sicht Stockmars zu begrüßen war, wenn sich alle Beteiligten mit dieser Idee anfreunden konnten. Was Prinz Albert anging, so hatte an dessen Zustimmung eigentlich niemand Zweifel, schon weil er von Haus schließlich ein Deutscher war. Und auch seine Gemahlin, die deutschstämmige britische Königin Victoria, die immer deutschfreundlich gewesen war, stand einer Verbindung beider Königshäuser aufgeschlossen gegenüber. Prinzessin Augusta war bei ihrer anglophilen Gesinnung leicht zu gewinnen, zumal sie sich mit der Königin vor der Weltausstellung über diesen Punkt schon einig gewesen war. Der Prinz von Preußen, der zwar an eheliche Verbindungen mit ausländischen Dynastien, vor allem mit dem russischen Zarenhaus, gewöhnt war, reagierte am zurückhaltendsten, hatte letztlich aber auch nichts dagegen einzuwenden.

Die Verlobung bedurfte natürlich auch der Absegnung des Preußenkönigs, dem die englische Angelegenheit allerdings ziemlich zu schaffen machte. Einerseits fiel sie zeitlich mitten in den 1853 ausgebrochenen Krimkrieg, der Preußen nicht an Englands, sondern, wenn auch nicht militärisch, so doch auf jeden Fall moralisch, an Russlands Seite sah. Andererseits hatte der König Rücksicht auf die Kamarilla zu nehmen, die England eher gegnerisch gesonnen war, so dass er zumindest in dieser Angelegenheit auf Diskretion bestehen musste. Der König wusste, dass die Hochkonservativen und seine treuen Gefolgsleute gegen diese Verbindung waren. Allen voran nahm Bismarck als Urpreuße das Wort gegen den englischen Liberalismus und lehnte die Verbindung ab, weil er den englischen Einfluss auf den preußischen Hof zu fürchten begann. Damals sprach Bismarck vielen altpreußisch gesinnten Konservativen aus dem Herzen, wenn er zusammenfasste: »... das Englische daran gefällt mir nicht, die Heirat aber mag ganz gut sein, denn die Prinzessin hat das Lob einer Dame von Geist und Herz ... Gelingt es ihr, die Engländerin zu Hause zu lassen und Preußin zu werden, so wird sie ein Segen für das Land sein ... Wie wird das erst werden, wenn die erste Frau im Lande eine Engländerin ist!« – was sie im Übrigen für Bismarck immer blieb, der aus seiner Abneigung gegen »diese Engländerin« keinen Hehl machte und ihr im Grunde schon den Kampf ansagte, bevor sie überhaupt preußischen Boden betreten hatte.

Da Friedrich Wilhelm aber der Lieblingsneffe des Königs war, wollte er dem Glück des Prinzen nicht im Wege stehen und segnete schließlich die Verlobung ab. Für die englische Seite war die Verbindung tatsächlich alles andere als unbedeutend und zweitrangig, konnte sich England doch so des eher liberalen preußischen Thronerben versichern, als der Prinz Friedrich Wilhelm in London politisch jetzt schon galt.

Im Jahr 1853 war Zar Nikolaus I. gegen den Sultan von Konstantinopel, also gegen die Türkei marschiert, die ihm den Zugang zum

Mittelmeer versperrte. Das fand in London aber kein Verständnis, sondern forderte Englands Widerstand heraus, das jede weitere Vergrößerung Russlands in Europa mit Misstrauen verfolgte. Da sich Frankreich mit England solidarisch verhielt, kreuzte bald eine englisch-französische Flotte demonstrativ vor den Dardanellen, um den Expansionsgelüsten des Zaren Einhalt zu gebieten, der im Juli 1853 seine Truppen gegen den »kranken Mann am Bosporus« in Bewegung gesetzt hatte.

Österreich und Preußen hielten sich aus den Feindseligkeiten heraus und blieben offiziell neutral. Der Zar hatte zwar mit einer militärischen Unterstützung der beiden Brudermächte aus der Heiligen Allianz gerechnet, die aber lediglich mit den Russen sympathisierten, besonders Preußen und die erzkonservativen Kreise um den König. Die kriegerischen Auseinandersetzungen nahmen indessen an Schärfe zu, so dass sich im Frühjahr 1854 aus dem ursprünglich orientalischen ein europäischer Krieg entwickelte. Als England und Frankreich mit der Türkei ein Bündnis schlossen, hofften sie, dass die beiden deutschen Großmächte ihrem Beispiel folgen würden, worauf Österreich ansprechbarer als Preußen war und zumindest eine Art Vermittlungsrolle übernahm.

Innerhalb Preußens führte diese Entwicklung zu heftigen Auseinandersetzungen zwischen den Erzkonservativen um den König in Berlin und den Liberalen des Koblenzer Kreises, wobei der Prinz von Preußen sogar eine Parteinahme für die Westmächte forderte, für die auch seine Frau votierte. Der König hätte sich gern der österreichischen Vermittlungspolitik angeschlossen, nahm aber weder offen Partei für die Konservativen, die für einen Beistand Russlands plädierten, noch für die Liberalen, die den Westmächten zuneigten und blieb bei der Aufrechterhaltung der Neutralität Preußens. Zwischen ihm und dem Prinzen von Preußen kam es darüber sogar zu einem ernsthaften Bruderkonflikt. Prinz Friedrich Wilhelm nahm im Krimkrieg die Partei seines Vaters, was man natürlich sofort in London erfuhr und selbstverständlich auch von ihm erwartet hatte. Auf weitergehende Aktivitäten von ihm wartete man aber vergebens.

Fraglos stand am Beginn der Beziehung zwischen Prinzessin Victoria und Prinz Friedrich Wilhelm eine echte Zuneigung, durchaus keine Selbstverständlichkeit in Fürstenhäusern, deren Heiraten in erster Linie dynastischen und politischen Interessen Rechnung trugen. Dass eine familiäre Verbindung zwischen England und Preußen den Engländern willkommen war, hatte auch seine politischen Motive, denn die starke Anlehnung des um diese Zeit außenpolitisch

Kronprinz Friedrich Wilhelm (1831-1888).

zwar schwachen Preußens an den »russischen Koloss« erfüllte England schon seit längerem mit Sorge und wurde im Krimkrieg wieder augenscheinlich. Insofern hatte diese Verbindung bei nicht zu bestreitender gegenseitiger Anziehung der Partner sogar einen »hervorragend politischen Charakter«, der die angespannte Lage zwischen England und Preußen zumindest entschärfen konnte.

Zur Sieges- und Friedensfeier nach dem beendigten Krimkrieg, den Russland verloren hatte, reiste Prinz Friedrich Wilhelm in Begleitung Moltkes im Mai 1856 erneut nach London, um an den Feierlichkeiten teilzunehmen und seine Braut wiederzusehen. Auffallend war ein inzwischen eingetretener Wandel in der öffentlichen Meinung über die familiäre Bindung zwischen beiden Königshäusern, die mittlerweile auch in der führenden Presse allmählich ihre Zustimmung fand. Im Rahmen eines akademischen Festaktes, an dem auch Prinz Albert teilnahm, wurde dem preußischen Prinzen die Ehrendoktorwürde der Rechtswissenschaften der Universität Oxford verliehen, ein Ausdruck hoher Wertschätzung für den ausländischen Prinzen, dem während seines Aufenthaltes noch weitere Huldigungen zuteil wurden. Ende Juni trat der Prinz aus Preußen seine Heimreise an.

Am 3. Juli 1856 übernahm der Prinz als Kommandeur das 1. Garderegiment zu Fuß, um wenige Wochen später im offiziellen Auftrag König Friedrich Wilhelms IV. zu den Krönungsfeierlichkeiten Zar Alexanders II. nach Russland zu reisen. Die Zarenkrönung fand am 7. September im altehrwürdigen Kreml in der heiligen Stadt Moskau statt. Prinz Friedrich Wilhelm traf in Begleitung des am 6. August zum Generalmajor beförderten Moltke nach einer zweiundzwanzigstündigen Fahrt von St. Petersburg am 26. August in Moskau ein. Drei Tage später hielt Zar Alexander II. seinen feierlichen Einzug in die heilige Stadt. Moltke hat in seinen »Briefen aus Rußland« ein Stimmungsbild von diesem Einzug vermittelt und geschrieben: »... da sah man die fremdartigsten Erscheinungen. Bauern mit langen Bärten, Kaufmannsfrauen, Tscherkessen in ihrer schönen Landestracht, mingrelische Fürsten, die eine Schleuder als Kopfbedeckung haben, heidnische Tartaren, buddhistische Kalmücken, europäische Diplomaten, Muselmänner, schwäbische Bauern aus Cherson und Elegants aus Paris und London.«

Da die Hochzeit von Friedrich Wilhelms Schwester, Prinzessin Luise, mit dem Prinzen Friedrich von Baden am 20. September in Berlin stattfand, verabschiedete sich der Prinz am 12. September von der Zarenfamilie in Moskau, um seine tagelange Rückreise anzutreten, über die Moltke anschaulich berichtet hat: »... Wir haben im ganzen zweitausend Pferde in Bewegung gesetzt, um nach Warschau zu gelangen ... Dann legten wir auf der Eisenbahn in vierundzwanzig Stunden noch einhundertzwanzig Meilen zurück. Überhaupt sind wir mit Ausnahme von zwei Stunden Schlaf in Warschau fünf Tage und sechs Nächte nicht aus den Kleidern gekommen.«

Nach der Hochzeit Prinzessin Luises wurde Prinz Friedrich Wilhelm am 3. Oktober 1856 durch seinen königlichen Onkel zum

Kommandeur des traditionsreichen 11. Infanterieregiments in Breslau ernannt, wo er am 1. November eintraf.

Aber noch im November reiste er mit Moltke zum Geburtstag seiner Braut nach London, wo er sich über einen Monat aufhielt. Da er Paris bis dahin noch nicht kannte, erfolgte seine Rückreise im königlichen Auftrag über die französische Hauptstadt, so dass er sich in offizieller Mission dort aufhielt. Kaiser Napoleon III. und dessen Gemahlin, die Kaiserin Eugénie, empfingen den preußischen Prinzen in den Tuilerien und hießen ihn mit allen Ehren willkommen. Aber die Situation für Friedrich Wilhelm war keineswegs behaglich, denn schließlich hatte die französische Armee gerade Preußens Verbündeten, Russland, niedergeworfen, was aber von Napoleon III. völlig überspielt wurde, der als blendender Gastgeber dem preußischen Prinzen zu Ehren rauschende Feste gab, die sich mit Jagdpartien, Opern- und Ballettbesuchen sowie mit glänzenden Manövern abwechselten. Von Frankreichs atemberaubender Hauptstadt war der Prinz förmlich hingerissen.

Den Eindruck, den der preußische Prinz auf Kaiserin Eugénie machte, hat sie so festgehalten: »Der Prinz ist ein großer, schöner Mann, fast einen Kopf größer als der Kaiser, schlank, blond, strohfarbener Schnurrbart, ein Germane, wie sie Tacitus beschreibt, von ritterlicher Höflichkeit, mit einem Zug von Hamlet.« Interessant ist auch eine schriftliche Äußerung der Kaiserin über Moltke: »... Sein Begleiter, ein General Moltke (oder so ähnlich) ist ein wortkarger Herr, aber nichts weniger als ein Träumer, immer gespannt und spannend, er überrascht durch die treffendsten Bemerkungen.« »Der große Schweiger«, ein Beiname, den der Volksmund Moltke später gab, hat über Napoleon III. wohl »die treffendsten Bemerkungen« gemacht: »Napoleon III. hat nichts von dem finsteren Ernst seines grossen Onkels, nicht die imperatorische Haltung und das berechnete Auftreten. Er ist ein ganz einfacher, ziemlich kleiner Mann ... Nur zu Pferde sieht man den Imperator in ihm. Einfach für seine Person, vergisst er nicht, dass die Franzosen den Hof ihrer Souveraine mit Glanz umgeben wissen wollen.« Über die Kaiserin, die für ihn »eine überraschende Erscheinung« war, schrieb Moltke: »Sie ist schön und elegant. Hals und Arme sind von unübertrefflicher Schönheit.«

Da Friedrich Wilhelms Regiment in Breslau stand, siedelte er im Januar 1857 in die schlesische Landeshauptstadt über, begleitet von Moltke und von seinem persönlichen Adjutanten, Rittmeister Karl von Heinz. Die Tage in Breslau als Kommandeur des 11. Infanterieregiments waren nicht nur abwechslungsreich, sondern auch eine gute militärische Schule und Weiterbildung für den Prinzen, die er an der Seite Moltkes kontinuierlich betreiben konnte. Im Übrigen genoss er das gesellschaftliche Leben und schätzte alle fürstlichen Zerstreuungen. Seine Mutter fürchtete im fernen Koblenz ständig, dass die zarte Pflanze seines noch keineswegs stabilen Liberalismus durch das flotte Breslauer Garnisonsleben mit seinen altpreußisch-militärischen Gepflogenheiten wieder verkümmern würde.

Offenbar war der Prinz ein ausgezeichneter Schütze, wovon Leutnant Dagobert von Gerhardt eine originelle Episode überliefert hat. Die Offiziere des Füsilierbataillons hielten gelegentlich auf dem Schießstand ein Stammschießen ab, an dem eines Tages überraschend auch der Prinz teilnahm. Nachdem das Schießen auf eine Spiegelscheibe beendet war, schlug Leutnant von Gerhardt vor, den Versuch zu unternehmen, eine geleerte Weinflasche aus einer Entfernung von 180 Schritt vom Schießstand aus zu treffen. Der Prinz legte als Erster an und traf zielsicher diese Flasche, deren Reste von den Offizieren zusammengetragen wurden. Nach Oskar Höckers patriotischem Lebensbild von Kaiser Friedrich III. wurde der unversehrt gebliebene Flaschenboden in Silber gefasst, in den alle Namen der Teilnehmer eingraviert wurden, während in Hermann Müller-Bohns Biografie der in Silber gefasste Flaschenboden zu einem Tintenfass erweitert wurde, das in dem späteren Grenadierregiment »Kronprinz Friedrich Wilhelm« als kostbare Reliquie aufbewahrt wurde und jährlich dem Sieger des Preisschießens als Trophäe überreicht wurde.

Am 16. Mai 1857 brachte der »Königlich Preussische Staatsanzeiger« die öffentliche Bekanntmachung der achtzehn Monate zuvor erfolgten Verlobung des Prinzen. Als nunmehr offizieller Bräutigam reiste der Prinz im Juni 1857 abermals nach England, wo die Verlobung fast zeitgleich am 19. Mai im britischen Parlament bekannt gegeben worden war. Am 13. Juli 1857 ehrte ihn die britische Hauptstadt mit ihrer höchsten Auszeichnung, der Ehrenbürgerschaft von London. Während seiner Laudatio führte der City-Kämmerer, Sir John Key, aus: »Die City kann es nicht vergessen, daß der Gast, welchen Ihre Majestät zu ehren sich freut, dem altehrwürdigen Hause von Brandenburg angehört … Seine Königliche Hoheit steht auf dem Punkte, eine Verwandtschaft mit diesem Lande einzugehen, einer der Unsern zu werden. Seine Königliche Hoheit wird von dem Volke mit einem seiner teuersten und wertgeschätztesten Besitztümer betraut, mit der Hand der erstgeborenen Tochter einer Königin, deren Glück und Interessen dieselben sind mit denen der Nation …

Darum in dieser wechselseitigen Überzeugung der beiden Nationen, daß jede von ihrem Besten giebt zur Verknüpfung der alten Bande, zur Stärkung der Bollwerke des Protestantismus, zur Beförderung einer weltumspannenden Herrschaft des Friedens und der Brüderlichkeit …«

Am 3. Oktober wurde der Prinz Kommandeur der 1. Garde-Infanteriebrigade, übrigens die letzte Beförderung durch seinen Onkel, König Friedrich Wilhelm IV., den wenige Tage später der erste Schlaganfall traf, womit dessen langes Leiden begann. Am 23. Oktober 1857 wurde dem Prinzen von Preußen mit Hilfe von Königin Elisabeth, seiner Schwägerin, die Stellvertretung der Regierung zunächst für drei Monate übertragen, eine Zeit, die dreimal verlängert werden musste, weil sich der Gesundheitszustand seines Bruders kontinuierlich verschlechterte. Schließlich wurde aus der Interims- eine Dauerlösung und am 26. Oktober 1858 aus dem Prinzen der Prinzregent von Preußen, dem damit die Regentschaft offiziell übertragen wurde.

Vor dem Landtag leistete der Prinzregent an diesem Tag einen Eid auf die Verfassung, auch wenn sein königlicher Bruder ihm davon abgeraten hatte, weil ihm die Verfassung nach seiner Meinung lediglich abgenötigt worden war. Aber dieser Ratschlag konnte den Prinzregenten nicht umstimmen, der sich sogar von erzkonservativen Ministern trennte. Seine Regierung sollte sich den Grundsätzen des Rechts und der Verfassung verpflichtet fühlen, wenn er sein Ministerium wissen ließ: »In Deutschland muß Preußen moralische Eroberungen machen, durch eine weise Gesetzgebung bei sich, durch Hebung aller sittlichen Elemente und durch Ergreifung von Einigungselementen, wie der Zollverband es ist. Die Welt muß wissen, daß Preußen überall das Recht zu schützen bereit ist.« Das waren völlig neue Töne in Preußen.

Im November 1857 brach der Prinz zum 17. Geburtstag seiner Braut nach England auf, wo nun die ersten Vorbereitungen zur Hochzeit getroffen wurden, die auf den 25. Januar 1858 festgesetzt worden war. Nach zwischenzeitlicher Rückkehr in die Heimat verließ Prinz Friedrich Wilhelm am 21. Januar 1858 Berlin und traf zwei Tage später in Dover ein, von wo aus er mit dem Zug nach London weiterfuhr. Auf dem Bahnhof wurde er von dem Prinzgemahl, dem Prinzen von Wales und späteren König Eduard VII., von hohen Offizieren und Staatsbeamten empfangen. Im Buckingham-Palast erwartete den Bräutigam der eigene Vater. Beide, der Prinz von Preu-

Kronprinzessin Victoria (1840-1901).

ßen und sein Sohn, begaben sich dann zur Königin, bei der sich auch die Braut befand. Königin Victoria hatte bereits vor der Ankunft des Bräutigams einen glänzenden Ball im Prunksaal des Palastes ausrichten lassen, zu dem mehr als tausend Gäste geladen worden waren.

Am 25. Januar 1858 fand die Trauung in der Kapelle des St. James-Palastes statt, in der am 10. Februar 1840 schon Königin Victoria und Prinz Albert getraut worden waren. Zur Trauung wurde Prinz Friedrich Wilhelm von seinem Vater in die Kapelle geleitet und trat dabei zum ersten Mal in preußischer Generalsuniform auf, denn am Morgen seines Hochzeitstages war der Bräutigam noch zum Generalmajor befördert worden.

Den Trauakt vollzog der Erzbischof von Canterbury, der Primas der anglikanischen Kirche. Nachdem Prinz Friedrich Wilhelm den Trauring aus den Händen seines Vaters entgegengenommen hatte, steckte er ihn seiner Braut an die linke Hand und sprach dabei laut und vernehmlich: »Mit diesem Ringe eheliche ich Dich, mit meinem Leibe verehre ich Dich und mit all meinen weltlichen Gütern begabe ich Dich, im Namen des Vaters, des Sohnes und des heiligen Geistes. Amen.« Am Ende der Trauung folgten ein gemeinschaftliches Gebet der Geistlichen und der feierliche Segen des Erzbischofs. Mit dem Halleluja aus Händels »Messias« war die kirchliche Feier beendet.

Von der Kirche begab sich der Hochzeitszug unter dem Jubel der Bevölkerung zum Buckingham-Palast. Überall war der Ruf: »Fare well fair rose of England" zu hören, ein Abschiedsgruß der Landsleute Victorias, der aufs neue erscholl, als sie eine Woche später Abschied von England nahm. Am 2. Februar verließen beide London. Unter dem Geschützdonner vom alten Fort Tilbury entfernte sich die königliche Yacht »Victoria und Albert«.

Die erste Stadt auf dem Kontinent, die sie einen Tag später erreichten, war Antwerpen. Die Reise von der Grenze bis zur preußischen Hauptstadt glich einem Triumphzug – die englische Prinzessin wurde mit viel Sympathie und Herzlichkeit in ihrer neuen Heimat aufgenommen. Unter dem Donner von Kanonen als Willkommensgruß erreichte der Salonwagen am 6. Februar gegen 3 Uhr nachmittags den Bahnhof von Friedrich Wilhelms Geburtsstadt Potsdam, wo der Prinz von Preußen die Jungvermählten in Empfang nahm. In einem mit sechs Pferden bespannten, von einer Kavallerie-Eskorte begleiteten Galawagen fuhr der Vater und Schwiegervater mit dem jungen Paar unter Geschützdonner und Glockengeläut durch die Straßen Potsdams zum königlichen Schloss.

Am Tage darauf, am 8. Februar 1858, brach das junge Paar im vierspännigen Wagen um 9.30 Uhr von Potsdam in das im Berliner Tiergarten gelegene Schloss Bellevue auf, von wo der feierliche Einzug in Berlin erfolgen sollte. Als Victoria und Friedrich Wilhelm gegen zwölf Uhr im Schloss Bellevue eintrafen, waren König Friedrich Wilhelm IV. und Königin Elisabeth bereits zugegen, die die junge englische Prinzessin ausgesprochen herzlich begrüßten. Der König umarmte und küsste seinen Neffen und dessen junge Gemahlin, um ihr liebenswürdig zu sagen: »Wie herrlich, daß Du endlich da bist!«

Das Kronprinzenpalais in Berlin Unter den Linden.

Wegen seiner Krankheit musste die Begrüßung zeitlich begrenzt werden. Nach einer halben Stunde brach der kranke König auf, um sich nach Schloss Charlottenburg zurückzuziehen.

Dann folgte der feierliche Einzug in Berlin. Dazu bestieg das junge Paar den goldenen königlichen Staatswagen, der von acht in englischen und in preußischen Farben dekorierten Rappen gezogen wurde und auf das Brandenburger Tor zufuhr, wo man beiden einen warmherzigen Empfang bereitete. Während das Musikkorps spielte und von allen Türmen die Glocken läuteten, durchfuhren der preußische Prinz und seine junge britische Gemahlin das Brandenburger Tor. Auf dem Pariser Platz erschien der Berliner Oberbürgermeister Wilhelm Krausnick und begrüßte unter dem Jubel der Bevölkerung feierlich das junge Prinzenpaar. Prinzessin Victoria wurde von den Berlinern voller Wärme aufgenommen Das spürte nicht allein Prinzessin Victoria, es spürten alle. Mit einer Karosse ging es über die Berliner Prachtmeile Unter den Linden hinauf zum königlichen Schloss, wo der Prinz von Preußen seinen Sohn und dessen Gemahlin in Empfang nahm. Eine glänzende Illumination sorgte am Abend für eine taghelle Stadt und beschloss damit die Feierlichkeiten an diesem denkwürdigen Tag, die sich insgesamt noch eine halbe Woche hinziehen sollten, denn der 9. Februar gehörte den Vertretern der Kunst und Wissenschaften und der Berliner Geistlichkeit, die ihre Glückwünsche darbrachten. Mit einem Fackelzug der Studenten fanden die Hochzeitsfeierlichkeiten am 11. Februar ihr Ende.

Da der Umbau des dem Zeughaus gegenüberliegenden »Feldmarschallhauses«, wie Müller-Bohn ausführte, nicht termingerecht abgeschlossen werden konnte, musste das junge Prinzenpaar den ersten gemeinsamen Winter im alten Königsschloss verbringen, das wenig einladend war und auf die Stimmung der Prinzessin drückte. Bedrückend für sie war nicht allein der Mangel an Badezimmern in dem Schloss, sondern in viel stärkerem Maße die langweilige und steife Etikette des preußischen Hofes, von der sich die englische so wohltuend unterschied. Psychologisch unklug von Victoria war allerdings, dass sie jetzt schon begann, von »zu Hause« zu sprechen, wenn sie England erwähnte. Am 21. November 1858, dem 18. Geburtstag der Prinzessin, waren die Umbauarbeiten am ehemaligen »Feldmarschallhaus«, das Friedrich Wilhelm I. schon 1733 zum Kronprinzenpalais umbauen ließ, abgeschlossen. Die jungen Eheleute konnten nun in das vergrößerte und verschönerte »Kronprinzenpalais« Unter den Linden umziehen, das jetzt ihr Berliner Wohnsitz wurde.

Als Prinz Wilhelm am 26. Oktober 1858 die Regierungsverantwortung als Prinzregent in Preußen übernommen hatte, schien sich politisch tatsächlich eine »Neue Ära« anzukünden, was Prinzessin Victoria mit solcher Freude erfüllte, dass sie der Meinung war, erst jetzt ihr preußisches Hochzeitsgeschenk erhalten zu haben. Ihr Vater war von den sich ankündenden Veränderungen in Preußen so angetan, dass er sich zu der vorschnellen Äußerung hinreißen ließ: »Das große Reaktionsnetz ist zerrissen und ohne Revolution vom Throne aus.« Dass Prinz Friedrich Wilhelm zu den Befürwortern des von seinem Vater eingeschlagenen politischen Kurswechsels gehören würde, hatten nicht nur Prinzessin Victoria und ihre Mutter, sondern auch Prinz Albert und alle Liberalen angenommen. Vor allem wurde diese Wende zum Liberalismus, die auch zu einer liberalen Mehrheit im Abgeordnetenhaus führte, vom Bürgertum begrüßt. Fraglos stand an der Spitze Preußens jetzt, wenn auch nur kurzzeitig, wie sich bald zeigen sollte, ein fortschrittlicher Regent.

Noch stand Prinz Wilhelm aber unter dem Einfluss seines Koblenzer Umfelds, und die Liberalen hatten große Hoffnungen in ihn gesetzt, wozu auch dessen erste programmatische Verlautbarungen und personelle Veränderungen berechtigten. Doch der Rückfall in altgewohntes preußisches Denken ließ nicht lange auf sich warten und hing wohl nicht allein mit dem Wechsel von Koblenz nach Berlin zusammen. Denn kaum war die »Neue Ära« angebrochen, wurde sie auch schon wieder aufgehoben und rückgängig gemacht. Für Prinz Friedrich Wilhelm war diese Situation ausgesprochen problematisch. Den von seinem Vater beabsichtigten liberaleren Kurs hatte er begrüßt, gegen dessen Kehrtwende zum konservativen Preußentum mochte und konnte er sich aber nicht stellen, schon gar nicht gegen die Autorität seines Vaters. Wiederum befand sich der Prinz in einem Dilemma.

Zum Hofstaat des Prinzenpaares gehörten u. a. der langjährige Adjutant Prinz Friedrich Wilhelms, Major von Heinz, der nun das Amt des Hofmarschalls bekleidete. Freiherr Ernst von Stockmar, der Sohn des ihrem Vater befreundeten Christian Friedrich von Stockmar, wurde Privatsekretär der Prinzessin. Moltke war bereits im Oktober 1857 als persönlicher Adjutant des Prinzen ausgeschieden, um an die Spitze des Großen Generalstabs zu treten.

Die ersten Jahre in Preußen verlebte das junge Prinzenpaar im eigenen Heim in ruhiger Zurückgezogenheit. Als am 27. Januar 1859 im Kronprinzenpalais Unter den Linden ihr erstes Kind, ein Sohn, zur Welt gekommen war, der am 5. März auf die traditionell preußischen Namen Friedrich Wilhelm und auf die Namen seiner englischen Großeltern, Victor und Albert, getauft wurde, war die allgemeine Freude groß, denn mit der Geburt des Prinzen war der Thron der Hohenzollern um eine weitere Generation gesichert. Auch die von vielen in Preußen gewünschte engere Verbindung mit England, die in den Geburtsnamen des jüngsten Hohenzollernprinzen ihren Ausdruck fand, wurde zumindest von den Liberalen im Lande freudig begrüßt.

Allerdings – und damit mischte sich in die allgemeine Freude ein Wermutstropfen – bemerkte man am dritten Tag nach seiner Geburt, dass der kleine Prinz den linken Arm nicht bewegen konnte. Wegen der möglichen Bedeutung für seine Entwicklung soll kurz auf die näheren Umstände, die zu der Bewegungslosigkeit des Arms geführt haben können, eingegangen werden soweit sie nach den Quellen rekonstruierbar sind. Die englische Königin hatte zur Entbindung ihrer Tochter ihren Leibarzt, Sir James Clark, nach Berlin gesandt, während von den hiesigen Ärzten der Leibarzt des Prinzenpaares, Dr. August Wegner, zu der Zeit Oberstabsarzt im Gardekürassier-Regiment, bei der Entbindung zugegen war. Als Wegner bei der Untersuchung Prinzessin Victorias feststellte, dass die Kindslage nicht normal war, wurde umgehend Professor Dr. Eduard Martin, der Direktor der Universitäts-Frauenklinik, gerufen, der eine Steißlage des Kindes feststellte und gemeinsam mit James Clark die Geburt leitete. Als das Baby endlich zur Welt kam, war es nach einem Brief Wegners an Königin Victoria »bereits asphyctisch« [herabgesetzte oder fehlende Atmung]. Nach einer Mitteilung Prinzessin Augustas an die britische Königin wurde zunächst sogar geglaubt, dass Kind sei tot geboren, denn es war »beweglos und lautlos«, bis endlich nach den bewährten Maßnahmen der erfahrenen Hebamme Stahl der erste Schrei ertönte und jemand rief: »... es lebt und ist ein Prinz!«

Abgesehen von einer höheren perinatalen Sterblichkeit bei Steißgeburten ist die Sauerstoffzufuhr zum Gehirn gefährdet, zudem werden überdurchschnittlich häufig Geburtsverletzungen beobachtet. Nach der Beschreibung Martins war der linke Arm des Prinzen nach oben gestreckt, den er, der Geburtshelfer, »nicht ohne erhebliche Anstrengung« herabführen konnte. Riss dabei das für die Armbeweglichkeit verantwortliche Nervengeflecht im Hals oder trat die Armplexuslähmung durch die von Martin durchgeführte Drehung des Rumpfes in den Geburtswegen ein?

Die obere Armplexuslähmung, die nach ihren Erstbeschreibern auch als Erb- oder Erb-Duchenne-Lähmung bezeichnet wird und Folge eines Geburtstraumas sein kann, führt dazu, dass der Betroffene den Arm nicht heben, beugen und nach außen drehen kann, wie auch ein Heben der Schulter nicht gelingt. Fest steht, dass der linke Arm des späteren Kaisers verkürzt war und der Volksmund aus einer solchen geburtstraumatischen Schädigung den »Kaiserarm« gemacht hat. Auf die vagen und ebenso gewagten Spekulationen eines durch Sauerstoffmangel bedingten möglichen Hirnschadens bei Kaiser Wilhelm II. wird hier bewusst nicht eingegangen. Die häufig auffälligen Verhaltensweisen des letzten deutschen Kaisers wie seine Spontaneität und Lebhaftigkeit, seine leichte Erregbarkeit und Gereiztheit werden vielmehr seinen primärpersönlichen Eigenschaften entsprochen haben und hatten keinen Krankheitswert. Die Freude der Eltern und Großeltern über die Geburt des kleinen Hohenzollernprinzen, der sich im Übrigen ganz normal entwickelte, blieb indessen ungetrübt, denn der kleine Knabe lachte, weinte und war ansonsten kerngesund.

Am 24. Juli 1860 wurde als zweites Kind des jungen Prinzenpaars eine Tochter geboren, die wie ihre Großtante, die Schwester des Prinzregenten und Zarenwitwe, auf den Namen Charlotte getauft wurde. In Abständen von zwei Jahren wurden 1862 Prinz Heinrich, 1864 Prinz Sigismund, der nur zwei Jahre alt wurde, 1866 Prinzessin Viktoria, 1868 Prinz Waldemar, der mit elf Jahren starb, 1870 Prinzessin Sophie und 1872 Prinzessin Margarethe geboren.

Unter dem Vorsitz von Generalfeldmarschall Friedrich Heinrich Graf von Wrangel wurde im Auftrag des Prinzregenten eine Kommission zur Reorganisation des Heeres eingesetzt, in die am 28. Oktober 1859 auch Prinz Friedrich Wilhelm berufen wurde. In dieser Kommission unterbreitete der Prinz den Vorschlag, die Wiedereinführung einer dreijährigen Dienstzeit und die Vergrößerung des Heeres zu beschließen und erinnerte die Kommissionsmitglieder an ihre Loyalität seinem Vater gegenüber, der diesen Appell seines Sohnes nicht vergaß und ihn am 1. Juli 1860 zum Generalleutnant beförderte, nachdem er wegen seiner regen Mitarbeit in der Militärkommission schon am 4. Juni auf einer Parade in Königsberg von seinem Vater zum Chef des 1. Infanterie-Regiments, dem ältesten in der Armee, ernannt worden war. Mit der eigentlichen Heeresreform wurde unter der tatkräftigen Führung Albrecht von Roons, der im Dezember 1859 preußischer Kriegsminister geworden war, im Frühjahr 1860 begonnen.

Am 2. Januar 1861 starb König Friedrich Wilhelm IV., der schon seit seinem ersten Schlaganfall, dem noch sechs weitere folgen sollten, regierungsunfähig war. Aus dem Prinzregenten wurde nun König Wilhelm I. und aus Prinz Friedrich Wilhelm der Kronprinz von Preußen. Am 18. Oktober 1861 folgte die feierliche Königskrönung in Königsberg i. Pr., wo sich 160 Jahre früher der erste Preußenkönig, Friedrich I., gekrönt hatte. Wilhelm I. machte es seinem Urahnen gleich und nahm »die Krone vom Tisch des Herrn«, um sie sich selber aufzusetzen. Das veraltete Zeremoniell mit seiner Krönung »von Gottes Gnaden« provozierte zumindest die liberale Opposition, die diese Krönung für geschmacklos hielt, auch weil sie nicht mehr in das Bild einer konstitutionellen Monarchie passen wollte. Der Kronprinz fand die Selbstkrönung dagegen erhebend und führte aus: »Himmlisch, als S. M. kniete, dann, nachdem er den Krönungsmantel umhatte, er die Altarstufen ersteigend, die Krone sich aufs Haupt setzte, Reichsschwert erfaßte. Mama sah herrlich aus ... wundervolle Haltung, Bewegungen, Verbeugungen. Ergreifend, als Papa ihr die Krone aufsetzte. Als beide Majestäten ihre Throne wieder bestiegen, näherte ich mich Papa, Vicky Mama; wir knieten nieder, küßten die rechte Hand ...«

Am 19. Oktober 1861 trug die Albertus-Universität zu Königsberg dem Kronprinzen die Würde des Rektors an, die König Friedrich Wilhelm IV. bis zu seinem Tode innehatte. Am 20. Juli 1862 wurde der Kronprinz aus Anlass der Einweihung des neuen Königsberger Universitätsgebäudes feierlich in sein Amt eingeführt. Der

Kronprinz, der übrigens seinen Vater in der Ausübung von Repräsentationspflichten oft vertreten musste, versprach in seiner Festrede, die Albertus-Universität zu schützen, ihre wissenschaftliche Entwicklung zu fördern und war sich der hohen Auszeichnung der altehrwürdigen, von Herzog Albrecht von Preußen 1544 gegründeten Alma mater bewusst.

Die Freude des Jahres 1861 wurde durch den plötzlichen Tod Prinz Alberts tief getrübt, der am 14. Dezember 1861 an Typhus starb. Da die Beziehungen der Kronprinzessin zu ihrem Vater, der sie als Freund, Lehrer und Berater in alle Bereiche des Lebens, in Fragen der Wissenschaft und Kunst, der Religion und Philosophie sowie der Politik und Wirtschaft eingeführt hatte, außergewöhnlich eng gewesen waren, traf sein Verlust sie besonders schmerzlich. Auch dem Kronprinzen hatte Victorias Vater viel bedeutet. In Gesprächen und Briefen hatte er ihn immer wieder von der Notwendigkeit einer konstitutionellen Monarchie in Preußen zu überzeugen versucht. So war auch ihm Prinz Albert ein Freund und Berater geworden, dessen Verlust er aufrichtig beklagte.

Am 6. Juni 1861 wurde der Historiker und Geheime Regierungsrat Professor Dr. Max Duncker, der dem Kronprinzen schon seit 1859 vertraut war, Friedrich Wilhelms »Vortragender Rat in Staatsangelegenheiten«. Duncker sprach sich für eine stärkere Betonung der preußischen Politik für Deutschland aus, die die Sympathie der süddeutschen Staaten für Preußen wecken und zugleich den Einfluss Österreichs zurückdrängen müsste. Die militärische Stärke Preußens hatte für Duncker einen hohen Stellenwert und sollte Preußens Politik maßgeblich bestimmen. Duncker vertrat mäßig liberale Ansichten, verfügte aber über ein stark ausgeprägtes deutsches Nationalgefühl.

Die Hauptursache für die allgemeine Missstimmung im Lande war die offenkundige Abkehr des Königs von der »Neuen Ära«, denn Wilhelm I. sah mittlerweile in jeder oppositionellen Regung, die seinen Bestrebungen zuwiderlief, demokratische und letztlich revolutionäre Gesinnungen, so dass der liberale Weg in Preußen nur noch eine kurze Lebensdauer hatte. Der Kronprinz distanzierte sich zwar von den Ansichten seines Vaters, stand aber nicht öffentlich für seine Meinung ein, sondern hielt sich aus dem Parteienstreit, der zum Teil heftige Formen annahm, heraus. Bei den Neuwahlen zur Zweiten Kammer am 5. Dezember 1861 erlitten die Konservativen von der »Kreuzzeitungs-Partei«, die auf 14 Abgeordnetensitze zurückfielen, eine schwere Niederlage, während die linksliberale Deutsche Fortschrittspartei 110 Sitze erringen konnte und damit zur stärksten Fraktion des Abgeordnetenhauses wurde, denn die Altliberalen brachten es nur auf 91 und die liberale Mitte lediglich auf 50 Sitze. Mit diesen neuen Mehrheiten war die Heeresreform nicht durchzusetzen.

Im Frühjahr 1862 kam es zum offenen Konflikt zwischen dem König und dem opponierenden Parlament, woraufhin Wilhelm I. kurzerhand alle liberalen Minister entließ und am 11. März 1862 das Parlament auflöste. Mit diesem Schritt war die »Neue Ära« in Preußen endgültig beendet. Der König berief nun ein konservatives Kabinett, in dem Roon seine wichtigste Stütze im Kampf um die Heeresreform war. Bereits im Frühjahr 1860 hatte Roon ein neues Kriegsdienstgesetz vorgelegt, das neben einer Truppenvermehrung auch die erneute Festlegung der dreijährigen Dienstzeit vorsah. Seine Gesetzesvorlage war jedoch von einer Mehrheit im Abgeordnetenhaus verworfen worden. Die Regierung bestritt dem Parlament das Recht der Ablehnung, da die Heeresreform ausschließlich in die Zuständigkeit des Königs falle.

Der Konflikt zwischen dem König und dem Parlament hatte sich auch deshalb zugespitzt, weil die Fortschrittspartei eine parlamentarische Kontrolle aller Staatsausgaben forderte, also auch der für das Militär. Bei den gemäß der Verfassung ausgeschriebenen Neuwahlen am 6. Mai 1862 erlangten die liberalen Fraktionen sogar mehr als achtzig Prozent der Sitze und hätten unter konstitutionell-parlamentarischen Verhältnissen die Regierung stellen müssen. Für den König wurde die Lage, die sich zu einem Kampf um die Alternative parlamentarische Regierung oder monarchische Prärogative [nur dem Herrscher vorbehaltenes Recht] zuspitzte, immer prekärer.

Der Kronprinz geriet darüber wieder in Konflikte. Einerseits wollte er die Verfassung gewahrt wissen, andererseits hatte er die Heeresreform als Mitglied der Militärkommission selbst gefordert und mit vorbereitet. Selbst in dieser prekären Situation fand er nicht die Kraft, offen Partei zu ergreifen. Er stellte sich weder gegen seinen königlichen Vater noch an dessen Seite. Weil »... sein Gemüt ... von einer Weiche und Zartheit« war, wie Müller-Bohn die Haltung Friedrich Wilhelms entschuldigend umschrieb, ging er allen Spannungen aus dem Weg und wollte keine Partei verletzen, auch wenn die Liberalen in dieser besonders angespannten und dramatischen Situation von ihm ein Bekenntnis erwartet hatten, denn von seiner politischen Tendenz her galt er als liberal.

Während Friedrich Wilhelms und Victorias erste Ehejahre ungetrübt verliefen, kamen ab 1862 Gerüchte über angebliche Eheprobleme, über Eifersuchtsszenen und mögliche Scheidungsabsichten des Kronprinzenpaars in Umlauf – wahrscheinlich eine Intrige der erzkonservativen »Kreuzzeitungs-Partei«, die ganz gezielt gestreut wurde. »Es waren die ersten Schüsse in einer Verleumdungskampagne«, wie John C. G. Röhl in seiner Kaiserbiografie »Wilhelm II.« schreibt, »die unter Bismarck zum System herausgebildet wurde«. Die Kronprinzessin war und blieb für die konservativen Kreise immer »diese Engländerin« und die Agentin einer fremden Macht. Außerdem beherrschte sie angeblich ihren schwachen Mann und beeinflusste ihn in ihrem Sinne. Es war zwar richtig, dass der Kronprinz seine Frau häufig um ihre Meinung befragte, aber deshalb musste sie ihn nicht zwangsläufig beherrschen, wenngleich Victorias Einfluss auf ihn ausgeprägter und nachhaltiger war als umgekehrt, wofür auch seine Briefe an sie sprechen.

Die Ehe zwischen Kronprinz Friedrich Wilhelm und Kronprinzessin Victoria, was immer ihr auch nachgesagt wurde, war offenbar bis in die achtziger Jahre hinein harmonisch. Eine Fülle von Briefen belegt die Annahme einer intakten Verbindung, die in Fürstenhäusern keineswegs alltäglich war. Am 26. Mai 1859 schrieb Victoria während ihres ersten Englandbesuchs an Friedrich Wilhelm, dass er ihr überall fehle und dass sie sich nach Potsdam sehne, »wo mein Herz u. mein Glück u. meine Heimath ist«. Ein knappes Jahr später, am ersten Geburtstag ihres Sohnes, hatte Prinzessin Victoria ihrem Vater geschrieben: »Ich weiß, daß Du mir nicht böse sein oder mich für undankbar halten wirst, wenn ich sage, daß sie [ihre beiden ersten Ehejahre] die zwei glücklichsten Jahre meines Lebens gewesen sind.« Solche Briefe, denen weitere hinzugefügt werden könnten, sprechen eine andere Sprache als alle in Umlauf gebrachten Gerüchte. Sie belegen, dass sich die Kronprinzessin in ihren ersten Jahren in Preußen wohlfühlte und dass die angebliche Bevormundung bis hin zur völligen Beherrschung ihres Mannes eine Unterstellung sein konnte.

Die Zäsur in ihrer Einstellung zu Preußen ist zeitlich ziemlich exakt anzugeben. Sie fiel in das Jahr 1862, als Otto von Bismarck in der preußischen Politik den neuen Kurs bestimmte und den Ton angab. Dass ihre Beliebtheit mehr und mehr abnahm, hatte nach Victorias eigener Einschätzung hauptsächlich zwei Gründe: Zum einen gereichte ihr allein der Umstand zum Nachteil, dass sie Engländerin war, zum anderen verübelte man ihr ihre Ansichten zur englischen

Politik, die für sie nach wie vor Vorbildcharakter hatte, auch für Preußen.

Als auf der denkwürdigen Parlamentssitzung am 18. September 1862 mit großer Mehrheit die Streichung der für die Durchsetzung der Heeresreform erforderlichen Mittel beschlossen wurde, sah der König seine Reform ernsthaft gefährdet. Unter allen Reorganisationsmaßnahmen der Armee trieb die Anhebung der Dienstzeit auf drei Jahre, an der der König starr und unnachgiebig festhielt, den Verfassungskonflikt auf die Spitze. Der König selbst, für den Zugeständnisse nicht infrage kamen, sah den einzigen Ausweg aus diesem politischen Desaster nur noch in seiner Abdankung.

In dieser dramatisch zugespitzten Situation rief Wilhelm I. auf Anraten Roons den preußischen Gesandten in Paris, Otto von Bismarck, nach Berlin. Der Ruf war ihm nicht leicht gefallen, nicht nur wegen der Bedenken Königin Augustas gegen Bismarck, sondern auch seiner eigenen Vorbehalte wegen, denn zwischen ihm und dem märkischen Junker Bismarck bestand durchaus keine natürliche Affinität und sonderliche Sympathie. Dieser Mann, so äußerte sich der König vor Bismarcks Berufung, sei ihm unheimlich und flöße ihm regelrechten Widerwillen ein. Am Rande sei bemerkt, dass auch Bismarck nie aufgehört hat, über seinen Nervenverschleiß zu klagen, den der ewige Kampf mit seinem König ihn koste.

Am 20. September traf Bismarck ein und wurde sofort zum Kronprinzen beschieden, der ihn nach seiner Einschätzung der Lage befragte. Bismarck, der gerade aus Paris gekommen war, hatte sich »über heimische Angelegenheiten nicht informiert« und schrieb später dazu in »Gedanken und Erinnerungen«: »... außerdem hielt ich mich auch nicht für berechtigt, mich gegen ihn früher zu äußern als gegen den König.« Der König hatte von Bismarcks Besuch beim Kronprinzen bereits erfahren, bevor er ihn selbst zum Gespräch empfing. Resigniert sagte er deshalb zu Roon: »Mit dem ist es auch nichts, er ist ja schon bei meinem Sohne gewesen.« Man sieht unschwer an diesem Kommentar, wie tief die Verstimmung zwischen Vater und Sohn, der vom König schon der anderen Partei zugerechnet wurde, inzwischen war.

Die Abdankungsurkunde hatte Wilhelm I. bereits abgefasst, es fehlten lediglich noch Unterschrift und Datum. Als er sie am 19. September seinem Sohn vorlegte, hatte der sich jedoch geweigert, sie überhaupt zu lesen, weil er diesen Schritt für eine Kapitulation seines Vaters vor dem Parlament hielt. Das aber wollte auch der Kronprinz nicht. In Wirklichkeit schreckte er vor der Konsequenz zurück, die diese Abdankung für ihn bedeutet hätte und fürchtete, die Herrschaft in dieser verfahrenen Situation übernehmen zu müssen, der er noch weniger gewachsen war als sein Vater. So anfällig er für alles Repräsentative war, so sehr ängstigte ihn der Konflikt, den es politisch zu lösen galt, und den sogar der eigene Vater mit seiner Abdankung quittieren wollte.

Die Kronprinzessin war dagegen von anderem Format. Für sie war das Ziel, die Königskrone, zum Greifen nah, und so beschwor sie ihren Mann, das Thronangebot nicht auszuschlagen und schrieb an ihn: »Wenn Du es nicht annimmst, glaube ich, daß Du es einst bereuen wirst, jedenfalls möchte ich nicht die Verantwortung auf mich nehmen, abgeraten zu haben.« Doch eine Kämpfernatur, der es zur Lösung dieser verfahrenen und konfliktreichen Situation bedurft hätte, war Friedrich Wilhelm nun mal nicht. Außerdem plagten ihn Skrupel, den Rücktritt seines Vaters akzeptiert zu haben. Menschlich mochten solche Beweggründe für ihn sprechen, obwohl von einer Mitschuld an der Abdankung keine Rede sein konnte, was nicht nur er und sein Vater wussten, denn er hatte ihm weder zu diesem Schritt geraten noch war er jemals auf den Gedanken verfallen.

Ein gutes Vierteljahrhundert später wurde die Frage aufgeworfen, welche politische Entwicklung Deutschland in den kommenden Jahrzehnten genommen hätte, wenn Kaiser Friedrich III. nicht nach 99 Regierungstagen seinem Krebsleiden erlegen gewesen wäre, sondern seit der Abdankung seines Vaters schon 26 Jahre lang regiert hätte. Dass der Thronwechsel im Jahre 1862 nicht zu Stande kam, scheiterte hauptsächlich an dem Kronprinzen, den um diese Zeit die Lösung des Verfassungskonflikts schrecken mochte, auch wenn er aufgrund mangelnden Selbstvertrauens zur Machtübernahme noch nicht geeignet schien und auch nicht willens war.

Dass sich Wilhelm I. sogar mit Abdankungsgedanken trug, erfuhr Bismarck erst zwei Tage später, als ihn der König in Babelsberg empfing und ihm auf einem Spaziergang durch den Schlosspark seinen Entschluss mitteilte, die Krone niederzulegen: »... ich finde keine Minister mehr, die bereit wären, meine Regierung zu führen, ohne sich und mich der parlamentarischen Mehrheit zu unterwerfen. Ich habe mich deshalb entschlossen, die Regierung niederzulegen, und meine Abdikationsurkunde ... bereits entworfen.«

Bismarck war spontan bereit, in das Ministerium einzutreten und der Meinung, dass auch Roon, der führende militärische Kopf im Verfassungskonflikt, in seinem Amt als Kriegsminister verbleiben werde. Außerdem hegte er nicht den geringsten Zweifel, das Kabinett vervollständigen zu können, falls noch andere Mitglieder zum Rücktritt bewogen würden, was durch seinen Eintritt in die Regierung nicht auszuschließen sei. Als der König Bismarck fragte, ob er auch gegen die Majorität des Landtags für die Heeresreform eintreten würde, bejahte Bismarck seine Frage und erklärte ihm, dass er die dreijährige Dienstzeit durchsetzen würde und außerdem bereit sei, gegen eine parlamentarische Mehrheit zu regieren und die Staatsgeschäfte auch ohne ein verfassungsmäßig zustande gekommenes Budget zu führen. Nach Bismarcks schneidiger Aussage erklärte Wilhelm I.: »Dann ist es meine Pflicht, mit Ihnen die Weiterführung des Kampfes zu versuchen, und ich abdiziere nicht.«

Bismarck umriss gegenüber dem König dann seine politischen Vorstellungen und vertrat die Ansicht, dass es sich in dieser Konfliktsituation nicht um »Konservativ oder Liberal«, »sondern um Königliches Regiment oder Parlamentsherrschaft handle und daß die letztere unbedingt und auch durch eine Periode der Diktatur abzuwenden sei«. Mit Worten der Ergebenheit, die dem König verständlicherweise gefallen mussten, schloss Bismarck seine Erklärung: »In dieser Lage werde ich, selbst wenn Eure Majestät mir Dinge befehlen sollten, die ich nicht für richtig hielte, Ihnen zwar diese meine Meinung offen entwickeln, aber wenn Sie auf der Ihrigen schließlich beharren, lieber mit dem Könige untergehn, als Eure Majestät im Kampfe mit der Parlamentsherrschaft im Stiche lassen.«

Am 23. September brachte das Abgeordnetenhaus die Gesetzesvorlage für die Mehrausgaben der Armee, die im Staatshaushalt verankert werden mussten, mit einer überwältigenden Mehrheit zu Fall. Bismarcks Ernennung zum interimistischen Ministerpräsidenten hatte der König noch am 22. September vollzogen. Sie wurde einen Tag später, dem Tage des Triumphs der Deutschen Fortschrittspartei im Abgeordnetenhaus, veröffentlicht.

Mit dem konservativen märkischen Junker Otto von Bismarck sollte König Wilhelm I. von Preußen den fähigsten Staatsmann und genialsten Politiker berufen, den die preußisch-deutsche Geschichte des 19. Jahrhunderts kennt. 28 Jahre lenkte er die Geschicke Preußens und 19 die des Deutschen Kaiserreichs, die er seinem Machtprinzip unterordnete. Was Bismarck von anderen Politikern unterschied, waren sein Durchsetzungsvermögen, seine Wortgewalt und seine schöpferische Gestaltungskraft, gepaart mit Fantasie und Mut zum Risiko. Seine Energie und Willenskraft, die Weigerung, sich geschlagen zu geben und die Entschlossenheit, Erfolg zu haben, gehörten zu den hervorstechendsten Eigenschaften dieses außergewöhnlich intelligenten Mannes. Als Politiker und Staatsmann war Bismarck eine Ausnahmeerscheinung, die er bis heute geblieben ist.

Am 8. Oktober 1862 erfolgte durch König Wilhelm I. Bismarcks offizielle Berufung zum Ministerpräsidenten, die auf viele wie ein Schock wirkte und die Lage des Kronprinzen noch erschwerte. Von Anfang an war das Verhältnis zwischen dem neuen Ministerpräsidenten und dem Kronprinzenpaar gespannt und überschattet von Zwistigkeiten und Reibereien bis hin zu verdeckten und offenen Feindseligkeiten. Da die Kronprinzessin jede Form einer autokratischen Regierung ablehnte und nur eine verfassungsmäßige parlamentarische Monarchie akzeptierte, waren die politischen Fronten zwischen ihr und Bismarck von vornherein geklärt. Bismarck äußerte sich dazu in »Gedanken und Erinnerungen«: »Schon bald nach ihrer Ankunft in Deutschland, im Februar 1858, konnte ich ... die Überzeugung gewinnen, daß die Prinzessin gegen mich persönlich voreingenommen war ... Auf Abneigung wegen meiner angeblich anti-englischen Gesinnung und wegen Ungehorsams gegen englische Einflüsse war ich gefaßt; daß die Frau Prinzessin sich aber ... von weitergehenden Verleumdungen beeinflussen ließ, mußte ich vermuten, als sie ... in halb scherzendem Tone sagte: ich hätte den Ehrgeiz, König zu werden oder wenigstens Präsident einer Republik ... Ich könnte nicht dafür gutsagen [so Bismarck in seiner Entgegnung], daß in Ermangelung eines solchen [Königs] die nächste Generation nicht republikanisch werden könne. Indem ich mich so äußerte, war ich nicht frei von Sorge in dem Gedanken an einen Thronwechsel ohne Übergang der monarchischen Traditionen auf den Nachfolger ...«

Die Situation zwischen Bismarck und dem Kronprinzen war nicht besser, wobei die liberale Haltung des Kronprinzen nicht so gefestigt war wie die seiner Frau. In der aktuellen Situation, die zu Bismarcks Berufung geführt hatte, kam für den Kronprinzen noch erschwerend hinzu, dass er selbst die Heeresreform, die Bismarck durchsetzen wollte, für notwendig erachtet hatte. Für seine rege Mitarbeit in der Militärkommission hatte ihn sein Vater sogar ausgezeichnet. Was ihm jedoch dabei missfiel, war die von Bismarck und dem König in Kauf genommene Ausschaltung des Parlaments. Ein solches Vorgehen lehnte Kronprinz Friedrich Wilhelm aus Überzeugung ab. Dass Bismarck die Verfassung von 1850 von Anfang an störte, war bekannt. Dass er den König aber überzeugen konnte, notfalls auch ohne Parlament zu regieren, also auch ohne ein vom Parlament bewilligtes Budget, wurde von dem Kronprinzenpaar

Fürst Bismarck. Preußischer Ministerpräsident seit 1862 und deutscher Reichskanzler seit 1871. Nach einem Gemälde von Franz von Lenbach.

strikt abgelehnt ebenso wie der Maulkorb, den Bismarck der Presse anzulegen trachtete. Einer Bismarckschen Verfassungsauslegung oder -ausschaltung wollten und konnten beide nicht zustimmen. In demselben Maße wie die Beziehungen zu Bismarck von vornherein gestört waren, nahm auch die immer ernster werdende Verstimmung zwischen dem König und dem Kronprinzen zu.

Dem Verfassungskonflikt in Preußen entzog sich der Kronprinz zunächst durch eine Reise mit der Kronprinzessin und seinem Schwager, dem Prinzen von Wales, nach Italien. Wieder einmal entzog er sich der Stellungnahme und suchte politisch »Deckung«, denn als Thronfolger war sein Platz in dieser brisanten Zeit in Berlin und nicht am Mittelmeer. Er dagegen verließ den Schauplatz auf längere Zeit, weil seine Lage nach der Ernennung Bismarcks noch schwieriger geworden war, zumal seine Ratgeber und Freunde zwei sich diametral gegenüberstehende Ansichten vertraten. Die einen legten ihm nahe, sich aus dem Parteienstreit ganz herauszuhalten, während die anderen, zu denen auch Duncker gehörte, ihm empfahl, beim König vorstellig zu werden und ebenfalls auf den Ministerrat einzuwirken, weil er sich der freiheitlichen Entwicklung in Preußen wegen politisch unbedingt einmischen müsse.

Seiner Natur entsprachen die Ansichten der Erstgenannten natürlich mehr. Da er ohnehin jegliche Einmischung für erfolglos hielt, besonders solche, die von ihm oder aus seinem Umfeld kamen, unterblieben alle Einmischungsversuche, hinter denen spontan Initiativen der Kronprinzessin vermutet worden wären. Um effektiv etwas bewirken zu können, fehlte es dem Kronprinzen an Selbstbewusstsein – aber nicht weniger an einer eindeutigen politischen Haltung. Dass er sich damit den Rücken freihalten konnte, um nicht mit Bismarcks Politik in Zusammenhang gebracht zu werden, war ein Trugschluss und wurde auch nicht so gesehen.

Am 22. Oktober 1862 war die Reisegesellschaft in Marseille an Bord gegangen und mit dem britischen Raddampfer »Osborne« in See gestochen. Diese Vergnügungs- und Bildungsreise führte die Gesellschaft auch an die nordafrikanische Küste, um die Ruinen von Karthago zu besichtigen, doch blieb Italien der eigentliche Magnet. Nach einem Besuch Pompejis und der Besteigung des Vesuvs war Rom das nächste Reiseziel. Es kam zu einer Audienz beim Papst. Auf Wunsch der Kronprinzessin trug sich Pius IX. in ihr Autographen-Album ein, wobei ihr der von ihm gewählte Spruch missfiel: »Domine Miserere eis, qui in Tenebris sedent in umbra mortis« [Erbarme dich, Herr, derer, welche in Finsternis sitzen und in den Schatten des Todes]. Am 2. Dezember 1862 wurde die Heimreise angetreten, die man in Wien unterbrach. Der Besuch beim österreichischen Kaiserpaar verlief harmonisch, wobei sich Kaiser Franz Joseph und Kronprinz Friedrich Wilhelm, die nahezu gleichen Alters waren, sympathisch fanden. Kurz vor Weihnachten 1862 traf man wieder in Berlin ein, wo sich die politischen Wogen nicht im mindesten geglättet hatten.

Am 30. September 1862 hatte Bismarck in Berlin den Kampf eröffnet, als er sich in der Budgetkommission des Abgeordnetenhauses mit den markigen Worten einführte: »Eine Verfassungskrisis ist aber keine Schande, sondern eine Ehre … Wir haben zu heißes Blut, wir haben die Vorliebe, eine zu große Rüstung für unsern schmalen Leib zu tragen, nur sollten wir sie auch nützen. Nicht auf Preußens Liberalismus sieht Deutschland, sondern auf seine Macht … Nicht durch Reden und Majoritätsbeschlüsse werden die großen Fragen der Zeit entschieden – das ist der Fehler von 1848 und 1849 gewesen – sondern durch Eisen und Blut.« Diese viel zitierten Bismarck-

Worte, die eine Empörung und Entrüstung provozierten, sollten politischen Leitmotivcharakter bekommen, zumindest für seine ersten zehn Regierungsjahre.

Selbst Roon, der dem König Bismarck vorgeschlagen hatte und als einer seiner Gewährsmänner galt, war mit dessen »Antrittsrede« unzufrieden, weil er solche »geistreiche[n] Exkurse«, zu denen sich Bismarck temperamentvoll hinreißen ließ, in dieser angespannten Situation für wenig hilfreich hielt. Der König aber war, als er die Worte vernahm, regelrecht erschrocken, so dass Bismarck es für angeraten hielt, ihm bis Jüterbog entgegenzufahren, als er von der Geburtstagsfeier Königin Augustas aus Baden-Baden heimkehrte, um ihn persönlich über die Vorgänge aufzuklären und schon vor Berlin die Wogen zu glätten. Der König war jedoch so ungehalten, dass er Bismarcks Redefluss mit den Worten unterbrach: »Ich sehe ganz genau voraus, wie das alles endigen wird. Da vor dem Opernplatz, unter meinen Fenstern, wird man Ihnen den Kopf abschlagen und etwas später mir.« Dank seiner rhetorischen Begabung und der Überzeugungskraft seiner Worte gelang es Bismarck binnen kurzem, den aufgebrachten König zu beruhigen, indem er das Thema von der preußischen Offiziersehre her anpackte, womit er stets den Lebensnerv des Königs traf. Jedenfalls versetzte ihn Bismarck in eine gehobenere Stimmung, in der er »in wenigen Minuten die Sicherheit wieder [fand], um die er in Baden gebracht worden war, und selbst seine Heiterkeit«. Bismarck hat später für sein Erinnerungswerk einen hochdramatischen Bericht von diesen Ereignissen abgefasst, den Schoeps »als ein literarisches Meisterstück« bezeichnet hat.

In dem Tagebuch des Kronprinzen, das er seit 1861 führte, wurde im Zusammenhang mit Bismarcks möglicher Ernennung zum Ministerpräsidenten unter dem 23. Mai 1862 von ihm vermerkt: »Bismarck-Schönhausen zum Gesandten in Paris ernannt; möge unsere Besorgnis nicht in Erfüllung gehen, daß dieser Schritt dereinst unheilvolle Folgen für Preußen haben wird.« Seine Ahnungen und Befürchtungen gingen offenbar um diese Zeit schon weiter. Dass die Gerüchte um Bismarcks Eintritt in die preußische Regierung nicht verstummen wollten, zeigt die Eintragung des Kronprinzen vom 19. Juli 1862, in der er wieder auf dieses Thema zurückkam und schrieb: »Ernster Brief von Frauchen [Kosename des Kronprinzen für seine Frau]: S M will Bismarck-Schönhausen!!! als Ministerpräsidenten anstellen. Welches Gefühl hier ...«

Als die Nachricht von Bismarcks Ernennung zum Ministerpräsidenten am 23. September 1862 bei dem Kronprinzen eintraf, hielt er die Meldung in seinem Tagebuch kommentarlos fest, wobei er lediglich an seine Mutter dachte, da Bismarck deren »Todfeind« war, wie er schrieb. Ansonsten lehnte er dessen Ernennung rundweg ab und äußerte sich abfällig über »diesen Landwehrleutnant, diesen unehrlichen Charakter«. Bismarck hatte nach Absolvierung seiner Dienstzeit seine militärische Karriere im Range eines Landwehrleutnants beendet, worauf der Kronprinz in seiner Bemerkung anspielte. Die Kronprinzessin sah die Zukunft Preußens mit Bismarck an der Spitze düster und warnte: »Falls Bismarck kommen sollte, wird er uns in unsägliches Elend stürzen.«

Noch standen fast alle gegen Bismarck, nicht nur die Deutsche Fortschrittspartei und der liberale Radikalismus, sondern auch die Gemäßigten sowie ein Teil der königlichen Familie, vor allem die Kronprinzessin und Königin Augusta. Die Haltung des Kronprinzen war dagegen nicht von solcher Klarheit. Da der König für ihn immer die erste Respektsperson war, war diese Abhängigkeit des Sohnes vom Vater für Bismarck nicht von Nachteil, zumal der König schnell erkannte, dass er in Bismarck genau den Regierungschef gefunden hatte, der die anstehenden Aufgaben meistern würde. Dass der Kronprinz den neuen Ministerpräsidenten nicht verprellte, darauf würde der Monarch schon achten.

Das Kabinett Bismarck hatte zu Beginn nur geringe Popularität. Wenn der Ministerpräsident, der ohne ein bewilligtes Budget zu regieren begonnen hatte, erklärte, dass der König das Recht habe, nicht bewilligte Ausgaben zu verfügen und das Herrenhaus den Etat für 1862 in der Fassung des Landtags einerseits verwarf, den der Regierungsvorlage andererseits annahm, dann musste das zum Eklat zwischen dem Souverän und dem Volk, zwischen Regierung und Land führen. Die Stimmung war um diese Zeit der vorrevolutionären durchaus vergleichbar. In dieser äußerst brisanten politischen Situation wurde der Kronprinz wiederum von beiden Lagern umworben und in Briefen und Denkschriften um seine Hilfe ersucht, wobei alle Appelle ohne Resonanz blieben. Vergebens wartete man auf eine Parteinahme oder ein Bekenntnis von ihm.

Sein Schweigen in dieser dramatischen Zeit könne als Zustimmung zur Politik Bismarcks gedeutet werden, warnte ihn Duncker. Auch den Grundsatz seiner Nichteinmischung ließ er nicht gelten, ebenso wie der Kronprinz nach Dunckers Meinung die Minister nicht meiden dürfe, denn schließlich müsse er den König bei Erkrankungen vertreten. Duncker gemahnte ihn an seine Pflichten als Thronfolger. Er müsse auf alle Fälle eine Position beziehen – entweder gegen den Regierungskurs oder dafür. Auf keinen Fall dürfe er schweigen. Der Kronprinz hatte Dunckers Mahnung zwar verstanden, und dessen Appelle gingen auch nicht spurlos an ihm vorüber. Aber Dunckers Optimismus bezüglich der Einflussmöglichkeiten des Kronprinzen vermochte er nicht zu teilen.

Am 27. Mai 1863 dankte er Duncker zwar für dessen Offenheit, teilte ihm aber auch die Gründe für seine Passivität mit: »Eine Warnung würde er [der Kronprinz] in diesem Augenblick für erfolglos halten. Se. Majestät glaubt mit dem gegenwärtigen Verfahren dem Andrängen der Demokratie einen Damm entgegenstellen zu können, ohne die Verfassung zu verletzen ... Auf blosse Vermutung hin, oder Gerüchten Glauben schenkend, den König vor Verfassungsverletzungen zu warnen, würde diesen mit Recht erbittern. Werden dann die befürchteten Massregeln ergriffen, so werden die Minister schon ein Kleid finden, das rechtlich wenigstens ›unbestreitbar‹ ist, so dass ein direkter Verfassungsbruch nicht in die Augen springt ... Diejenigen, die ihn [den Kronprinzen] kennen, wüssten, woran sie mit ihm seien ... er werde seiner Zurückhaltung treu bleiben ...« Am Ende des Briefes ließ er Duncker wissen: »Sie werden antworten, dies sei die Sprache des Pessimisten. Darauf sage ich: habe ich die Katastrophe vom März 1862 nicht hindern können, bis zu welcher inclusive ich thätig und rückhaltlos liberal war, so werde ich auch heuer, wo ich zurückhaltend und neutral passiv lebe, ebenfalls nichts erreichen und nichts verhindern, was in der Macht der selbsterlaubten und selbst heraufbeschworenen Dinge beruht.«

Das war deutlich genug: Engagement oder gar Parteinahme, die Duncker dem Kronprinzen nahe gelegt hatte und worauf vor allem alle Liberalen hofften, waren von ihm nicht zu erwarten. Er wählte das Los des stillen Dulders und legte sich Zurückhaltung auf, auch wenn sein Vater, dem er treu ergeben war und blieb, sich mehr Zustimmung von seinem Sohn erwartet hätte und damit auch politisches Engagement, natürlich in seinem und in Bismarcks Sinne. Der Kronprinz sah in seiner passiven Haltung einen Ausdruck seiner Kritik an der Politik des Bismarck-Kabinetts und war sich sicher, dass man ihm diese Distanzierung als Tugend anrechnen würde, zumindest war ihm keine Mitschuld anzulasten. Aber ein Alibi konnte er sich mit dieser Haltung natürlich nicht verschaffen, schon gar nicht bei den Liberalen, die ihm als letztem eine Mitschuld unterstellten, in seinem Schweigen aber auch bei aller Fantasie keine Kritik erkennen konnten. Sie sahen sich in ihm getäuscht und zweifelten immer mehr, ob sie sich seiner überhaupt noch sicher sein konnten.

Am 31. Mai 1863 trat Kronprinz Friedrich Wilhelm eine militärische Inspektionsreise nach Ostpreußen an, nachdem er seinem Vater noch zuvor schriftlich ans Herz gelegt hatte, alle Schritte zu vermeiden, die eine weitere Eskalation der Stimmung im Lande provozieren könnten. Dieser im Ton ergebene, um nicht zu sagen devote Brief vom 31. Mai an König Wilhelm I., der eher einer Wunschliste als einem Appell glich, begann mit den Worten: »Du weißt es, lieber Papa, wie ich mit ganzer Seele an Dir hänge, wie es keinen Menschen auf der Erde gibt, der Dir treuer ergeben ist, als ich, und wie Deine Wünsche immer Befehle für mich sind …« Aber der Kronprinz sah »Unheil über Deinem teuersten Haupte drohen …« und hielt es daher für seine Pflicht, wie er ihm schrieb, ihn zu warnen, auch »… auf die Gefahr hin, Deine Ungnade zu erwecken«.

Am Tag darauf, am 1. Juni 1863, erschien eine neue Presseverordnung, die »Preßordonnanz«, die einen Aufschrei der Entrüstung im ganzen Land auslöste, weil die Presse damit geknebelt und mundtot gemacht werden konnte. Nach dieser Preßordonnanz, die Bismarck mit dem Notstandsparagraphen, dem Artikel 63 der Verfassung, stützte, konnte das Erscheinen von Zeitungen und Zeitschriften nach einer zweimaligen Verwarnung »wegen fortdauernder, die öffentliche Wohlfahrt gefährdender Haltung« verboten werden. Da kein Notstand erkennbar war, was von drei Juristischen Fakultäten so gesehen wurde, war die Presseverordnung eindeutig verfassungswidrig. Gerüchten zufolge, die in Umlauf waren, sollten weitere Erlasse folgen, die sich als nächstes gegen Beamte und Vereine richten würden. Bismarck, so hieß es weiter, habe angeblich sogar den Rat gegeben, unter Umgehung des Kronprinzen dem Prinzen Karl, einem Bruder Wilhelms I. mit stockpreußischer Gesinnung, die Stellvertretung des Königs zu übertragen, der Ende Januar und Ende Mai ernsthaft erkrankt war.

Am 3. und 4. Juni 1863 nahm der Kronprinz in Briefen an seinen Vater zu den jüngsten Maßnahmen der Bismarck-Regierung Stellung und teilte ihm mit, dass er die »Preßordonnanz« nicht anerkennen werde, fügte aber versöhnlich hinzu, dass ihm nichts ferner liege, »als in eine oppositionelle Stellung gegen Dich zu treten. Mein eifrigstes Streben bleibt wie bisher, mir Deine Liebe zu erhalten, Dein Vertrauen zu verdienen …«, um seinen Brief vom 3. Juni mit den Worten zu beschließen: »Ich habe nun die schmerzliche Pflicht erfüllt, alles zu sagen, was ich auf dem Herzen hatte.«

Die »Preßordonnanz«, die die Verfassung eindeutig verletzte, die schlimmen Gerüchte, deren Wahrheitsgehalt nicht einzuschätzen war und die Selbstherrlichkeit des neuen preußischen Ministerpräsidenten hatten den Stolz des Kronprinzen so empfindlich verletzt, dass er am 5. Juni in äußerst erregter Stimmung in Danzig eintraf. Als der Oberbürgermeister der Stadt, Leopold von Winter, in dieser angespannten Situation an ihn dann noch die Bitte herantrug, für die verletzte Verfassung einzutreten, ließ sich der Kronprinz im Danziger Rathaus zu Worten der Kritik hinreißen, die noch länger im Lande nachhallen sollten. In seiner Ansprache führte er aus: »Auch ich beklage, dass ich zu einer Zeit hergekommen bin, in welcher zwischen Regierung und Volk ein Zerwürfnis eingetreten ist, welches zu erfahren, mich in hohem Grade überrascht hat. Ich habe von den Verordnungen, die dazu geführt haben, nichts gewusst. Ich war abwesend. Ich habe keinen Anteil an den Ratschlägen gehabt, die dazu geführt haben. Aber ... wir alle haben die Zuversicht, dass Preussen unter dem Zepter Sr. Majestät der Grösse sicher entgegengeht, die ihm die Vorsehung bestimmt hat.«

Die Ereignisse hatten ihn eingeholt, aber seine Danziger Rede sowie sein Protestbrief aus Graudenz an Bismarck, in dem er die Verordnung als »ungesetzlich und gefährlich« bezeichnete und sich von »jeder Teilnahme an solchen Maßregeln« lossagte, kamen zu spät. Auch wenn er am Schluss seiner Ausführungen sein volles Vertrauen in die edlen Absichten des Königs setzte, um damit seine kritischen Äußerungen zu relativieren, war er sich der Tragweite, die seine Worte haben konnten, wohl bewusst, wenn er in sein Tagebuch schrieb: »Ich habe mich also laut als Gegner Bismarcks ... bekannt und damit der Welt bewiesen, daß ich sein System nicht angenommen oder gar gebilligt habe.« Dass sein Vater ihm den Danziger Auftritt nicht durchgehen lassen würde, verstand sich fast von selbst.

Dass die Rede in Regierungskreisen auf Ablehnung stieß, war nicht anders zu erwarten, ebenso wenig wie das positive Echo, das sie in weiten Teilen der Bevölkerung fand. Während der Opposition seine Stellungnahme nicht weit genug ging, schoss sie für die Regierung weit über das Ziel hinaus. Der König sah in der Rede des Thronfolgers sogar eine Auflehnung gegen die Krone und den obersten Kriegsherrn Preußens. In ernstem Ton beantwortete er am 7. Juni 1863 den Brief seines Sohnes vom 4. Juni – und sparte nicht mit Drohungen und Forderungen. Kurzzeitig trug er sich mit dem Gedanken, den Kronprinzen dieses Vorkommnisses wegen seiner militärischen Kommandos zu entheben und schrieb: »Wer diese schändliche Presse nicht gezügelt sehen will, der will auch den Untergang der Monarchie ... Du aber hebst geflissentlich hervor, daß

Du am Zustandekommen der Verordnung keinen Teil hättest, was auf deutsch heißt: ich mißbillige den Schritt ... Ich verpflichte Dich, keine einzige so unbedachte Äußerung ferner bei keiner Gelegenheit zu tun. Sollte dies doch geschehen, so erfolgt Abberufung nach Berlin, wo dann bestimmt wird, ob Du Deine Kommandostelle noch behalten kannst.«

Die väterlichen Worte verfehlten ihre Wirkung nicht. Wie immer lenkte Friedrich Wilhelm ein und bereute, dass er seinem Vater diesen Kummer bereitet hatte, wenn er auch von seinen Danziger Worten nichts zurücknehmen wollte. Im Übrigen stellte er es dem König anheim, ihn von seinen militärischen und staatlichen Stellungen zu entbinden. Er teilte seinem Vater mit, dass er nicht widerrufen könne und schloss seine Erklärungen mit den Worten: »Ich bitte nun um gnädige Bestimmung eines Aufenthaltes, wo ich der Politik gänzlich fernbleiben kann. Nachdem ich nunmehr alles gesagt zu haben glaube, was ich zur Erklärung meines Standpunktes zu äußern vermag, bitte ich Dich demütig um Verzeihung, teurer, lieber Papa, für den Schmerz und das Ärgernis, das ich Dir bereitete.«

Dem König schien indessen mehr daran gelegen zu sein, die Eskalation nicht weiter zu forcieren und es nicht auf einen Bruch mit seinem Sohn ankommen zu lassen, der die angespannte Stimmung im Lande noch zusätzlich belasten würde. So überging er einfach das Demissionsgesuch des Sohnes wie er auch die Anklage gegen Bismarck übersah. Er erteilte ihm zwar einen strengen Verweis, schloss seine Zeilen aber mit den versöhnlichen Worten: »Mit väterlicher Liebe, aber mit königlichem Ernst habe ich zu Dir gesprochen ...« Dieser Brief des Königs war mit Bismarck abgestimmt worden, der, wenn auch verspätet, dem Kronprinzen folgende Antwort auf dessen Brief aus Graudenz zukommen ließ: »Es ist für uns schmerzlich, wenn unsere Auffassung von Euer königlichen Hoheit als eine irrige angesehen wird, aber sie beruht auf der gewissenhaften Überzeugung von Männern, die im Dienste dreier Könige ... sich mit den Gesetzen und der Lage des Landes ... vertraut gemacht haben, und deren treue Hingebung für König und Vaterland selbst von ihren Gegnern nicht angezweifelt wird ...«

Die Danziger Rede war einer der wenigen öffentlichen Auftritte des Kronprinzen überhaupt, der gleich zu einer ernsten Zerreißprobe zwischen Vater und Sohn geführt hatte. Bismarck, der eigentliche Verursacher der »Danziger Episode«, trat als Vermittler auf den Plan und versuchte, die Wogen im Sinne der Staatsraison zu glätten. Er erinnerte den König an den bekannten Vater-Sohn-Konflikt Friedrich Wilhelms I. mit Kronprinz Friedrich im Jahre 1730 und vor allem daran, dass die Sympathien damals und auch später auf Seiten des Kronprinzen gelegen hätten. Da der König letztlich auch Sorge dafür tragen müsste, »daß die Interessen beider nicht geschädigt würden«, hatte Bismarck Wilhelm I. »in Anspielung darauf, daß schon Geistliche im Lande über Samuelis Buch 2, Kapitel 15, Vers 3 und 4 predigten«, geraten: »Verfahren Sie säuberlich mit dem Knaben Absalom!« In diesem alttestamentlichen Geschichtsbuch erhob sich Absalom gegen seinen Vater David und wurde getötet, was König David tief beklagte.

In seinem Tagebuch vermerkte der Kronprinz unter dem 11. Juni 1863: »Frauchen angegriffen und herunter, sie ist zu gut und feinfühlend für mich, als daß sie nicht ebenso litte wie ich durch diese Begebenheiten; was wäre ich ohne sie? Gott lohne es ihr reichlich.« Auch die von Haus aus couragierte Kronprinzessin, die ihren Mann auf seiner Inspektionsreise nach Ostpreußen begleitete und ihm am 2. Juni nach Graudenz gefolgt war, sah die heraufziehende Gefahr und teilte ihrer Mutter voller Sorge um ihren Mann am 5. Juni 1863 aus Danzig mit, wie sie die Lage des Kronprinzen sah: »Sein zweiter Brief wird den König erbittern«, schrieb sie, »ich würde mich gar nicht wundern, wenn er Fritz in Arrest setzt. Wir sind in einer schrecklichen Lage … Wir können beide vor Aufregung und Sorge nicht schlafen. Fritz ist ganz krank davon! …« Am 8. Juni, an dem der Bruch zwischen Vater und Sohn noch unabwendbar schien, wandte sich Kronprinzessin Victoria mit folgenden Worten an ihre Mutter: »Der König beharrte auf seinem Standpunkt und antwortete Fritz mit einem sehr ärgerlichen Brief. Fritz sandte am vierten seinen Protest an Bismarck und sprach den Wunsch aus, sofort eine Antwort zu erhalten. Bismarck hat nicht geantwortet … Ein Jahr des Stillschweigens und der Selbstverleugnung hat Fritz keine anderen Früchte gebracht, als daß er für einen hilflosen Schwächling gehalten wird. Die Konservativen glauben, daß er in Dunckers Hand ist und daß dieser ihm jeden Schritt diktiert, den er tut. Die Liberalen dagegen sind überzeugt, daß er nicht von ganzem Herzen zu ihnen gehört …« Mit ihrer Einschätzung charakterisierte die Kronprinzessin die Situation ziemlich realistisch.

Bei der stürmisch verlaufenden Unterredung des Königs mit dem Kronprinzen, die einen Tag nach der am 3. September erfolgten erneuten Landtagsauflösung stattfand, eröffnete der Sohn dem Vater, dass er an Bismarcks Kabinettssitzungen nicht mehr teilnehmen möchte und bat ihn, »ihm zu gestatten, von den Ministerialsitzungen fern bleiben zu dürfen«. In einer Denkschrift an den König betonte er noch einmal seine Absicht, um dann gemeinsam Ende September 1863 mit seiner Familie nach England aufzubrechen und sich im schottischen Balmoral niederzulassen. Aber zur Eröffnung des neuen Landtags am 9. November 1863 wurde er nach Berlin zurückbeordert. Die Wahlen am 28. Oktober 1863 hatten der Opposition fast eine Zweidrittelmehrheit gebracht, so dass sich die Regierung nun gezwungen sah, die »Preßordonnanz«, die so viel Unmut heraufbeschworen hatte, am 25. November 1863 wieder zurückzunehmen, wodurch Bismarcks Sympathien für den Kronprinzen nicht gerade stiegen.

Da der König dem völligen Ausscheiden des Kronprinzen aus seinen Ämtern und Würden nie zugestimmt hatte, verblieb das Kronprinzenpaar auch weiterhin in Preußen und konnte nicht, wie beabsichtigt, seinen Wohnsitz in England nehmen. Die Beziehungen zwischen dem Kronprinzen und Bismarck, der den König zwar zum Einlenken mit seinem Sohn bewegt hatte, blieben unterkühlt, zumal Bismarck nichts unterließ, die angespannte Situation zwischen ihm und dem Kronprinzen ständig weiter zu schüren. Und was die Kronprinzessin betraf, so waren die Verhältnisse noch um vieles ausgeprägter und damit klarer.

Nicht in allen Punkten waren die Ansichten und Meinungen Bismarcks und die des Kronprinzen so gegensätzlich, wie es oft den Anschein hatte. Wie Bismarck sah auch der Kronprinz Deutschlands Heil in Preußens Führung. Das Ziel beider war identisch, aber die Wege dahin unterschieden sich erheblich. Bismarck als vorausschauender, kraftvoller und entschlossener Realpolitiker wusste, dass es auf dem Weg zur Einheit Hindernisse geben würde, die bei konsequenter Verfolgung des Ziels gegebenenfalls auch rücksichtslos beiseite geschoben werden müssten und dass eine friedliche Lösung dieser Frage keine Selbstverständlichkeit sein musste, zumal Österreich Preußen schwerlich freiwillig den Vortritt in Deutschland lassen würde. Demzufolge musste es wohl oder übel hinausgedrängt werden, was nur militärisch möglich schien.

Der Kronprinz suchte dagegen den freiheitlich orientierten und friedlichen Weg zur Einheit, den auch das Volk mitgehen sollte, und war der Meinung, dass man die Zustimmung der deutschen Bundesstaaten gewinnen könne, um das Einheitswerk unter preußischer Führung auf dem Reformweg zu erreichen. Das schloss für ihn den Verzicht der kleinen Staaten auf ihre Souveränität ein, aber nicht zwangsläufig den Ausschluss Österreichs aus dem Deutschen Bund, obwohl sich beide Staaten, Preußen und Österreich, in Deutschland natürlich im Wege standen. Da der Kronprinz aber in Zukunft Kaiser von Deutschland werden wollte, waren seine Wünsche schwer umzusetzen, solange Kaiser Franz Joseph dasselbe für sich beanspruchte. Eine friedliche Lösung dieses Problems schien ausgeschlossen, so dass die Vorstellungen des Kronprinzen für den Realpolitiker Bismarck nebulös und politisch nicht umzusetzen waren.

Kriegsheld wider Willen

Wenn zwischen dem Kronprinzen und Bismarck in der deutschen Frage auch grundsätzlich ein Konsens möglich schien, so ließ ein neuer Missklang doch nicht lange auf sich warten, der durch die Elbherzogtümer Schleswig und Holstein heraufbeschworen wurde. Diese beiden Herzogtümer, »die von Gottes und Rechts wegen ›up ewig ungedeelt‹« bleiben sollten, waren seit dem Spätmittelalter in Personalunion mit dem Königreich Dänemark verbunden. Holstein hatte zum Heiligen Römischen Reich gehört, das von Dänen dagegen mitbewohnte Schleswig nicht. Holstein, vertreten durch den dänischen König, war im Unterschied zu Schleswig auch Mitglied des Deutschen Bundes.

In der Mitte des 19. Jahrhunderts hatte sich ein Konflikt ergeben, weil die Frankfurter Nationalversammlung versuchte, die Deutschen in den beiden Herzogtümern »heim« zu holen, während sich die Dänen im Gegenzug Schleswig einverleiben wollten. Die Probleme eskalierten, als die dänische Regierung am 30. März 1863 beschloss, Holstein-Lauenburg aus Dänemark auszugliedern, Schleswig dagegen aber dem dänischen Staat anzuschließen. Der Deutsche Bund erhob zwar Einspruch gegen den Beschluss, der jedoch in Dänemark wirkungslos verhallte.

Obwohl der Frankfurter Fürstentag durch Preußens Fernbleiben Österreich im August 1863 eine schwere diplomatische Niederlage beschert hatte, kam es durch Bismarcks diplomatische Initiative in dieser angespannten Situation zur Waffenbrüderschaft zwischen den beiden deutschen Großmächten, was viele wegen der jüngsten Vorgeschichte befremdete. Da Kaiser Franz Joseph aber darauf achten musste, dass Österreich in Deutschland nicht seine nationale Präsenz verlor, blieb ihm zur Waffenbrüderschaft mit Preußen keine Wahl, so unterschiedlich motiviert jede Seite auch war. Dass es Bismarck im Gegensatz zu Österreich, was das Schicksal Schleswig-

Holsteins anbelangte, nicht um Deutschland, sondern nur um Preußen ging, sollte die Entwicklung bald zeigen, in der sich Bismarck gegen alle durchsetzte.

Im Februar 1864 vermerkte der Geheime Rat des Auswärtigen Amtes, Friedrich von Holstein – die »Graue Eminenz der Wilhelmstraße« – in seinen »Tagebuchblättern«: »Der Ministerpräsident hat mir [dem Legationsrat Emil von Wagner] gesagt: ›Ich habe mich lange besonnen, bevor ich Sr. Majestät riet, Seine Truppen in die Herzogtümer einrücken zu lassen. Nachdem aber Preußen einmal drin ist, muß es auch drin bleiben, selbst um den Preis eines neuen Krieges.‹« Bismarck hoffte damals schon, dass sich auch ein Kriegsgrund gegen Österreich finden lassen werde. So aussichtslos schien die Umsetzung seiner Zukunftsgedanken keineswegs, da viele kleindeutsch gesinnte Liberale und großpreußisch empfindende Konservative einen so genannten kleindeutschen Nationalstaat unter Preußens Führung einem großdeutschen mit Österreich als Führungsmacht vorzogen.

Indessen war in Dänemark die neue Verfassung vom Reichsrat angenommen worden und nur noch nicht in Kraft getreten, weil die Unterschrift des Königs fehlte. Als König Friedrich VII. am 15. November 1863 plötzlich starb, folgte ihm Christian IX. aus dem Hause Schleswig-Holstein-Sonderburg-Glücksburg, so wie es im Londoner Protokoll von 1852 völkerrechtlich geregelt worden war. Außerdem hatten die Großmächte den Status quo bestätigt und damit auch die Personalunion der beiden Herzogtümer mit der dänischen Krone. Der Herzog von Augustenburg hatte auf seine Erbansprüche verzichtet und sich mit einer finanziellen Abfindung begnügt. Jetzt aber, nach dem Tod des kinderlosen Königs Friedrichs VII., ergab sich zusätzlich ein dynastisches Problem, weil sich der Erbprinz Friedrich von Holstein-Augustenburg, ungeachtet des väterlichen Verzichts, als Friedrich VIII. zum Herzog von Schleswig-Holstein proklamierte und den Beitritt der ungeteilten Herzogtümer zum Deutschen Bund erklärte.

Kronprinz Friedrich Wilhelm, der sich zur Eröffnung des Landtags in Berlin aufgehalten hatte, befand sich gerade auf der Rückreise nach England, als ihn die Nachricht vom Tode Friedrichs VII. in Calais ereilte. Da er mit militärischen Maßnahmen rechnete, schwankte er zwischen seiner Heimkehr nach Berlin und seiner Weiterfahrt nach London, entschied sich aber für Letzteres.

Der neue König von Dänemark, Christian IX., dessen Tochter Alexandra die Gemahlin des Prinzen von Wales war, unterzeichnete bereits am 18. November 1863 die vom Reichsrat verabschiedete neue Verfassung, nach der Schleswig nun Dänemark angeschlossen wurde, was in Deutschland heftigen Protest auslöste und das Eingreifen des Deutschen Bundes heraufbeschwor. Diese Unterschrift König Christians IX. war das Fanal zum preußisch-österreichischen Waffengang gegen Dänemark.

Der Erbprinz von Augustenburg fand für seinen Anspruch als Herzog von Schleswig-Holstein eine breite Zustimmung in der Bevölkerung beider Herzogtümer und Rückhalt im Deutschen Bundestag, selbst in der Mehrheit des preußischen Landtags. Auch gehörten ihm die Sympathien Frankreichs und vor allem Englands, wie ihm auch König Wilhelm I. von Preußen gewogen war.

Der preußische Kronprinz hatte von der ganzen Angelegenheit um den Augustenburger Erbprinzen, den er seit seinen Studientagen in Bonn kannte, in England erfahren und spontan dessen Partei ergriffen. Überdies gehörten beide zur so genannten Coburger Gruppe um Herzog Ernst II. von Sachsen-Coburg-Gotha, dem älteren Bruder Prinz Alberts, die gern englische Verhältnisse in Deutschland sehen wollte. So sprach sich Kronprinz Friedrich Wilhelm für die Einsetzung des Augustenburger Erbprinzen als Herzog von Schleswig-Holstein aus und erwartete von Preußen, dass es die endgültige Trennung der beiden Herzogtümer von Dänemark mit Nachdruck unterstützen würde. Er empfahl dem Erbprinzen, seinen Wohnsitz ständig nach Holstein zu verlegen und gab ihm das Versprechen, dass er die Unterstützung seines königlichen Vaters und die der preußischen Regierung zu gewinnen trachte. Durch die Vermittlung Friedrich Wilhelms kam es tatsächlich zu einem Gespräch Wilhelms I. mit dem Abgesandten des Herzogs Friedrich von Augustenburg, Karl Samwer, dem der Kronprinz und die Kronprinzessin beiwohnten. Die Ansprüche des Augustenburgers auf die Elbherzogtümer hielt auch der Preußenkönig für berechtigt. Was ihn an der ganzen Sache störte, war dessen liberale Gesinnung und dass ausgerechnet sein Sohn als Vermittler auftrat, was ihn noch mehr verdross.

Doch ging die Rechnung wegen der beiden Herzogtümer nicht auf, da Bismarck damals schon ihre Angliederung an Preußen beabsichtigte, was er zum Entsetzen seines Königs auf einer Ministerratssitzung auch unumwunden aussprach, auch wenn der König ihn für angetrunken gehalten haben mochte. Bismarck führte Wilhelm I. auf dieser Sitzung vor Augen, dass alle seine Vorfahren Preußen territorial erweitert hatten und ermunterte ihn, sich ebenso zu verhalten. Ein Anschluss der beiden Herzogtümer an Preußen sei nach seiner

Ansicht ihrer Übergabe an den liberalen Erbprinzen von Augustenburg allemal vorzuziehen.

Im Protokoll der Ministerratssitzung fehlte Bismarcks Äußerung dann allerdings, weil der Protokollführer sie auf Geheiß des Königs weggelassen hatte, da Wilhelm I. annahm, dass es Bismarck später angenehmer wäre, wenn seine Äußerungen nirgends nachzulesen seien. Doch da irrte der König, denn Bismarck bestand ausdrücklich darauf, dass sein Vorschlag im Protokoll erscheine und schrieb dazu später: »Se. Majestät schien geglaubt zu haben, daß ich unter bacchischen Eindrücken eines Frühstücks gesprochen hätte und froh sein würde, nichts weiter davon zu hören. Ich bestand aber auf der Einschaltung, die auch erfolgte. Der Kronprinz hatte, während ich sprach, die Hände zum Himmel erhoben, als wenn er an meinen gesunden Sinnen zweifelte; meine Kollegen verhielten sich schweigend.«

Als der Kronprinz zu Weihnachten wieder in Berlin eintraf, war der Kriegsfall gründlich vorbereitet worden. Die Frankfurter Bundesversammlung hatte inzwischen zum Schutz des zum Deutschen Bund gehörenden Holsteins die Entsendung von Truppen beschlossen. Da Schleswig nun aber zu Dänemark gehörte, konnte es nur militärisch eingenommen werden, wozu der preußische Kronprinz bereit war. Auch die Liberalen, die sich patriotisch gaben, hatten keine Skrupel, die nationalen Ziele mit militärischer Gewalt durchzusetzen. Das Londoner Protokoll, das einen völkerrechtlichen Vertrag darstellte, wurde in jedem Fall gebrochen, ob Schleswig-Holstein zukünftig nun eine preußische Provinz würde, was Bismarck und sonst niemand wollte, oder ein dem Deutschen Bund angegliederter unabhängiger Staat, was außer Bismarck alle wollten.

In dieser strittigen und brisanten Situation war natürlich mit dem Einspruch der europäischen Mächte zu rechnen, zumal dem Augustenburger die Herzogtümer von allen zugebilligt worden waren. Preußen gab Friedrich von Augustenburg dagegen unumwunden zu verstehen, sich aus den Herzogtümern zu entfernen. Für Kronprinz Friedrich Wilhelm war das eine besonders unangenehme Situation, der er ohnmächtig gegenüberstand, da er dem Erbprinzen seine Unterstützung und auch die Preußens in Aussicht gestellt hatte, wovon nach Bismarcks Absichten natürlich keine Rede mehr sein konnte. Was Dänemark selbst betraf, so erhielt es von keiner Seite Unterstützung, da es das Recht gebrochen hatte, denn nach der Verfassungsänderung war Schleswig einfach dem dänischen Staatsgebiet angeschlossen worden. Nicht nur für Kronprinz Friedrich Wilhelm lag hier der Tatbestand eines »gerechten Krieges« vor. Selbst die Kronprinzessin bedauerte in den Kriegstagen in einem Brief an ihren Mann: »...es tut mir ewig leid, daß ich kein Mann bin oder daß ich mich nicht als Mann verkleiden kann und zu Pferd hinter Dir herjagen ...«, um »mit gegen die Dänen ins Feld ziehen zu können«.

Da die englische Presse das Vorgehen der Alliierten jedoch scharf geißelte, und die britische Königin schon im Januar 1864 an ihre Tochter geschrieben hatte, dass doch nicht viel Ehre einzulegen sei, »wenn zwei Großmächte das kleine Dänemark vergewaltigen«, schrieb Kronprinzessin Victoria am 13. April 1864 an ihre Mutter einen preußisch-patriotischen Brief, der ihren Gesinnungswandel unverkennbar machte: »Die fortwährende Einmischung Englands in die Angelegenheit anderer Völker wirkt im Ausland so lächerlich, daß sie schon beinahe nicht mehr stört ... Der hochpathetische, philanthropische und tugendhafte Ton, in dem alle diese Angriffe gegen Preußen gemacht werden, hat etwas vollkommen Lächerliches an sich ... ich bin sicher, daß sie [die Engländer] eine solche Einmischung nicht dulden würden. Warum sollten wir es also tun?« Diesen Brief, ließ Kronprinzessin Victoria ihren Mann wissen, »... hat Mama mir nun sehr übelgenommen, und ich habe heute einen Verweis bekommen ... Mich betrübt die ganze englische Politik außerordentlich! Es empört mich immer nebenbei, dass sie sich in alles mischt, was sie nichts angeht ...«

Die Herzogtümer waren indessen, wenn auch noch nicht besetzt, so doch schon vorsorglich von den verbündeten Truppen umstellt worden. Dem Prinzen Friedrich Karl, den sich viele altpreußisch Gesinnte als Kronprinzen gewünscht hätten und dessen außergewöhnliche militärische Eigenschaften und Talente Moltke sehr früh erkannt hatte, war die Führung eines kombinierten Korps aus Kavallerie und Artillerie anvertraut worden. Den Oberbefehl über alle Truppen erhielt der achtzigjährige Generalfeldmarschall Wrangel. Der Kronprinz kommandierte in dieser Zeit zwar die 1. Garde-Infanterie-Division, wurde aber militärisch von seinem Vetter in den Schatten gestellt. Nach Meinung Müller-Bohns beruhte seine »Kaltstellung« auf einem Vorurteil, das er schon im bevorstehenden dänischen Feldzug, spätestens aber in den Kriegen gegen Österreich und Frankreich korrigieren konnte. Bei allem militärischen Ruhm, den er sich in den Kriegen gegen Österreich und Frankreich an seine Fahnen heften konnte, fehlten dem Kronprinzen in Wahrheit aber die Voraussetzungen dafür, die ein »lebendiger Schlachtenlenker von historischen Dimensionen« – wie der Kronprinz, patriotisch über-

Fürst Bismarck bei Kaiser Wilhelm I. im historischen Eckzimmer des königlichen Palais in Berlin Unter den Linden. Lithografie nach einem Aquarell von Konrad Siemenroth.

höht, gern dargestellt und beschrieben wurde – nun einmal von Haus aus mitbringen muss, was auch Bismarck wusste. Der Feldherr war Moltke, und auch Friedrich Wilhelms Generalstabschef der II. Armee, Leonhard von Blumenthal, war ein außerordentlich befähigter General.

Mit Genehmigung des Königs durfte der Kronprinz, der selber kein Kommando erhielt, am Feldzug an der Seite Wrangels im Hauptquartier teilnehmen, wo er gelegentlich korrigierend und glättend in Entscheidungen eingriff, da Wrangel aufgrund seines hohen Alters und gelegentlichen Starrsinns nicht nur allein im Umgang schwierig war, sondern auch altersbedingte Unzulänglichkeiten erkennen ließ. Darüber hinaus hatte Wilhelm I. seinen Generalfeldmarschall vorsorglich und ausdrücklich angewiesen, den Kronprinzen nicht nur als Gast zu betrachten, sondern ihn in die Entscheidungen mit einzubeziehen und somit auch Verantwortung für die Leitung des verbündeten Heeres mitzutragen. An seine Frau schrieb Friedrich Wilhelm aus dem Hauptquartier: »Wrangel ist eigentlich zu gewissen Stunden halb närrisch und seine ihm früher innewohnende Energie wie Frische äußert sich nur in Starr- und Eigensinn ...« Damit war gut vorstellbar, wie es atmosphärisch im Hauptquartier zuging, so dass die Anwesenheit des Kronprinzen ein notwendiges Korrektiv wurde.

Am 16. Januar 1864, dem Tag, an dem der Deutsche Bund Dänemark offiziell den Krieg erklärte, stellten Preußen und Österreich dem dänischen König ein Ultimatum, die Verfassung vom 18. November 1863 binnen vierundzwanzig Stunden zurückzunehmen und drohten im Weigerungsfall mit der Besetzung Schleswigs. Am 1. Februar 1864 erhielt der Oberbefehlshaber die Erlaubnis, in das Herzogtum einzurücken. 37000 Preußen und 23000 Österreicher überschritten an diesem Tag die Eider, also die Staatsgrenze. Mit Wrangels Armeebefehl »Mit Gott drauf!« begann der preußisch-österreichische Krieg gegen Dänemark, der später der erste deutsche Einigungskrieg genannt wurde.

In England löste das alliierte Vorgehen der beiden deutschen Großmächte gegen das kleine Königreich Dänemark eine erhebliche Verstimmung aus, die sogar, wenn auch nur zwischenzeitlich, zu einem Missklang zwischen Königin Victoria und ihrem preußischen Schwiegersohn führte. Der Prinz von Wales verurteilte das militärische Vorgehen, das besonders von seiner Frau, der dänischen Prinzessin Alexandra, als eine Demütigung ihres Volkes empfunden wurde, auf das Schärfste.

Der Kronprinz war am 31. Januar morgens in das Hauptquartier aufgebrochen, das sich nördlich des Kriegsschauplatzes befand. Die Besetzung Schleswigs erfolgte durch die Österreicher, während die preußischen Truppen unter dem Oberbefehl Prinz Friedrich Karls die als uneinnehmbar geltenden Düppeler Schanzen belagerten. Die

Belagerungsarbeiten und Vorbereitungen zum Sturm auf diese Schanzen zogen sich bis zum 18. April 1864 hin, dem Tag, an dem Prinz Friedrich Karl um 10 Uhr den Angriff befahl. Nach 1½ Stunden waren alle Schanzen gefallen. Der Sieg, der mit beispielloser Bravour erkämpft wurde, machte diesen Blitzkrieg in Deutschland ausgesprochen populär. Der preußische Kronprinz, der die Erstürmung aus der Ferne beobachtet hatte, umarmte neidlos seinen Vetter und gratulierte ihm zu diesem Waffenerfolg, der Aufsehen erregte.

Nach dem Sturm auf die Düppeler Schanzen und dem für Preußen siegreichen Ausgang dieser Schlacht begab sich der Kronprinz nach Berlin, wo er am 17. Mai 1864 an der Seite Wrangels eintraf und sich sofort zum König begab, der ihn zwar einen Tag später zum Kommandierenden General des II. Armeekorps in Stettin, des Pommerschen, ernannte, seinem Vetter, Prinz Friedrich Karl, dagegen aber den Oberbefehl über die im Felde stehenden preußischen Truppen übertrug und ihn außerdem hoch dekorierte.

Nach den Waffenstillstandsverhandlungen mit Dänemark kam es am 30. Oktober in Wien zum Friedensschluss, in dem Dänemark zugunsten des Königs von Preußen und des Kaisers von Österreich auf alle seine Rechte an Schleswig und Holstein verzichtete. Die beiden Siegermächte, die vorläufig gemeinsam die Verwaltung übernahmen, mussten sich nun über das Schicksal der Gebiete ins Einvernehmen setzen. Damit war der Streit vorprogrammiert, und Österreich begann zu dämmern, dass es Bismarck, dem der König nach dem Friedensschluss mit Dänemark den Schwarzen Adlerorden verlieh, auf den Leim gegangen war. Jetzt gab es plötzlich eine »schleswig-holsteinische Frage«, und die Gegner hießen nun nicht mehr Deutschland und Dänemark, sondern Preußen und Österreich, die bei der Aufteilung ihrer gemeinsamen »Beute« bald aneinander gerieten.

Am 7. Dezember zog der Kronprinz an der Seite Wrangels mit den siegreichen preußischen Truppen durch das Brandenburger Tor in Berlin ein, wo man mit Jubel und Begeisterung den Ausgang des Krieges feierte. Am 18. Dezember fanden landesweite Friedens- und Dankgottesdienste statt, und Auszeichnungen gab es zuhauf. Auch der Kronprinz wurde nach dem Feldzug dekoriert, wobei sich die Zufriedenheit seines Vaters mit ihm in Grenzen hielt. Immerhin durfte ihm zu Ehren sein 1. Ostpreußisches Infanterie-Regiment Nr. 1 nun den Namen »Kronprinz« führen. Außerdem wurde ihm das Düppeler Sturmkreuz verliehen, nachdem er von seinem Vater im Feldzug mit den »Schwertern zum Großkreuz des Roten Adlerordens« ausgezeichnet worden war. Leer ging auch er nicht aus.

Für Kronprinz Friedrich Wilhelm war der dänische Feldzug von 1864 das Vorspiel für seinen späteren Feldherrnruhm. Seine Begeisterung für die Armee versetzte das liberale Lager zwar in Erstaunen, zumal sein Patriotismus eindeutig preußisch-militärisch geprägt war. Aber aus dem Rahmen fiel er damit nicht, denn im Feldzug waren sie alle Patrioten gewesen, auch die Liberalen, und so konnte und wollte man seine Begeisterung auch verstehen, in der noch keine Abtrünnigkeit gesehen wurde.

Das gute Einvernehmen Preußens mit Österreich war nur von kurzer Dauer, was viele ahnten und Bismarck wusste. Der gemeinsame Besitz von Schleswig-Holstein würde die Besitzer entzweien, weil ihre unterschiedlichen Interessen über kurz oder lang kollidieren mussten. Waren die Herzogtümer für Preußen auch unter dem Gesichtspunkt einer Seemacht von besonderem Gewicht, hatte Österreich gegen ein selbständiges Schleswig-Holstein unter dem Herzog Friedrich von Augustenburg nichts einzuwenden. Am 29. Mai 1865 hatte Wilhelm I. im Conseil erklärt, dass Preußen für seine Opfer im dänischen Krieg mit Schleswig-Holstein entschädigt werden müsste, eine Auffassung, der sich fast alle Minister anschlossen. Bismarck ging noch einen Schritt weiter und trat gleich für den Abzug Österreichs aus Schleswig-Holstein ein. Er war bereit, einen Krieg in Kauf zu nehmen.

Gegen einen Bruderkrieg mit Österreich erhob der Kronprinz schwere Bedenken. Am 21. Juli 1865 erging aus dem Conseil mit der Gegenstimme des Kronprinzen ein unmissverständliches Ultimatum an Wien. Für den Fall, dass es nicht gemeinsam gelinge, dem selbstherrlichen Treiben des Augustenburgers Einhalt zu gebieten, würde Preußen allein die Rolle der Ordnungsmacht in den Herzogtümern übernehmen.

Durch Bismarcks Vermittlung schlossen König Wilhelm I. und Kaiser Franz Joseph am 14. August 1865 den Vertrag von Gastein, einen diplomatisch konstruierten wackligen Kompromiss zwischen Preußen und Österreich, der den gemeinschaftlichen Besitz der Herzogtümer festschrieb, die Verwaltung aber trennte. Holstein fiel nach dem Vertrag verwaltungsmäßig an Österreich, Schleswig an Preußen, das gegen eine Geldsumme auch noch das Herzogtum Lauenburg erwarb. Der Augustenburger war bei dieser Teilung leer ausgegangen und sah sich nun auch von dem österreichischen Kaiser im Stich gelassen.

Am 15. September 1865, dem Tage der »Besitzergreifung des Herzogthums Lauenburg«, erhob der König, für den der Gasteiner Ver-

trag ein Erfolg Bismarcks war, seinen Ministerpräsidenten in den erblichen Grafenstand und schrieb an ihn: »... Um Ihrem hohen Verdienste, dem ich so oft Gelegenheit hatte, meinen Dank auszusprechen, auch einen öffentlichen Beweis desselben zu geben, erhebe ich Sie hiermit mit Ihrer Descendenz in den Grafen Stand, eine Auszeichnung, welche auf immerhin beweisen wird, wie hoch ich Ihre Leistungen um das Vaterland zu würdigen wußte.
Ihr wohlgeneigter König Wilhelm.«

Graf Bismarck aber dachte um diese Zeit schon längst nicht mehr an Schleswig-Holstein, denn diese Sache war für ihn »eine gelaufene Partie«, wie er sich auszudrücken pflegte. Ihn beschäftigte zunehmend der Waffengang mit Österreich, und seine Suche nach Verbündeten entging dem aufmerksamen Beobachter keineswegs. Unter denen, die als Gesprächspartner infrage kamen, wurden besonders häufig italienische Diplomaten gesehen.

Was Österreichs Anspruch bei der Reichseinigung betraf, so war seine Position insofern problematisch, weil es zu viele verschiedene Nationalitäten in seinem Reich vereinigte, so dass es sich als deutsche Führungsmacht nicht sonderlich empfahl. Das sah auch Kronprinz Friedrich Wilhelm inzwischen so, für den Österreich zunehmend ein Hindernis auf dem Weg zu einem deutschen Nationalstaat wurde. Einen Bruderkrieg, den Preußen gegen das militärisch starke Österreich nach seiner Meinung auch nicht gewinnen konnte, wollte er dennoch nicht riskieren. Seine Motive gegen diesen Krieg hatten also auch ganz pragmatische und nicht nur politisch-moralische oder nationale Gründe. So wie er sah es übrigens auch die Kronprinzessin. Unter den Liberalen wuchs allmählich die Überzeugung, dass zur Erreichung des nationalen Ziels ein Krieg gegen Österreich unausweichlich wurde. Für die so genannte kleindeutsche Lösung unter Ausschluss Österreichs votierte – neben Duncker – auch der badische Außenminister Franz von Roggenbach, ein liberaler Studienfreund des Kronprinzen und wahrlich kein Anhänger oder Befürworter Bismarcks, der in diesem Punkt die Politik des preußischen Ministerpräsidenten für richtig hielt und sie unterstützte. Wegen seines besonderen Einflusses auf den Kronprinzen war Duncker in diesem Zusammenhang für Bismarck eine wichtige Persönlichkeit geworden. Bismarcks Weg stand unverrückbar fest: Österreich musste in der deutschen Frage gänzlich ausgeschaltet werden, was nur durch einen Krieg gelang, den der Kronprinz nach wie vor ablehnte. Noch war auch die Haltung des Königs unentschlossen, was Bismarck durchaus zu schaffen machte, wenn sie ihm auch nicht mehr unüberwindbar schien. Auf seinen Hauptwidersacher, den Kronprinzen, nahm Bismarck nun keine Rücksicht mehr. Dem französischen Botschafter in Berlin, Vincent Graf Benedetti, sagte er verächtlich: »Der Kronprinz beschäftigt sich mit Politik, die er nicht versteht, spricht von Dingen, die er nicht kennt und öffnet Bücher, die er nicht liest.« Die Lage spitzte sich dramatisch zu. Am 27. Februar 1866 schrieb die Kronprinzessin besorgt an ihre Mutter: »Ich bin schwer bestürzt und fürchte sehr, die Pläne des bösen Bismarck, uns in einen Krieg mit Österreich zu stürzen, werden gelingen …«

Am 28. Februar 1866 war der Kronprinz – neben dem Finanzminister – der einzige, der sich gegen einen Krieg mit Österreich aussprach. Er rief dem Vater ins Gewissen, keinen Krieg gegen ein Mitglied des Deutschen Bundes zu führen. Am Ende schwenkte der König, der diesmal mit seiner Entscheidung länger als gewöhnlich gezögert hatte, wieder ein auf Bismarcks Kurs und nicht etwa auf den seines Sohnes. Als der »liebe Vetter in Wien«, Kaiser Franz Joseph, die Vermittlungsversuche der anderen Großmächte unter dem Einfluss seiner Militärs ablehnte und die schleswig-holsteinische Frage am 1. Juni 1866 zur Entscheidung auch noch vor den Bundestag brachte, um schließlich seine Südarmee gegen Italien zu mobilisieren, hatte er Wilhelm I. die Entscheidung wesentlich erleichtert, zumal Bismarck in der Einschaltung des Deutschen Bundes einen Bruch der Konvention von Gastein sah. Damit waren die Würfel für den Krieg gefallen. Wieder hatte Bismarck den König für sich gewinnen können, was Kronprinzessin Victoria ihrer Mutter am 16. Mai 1866 so beschrieb: »Des Monarchen Anbetung für Bismarck steigt mit jedem Tag.«

Jetzt aber kam zur großen Verwunderung aller eine Kehrtwende des Kronprinzen, der am 25. Mai 1866 im Kriegsrat den König, Bismarck und die Generäle durch seine unerwartete militärische Entschlossenheit überraschte. Plötzlich wollte er den Krieg, einen Eroberungskrieg gegen Österreich und den sogar so schnell wie möglich. Dieser Sinneswandel war schwer erklärbar, weil er doch einem Abschied von seinen bisherigen liberalen Ideen gleichkam. Auch wenn er eine Rückkehr zu denselben natürlich nicht ausschloss, löste Friedrich Wilhelms Kehrtwende allgemein Verwunderung aus, nicht zuletzt, weil er als Einziger gegen diesen Bruderkrieg gestimmt hatte. Dass sich Österreich in den Reichseinigungsbestrebungen nicht in Luft auflösen konnte, wusste er, wie man das Problem der Einheit aber lösen konnte, wusste er nicht.

Am 7. Juni 1866 rückten preußische Truppen in das österreichisch verwaltete Holstein ein, woraufhin die Österreicher in Frankfurt die Mobilmachung des Bundesheers gegen Preußen beantragten. Am 12. Juni kam es zum Abbruch der diplomatischen Beziehungen zwischen Preußen und Österreich. Zwei Tage später wurde die Mobilmachung der Bundesarmee beschlossen, infolgedessen Preußen aus dem Deutschen Bund austrat, den der preußische Gesandte für aufgelöst erklärte. Am 15. Juni forderte Preußen Sachsen, Hannover und Kurhessen auf, sich bei einer militärischen Auseinandersetzung mit Österreich neutral zu verhalten, wie es Bismarck auch gelungen war, für den Kriegsfall sich der Neutralität Napoleons und des italienischen Eingreifens gegen Österreich zu versichern. Den Italienern hatte er zur Belohnung den Besitz von Venetien in Aussicht gestellt, das seit dem Wiener Kongress zu Österreich gehörte.

Da Sachsen, Hannover, Kurhessen, Nassau und die süddeutschen Staaten aber zu Österreich hielten, drangen fast gleichzeitig preußische Truppen in deren Länder ein, womit die Feindseligkeiten gegen alle Staaten, die noch am Deutschen Bund festhielten, eröffnet wurden und es zum so genannten »Deutschen Krieg« kam. Am 17. Juni wurde Hannover besetzt, einen Tag später Dresden und am 19. Juni Kassel. Außer der Präsidialmacht des Deutschen Bundes, Österreich, und den genannten Staaten wurden die Länder Baden, Bayern, Hessen-Darmstadt, Württemberg und die Freie Stadt Frankfurt in Kriegshandlungen verwickelt. Sächsische Truppen kämpften im preußisch-österreichischen Krieg an der Seite Österreichs. Als der Sieg von Königgrätz publik wurde, kam schon am 31. Juli ein allgemeiner Waffenstillstand mit den anderen Bundesgenossen zustande.

Am 18. Juni 1866 wandte sich König Wilhelm I. mit einem Manifest an die Bevölkerung: »An mein Volk! Österreich und ein großer Teil Deutschlands steht gegen Preußen in Waffen … Wir müssen fechten um unsere Existenz, wir müssen in einen Kampf auf Leben und Tod gehen … Verleiht uns Gott den Sieg, dann werden wir auch stark genug sein, das lose Band, welches die deutschen Lande mehr dem Namen als der That nach zusammenhielt, und welches jetzt durch diejenigen zerrissen ist, die das Recht und die Macht des nationalen Geistes fürchten, in anderer Gestalt fester und heilvoller zu erneuern.
Gott mit uns! Wilhelm.«

Jetzt musste also das Schwert entscheiden, wer zukünftig die Geschicke Deutschlands lenken sollte: Preußen oder Österreich.

Der König hatte seine gesamte Armee in drei Abteilungen gegliedert. Die I. Armee, deren Oberbefehl er dem Prinzen Friedrich Karl unterstellte, stand in der Lausitz und sollte über Görlitz und Zittau nach Böhmen einrücken. Der Oberbefehl über die II. Armee, die das bedrohte Schlesien zu decken hatte und über Neisse durch die Gebirgspässe in Böhmen einfallen sollte, wurde dem Kronprinzen übertragen, während die III. oder die Elbarmee, die unter dem Oberbefehl von Herwarth von Bittenfeld stand, auf dem rechten Elbufer nach Böhmen einmarschieren sollte. Die oberste Heeresleitung lag in den Händen des Königs, der als Höchstkommandierender an ihrer Spitze stand und auf das Engste mit seinem Generalstabschef, Helmuth von Moltke, zusammenwirkte, der als Feldherr den Kriegsplan entwickelt hatte. Sein kühner Aufmarschplan mit weit getrennten Heeren begründete zugleich die Bedeutung des Großen Generalstabs. Die Unterordnung der Truppenführung unter diesen Generalstab wurde ein exklusiv preußisches Erfolgsrezept, das, von König Wilhelm I. eingeführt, auch später beibehalten wurde.

Chef des kronprinzlichen Generalstabs der II. Armee, die Truppen aus West- und Ostpreußen, Posen und Schlesien sowie das Gardekorps umfasste, war Leonhard von Blumenthal, ein tüchtiger und bewährter General. Aus seinem Hauptquartier erließ der Kronprinz den folgenden Aufruf an seine Armee, den seine Frau und er gemeinsam am 4. Juni, dem Tag, an dem er ins Feld aufbrach, entworfen hatten: »Soldaten der II. Armee! Ihr habt die Worte unseres Königs und Kriegsherrn vernommen! Die Bemühungen Seiner Majestät, dem Lande den Frieden zu erhalten, waren vergeblich. Mit schwerem Herzen, aber stark im Vertrauen auf die Hingebung und die Tapferkeit seiner Armee, ist der König entschlossen, zu kämpfen für die Ehre und Unabhängigkeit Preußens, wie für die machtvolle Neugestaltung Deutschlands … Soldaten! Zum erstenmal seit über 50 Jahren steht unserm Heer ein ebenbürtiger Feind gegenüber. Vertraut auf Eure Kraft, auf unsere bewährten, vorzüglichen Waffen, und denkt, es gilt, denselben Feind zu besiegen, den einst unser größter König mit einem kleinen Heere schlug. Und nun vorwärts mit der alten, preußischen Losung: Mit Gott für König und Vaterland!«

Am 30. Juni schrieb Friedrich Wilhelm dagegen aufschlussreiche Zeilen aus dem Hauptquartier an seine Frau, die seine Einstellung zum Krieg deutlich machen: »Du meinst, daß ich ganz im Soldatenberufe aufgehe. Soweit meine Pflicht es von mir fordert, gewiß, aber das kannst Du mir glauben, wenn schon der kleine Schleswig-Holsteinsche Feldzug mir Abneigung vor dem Gedanken an Krieg gegeben, so genügen diese letzten Tage vollständig, um ein wahres Grauen vor dem Unheil zu bekommen, das der Entschluß dazu herbeiführt ... die körperliche Anstrengung ist ein Kinderspiel im Vergleich zur geistigen. Möge dies der letzte Krieg sein, den wir erleben ...« Er war zwar kein talentloser und auch kein glückloser Feldherr, doch mitnichten ein Soldat mit Herz und Seele, dem das Kriegshandwerk an der Wiege gesungen worden wäre.

Nach dem siegreichen Vorgehen der gesamten preußischen Armeekorps erließ der Kronprinz am 1. Juli folgenden Armeebefehl: »Soldaten der II. Armee! Nur wenige Tage sind vergangen, seitdem wir die Grenzen Böhmens überschritten haben, und bereits bezeichnen wiederholte glänzende Siege unser glückliches Vordringen, sowie das Erreichen unseres ersten Zieles, die Elbübergänge zu besetzen und mit der I. Armee vereinigt zu sein ... Möge Gott auch fernerhin unsern Waffen den Sieg verleihen! Ich danke den Herren Generalen und Offizieren, sowie den Soldaten der II. Armee für ihre Tapferkeit im Kämpfen und für ihre Ausdauer im Überwinden der schwierigsten Verhältnisse, indem ich mich stolz fühle, solche Truppen zu führen. Hauptquartier Prausnitz, den 1. Juli 1866.
Friedrich Wilhelm, Kronprinz.«

Der österreichische Feldherr, Generalfeldzeugmeister Ludwig August Ritter von Benedek, hatte angesichts der preußischen Erfolge seine Hauptarmee aus Mähren nach Königgrätz und Sadowa in Böhmen zurückgezogen, um dort die Entscheidungsschlacht zu wagen. Unter dem Eindruck der Niederlagen hielt er die Situation für aussichtslos und telegrafierte am 1. Juli seinem Kaiser: »Bitte Eure Majestät dringend, um jeden Preis den Frieden zu schließen. Katastrophe für Armee unvermeidlich.« Diesen Rat ihres Oberbefehlshabers vor einer großen Schlachtentscheidung lehnte die Wiener Hofburg jedoch ab. So nahm das Schicksal, das Benedek vorausgesehen hatte, unaufhaltsam seinen Lauf, nachdem er die Antwort Kaiser Franz Josephs gelesen hatte: »Einen Frieden zu schließen unmöglich. Ich befehle – wenn unausweichlich – den Rückzug in größter Ordnung anzutreten. Hat eine Schlacht stattgefunden?« Diese Frage war der Angelpunkt des kaiserlichen Telegramms, die Benedek zurecht als Befehl zum Kampf auffasste, zu dem er sich am Abend des 2. Juli entschloss.

Indessen hatte der Preußenkönig Berlin verlassen, um selbst den Oberbefehl über die Vereinigten Heere auf dem Kriegsschauplatz zu übernehmen, und war am 2. Juli mit Moltke, Roon und Bismarck im

Hauptquartier in Gitschin eingetroffen. Moltkes Operationsplan sah eine Umfassungsschlacht vor, bei der die drei Armeen getrennt in Böhmen einmarschieren sollten, um nach Umfassung der österreichischen Hauptarmee vereint den Feind zu schlagen. Dazu mussten die Armeen natürlich zum rechten Zeitpunkt eintreffen. Der I. Armee fiel die Hauptaufgabe des Frontalangriffs zu, während die II. in die rechte und die III. oder die Elbarmee in die linke Flanke der Österreicher stoßen sollten.

Nach Moltkes und der Ansicht des Königs sowie der des am späten Abend des 2. Juli in Eile zusammengerufenen Kriegsrats sollte der Angriff in der Frühe des nächsten Tages erfolgen. Prinz Friedrich Karl hatte den Gegner frontal zu attackieren und ihn solange festzuhalten bis die II. und die III. Armee, die also zur Eile angetrieben werden mussten, in die Flanken der Österreicher stoßen würden. An alle drei Armeen wurde dieser Befehl überbracht, der den Kronprinzen in der vierten Morgenstunde erreichte. Der Befehl an ihn hatte folgenden Wortlaut: »Euer Königl. Hoheit wollen sogleich die nötigen Vorkehrungen treffen, um mit ganzer Kraft zur Unterstützung der I. Armee gegen die rechte Flanke des Feindes und zwar so schnell wie möglich in die Schlacht einzugreifen. Hauptquartier Gitschin, den 2. Juli, abends 11 ½ Uhr, v. Moltke.«

Der König bezog am frühen Morgen des 3. Juli mit Moltke, Roon und Bismarck bei feinem Regen auf der Höhe von Dub Stellung und übernahm den Oberbefehl auf dem Schlachtfeld um 7.30 Uhr. Von hier aus waren das Bistritztal und der ostböhmische Ort Sadowa gut zu überschauen. Der Kronprinz kam mit seiner II. Armee auf schlechten Wegen nur langsam voran, so dass der Frontalangriff der I. Armee allmählich ins Stocken geriet, weil auch die Elbarmee nur zögerlich vorrücken konnte. Den König befielen schon erste Zweifel über den Ausgang der Schlacht, doch Moltke, der mit seinem Fernglas genau in die Richtung blickte, aus der die II. Armee kommen musste, meldete seinem obersten Kriegsherrn kurz vor 14 Uhr: »Die Armee Seiner Königlichen Hoheit des Kronprinzen greift ein. Euere Majestät haben die Schlacht gewonnen.« Der Generalstabschef hatte die Truppen der kronprinzlichen Armee auf den Höhen von Chlum erspäht und wusste, dass ihr Eingreifen die entscheidende Wendung der Schlacht bringen würde. Im richtigen Augenblick war der Kronprinz auf der Bildfläche erschienen, so dass für die tapfer kämpfende österreichisch-sächsische Armee die Niederlage besiegelt war. Der konzentrische Einmarsch, wie Moltke ihn geplant hatte, war geglückt.

Am Abend ritt der Kronprinz, dem etwas später dessen Vetter, Prinz Friedrich Karl, folgte, über das mit Leichen und Verwundeten bedeckte Schlachtfeld – ein Bild des Grauens bot sich ihnen. Nach dieser Inspektion erblickte er den König und galoppierte ihm entgegen. Als er ihn erreicht hatte, streckte ihm der Vater die Hand entgegen und verlieh ihm am Tage der Schlacht den Orden pour le mérite mit den Worten: »Nimm ihn, Du hast ihn ja verdient.« Noch am selben Abend meldete der König seiner Gemahlin den Sieg und schloss seine Zeilen an die Königin: »Endlich begegnete ich noch spät, acht Uhr, Fritz mit seinem Stabe. Welch ein Moment nach all dem Erlebten und am Abend dieses Tages! Ich übergab ihm selbst den Orden pour le mérite; die Thränen stürzten ihm herab, denn er hatte mein Telegramm mit der Verleihung nicht erhalten. Also völlige Überraschung! ...« Doch der Kronprinz notierte am Abend der Schlacht von Königgrätz auch in seinem Tagebuch: »Der Krieg ist doch etwas Furchtbares, und derjenige Nichtmilitär, der denselben mit einem Federstrich am grünen Tisch herbeiführt, ahnt nicht, was er heraufbeschwört ...«

Die Schlacht von Königgrätz war bis dahin die materialreichste Schlacht der Weltgeschichte, die beiden Seiten hohe Verluste an Soldaten und eine Vielzahl von Verletzten brachte. Die Österreicher und die Sachsen hatten etwa 44 400 Mann verloren, die Preußen rund 10 000. Es war die größte Schlacht des 19. Jahrhunderts, in der sich auf jeder Seite etwa 220 000 Mann gegenüberstanden. An einem brütendheißen Hochsommertag war die Schlacht nach acht Stunden entschieden. Dem österreichischen Oberbefehlshaber Benedek waren viele Fehler unterlaufen. Moltke hatte nicht nur den genialeren Operationsplan, sondern auch die besseren Nerven und war dem Österreicher als Feldherr überlegen.

Die preußische Heeresreform, die ohne Übergehung des Parlaments nicht zustande gekommen wäre, hatte ihre Feuertaufe in Königgrätz glänzend bestanden, ein Erfolg, der Bismarck im Nachhinein Recht gab. Selbst die Bedenken des Kronprinzen gegen Bismarck schmolzen in der Euphorie des Sieges dahin. Am 9. Juli schrieb er seiner Frau aus dem Hauptquartier: »Deine politischen Ansichten sind auch die meinigen. Gestern und vorgestern hatte ich lange, eingehende Gespräche mit Bismarck, wobei ich stets hervorhob, wie ich meine liberalen Ansichten nicht aufgeben werde.« Als müsse er sich rechtfertigen vor seiner Frau, wenn er ihr gegenüber seine liberale Standfestigkeit vor Bismarck betonte. Die Kronprinzessin schrieb am 27. und 29. Juli dagegen selbstbewusst und nun noch einmal preußisch-patriotisch ihrem Mann, sollte sich Napoleon einmischen, »könne [man] alles riskieren, selbst einen Krieg mit Frankreich, wenn man jetzt eine Einigung ganz Deutschlands unter Preußen erzielte ... Du hast die Gesinnungen, die ein solches Werk inspirieren müssen, und Dein Vater hat sie nicht! Die rechten Leute werden Dir zufliegen, Du wirst die rechten Maßnahmen ergreifen und es einmal ohne einen Bismarck können ... Die Ehre der preußischen Waffen glänzt und leuchtet vor der ganzen Welt; und dies ist ein Ergebnis, das ein Soldatenherz mit Stolz und Wonne erfüllen muß. Trägt aber dieser Soldat eine Krone ... so müsste er nach einem noch größeren und höheren Ziele streben, und da er es nicht will, so musst Du es einmal, aber nicht mit dem Schwerte ... Immerhin kann man Gott danken, daß Preußen gesiegt hat ... es ist ein Schritt vorwärts zur Einigung Deutschlands und als solchen begrüße ich unsere Erfolge mit Freude und Dankbarkeit ... Ich fühle, daß ich nun jeden Zoll ebenso stolz bin, eine Preußin, als ich es bin, eine Engländerin zu sein.«

Die Schlacht von Königgrätz entschied den preußisch-österreichischen Dualismus in der deutschen Frage zugunsten Preußens, dem nun die historische Aufgabe zufiel, die deutschen Länder unter seiner Führung zu einen. Für Theodor Schieder war Königgrätz eine »weltgeschichtlich entscheidende Schlacht«, nach der die Rolle der deutschen Führungsmacht von Österreich auf Preußen überging.

Da Österreichs deutsche Bündnispartner militärisch ebenso erfolglos geblieben waren, konnten schon am 5. Juli 1866 die Friedensgespräche beginnen, wenn auch die Waffenruhe zwischen Preußen und Österreich erst am 22. Juli verkündet wurde. Das Tempo der Gespräche bestimmte Bismarck, der im preußischen Hauptquartier im mährischen Schloss von Nikolsburg schwerste Auseinandersetzungen zu bestehen hatte, die ihn an den Rand des Selbstmords trieben, weil er mit seinem Konzept eines maßvollen Friedens weder beim König noch beim Militär auf Gegenliebe stieß und sogar den Kronprinzen als Vermittler anrufen musste, um einen Bundesgenossen im Kampf gegen die Vorstellungen des Königs zu gewinnen.

Es kam zu einem langen und ausführlichen Gespräch zwischen Bismarck und dem Kronprinzen, der angesichts einer möglichen französischen Bedrohung die Motive des Ministerpräsidenten teilte und auch zum Friedensstifter zwischen Bismarck und dem König wurde, deren Konfrontation solche Ausmaße angenommen hatte, dass Moltke dem Kronprinzen bei der Begrüßung sagte: »... der König und Bismarck sehen sich nicht einmal«. Nach drei Tagen überwand sich Wilhelm I. und forderte den Kronprinzen nun im Kriegsrat auf: »Sprich Du im Namen der Zukunft.« Außerdem sorgte der Kronprinz dafür, dass Bismarck am 23. Juli wieder bei seinem König erscheinen durfte und sich beide nicht mehr in ihren Zimmern voreinander einschlossen, wie sie es in den Tagen der Eskalation gehandhabt hatten.

Der König war erstaunt, plötzlich an Bismarcks Seite seinen Sohn zu sehen, der seiner Frau am 25. Juli einen Lagebericht gab und über Bismarck und den König schrieb: »Ich muß sagen, daß Bismarck in dieser Frage ganz korrekt handelt und ich ihm eine wesentliche Stütze leiste – es ist die umgekehrte Welt. Seit den drei letzten Tagen hat ihm Papa solche Dinge gesagt, daß er gestern abend geweint hat und sich ordentlich scheute, wieder hineinzugehen. Ich hatte mithin beide zu beruhigen!!!«

Da der Kronprinz Bismarcks Ansichten zur nationalstaatlichen Einigung Deutschlands als zeitgemäß und richtig empfand, musste er auf seine Seite treten, ohne damit ein »bekehrter Alliierter« zu werden, wie es Bismarck gern interpretiert hätte. Aber eine Wandlung war allemal mit dem Kronprinzen vorgegangen, die auch von seiner Frau wahrgenommen und mit Aufmerksamkeit verfolgt wurde, denn es war bei weitem mehr als nur ein Waffenstillstand unter zwei Männern, auch wenn der Kronprinz seiner Frau immer wieder versicherte, an seinen liberalen Prinzipien keine Abstriche zuzulassen. Der Sieg von Königgrätz und die erfolgreichen Friedensverhandlungen von Nikolsburg hatten Bismarck schließlich Recht gegeben. Und diesen Tatsachen konnte sich niemand verschließen, weder der Kronprinz noch seine liberalen Gesinnungsgenossen. Selbst die Kronprinzessin musste Bismarcks Erfolge anerkennen, auch wenn sie ihr ohne Schwert lieber gewesen wären.

Als vorausschauender Politiker war Bismarck in den Friedensverhandlungen daran gelegen, Österreich jede Demütigung zu ersparen, während der König den preußischen Sieg mit Truppenparaden genießen wollte, wie es in solchen Fällen bislang üblich war. Was dem König blieb, war lediglich ein triumphaler Empfang in seiner Hauptstadt. Eine Siegesparade in Wien, die sich der König vorgestellt hatte, würde es nicht geben. Da Bismarck jedweden französischen Einmischungsversuchen zuvorkommen wollte, stellte er die Friedensverhandlungen unter einen erheblichen zeitlichen Druck. Das war durchaus verständlich, denn der französische Kaiser hatte mit einer preußischen Niederlage bei Königgrätz gerechnet und seine

Politik dahingehend ausgerichtet, dass er Preußen dann zwar vor dem Untergang retten wollte, aber nur gegen einen angemessenen Preis. Mit Preußens unerwartetem Sieg fühlte sich das politische Frankreich gewissermaßen betrogen, was bei den Franzosen zu der merkwürdigen und unverständlichen Parole »Rache für Sadowa« [Für die Franzosen war Königgrätz Sadowa] regelrecht zum Schlachtruf wurde.

Gegen die nationalstaatliche Einigung Deutschlands unter Preußens Führung hatte Frankreich an sich nichts einzuwenden, auch nicht gegen den Ausschluss Österreichs aus dem deutschen Staatenbund. Doch die Hegemonie Preußens hatte sich aus französischer Sicht auf Norddeutschland zu beschränken, nicht aber auf die süddeutschen Staaten, deren Souveränität Frankreich weiter gewahrt wissen wollte. Napoleon III. hatte Bismarck unverhohlen gedroht, militärisch einzugreifen und diese »bewaffnete Friedensvermittlung« sogar öffentlich proklamiert sowie seinen Unterhändler ins preußische Hauptquartier gesandt. Vor dem Hintergrund der französischen Absichten war das für Bismarck problematisch, denn wies er den Unterhändler zurück, drohte ihm womöglich ein Zweifrontenkrieg gegen Frankreich und Österreich, nahm er dessen Vermittlung jedoch an, so musste er wohl oder übel Gebietsabtretungen am Rhein hinnehmen, die er Napoleon III. für dessen Neutralität im deutsch-deutschen Krieg vage in Aussicht gestellt hatte – auch wenn er sich nun nicht mehr daran erinnern konnte, was Napoleon natürlich übel nahm.

Sein Ausweg aus dieser Konfliktsituation war das Tempo der Friedensverhandlungen, bevor die Franzosen ihm ernsthaft gefährlich werden konnten. In diesem Punkt stimmte sogar die Kronprinzessin mit Bismarck überein, wenn sie am 9. Juli an ihren Mann schrieb: »Jetzt muß ein ehrenvoller Friede gesichert werden, ehe er von Paris diktiert wird.« Auch der Kronprinz sagte voller Stolz: »Wir haben nun einmal das Heft in Händen.«

Am Ende setzte sich Bismarck mit seinen Vorstellungen vom Frieden mit Österreich und dessen Bündnispartnern durch, so dass am 26. Juli schon der Präliminarfriede von Nikolsburg geschlossen werden konnte, während der definitive Friedensvertrag am 23. August 1866 in Prag zu Stande kam. In diesem Vertrag verzichtete Österreich auf die Herzogtümer Schleswig-Holstein, willigte in die Auflösung des Deutschen Bundes ein und stimmte der Gründung eines Norddeutschen Bundes unter Preußens Führung zu. Außerdem erhielt Preußen freie Hand zur Annexion des Königreichs Hannover, des Kurfürstentums Hessen, des Herzogtums Hessen-Nassau und der Freien Stadt Frankfurt, um sein Staatsgebiet abzurunden.

Um diese preußischen Annexionen ist später viel gestritten worden, auch weil sich die europäischen Dynastien über die Rücksichtslosigkeiten Wilhelms I. und Bismarcks stark erregten. Lediglich das Königreich Sachsen wurde geschont und behielt, wenn auch mit Einschränkungen, seine Selbständigkeit, die sich die Österreicher im Friedensvertrag ausbedungen hatten. Auch Königin Augusta war Sachsens wegen eigens bei Bismarck vorstellig geworden und hatte für ein mildes Vorgehen gegen das Königreich plädiert. Ansonsten wurden aus den annektierten Gebieten nun preußische Provinzen. Auch wenn die Annexionen nachträglich von allen Abgeordneten des preußischen Parlaments mit Ausnahme von 14 Stimmen abgesegnet wurden, hat Preußen atmosphärisch dafür einen hohen Preis gezahlt und sich viele Sympathien verscherzt.

Österreich selbst, das in Preußens Forderungen widerstandslos einwilligte, konnte seinen eigenen Besitzstand wahren und brauchte keine Kriegsentschädigung zu leisten. Die österreichische Monarchie blieb in ihrer Integrität erhalten, mit Ausnahme von Venetien, das an Italien abgetreten werden musste. Außerdem wurde die sofortige Rückführung der Gefangenen veranlasst, und alle besetzten Gebiete wurden von preußischen Truppen geräumt. Der ausgesprochen generöse Friedensvertrag mit Österreich war allein Bismarcks Werk gewesen, der den König, der nur von einem »so schmählichen Frieden« sprach, von der Notwendigkeit dieses Friedens nicht wirklich überzeugen konnte. Die Angelegenheit wurde dem König immer unbegreiflicher, als Bismarck die süddeutschen Staaten, die sämtlich an der Seite Österreichs gegen Preußen gestanden und verloren hatten, kaum weniger generös behandelte. Auch sie brauchten keine Gebiete abzutreten noch eine Entschädigung zu leisten und blieben ebenso wie Österreich von preußischen Truppen unbehelligt. Reine Bismarcksche Nächstenliebe war das natürlich nicht, denn in den Gegnern von heute sah er schon seine potenziellen Bündnispartner von morgen. Im Unterschied zu seinem kulanten Verhalten Österreich und den süddeutschen Staaten gegenüber verfuhr Bismarck mit den annektierten norddeutschen Provinzen dagegen alles andere als zimperlich. Die Ausbreitung Preußens in Norddeutschland, die nach dem Ausschluss Österreichs ziemlich radikal erfolgte, war immer sein Hauptanliegen gewesen,.

Das schwerste Gewicht hatte wohl der Artikel 2 des Friedensvertrages, der die »Gestaltung Deutschlands ohne Beteiligung des österreichischen Kaiserstaates« festschrieb. Damit war Österreich, das seit Kaiser Rudolf I. (1273-1291) aus dem Hause Habsburg, wenn auch mit Unterbrechungen, dem Heiligen Römischen Reich vorstand und von 1440 bis 1806 in ununterbrochener Folge die römisch-deutschen Kaiser stellte, aus dem deutschen Staatenverband ausgeschlossen, dem es als österreichisches Kaiserreich seit Gründung des Deutschen Bundes im Jahre 1815 angehörte und dort als Präsidialmacht den Vorsitz des Gesandtenkongresses innehatte.

Die seit dem Wiener Kongress im Jahre 1815 bestehenden Vertragsverhältnisse waren zertrümmert. Österreich war durch den »Bruderkrieg« aus Deutschland ausgeschlossen worden. Mehr als ein Viertel deutschen Territoriums mit etwa 12 Millionen Deutschen wurde 1866 beziehungsweise nach der Reichsgründung 1871 sowohl staats- als auch völkerrechtlich Ausland. Bismarcks kleindeutsche Lösung riss den deutschen Sprach- und Wirtschaftsraum auseinander. Die meisten Deutschen begrüßten aber seine Lösung, die großpreußisch gesinnten Konservativen ebenso wie viele kleindeutsch gesinnte Liberale. Dankbar dafür waren ihm auch einige Ausländer, beispielsweise die Ungarn, die schon lange nach Souveränität strebten, denn aus dem Habsburgerreich wurde ein Jahr nach dem deutsch-deutschen Krieg eine Doppelmonarchie mit der offiziellen Bezeichnung »Österreich-Ungarn«, was ohne die Ausgliederung Österreichs aus dem Deutschen Bund kaum vorstellbar gewesen wäre.

Missgestimmt über den Kriegsausgang war vor allem England, nicht wegen des Mitleids mit Österreich, sondern wegen der preußischen Annexionen, denn die verwandtschaftlichen Beziehungen der englischen Königin reichten bis nach Hannover, Hessen und Schleswig-Holstein. So war Kronprinzessin Victoria besonders an einer Begegnung ihres Mannes mit ihrem Bruder, dem Prinzen von Wales, gelegen, um Missverständnisse auszuräumen und eine gegenseitige Beruhigung herbeizuführen. Abgesehen von der misslichen Lage, in der der Kronprinz sich befand, sah er auch mit Sorge auf die möglichen Gefahren, die für Preußen und für Deutschland aus einer engeren Verbindung zwischen England und Russland erwachsen könnten, was fatal genug wäre, zumal Preußen traditionell immer der natürlichere Partner Russlands gewesen war. Allerdings musste der preußische Kronprinz konstatieren, dass der künftige Zar allem Deutschen eher feindlich gegenüberstand. Der Kronprinz hatte alle Hände voll zu tun, die Wogen zu glätten.

Ungleich erfolgreicher verlief dagegen Friedrich Wilhelms Besuch im April 1868 in Italien, das nun zu Preußens neuen Alliierten zählte. In Böhmen hatten die Preußen für die Italiener mitgesiegt und für sie Venetien gewonnen, was sie einzig und allein ihrem neuen Bündnispartner Preußen verdankten. So wurde der preußische Kronprinz von den Italienern mit wahrer Begeisterung aufgenommen, die ihn als »Helden und Sieger« feierten und überall riefen: »Evviva il ereo e vittore di Sadowa!« In einer Tagebuchnotiz hielt Friedrich Wilhelm über seinen Empfang durch die Italiener fest: »Mir sind solch warme Beweise der Sympathie seitens einer fremden Nation noch nie vorgekommen.« Der offizielle Anlass seiner Reise war dem seiner russischen vergleichbar, denn in Turin feierte man die Hochzeit seines Freundes, des Kronprinzen Umberto von Italien, mit Margherita, der Tochter des Herzogs von Genua. Ganz ohne politischen Auftrag hatte Bismarck ihn diesmal jedoch nicht reisen lassen, so gern er ihn auch mit und ohne Auftrag außer Landes sah. Die Bemühungen Napoleons III. um eine Annäherung Frankreichs an Italien waren Bismarck nicht entgangen. Die nationale Einheit Italiens war um diese Zeit noch nicht abgeschlossen, und die Österreicher hielten auch noch immer an Venetien fest. Der Auftrag Bismarcks wurde Friedrich Wilhelm dadurch erleichtert, dass noch immer französische Truppen in Rom standen, so dass Florenz als provisorische Hauptstadt fungieren musste. So waren Napoleons Bemühungen in mehrfacher Hinsicht Grenzen gesetzt, die er selbst mit errichtet hatte. Für den preußischen Kronprinzen erleichterte er dadurch natürlich dessen Gespräche, in deren Verlauf er die Grenzen noch enger ziehen konnte.

Der zwischen dem König und dem Landtag 1862 ausgebrochene Zwist war zwar nach dem preußisch-österreichischen Krieg noch immer nicht beendet, doch hatten die Düppeler Schanzen und Königgrätz im Parlament einen Stimmungsumschwung bewirkt, der sich nun deutlich in den Ergebnissen der neuen Landtagswahl niederschlug. Jetzt hatte die Fortschrittspartei erhebliche Stimmeneinbußen bei der Wahl hinnehmen müssen, die den Konservativen einen Gewinn von 100 Sitzen brachte – von 38 auf nunmehr 141 Mandate. Als Bismarck aus dem Krieg heimkehrte, fand er einen am Tage von Königgrätz gewählten, völlig neuen Landtag vor, in dem sich die Mehrheitsverhältnisse über Nacht geändert hatten. Der neue Landtag suchte nun die Verständigung mit Bismarck.

Es ist an der Zeit, hier einen Blick auf die Parteienlandschaft zu werfen, wie sie sich etwa ab 1866 darstellte, als immer deutlicher wurde, dass mit Bismarck die Gründung eines deutschen Nationalstaats möglich schien. Aus losen Fraktionen und Wählervereinen waren allmählich Parteien entstanden, die sich Programme und feste Organisationsformen gaben. Im Jahre 1861 hatte sich aus linksliberalen und demokratischen 48-er Gruppen die linksliberale Deutsche Fortschrittspartei gegründet, der Teile des protestantischen Bildungsbürgertums sowie des industriellen Großbürgertums angehörten. Einer der Mitbegründer der Fortschrittspartei und deren Fraktionsführer war Rudolf Virchow, der berühmte Pathologe und Anthropologe der Berliner Charité, der im Verfassungskonflikt ein Gegner Bismarcks war und 1884 Mitglied der Freisinnigen Partei wurde. Virchow wird uns noch in einem ganz anderen Zusammenhang beschäftigen müssen, weil er als Pathologe die mikroskopischen Untersuchungen des 1887 an Kehlkopfkrebs erkrankten Kronprinzen vornahm.

Auf den Tag genau zwei Monate nach der Schlacht von Königgrätz fiel die Deutsche Fortschrittspartei bei der Abstimmung über die so genannte Indemnitätsvorlage [nachträgliche Billigung eines zuvor vom Parlament abgelehnten Regierungsakts] auseinander. Eine Gruppe, die sowohl den alten Namen als auch das Parteiprogramm beibehielt, weigerte sich, der Indemnitätsvorlage zuzustimmen. Diese Linksliberalen traten für einen konsequenten Ausbau des Rechtsstaats ein und forderten eine parlamentarische Monarchie. Die gemäßigte Gruppe aber, die unter der Führung des aus Kiel kommenden Juristen Karl Twesten und des aus der Provinz Posen stammenden Publizisten Eduard Lasker stand, löste sich von der Fortschrittspartei, um sich unter dem Namen Nationalliberale Partei für die Errichtung eines nationalen Machtstaats und liberalen Rechtsstaats einzusetzen. Die Nationalliberale Partei unterstützte Bismarcks Politik bei der Reichseinigung und konnte daher zurecht als Reichsgründungspartei bezeichnet werden, eine Partei, die Bismarck immer unentbehrlicher wurde und die bis 1878 seine wichtigste parlamentarische Stütze bildete.

Die Konservative Partei Preußens, aus der Bismarck selber hervorgegangen war, entstand 1848 aus den Fraktionsbildungen in der Deutschen und in der Preußischen Nationalversammlung. Bismarcks Politik in der deutschen Frage, die viele Konservative als »revolutionär« empfanden, führte nach dem »sündhaften Bruderkrieg« gegen Österreich im Jahre 1866 zu ihrer Spaltung. Ernst Ludwig von Gerlach verließ sogar die Partei, die er gegründet hatte, und der Finanzminister, Karl von Bodelschwingh, trat von seinem Amt zurück. Viele altpreußisch Gesinnte schlossen sich Gerlachs Überzeugungen an, der Bismarcks Politik des »Rechtsbruchs« als antichristliche Irrlehre verurteilte. Aber in ihrer Mehrheit jubelte die Konservative Partei Bismarck zu, der für sie auf Böhmens Schlachtfeldern das Recht zur Neuordnung Deutschlands errungen hatte. Aus dieser Konservativen Partei gingen die Freikonservativen hervor, die schlechthin als die Partei Bismarcks galten und ähnlich wie die Nationalliberalen dachten. 1871 wurde aus der Freikonservativen Partei die Deutsche Reichspartei, in der Teile des Großbürgertums, des Militäradels, der höheren Beamtenschaft, der Diplomatie und des ostelbischen Großgrundbesitzes ihre politische Heimat fanden. Wie die Nationalliberalen unterstützten auch sie Bismarcks Politik. Die Altkonservativen dagegen, die der Reichseinigung und der »[klein]deutschen Politik« Bismarcks skeptisch und reserviert gegenüberstanden, wandelten sich erst ab 1876 ganz allmählich.

Im November 1870 kam es zur Gründung der Deutschen Zentrumspartei, deren Anfänge bis in die Jahre 1848/49 zurückgingen, als diese Gruppierung in der Frankfurter Paulskirche ihre Parlamentssitze zwischen rechts und links einnahmen. Aus dieser Sitzordnung wurde ihr Name hergeleitet. Die Zentrumspartei war in ihrer Zusammensetzung breit gefächert. Ihre Mitglieder reichten vom Arbeiter bis zum Unternehmer, die durchweg katholisch waren. Der politische Katholizismus fühlte sich durch das protestantische Übergewicht nach der Reichsgründung bedroht, so dass Bismarcks kleindeutscher Nationalstaat und der Einfluss liberaler Ideen die Zentrumspartei in die Opposition drängten. Im späteren »Kulturkampf«, den die Zentrumspartei gegen Bismarck überstand, erklärte der Kanzler ihren Vorsitzenden, den ehemaligen Welfen-Minister Ludwig Windthorst, sogar zum »Reichsfeind«. Der Führer dieser Oppositionspartei wurde »mit seiner unbeugsamen Festigkeit und seiner virtuosen parlamentarischen Taktik einer der allergefährlichsten Gegner des großen Kanzlers«, so charakterisierte Otto Hintze den Parteivorsitzenden Windthorst.

Aus Protest gegen Bismarcks Schutz-Zollpolitik gründeten Mitglieder der Nationalliberalen Partei im Jahre 1880 die Liberale Vereinigung, die aber nur eine begrenzte Lebensdauer hatte, denn 1884 kam es schon durch einen Zusammenschluss dieser Liberalen Vereinigung mit der alten Deutschen Fortschrittspartei zur Gründung der Deutschen Freisinnigen Partei, von der sich Mittelständler, Bank- und Handelskreise angesprochen fühlten. Dass der linksliberale Reichstagsabgeordnete Rudolf Virchow sich der Deutschfreisinnigen Partei anschloss, ist bereits erwähnt worden. Es war die einzige bürgerliche Partei, die in Opposition zu Bismarck stand.

Die Sozialdemokratische Partei Deutschlands gab es erst nach dem Erfurter Programm ab 1891, inhaltlich verwandte Parteien und Vereine aber waren älter. In ihrem Programm schien sich die damalige Sozialdemokratie die Weltrevolution auf ihre roten Fahnen geschrieben zu haben und nur die Internationale der Proletarier zu kennen, ein Vaterland dagegen nicht. Der von Ferdinand Lassalle geführte Allgemeine Deutsche Arbeiterverein vereinigte sich 1875 mit der von August Bebel und Wilhelm Liebknecht seit dem Eisenacher Kongress von 1869 geführten Sozialdemokratischen Arbeiterpartei zur Sozialistischen Arbeiterpartei Deutschlands, die sich das Gothaer Programm gab, das neben einem demokratischen Staat auch eine sozialistische Gesellschaft forderte. Anfangs eine kleine, wenn auch eine, wie sich bald zeigen sollte, zukunftsträchtige politische Gruppierung, wurde die Sozialdemokratie neben der Zentrumspartei von Bismarck ebenfalls als »Reichsfeind« abgestempelt. Aber 1877 errangen die Sozialdemokraten bei den Reichstagswahlen schon 9,1 % der Stimmen und 12 Mandate.

Zu den Nationalliberalen fühlte sich der Kronprinz hingezogen, der dem Präsidenten des Abgeordnetenhauses und Mitbegründer der Partei, Max von Forckenbeck, sagte: »Ich bin immer ein Gegner Bismarcks gewesen, aber jetzt ist es notwendig, diesen zu unterstützen.« Bismarck, der die Neigung des Kronprinzen zu dieser neuen Partei kannte, trug ihm nun die Rolle eines Verbindungsmannes an, während der König der grundsätzlichen Meinung war und blieb, dass sich der Kronprinz ganz aus der Politik herauszuhalten habe. Ihm missfielen alle politischen Aktivitäten seines Sohnes, auch die, die Bismarck nutzten, wie im konkreten Fall. Das Betätigungsfeld des Thronfolgers, so der alte Preuße Wilhelm I., waren das Schlachtfeld und das Militär. In Königgrätz hatte er eine Kostprobe seines militärischen Könnens unter Beweis gestellt und war dafür mit dem Orden pour le mérite hoch dekoriert worden. Bei solchen Aktivitäten hatte es zu bleiben. Mehr kam, auch bei aller königlichen Sympathie für Bismarck, für einen preußischen Kronprinzen nicht in Betracht. Im Übrigen war das in Preußen immer so gewesen, so der König.

Forckenbecks Anliegen war, den Verfassungskonflikt endlich beizulegen, um diese leidige Sache aus der Welt zu schaffen und zum Abschluss zu bringen. In dieser Angelegenheit übernahm der Kronprinz zwischen der Regierung und den Liberalen wieder eine Vermittlerrolle, die mit einem Kompromiss endete, mit dem beide Seiten leben konnten.

Nachträglich ersuchte Bismarck nun das Parlament um die Genehmigung für den in der Konfliktzeit nicht bewilligten Staatshaushalt, womit er freimütig einräumte, verfassungswidrig regiert zu haben. Am 3. September 1866 wurde Bismarcks Indemnitätsvorlage mit 230 gegen 75 Stimmen vom Parlament angenommen, das Bismarcks Geste als »tätige Reue« ansah und ihn mit seiner nachträglichen Annahme entlastete. Damit war der Verfassungskonflikt in Preußen nach vierjähriger Dauer beendet.

Die Liberalen hatte Bismarck ausgesöhnt und gleichzeitig für seine nationale Politik gewonnen. Der König und die Konservativen hatten dagegen mit Bismarcks »tätiger Reue« ihre Probleme. Es dauerte lange, bis Wilhelm I. »sich der unwiderstehlichen Dialektik« Bismarcks fügte und begriff, dass in der Gewährung der Indemnität die Anerkennung lag, »daß die Regierung zwar ungesetzlich, aber den Umständen entsprechend richtig gehandelt habe«. Die Politik der Indemnitätsvorlage wurde noch Jahrzehnte später von altpreußischer Seite als die Wurzel allen Übels bezeichnet. Ernst Ludwig von Gerlach fand seine schon vor Königgrätz in der »Kreuzzeitung« geäußerten Befürchtungen bestätigt. In der Bitte um Indemnität sah er einen »Faustschlag« in das Gesicht der treuesten Freunde Bismarcks, wodurch die grundlegenden Überzeugungen der preußischen Konservativen dem »Laster des Patriotismus« und »den Götzen der Zeit« geopfert worden waren.

Den linken Liberalen, denen auch Rudolf Virchow angehörte, ging es nicht anders als den Konservativen. Auch sie hatten Probleme, die Regierung durch ihre Zustimmung zur Indemnitätsvorlage zu »tolerieren«. Unter den Nationalliberalen hatte Karl Twesten dagegen eine Erklärung gefunden, nach der die Geschichte selbst dem Bismarck-Ministerium die Indemnität erteilte. Das war zwar keine unbedenkliche Formel, wurde aber für seine Partei künftig so etwas wie ein Fanal, unter dem sich siegen ließ.

Die Reaktionen der gebildeten Bevölkerung hatte Bismarck treffsicher mit seinem Parlamentsakt kalkuliert, denn die meisten, die mit seiner »Blut- und Eisen-Politik« ihre Probleme gehabt hatten, bewunderten ihn nun wegen seiner Großmütigkeit und seiner Rechtlichkeit.

Mit der Beendigung des Verfassungskonflikts war andererseits der Status der konstitutionellen Monarchie festgeschrieben. Der König stand über den Parteien und auch über seinem Ministerpräsidenten, der einerseits von seinem Regenten abhängig blieb, selbst wenn der König andererseits auf ihn angewiesen war. In den drei Verfassungen, in der Preußens, der des Norddeutschen Bundes und der des Deutschen Kaiserreichs gab das »monarchische Prinzip« auch weiterhin den Ton an, trotz der Einschränkungen durch die Verfassungen und durch die Parlamente. Die verfassungsmäßige Überbewertung der Dynastie trat erst nach 1888 zu Tage, als Wilhelm II. Deutscher Kaiser wurde. Diese besondere Form des Konstitutionalismus im Deutschen Kaiserreich bedingte, dass eine parlamentarische Monarchie nach westeuropäischem Muster in Deutschland illusorisch blieb. Die Hoffnung auf einen solchen Wandel hatte jahrzehntelang auf dem Kronprinzen geruht, dem nur 99 Regierungstage bleiben sollten.

Am 18. August 1866 wurde der Gründungsvertrag für den Norddeutschen Bund geschlossen, der neben Preußen als Hegemonialmacht die annektierten Staaten sowie Sachsen und die nördlich des Mains gelegenen Gebiete umfasste. Der Norddeutsche Bund, eine Erfindung Bismarcks nach Auflösung des Deutschen Bundes, wurde zum Vorbild des Deutschen Reichs. Er war ein Bundesstaat mit einer starken Zentralgewalt unter Preußens Führung. Am 12. Februar 1867 fanden nach dem Reichswahlgesetz der Paulskirche – ein großes Geschenk, das Bismarck den Liberalen machte – allgemeine, gleiche und direkte Wahlen zum ersten Norddeutschen Reichstag statt, der im Gegensatz zum preußischen Landtag demokratisch gewählt wurde, was Bismarck die Sympathien vieler alter »Achtundvierziger« eintrug. Die Mehrheit der Abgeordnetenmandate ging an die Nationalliberalen und die Freikonservativen. Das freigewählte Parlament des Norddeutschen Bundes wurde bereits als »Reichstag« bezeichnet, obwohl der Norddeutsche Bund die Bezeichnung Reich noch nicht für sich in Anspruch nahm. Dieser Bundesstaat bestand aus der Hegemonialmacht Preußen und 22 kleinen, aber nominell gleichgestellten Bundesstaaten und drei freien Städten, verfügte über einen im ganzen Bundesgebiet frei gewählten Reichstag »mit erheblichen Gesetzgebungs- und Budgetrechten«.

Nach dem Friedensschluss mit Österreich im mährischen Nikolsburg wurden den süddeutschen Staaten dieselben Vergünstigungen wie Österreich zuteil. Sie hatten lediglich mit Preußen Militärbündnisse zu schließen, ansonsten waren sie frei und befanden sich weder unter dem schützenden Dach eines Deutschen Reichs wie bis 1806 oder eines Deutschen Bundes wie es seit 1815 der Fall gewesen war. Es wurde ihnen freigestellt, sich als Pendant zum Norddeutschen zu einem »Süddeutschen Bund« zusammenzuschließen, wonach aber keinem süddeutschen Bundesstaat der Sinn stand. Dass Österreich, das nach Nikolsburg Ausland geworden war, für eine Vorherrschaft in Süddeutschland nicht mehr infrage kam, verstand sich von selbst und wurde auch in Süddeutschland nicht mehr gewünscht. So blieb am Ende nur der Anschluss der süddeutschen Staaten an den Norddeutschen Bund, den Bismarck durch zähe Verhandlungen und Bündnisverträge mit den Süddeutschen erreichte.

Bismarck hatte der Vertreterversammlung Mitte Dezember 1866 den Verfassungsentwurf des Norddeutschen Bundes vorgelegt, den er in Putbus auf Rügen selbst konzipiert hatte, der aber den Nationalliberalen zu monarchisch und zu wenig parlamentarisch war, so dass der Kronprinz auch in der Verfassungsfrage wieder als Vermittler angerufen wurde. Doch hatten die Nationalliberalen nicht nur den Wunsch nach einer parlamentarischeren Verfassung, sondern auch den nach einer Stärkung der Zentralgewalt und dachten in erster Linie unitarisch wie Kronprinz Friedrich Wilhelm selbst. Nach heftigen Diskussionen in dem »verfassungsberatenden Reichstag« wurde schließlich ein tragfähiger Kompromiss gefunden, so dass die Bundesverfassung am 17. April 1867 öffentlich verkündet werden konnte, die am 1. Juli desselben Jahres in Kraft trat. Aus der Verfassung des Norddeutschen Bundes ging 1871 die Verfassung des Deutschen Kaiserreichs hervor.

Ein Bundesministerium gab es nicht, sondern als Zentralbehörde nur den Bundesrat, an dessen Spitze der vom preußischen König ernannte Bundeskanzler stand. Am 14. Juli 1867 trat Bismarck, der Ministerpräsident der Hegemonialmacht Preußen, sein neues Amt als Bundeskanzler an. Über allem stand das Bundespräsidium, dessen Leitung in den Händen des Bundespräsidenten lag, ein Amt, das an den König von Preußen ging, der zugleich Bundesfeldherr war, so dass ihm auch die Streitkräfte zu Lande und zu Wasser unterstanden.

Im Jahre 1867 hatte Wilhelm I. dem Kronprinzen das bei Potsdam gelegene Krongut Bornstedt übertragen, zur Freude der Kronprinzessin, die wegen des steifen Hoflebens in den beiden Residenzstädten Berlin und Potsdam nie heimisch werden konnte. Das Landleben in Bornstedt sagte ihr auch deshalb zu, weil es sie an ihre unbeschwerten ländlichen Ferienwochen in England erinnerte. Das Herrenhaus des 1844 von König Friedrich Wilhelm IV. erworbenen, am Bornstedter See gelegenen Krongutes war nach einem Brand im italienischen Villenstil im Jahre 1848 neu entstanden, zu dem auch

Das Schlösschen in Bornstedt im italienischen Villenstil.

landwirtschaftliche Nutzgebäude gehörten. Der Charakter eines »italienischen Dörfchens« wurde noch durch die 1856 von Stüler neu erbaute Kirche unterstrichen, die ebenfalls im italienischen Stil gehalten war mit einem frei stehenden Glockenturm.

In Bornstedt wurden aus Kronprinz Friedrich Wilhelm und Kronprinzessin Victoria märkische Gutsbesitzer, die mit dem Ehrgeiz und der Freude angetreten waren, ihren neuen Landsitz in ein Mustergut zu verwandeln. Der Kronprinz selbst zeichnete für die Feldarbeiten verantwortlich, der Kronprinzessin oblagen Haus und Hof, die Obst- und Gemüsegärten sowie die Viehhaltung. Wie eine Gutsherrin kam sie ihren ländlichen und landwirtschaftlichen Pflichten nach und schrieb an ihre Mutter: »Hier auf unserer kleinen Farm sind wir alle sehr beschäftigt. Einen großen Teil des Heus haben wir eingefahren, und die Wolle geht auf den Markt nach Berlin – aber unglücklicherweise ist in diesem Jahr der Preis dafür sehr niedrig.« Das Gut selbst wurde rentabel betrieben und versorgte die kronprinzlichen Küchen im Potsdamer Neuen Palais im Sommer sowie im Berliner Kronprinzenpalais im Winter. Zur landschaftlichen Verschönerung der Haus- und Hofanlage entwarf die Kronprinzessin gemeinsam mit ihren Hofgärtnern die Gestaltung zwischen Herrenhaus und See, wo ähnlich wie vor dem benachbarten Neuen Palais ein Rosengarten entstand, der heute, wenn auch in abgewandelter Form, wieder den Besucher des Bornstedter Krongutes erfreut.

Die Kirche in Bornstedt mit frei stehendem Glockenturm.

Das soziale Engagement der Kronprinzessin, das sich verständlicherweise hauptsächlich auf Berlin konzentrierte, wo es durch ihre Initiativen 1877 zur Gründung der »Victoriaschule für Mädchen« und des »Victoriahauses für Krankenpflege« kommen sollte, entfaltete sie aber auch in Bornstedt, wo in demselben Jahr durch ihren Einsatz ein größeres Schulgebäude entstand, das sie im englischen Fachwerkstil erbauen ließ. Zu besonderen Anlässen besuchte das Kronprinzenpaar auch die Schule, um dann die Bornstedter Kinder selbst zu unterrichten. Sieben Jahre später eröffnete Victoria neben der Schule eine »Kleinkinderbewahranstalt«, die Vorbildcharakter für ähnlich geartete Einrichtungen in der Mark Brandenburg hatte.

Als Krongutbesitzer oblag dem Kronprinzenpaar auch die Protektion der Kirchen in ihrem Sprengel, zu dem neben Bornstedt noch die Orte Golm und Eiche gehörten. Die Bornstedter Kirche wurde durch die kronprinzlichen Anregungen erweitert, um durch den so genannten Fürstenanbau mehr Sitzplätze zu schaffen. Bei diesem Kirchenumbau 1882 wurde die halbrunde Stüler-Apsis von 1856 durch einen rechteckigen Chor ersetzt. Im Zuge des Kirchenumbaus entstand die so genannte Kronprinzenloge für Friedrich Wilhelm und dessen engere Familie. Die Innenausstattung der Kirche wurde durch Kronprinzessin Victoria mit Kunstgegenständen aus dem Kronprinzenpalais bereichert sowie mit sakralen Elementen aus ihrer heimatlichen anglikanischen Kirche. Auch der Taufstein im Chorraum geht auf Kronprinzessin Victoria zurück.

Mit Bornstedt war die Kronprinzessin so vertraut, dass sie dem Krongut noch nach dem Tode ihres Mannes die Treue hielt, als sie ihr letztes Domizil im Taunus gefunden hatte. Die von ihr gegründete »Kinderbewahranstalt« wurde von ihr in »Kaiser-Friedrich-Kinderheim« umbenannt, und als sie schon in Kronberg lebte, zog es sie einmal jährlich zu den Bornstedter Kindern, denen sie meist in der Weihnachtszeit einen Besuch abstattete.

Da die süddeutschen Staaten von Bismarck in den Friedensverhandlungen ebenso generös behandelt worden waren wie Österreich in Nikolsburg, waren sie mit Preußen bald durch Militärallianzen verbunden. Im August und September 1866 wurden mit jedem einzelnen süddeutschen Staat unter dem Druck französischer Gebietsforderungen geheime Schutz- und Trutzbündnisse geschlossen, um sie für einen kommenden Kriegsfall militärisch an Preußen zu binden. Das preußische Heer war unterdessen durch drei Armeekorps verstärkt worden. Die Soldaten der Kleinstaaten gingen in der preußischen Armee auf, während die annektierten Staaten militärisch dem preußischen Oberbefehl unterstellt wurden.

In dieser Umstrukturierungsphase war der preußische Kronprinz durchaus aktiv und äußerst rege und empfahl sich für Bismarck als »preußischer Botschafter« in den süddeutschen Staaten, zumal er sich schon als Vermittler in Nikolsburg bewährt hatte. Außerdem hatte er seinen ausgleichenden Charakter auch bei den Vermittlungsgesprächen zwischen Bismarck und den Nationalliberalen unter Beweis stellen können. Nun schickte ihn der Bundeskanzler nach Süddeutschland, wo er als beliebter und geachteter General sowie als »bekennender« Nationalliberaler hohes Ansehen genoss, wenngleich er dort nicht überall mit offenen Armen aufgenommen wurde. In Bayern lehnte man ihn sogar ab, weil König Ludwig II. in ihm nur den Vertreter des preußischen Militarismus und des deutschen Unitarismus sah, eine Kombination, die dort wenig gefragt war. Der Unitarismus aber war Friedrich Wilhelms eigene Vorstellung und Idee von einem neuen Deutschen Reich und hatte mit Bismarck nichts zu tun, der alles andere als unitarisch dachte.

Die süddeutschen Nationalliberalen sowie die Wirtschaftskreise traten jedoch für einen schnellen Anschluss an den Norddeutschen Bund ein, wodurch ihnen ein größerer Markt eröffnet wurde, allein durch die Erneuerung des schwerfällig gewordenen Zollvereins. Die neuen Verträge, die Bismarck durchgesetzt hatte, wurden am 8. Juli 1867 abgeschlossen. Danach wurde ein Zollparlament eingerichtet, das bis 1870 jährlich einmal zusammentrat. Außerdem gab es anstelle der bisherigen lockeren Zollgemeinschaft jetzt auch einen Zollbundesrat, den Bismarck dominierte und der nun auch auf Bayern, Lübeck, Mecklenburg und Schleswig-Holstein ausgedehnt wurde. Daneben gab es noch den Zollbundespräsidenten, den ebenfalls der König von Preußen verkörperte. Das Zollparlament bestand übrigens aus 297 Abgeordneten des Norddeutschen Reichstags und aus 85 süddeutschen Abgeordneten.

Für Bismarck war der Kronprinz immer noch zu liberal und in politischen Fragen zu wenig realistisch, so dass er ihn am liebsten auf Reisen schickte und so gleich zwei Fliegen mit einer Klappe schlug. Einerseits entsprach er damit einem besonderen Bedürfnis des Kronprinzen, andererseits stand der ihm nicht im Weg, wenn er außer Landes war. Im Grunde hatte der Kronprinz für Bismarck seine Schuldigkeit getan. Der Ausgleich mit den Nationalliberalen war hergestellt. Auch der grelle Missklang zwischen dem König und ihm in Nikolsburg war längst wieder der alten Normalität gewichen.

Ende 1869 ging der Kronprinz mit Billigung Bismarcks abermals auf Reisen. Im November 1869 traf sich die große Welt zur feierlichen Eröffnung des von den Franzosen erbauten Suezkanals. Wilhelm I. gefiel die Reise in den Orient, die er schon allein aus Kostengründen am liebsten gestrichen hätte, ganz und gar nicht. Aber die Reisegenehmigung für den Kronprinzen wusste Bismarck zu beschaffen, denn in der monarchischen Gesellschaft der Eröffnungsfeier des Suezkanals durfte das Königreich Preußen auf keinen Fall fehlen. Mit einem Geschwader von Kriegsschiffen des Norddeutschen Bundes brach die kronprinzliche Reisegesellschaft auf, zu der auch Friedrich Wilhelms Leibarzt Dr. Wegner gehörte. Auf der Insel Korfu beging der Kronprinz seinen 38. Geburtstag. Für den Romantiker Friedrich Wilhelm war diese Reise in das Morgenland, die ihn in die orientalische Wunderwelt führte und die Erinnerung an die Kreuzfahrer wachrief, faszinierend. Von Korfu ging es weiter über Korinth bis nach Athen, wo er am 21. Oktober 1869 die Akropolis besuchte, mit der ihn Ernst Curtius schon vor Jahrzehnten bekannt gemacht hatte. Als die Reisegesellschaft am 24. Oktober in Konstantinopel eintraf, kam ihnen zu ihrer Begrüßung die deutsche Kolonie mit der Flagge Schwarz-Weiß-Rot, der Flagge des Norddeutschen Bundes, entgegen. Der Kronprinz wurde von dem Sultan von Konstantinopel, der ihm seine eigenen Prunkgemächer zur Verfügung stellte, auf das Höflichste empfangen.

Das nächste große Erlebnis war Jerusalem, wo er durch das Damaskustor in die Stadt einritt. Nach weiteren Zwischenaufenthalten in Beirut und Damaskus traf Kronprinz Friedrich Wilhelm am 15. November 1869 am Ziel seiner Orientreise, in Port Said, ein, das den nördlichen Endpunkt des Suezkanals bildete. Dort begegnete er dem Kaiser von Österreich, Kaiserin Eugénie von Frankreich, dem Prinzen von Wales und Prinz Heinrich der Niederlande. Am 17. November 1869 fand die feierliche Einweihung des Suezkanals statt. Bevor der preußische Thronfolger seine Heimreise antrat, begab er sich nach Kairo und von dort nach Oberägypten, um die historischen Städte und Stätten Theben und Luxor zu besuchen. Auch der Ritt auf einem Kamel gehörte wie selbstverständlich zu seinem Besuchsprogramm. Am 9. Dezember 1869 wurde endlich die Heimreise angetreten, nachdem er noch die Pyramide von Gizeh besucht hatte.

Der Orientreise Friedrich Wilhelms wurde hier etwas größere Aufmerksamkeit geschenkt, als sie es ihrer Bedeutung nach verdient. Das hängt mit einem besonderen Vorkommnis zusammen, auch wenn darüber in archivalischen Quellen und weiteren seriösen schriftlichen Zeugnissen nichts zu finden ist. Der aufmerksame Vizekönig von Ägypten, Ismail Pascha, verwöhnte seine Gäste sozusagen rund um die Uhr und sorgte auch nachts für ihre Unterhaltung. Selbst für die Verhältnisse des märchenhaften Orients hatte der Gastgeber einen fantastischen Luxus aufgeboten. So kam es zu dem Gerücht, dass sich der preußische Kronprinz während einer »orientalischen Nacht«, die er angeblich mit einer Spanierin verbrachte, mit Syphilis infiziert habe. Die Geschichte mit der spezifischen Infektionskrankheit wurde von Jean de Bonnefon in seinem Buch »Ce qu' on ne peut dire à Berlin – Was man in Berlin nicht sagen darf« behauptet. Hier wird sie angeführt, weil sie, als man später über die möglichen Ursachen des Kehlkopfkrebses Kaiser Friedrichs III. diskutierte, auch in der medizinischen Literatur ihren Niederschlag gefunden hat.

1867 war es um Luxemburg, das mit Holland in Personalunion verbunden war, gleichzeitig aber dem Deutschen Bund angehörte, zu einer ernsten und bedrohlichen internationalen Krise gekommen. In der hauptstädtischen Festung Luxemburg war eine preußische Besatzung stationiert. Als der König von Holland Luxemburg angeblich dem Franzosenkaiser verkaufen wollte, erregte die mögliche französische Gebietserweiterung das Missfallen Bismarcks. Aber auch England missfiel die Sache, weil es weder Napoleon noch Bismarck Luxemburg überlassen wollte. Unmissverständlich erklärte London, dass es bei einem Angriff nicht unbeteiligt zusehen würde. Als Frankreich den Rückzug der preußischen Garnison aus Luxemburg forderte, um seine »patriotischen Beklemmungen« nach Sadowa zu überwinden und sein angeschlagenes Prestige wieder herzustellen, sah die internationale Lage noch bedrohlich aus.

Am Ende konnte eine nach London einberufene Konferenz der Luxemburger Frage die entscheidende Wende geben. Man erzielte einen Ausgleich, der am 9. September 1867 vertraglich festgeschrieben wurde. Danach stellte Frankreich seine Begehrlichkeiten zurück, und Luxemburg erhielt seine Neutralität und Unabhängigkeit, die von den vertragschließenden Mächten sogar garantiert wurden. Berlin erklärte sich bereit, seine Truppen abzuziehen, und Luxemburg schied aus dem Deutschen Bund aus.

Während Preußen in den letzten Jahren stattlich gewachsen war, ging Frankreich, das bei einer eventuellen Einverleibung Belgiens und des Großherzogtums Luxemburg zumindest mit preußischer Zustimmung gerechnet hatte, leer aus und fühlte sich zurückgesetzt und von Bismarck wegen seiner Vorkriegsandeutungen regelrecht betrogen.

Dass ein bewaffneter Zusammenstoß mit Frankreich immer unausweichlicher wurde und die nationale Einigung Deutschlands nicht ohne einen Krieg gegen Frankreich zu verwirklichen war, wurde Bismarck zunehmend klarer. Ähnlich wie Bismarck sah das auch Kronprinzessin Victoria, die ihrer Mutter am 20. April 1867 schrieb: »Ein Kampf mit Frankreich wird wohl etwas anderes sein als ein solcher mit Österreich, aber wenn unsere Ehre auf dem Spiele steht, dürfen wir zu Deutschlands Heil nicht zurückstehen ... Doch glaube ich, das große vereinigte Kaiserreich Deutschlands wird sich niemals in Frieden von selbst bilden können, bevor Frankreich nicht auf dem Festlande zu einer zweitrangigen Macht herabgedrückt ist ...« Wenn dieser Krieg schon sein musste, den Bismarck nicht angestrengt hatte, dann war ihm zumindest wichtig, dass er ihn nicht erklären musste. Das wollte er Napoleon überlassen, weil dieser Schritt Frankreich die Alleinschuld aufbürdete.

Die innenpolitische Situation in Frankreich hatte sich ungünstig entwickelt, denn das Land befand sich in einer schweren wirtschaftlichen und sozialen Krise. Außenpolitisch war es Napoleon zudem nicht gelungen, ein Bündnissystem mit Österreich und Italien zu errichten, durch das der Handlungsspielraum Preußens und des Norddeutschen Bundes einzuengen gewesen wäre. Jedenfalls kam der von ihm gewünschte Dreibund, dessen Abschluss im Juni 1869 bevorzustehen schien, nicht zustande, obwohl sich Kaiser Franz Joseph und König Victor Emanuel Napoleons Werben keineswegs verschlossen hatten, da allgemein angenommen wurde, dass die süddeutschen Staaten nicht ohne preußische Nötigung dem Norddeutschen Bund angegliedert werden sollten, woran das Ausland Anstoß nahm. Nach dieser Vermutung wäre Süddeutschland der Hauptkriegsschauplatz geworden, was Kaiser Franz Joseph nicht gefiel. Bismarck kannte die Verdächtigungen des Auslands und versuchte, jeden Eindruck einer Zwangseingliederung der süddeutschen Staaten in den Norddeutschen Bund zu vermeiden, was er durch konkrete Entscheidungen glaubhaft demonstrierte. So wurde das Verlangen Badens nach Eintritt in den Norddeutschen Bund noch im Frühjahr 1870 zurückgewiesen. Den von Napoleon und der Kriegspartei in Österreich angenommenen Kriegsgrund würde Bismarck ihnen nicht liefern.

Zur Auslösung des Krieges kam es durch eine dynastische Angelegenheit, die mit den eigentlichen Spannungen und Kriegsursachen kaum etwas zu tun hatte. Zum preußisch-französischen Konflikt führte die Kandidatur des Erbprinzen Leopold von Hohenzollern-Sigmaringen, einem Mitglied der katholischen Seitenlinie des Hauses Hohenzollern, auf den seit 1866 vakanten spanischen Thron, wodurch sich die internationale Lage dramatisch zuspitzte. Der französische Minister des Auswärtigen, der Herzog Antoine von Gramont, stellte in der Pariser Kammer fest, dass die Franzosen in der spanischen Thronkandidatur natürlich nicht untätig zusehen könnten, und führte aus: »Wir glauben nicht, daß die Achtung vor den Rechten eines Nachbarlandes uns verpflichtet, zu dulden, daß eine fremde Macht, indem sie einen ihrer Prinzen auf den Thron Karls V. setzt, dadurch zu ihrem Vorteil das gegenwärtige Gleichgewicht der Mächte Europas stören und so die Interessen und die Ehre Frankreichs gefährden könnte. Wir hoffen, daß diese Eventualität sich nicht verwirklichen wird ... Wenn es anders kommen sollte, so würden wir ... unsere Pflicht ohne Zaudern und ohne Schwäche zu erfüllen wissen.« Gramonts Erklärung wurde in Frankreich mit kriegerischer Begeisterung aufgenommen. Für die Franzosen war die Einkreisung durch die Hohenzollern unerträglich.

Der preußische Kronprinz hatte die Kandidatur des Hohenzollernprinzen auf den spanischen Thron befürwortet und begrüßt, im Unterschied zu seinem Vater, dem die Sache äußerst unangenehm war, so dass er gemeinsam mit den süddeutschen Hohenzollern schon sein Desinteresse bekundet hatte. Bismarck jedoch brachte die Kandidatur im Juni 1870 bewusst noch einmal ins Gespräch, vor allem, weil er testen wollte, was und wie viel sich die Franzosen bieten lassen würden.

Der Sigmaringer zog am 11. Juli 1870 seine Thronkandidatur zurück, und Wilhelm I. war froh, dass »die spanische Bombe« wie er die Thronkandidatur genannt hatte, entschärft war. Der alte König wollte sich in keinen Krieg mehr hineinziehen lassen und schrieb erleichtert an Königin Augusta: »Mir ist ein Stein vom Herzen.« Nicht nur in Preußen, sondern auch in England war man nach dem Kandidaturverzicht der Meinung, dass die Angelegenheit damit erledigt sei. Im Gegensatz zu Preußen und auch zu England reichte den Franzosen die Rücknahme des Sigmaringers aber noch immer nicht, so dass ihr Berliner Botschafter, Graf Benedetti, bei dem preußischen König vorstellig wurde. Napoleon III. forderte zusätzlich von Wilhelm I. eine Garantie des Verzichts, dazu eine persönliche Erklärung, dass der König auch in Zukunft die Wiederholung der Kandidatur eines Hohenzollern nicht gestatten würde. Abgesehen von dieser unangemessenen Übersteigerung des französischen Begehrens hatte der Preußenkönig in der süddeutschen Hohenzollern-Linie überhaupt kein Weisungsrecht. Wilhelm I. empfand die französische Forderung als Zumutung und wies sie brüsk zurück.

Die entscheidende Unterredung zwischen dem preußischen König und dem französischen Botschafter fand am 13. Juli 1870 auf der Kurpromenade in Bad Ems statt. Bei dieser Unterredung erklärte der König dem Botschafter ruhig und nachdrücklich, dass er die von Paris gewünschte Erklärung niemals abgeben werde und jedes weitere Gespräch darüber ablehne. Gegen 15 Uhr beauftragte der König den Geheimen Legationsrat Heinrich Abeken, Bismarck ein ausführliches Telegramm über das Ergebnis dieser Unterredung zu senden. Diese berühmt gewordene »Emser Depesche« erhielt Bismarck, als er gemeinsam mit Roon und Moltke bei sich zu Abend speiste. In der Depesche sah Bismarck eine Demütigung des Siegers von Königgrätz und war empört über diese Unverschämtheit. Aber die Niedergeschlagenheit, die seine beiden Gäste mehr als ihn befallen hatte, wich augenblicklich seinem kombinatorischen Geist, der in dem letzten Satz des Emser Telegramms eine Chance sah, die Aussage in die Richtung zu wenden, die er brauchte. Ebenso überraschend wie geistreich verkürzte er in Gegenwart seiner beiden Tischgäste den Emser Text provokativ und »propagandistisch höchst wirkungsvoll« durch Streichungen auf das Wesentliche, »ohne ein Wort hinzuzusetzen oder zu ändern«. Die Emser Originaldepesche endete mit dem Wortlaut: »... daß Se. Majestät jetzt vom Fürsten [von Hohenzollern-Sigmaringen] die Bestätigung der Nachricht erhalten, die Benedetti aus Paris schon gehabt, und dem Botschafter nichts mehr zu sagen habe. Se. Majestät stellt Euer Exzellenz anheim, ob nicht die neue Forderung Benedettis und ihre Zurückweisung sogleich sowohl unsern Gesandten als in der Presse mitgeteilt werden sollte. Abeken.« Bismarck sah seine Chance in der königlichen Ermächtigung, den Gesandten und der Presse die Forderung des französischen Botschafters und ihre Zurückweisung durch den König mitzuteilen und modifizierte den Originaltext in eine entschiedene Abfuhr der französischen Forderungen, die jede Spekulation über weitere Gespräche und Verhandlungen ausschloss. Bismarcks gekürzte »Emser Depesche« schloss mit den Worten, dass nach der bekannten Entsagung der Thronkandidatur »... der französische Botschafter an Seine Majestät den König noch die Forderung gestellt [hat], ihn zu autorisieren, daß er nach Paris telegraphiere, daß ... der König sich für alle Zukunft verpflichte, niemals wieder seine Zustimmung zu geben, wenn die Hohenzollern auf ihre Kandidatur zurückkommen sollten. Seine Majestät der König hat es darauf abgelehnt, den französischen Botschafter nochmals zu empfangen und demselben ... sagen lassen, daß Seine Majestät dem Botschafter nichts weiter mitzuteilen habe.«

Die gekürzte Bismarcksche Fassung der »Emser Depesche«, die am nächsten Morgen auf den Titelseiten der deutschen Zeitungen prangte und sofort allen preußischen Gesandtschaften mitgeteilt worden war, war wie in »Gedanken und Erinnerungen« nachzulesen, »... kein Ergebnis stärkerer Worte, sondern der Form, welche diese Kundgebung als eine abschließende erscheinen ließ, während die Redaktion Abekens nur als ein Bruchstück einer schwebenden und in Berlin fortzusetzenden Verhandlung erschienen sein würde«. Bismarck hatte durch seine Textverkürzung die entscheidende Wirkung erzielt, die Moltke so empfand: »So hat das einen andern Klang, vorher klang es wie Schamade [mit Trommel oder Trompete gegebenes Zeichen der Kapitulation], jetzt wie eine Fanfare in Antwort auf eine Herausforderung.« Was Bismarck mit seinem umredigierten Text beabsichtigte, war gelungen, denn in der Person des Königs hatten die Franzosen letztlich alle Preußen beleidigt und ihren Stolz verletzt. Selbst die Kronprinzessin befürchtete, dass »Napoleon seine Tollkühnheit weiter treibt und an den Rhein will«, obwohl in Berlin, wie sie es ihrer Mutter am 13. Juli 1870 schrieb, »alles Frieden predigt und Frieden wünscht«. Was den Preußenkönig betraf, so hatte sie das richtige Empfinden, denn Wilhelm wollte keinen Krieg, während Bismarck ihn in Kauf nehmen musste, wenn es ihm anders nicht gelang, sein beharrlich verfolgtes Ziel, die deutsche Einheit, durchzusetzen.

Er hatte dem »gallischen Stier« – in der Eile war Bismarck wohl entfallen, dass man gemeinhin vom »gallischen Hahn«, aber nicht vom Stier sprach – das rote Tuch vorgehalten, und der stob los. Als der König am Morgen des 14. Juli die veröffentlichte Fassung las, sagte er zu Friedrich Albrecht Graf Eulenburg, dem Innenminister: »Das ist der Krieg.« Alle Welt – bis auf Frankreich natürlich – gab Preußen Recht, das nicht nur der deutschen Presse, sondern auch allen europäischen Höfen die Abfuhr Benedettis offiziell mitgeteilt hatte.

Dem nervösen und erschöpften Kaiser Frankreichs, der ähnlich wie der Preußenkönig den Krieg nicht wollte, blieb keine Wahl, denn die Pariser Abendblätter schrien ebenso nach Vergeltung wie auf den Boulevards der Ruf »à Berlin, à Berlin« erscholl. Da sich der Kronrat in Paris über das Verhalten des Königs von Preußen respektive Bismarcks entrüstet zeigte, musste der kranke Kaiser die Vorgänge nolens volens als Kriegsgrund akzeptieren, denn Benedetti und vor allem die auf »Rache für Sadowa« sinnenden Minister, die sich wegen Königgrätz immer noch beleidigt fühlten, wollten endlich ihre Rache, so dass der Kaiser ihrer Kriegsforderung schließlich nachgab. So fiel dann unter Berufung auf die »Emser Depesche« am 15. Juli 1870 in Paris die Entscheidung für den Krieg, und noch um Mitternacht wurde die Mobilmachung angeordnet. Im Übrigen sollte die preußische Hauptstadt nach den Vorstellungen Frankreichs am 15. August, dem Geburtstag Napoleons [I.], erobert sein.

Anders als gegen Dänemark und Österreich in den Jahren 1864 und 1866 hatte sich Bismarck erst ziemlich spät zum Krieg gegen Frankreich entschlossen, als er auf die französischen Demütigungen nicht mehr anders reagieren konnte. Durch sein feines diplomatisches Spiel hatte er es zu Wege gebracht, dass die Kriegserklärung, die am 19. Juli 1870 in Berlin übergeben wurde, von Frankreich kam.

Die Verantwortung für die Kriegsfolgen – so sah man es auf französischer Seite – trug in erster Linie der Herzog von Gramont, auch wenn der Kaiser der Franzosen sie am Ende mit allen Konsequenzen persönlich tragen musste, und das »Zweite Kaiserreich« in Trümmer fiel, so dass am Ende eine »Dritte Republik« zu retten suchte, was noch zu retten war. Für Russland und England, die sich in diesem Krieg neutral verhielten, lag die Schuld ausschließlich bei Kaiser Napoleon III., der ihn neben dem Preußenkönig eigentlich am wenigsten gewollt hatte. Dass Bismarcks Diplomatie aufs neue aufgegangen war und Frankreich sich vor der Welt ins Unrecht setzte, zeigt auch der Brief Victorias vom 16. Juli 1870 an ihre Mutter, der wieder wie nach der Schlacht von Königgrätz aus der Feder einer preußischen Patriotin kam: »Wir sind in der schmachvollsten Weise in diesen Krieg hineingezwungen worden; das Gefühl der Entrüstung über einen Akt so schreiender Ungerechtigkeit hat in zwei Tagen hier einen solchen Grad erreicht, daß Du es kaum glauben würdest; der allgemeine Ruf zu den Waffen wird angestimmt, um einem Feinde Widerstand zu leisten, der uns mutwillig beleidigt ...«

Am Abend des 15. Juli war der König von seiner Kur aus Bad Ems nach Berlin zurückgekehrt, wo er jubelnd von der Bevölkerung empfangen wurde. In der Stadt Brandenburg waren der Kronprinz, Bismarck, Roon und Moltke in den Zug des Königs gestiegen, um ihn nach Berlin zu begleiten. Unter einem Kronleuchter im Wartezimmer des Potsdamer Bahnhofs in Berlin wurde in diesem Kreis der Entschluss zur Mobilmachung des Norddeutschen Bundesheers gefasst. Während sich der König zunächst nur für eine Teilmobilmachung aussprach, sagte der Kronprinz dagegen: »Nein, dann doch gleich das Ganze.« Er war so »hingerissen von der Größe des Moments«, dass er hinausstürmte und rief: »Krieg und alles mobil!«

Der Kronprinz, der regelrecht in eine euphorische Stimmungslage verfiel, wollte für das neue Deutsche Reich nun gegen den »uralten, ewigen Erbfeind Frankreich« zu Felde ziehen und war sich sicher, dass alle Preußen, fast alle Deutschen hinter ihm und hinter dieser Sache standen, denn in der Bevölkerung hatte die von Bismarck veröffentlichte »Emser Depesche« allgemeine Empörung ausgelöst, die schnell in eine kriegerische Begeisterung gegen den französischen »Erbfeind« umschlug.

Was Preußen bislang immer noch nicht restlos gelungen war, hatten die Franzosen nun für sie erledigt, denn jetzt scharten sich die süddeutschen Staaten aus freien Stücken solidarisch um den Norddeutschen Bund und schlossen militärische Beistandspakte gegen den gemeinsamen Feind, so dass nun auch die süddeutschen Truppen unter preußischem Oberbefehl marschierten. Seinem Sohn, dem späteren Kaiser Wilhelm II., sagte der Kronprinz in diesen Tagen, dass sich Deutschland gegen Frankreich wie ein Mann erheben werde und wagte für seinen Vater die Prophezeiung: »Wenn wir siegen, wird der König von Preußen Kaiser.«

Den Aufmarschplan für den Krieg gegen Frankreich hatte selbstverständlich Moltke entworfen, der zum neuen Typus eines Generalstäblers geworden war und die Vorteile des technischen Fortschritts in seine militärischen Planungen mit einbezog. In seiner Strategie hatten Eisenbahn und Telegraphie schon ihren festen Platz und spiegelten auch den Stand der technischen Entwicklung im Militärwesen wider. Eine neu geschaffene Eisenbahnabteilung trug dafür Sorge, dass ganze Armeekorps auf die Minute genau verlegt werden konnten. Sein neues strategisches Konzept: »Getrennt marschieren und vereint schlagen« war noch für spätere Generationen von Generalstäblern richtungweisend.

Der Kronprinz wurde am 19. Juli 1870 Oberbefehlshaber der Dritten Armee, die zwei preußische und zwei bayerische Korps sowie die württembergische und die badische Division umfasste. Damit stand er an der Spitze einer gesamtdeutschen Armee, auch wenn spontan nicht alles reibungslos verlief. Das zeigt seine Eintragung am 30. Juli nach dem Besuch eines bayerischen Infanterie- und Kavalleriebiwaks in seinem Kriegstagebuch: »Das preußische Auge freilich muß man ablegen, weil hier eben alles anders ist als bei uns, auch Schwerfälligkeit und auffällige Beleibtheit bereits unter den jüngeren Altersklassen vorwalten.« Aber in diesen nationalen Schicksalstagen wehten auch in Bayern die preußischen Schwarz-Weißen-Fahnen und die des Norddeutschen Bundes Schwarz-Weiß-Rot.

Dem Repräsentationsbedürfnis des Kronprinzen entsprach, dass seine Taten bildlich und schriftlich festgehalten werden sollten. Auf die Anwesenheit des Schlachtenmalers Georg Bleibtreu sowie des Schriftstellers Gustav Freytag legte Friedrich Wilhelm besonderen Wert. Seine ersten Siege konnte der Kronprinz schon am 4. August 1870 bei Weißenburg und zwei Tage später bei Wörth verbuchen, wo er die französische Rheinarmee unter Marschall Patrice Marquis de MacMahon außer Gefecht setzte. In den Schlachten von Vionville und Mars-la-Tours, von Gravelotte und St. Privat am 14., 16. und 18. August wurden die anderen französischen Armeen geschlagen.

In seinem Kriegstagebuch ist unter dem 19. August zu lesen: »Mir wird aus der Heimat ungemein viel Lob gespendet, weit mehr, als ich es verdient habe. Ist es aber nicht eine eigene Fügung, daß ich, der ich viel lieber in Werken des Friedens Anerkennung erntete, verurteilt bin, solche blutige Lorbeeren zu erringen? Möge dereinst der friedliche Teil meiner Aufgabe desto heilbringender sein!« Die Bodenhaftung verlor Friedrich Wilhelm trotz seiner glänzenden militärischen Erfolge, um die ihn andere Heerführer beneideten, in keiner Weise. Er war nicht nur ein siegreicher, sondern auch ein ausgesprochen beliebter Feldherr, der sich in der gesamten deutschen Bevölkerung großer Popularität erfreute, nicht nur in Preußen. Fraglos durfte man ihn ohne jede Übertreibung als den volkstümlichsten Heerführer in diesem Krieg bezeichnen, den die Soldaten vertraulich »unser Fritz« nannten, durchaus keine selbstverständliche Anrede für einen Thronfolger.

Nach den glänzenden Siegen im August ging es hinein nach Frankreich. Generalstabschef Moltkes Plan, den Gegner zu umfassen und ihn dann vernichtend zu schlagen oder »den Feind in eine Mausefalle …« zu locken, schien auch diesmal aufzugehen, denn am 31. August schnappte Moltkes Falle in der an der belgischen Grenze gelegenen alten Festung Sedan zu. Durch eine blitzschnelle, von Moltke persönlich befohlene Rechtsschwenkung der Dritten Armee wurden die Franzosen zuerst abgedrängt, dann vor Sedan geschlagen und schließlich in der Stadt vollständig eingeschlossen. 130 000 Franzosen, unter ihnen auch ihr Kaiser, saßen in Moltkes Falle, die von 250 000 Deutschen, der Dritten und der Vierten Armee, geschlossen worden war. Am Morgen des 1. September 1870 begann die Kesselschlacht, die Kronprinz Friedrich Wilhelm von einem Hügel bei Donchéry aus verfolgte. Gegen 15 Uhr war das Schicksal der Armee MacMahons besiegelt, der nur noch die Kapitulation blieb. Um 16 Uhr konnte der Kronprinz dem König melden: »Großer Sieg.« Die Schlacht von Sedan war geschlagen und gewonnen.

Damit hatte sich der Kreis der Waffengänge, die um der deutschen Einheit willen geführt wurden, geschlossen. In Düppel hatten die Einheitskriege begonnen, die über Königgrätz bis Sedan führten, wo sie durch den Sieg über Frankreich den Weg zur deutschen Einheit freimachten.

Dass sich der Kaiser der Franzosen höchstpersönlich in Sedan befand, erfuhren die Deutschen erst durch ein Handschreiben Napoleons, der Wilhelm I. schrieb: »Mein Herr Bruder, da ich nicht in der Mitte meiner Truppen sterben konnte, bleibt mir nichts übrig, als meinen Degen in die Hände Ew. Majestät zu legen …« Der kaiserliche Generaladjutant André Christian Viktor Graf Reille überbrachte dieses eigenhändige Kapitulationsschreiben Napoleons. Der Preußenkönig nahm seinen Degen an, ließ dem besiegten Kaiser aber mitteilen, dass die ganze französische Armee ihre Waffen strecken müsse. So musste auch General MacMahon, der schon in der Schlacht von Wörth der Unterlegene gewesen war, sechs Wochen nach Kriegsausbruch mit seinem Heer kapitulieren.

Die Kapitulationsverhandlungen hatten in der Nacht zum 2. September in Donchéry stattgefunden. Der Krieg gegen das kaiserliche Frankreich war gewonnen, wenn auch nicht vollständig beendet, wie sich bald zeigen sollte. Es war ein ungeheurer Sieg, den die deutschen Truppen bei Sedan errungen hatten, der auch den anderen Ländern förmlich den Atem verschlug. Selbst Kronprinzessin Victoria war überwältigt, so dass sie am 6. September an ihre Mutter schrieb: »Welch erstaunliche Nachricht! Ich konnte kaum meinen Ohren trauen, als ich sie hörte – die Aufregung und das Entzücken des Volkes kennen hier keine Grenzen.« Fast visionär hatte Bismarck bei dieser Gelegenheit bemerkt: »Auf fünfzig Jahre ist die Monarchie nun gerettet.« Es sollten zwar nicht mehr ganz fünfzig, aber doch noch achtundvierzig Jahre bis zu ihrem Untergang vergehen.

Frankreich hatte zwar seinen Kaiser und seine Armee verloren, nicht aber sein Selbstvertrauen und seinen Mut, denn in Paris wurde nun die Republik ausgerufen und der nationale »Volkskrieg« gegen Deutschland »bis zum Äußersten« gefordert. Der Krieg ging also in seine zweite Phase und zog sich in die Länge. Schon am 9. September schrieb der Kronprinz ernüchtert in sein Tagebuch: »Seit dem Siege von Sedan haben sich, meine ich, Haß und Rachelust bei den Franzosen so tief eingegraben, daß wir nicht mehr auf Gründe zu rücksichtigen brauchen, welche den Feind mehr oder weniger versöhnlich stimmen könnten. Frankreich ist fortan für alle Zeiten unser natürlicher Gegner, der jegliche Allianz suchen wird, um sich an uns zu rächen.« Am 19. September 1870 standen die deutschen Truppen vor Paris, der stärksten Festung Frankreichs, die nach Moltkes Meinung nicht zu stürmen war. Für ihn ging es auch nicht um eine Bombardierung der französischen Hauptstadt, sondern um die Vernichtung der feindlichen Armee, die südlich der Loire stand.

Der letzte große deutsche militärische Erfolg war die Kapitulation der Franzosen am 27. Oktober 1870 in Metz, ein Sieg, den Prinz Friedrich Karl an seine Fahnen heften konnte. König Wilhelm I. ernannte ihn daraufhin zum Generalfeldmarschall. Diesen höchsten militärischen Rang verlieh er auch dem Kronprinzen für dessen Siege von Weißenburg und Wörth, der mit seiner Rangerhöhung aber auch als Mitsieger von Sedan ausgezeichnet wurde. Das war etwas grundsätzlich Neues, da es in Preußen bislang nicht üblich gewesen war, Mitglieder des Königshauses in den höchsten militärischen Rang zu erheben. Die königliche Kabinettsorder trug dann auch den folgenden Wortlaut:

»Versailles, 28. Oktober 1870.

... Es ist das erste Mal, daß diese Auszeichnung, die ich auch Friedrich Karl verleihe, Prinzen unseres Hauses zu teil wird! Aber die Erfolge, die bisher in diesem Feldzuge errungen sind, erreichen auch eine Höhe und eine folgenreiche Wichtigkeit, wie wohl nichts Ähnliches zuvor.

Was mein Vaterherz dabei empfindet, daß ich Dir auf eine solche Art meinen und des Vaterlandes Dank aussprechen kann und muß, bedarf keiner Worte.

Dein Dich herzlich liebender, dankbarer Vater Wilhelm.«

Der Kronprinz hatte seine Beförderung zum Generalfeldmarschall noch vor dem Eintreffen des eigenhändigen königlichen Briefes am 29. Oktober durch ein Glückwunschtelegramm seines Cousins, des Prinzen Friedrich Karl, erfahren, der ihn so beglückwünschte: »Gratuliere mein Herr Generalfeldmarschall.« Am 1. November 1870 kommentierte Königin Victoria die Rangerhöhung ihres Schwiegersohns in einem Brief an ihre Tochter mit den Worten: »Dergleichen ist völlig einmalig in der ganzen Weltgeschichte«. Der Höchstdekorierte selbst sonnte sich ganz im Glanz seiner Generalfeldmarschallswürde.

Den genialen Schlachtenlenker Moltke aber, der sicher nicht nur nach der Meinung des Kronprinzen »doch vor allen anderen hätte Feldmarschall werden sollen«, erhob der König am 29. Oktober 1870 in den Grafenstand, während Kriegsminister von Roon mit dem Orden pour le mérite ausgezeichnet wurde.

Bismarck, der mit dem König, dem Generalstab und allen Diplomaten in Versailles residierte, interessierte der Krieg nur noch am Rande, wie er sich auch kaum mit einem Friedensangebot an Frankreich beschäftigte, denn, so sagte er wörtlich: »Das ist längst gelaufen!« Wieder eilte er seiner Zeit voraus, denn sein Hauptinteresse galt schon längst der Verfassung für das inmitten von Krieg und Sieg zu gründende neue Deutsche Reich und das auch noch im Ausland.

Parallel zum militärischen Verlauf wurden daher die Vorbereitungen für die politische Einheit Deutschlands und für die Gründung eines deutschen Nationalstaats getroffen. Seit Oktober 1870 erschienen die Minister der süddeutschen Staaten im Hauptquartier zu Versailles, um Gespräche über den Eintritt ihrer Länder in den Norddeutschen Bund zu führen oder über die Errichtung eines deutschen Bundesstaates. Vor allem aber ging es um die Anerkennung der Verfassung des Norddeutschen Bundes durch die süddeutschen Staaten, aus der schließlich die Reichsverfassung werden sollte.

Bismarck wollte den Kaiser und das Reich – aber nicht durch ein preußisches Diktat, weil ihm an der Identifikationsmöglichkeit aller Mitgliedsstaaten mit dem neuen Deutschen Kaiserreich gelegen war, die nicht durch Glanz und Gloria einer dem Mittelalter nachempfundenen und dann noch preußisch modifizierten Kaiserkrone zu erreichen war, was sich der Kronprinz erträumte. Außerdem wusste Bismarck, dass die anderen deutschen Staaten bei allen berechtigten und militärisch demonstrierten Hegemonialansprüchen Preußens nicht ohne Preis ihre Souveränitätsrechte aufgeben würden, dass es geschickter und geduldiger Verhandlungen mit ihnen bedurfte, deren Ziel bei aller Stärkung der Reichsgewalt nur ein Bundesstaat sein konnte, wie es der Norddeutsche Bund war. Der neue deutsche Staat musste daher zumindest formal föderativ, aber nicht unitarisch beziehungsweise zentralistisch sein, eine Auffassung Bismarcks, die dem Kronprinzen missfiel.

Obwohl die Verfassung des Deutschen Kaiserreichs schon am 1. Januar 1871 in Kraft getreten war, ließ der Reichsgründungsakt noch auf sich warten, da sich die Verhandlungen mit den süddeutschen Staaten und den freien Städten in die Länge zogen. Dass Bismarck noch weitergehende Verhandlungen mit Bayern und mit Württemberg zuließ, verdross den Kronprinzen schon aus dem Grunde, weil er den zentralistischen Einheitsstaat wollte, in dem ein Fürstenhaus regierte, wonach sich alle anderen zu richten hatten.

Im Unterschied zu Bismarck war der Kronprinz den süddeutschen Königen, Großherzögen und Herzögen gegenüber, denen er ihre alten fürstlichen Souveränitätsansprüche und Hoheitsrechte nehmen wollte, zu wenig Zugeständnissen bereit. Allerdings hätte er auch auf die preußischen Ansprüche und Rechte verzichtet, um den Staat Preußen in dem neuen Deutschen Reich aufgehen zu lassen. Der preußische Verzicht wäre natürlich nicht so schmerzlich wie der für die anderen Bundesstaaten gewesen, denn schließlich stellten die Hohenzollern den Deutschen Kaiser. Kurzzeitig hatte der Kronprinz für das Staatsoberhaupt auch den Titel »König der Deutschen« erwogen und darüber mit Bismarck sogar zwei Gespräche geführt, der das aber verwarf, weil die Konsequenzen für Bayern, Sachsen und für Württemberg unannehmbar gewesen wären, hätten sie doch den Verzicht auf den eigenen Königstitel bedeutet, was natürlich illusorisch war. Welcher Fürst würde schon aus freien Stücken auf seine angestammten und gewohnten Rechte verzichten, welcher König auf seinen Titel, um ihn gegen einen herzoglichen einzutauschen? Bismarck sah das realistisch, und seine geduldigen Verhandlungen enthielten selbstverständlich Zugeständnisse, denn schließlich musste er die Fürsten und die freien Städte für die Verfassung des Norddeutschen Bundes gewinnen, um sie nach Süddeutschland ausdehnen zu können, damit sie als Reichsverfassung rechtswirksam werden konnte. Allein das kostete Bismarck übermenschliche Anstrengungen.

Friedrich Wilhelms Ansprüche nahm viele Wunder, auch weil sie nicht in seine bisherige politische Welt passen wollten, die er bei der Durchsetzung seiner zentralistischen Reichsidee an sich verraten musste. Noch im Verfassungskonflikt hatte er Bismarck daran erinnert, dass Recht immer vor Macht gehen müsse. Jetzt war er sogar bereit, mit zentraler nationaler Macht das Recht der kleineren Mitgliedsstaaten zu brechen, während Bismarcks Verhandlungen in die entgegengesetzte Richtung gingen. Auf die vollständige Wiedergabe der kronprinzlichen Absichten und Ansichten zur Reichsgründung soll hier verzichtet werden, die bis zum möglichen Truppeneinsatz gegen die süddeutschen Partikularisten ging.

Den Realpolitiker Bismarck beschäftigten ganz andere Sorgen. Die Fantastereien des Kronprinzen nahm er kaum zur Kenntnis. Hier ging es nicht um »römisch-deutsch«, sondern um »preußisch-deutsch« und um die Schaffung eines Deutschen Kaisers preußischer Herkunft. Für Bismarck war Friedrich Wilhelms Reichsvorstellung ein verschwommenes und unausgegorenes Sammelsurium, ein Zerrbild, das schwer zu definieren, geschweige denn zu realisieren war.

Der König von Bayern als der »mächtigste[n] der dem Bund beitretenden Fürsten«, der sich dem preußischen Drängen anfangs am heftigsten widersetzt hatte, war nach Bismarcks Einschätzung der Berufenste, dem König von Preußen im Namen aller Bundesfürsten den Kaisertitel anzutragen. Ludwig widerstrebte die ihm zugedachte Rolle, er machte als Gegenleistung Gebietsansprüche geltend. Maximilian Graf Holnstein, Ludwigs Oberstallmeister, schlug in seiner unkomplizierten und direkten Art Bismarck vor, für den Bayernkönig am besten gleich ein Konzept zu erstellen und sagte zu Bismarck: »Exzellenz, schreiben S' gleich selber einen Brief, so wie er sein soll.« Bismarck griff zur Feder, und diesen »Kaiserbrief«, den Holnstein seinem Herrn aus Versailles mitbrachte, überreichte er ihm im

Schloss Hohenschwangau. Da Ludwig II. mit diesem vorformulierten Brief seine Probleme hatte, sich andererseits seiner Bauleidenschaft wegen aber in chronischen Finanzkalamitäten befand, half Bismarck ihm großzügig aus seiner Verlegenheit, wodurch Ludwigs Widerstände leichter zu brechen waren. Am 3. Dezember 1870 ließ Ludwig II. den von Bismarck präparierten so genannten Kaiserbrief, dem der Bayernkönig inzwischen durch einige Umformulierungen seinen eigenen Duktus gegeben hatte, damit er authentischer aussah und nicht sofort Bismarcks Handschrift verriet, Wilhelm I. durch den Prinzen Luitpold im Versailler Hauptquartier überreichen. So dubios dieser Brief auch zustande gekommen sein mag – echt ist er zweifelsfrei und auch von König Ludwig II. unterzeichnet.

Der Preußenkönig nahm den Inhalt zwar zur Kenntnis, war aber von dem Kaisertitel nicht im mindesten erbaut. Der Kronprinz, der zugegen war, als Bismarck den königlich bayerischen Brief verlas, hielt die Reaktion seines Vaters auf Ludwigs Brief in seinem Tagebuch fest: »Se. Majestät war über den Inhalt dieses Briefes ganz außer sich vor Unwillen und wie geknickt ... Der König war aber heute nicht umzustimmen und sah in ›Kaiser und Reich‹ eigentlich nur ein Kreuz für sich selbst wie auch für das preußische Königtum überhaupt. (!) Als wir des Königs Zimmer verlassen hatten, reichten Graf Bismarck und ich uns die Hand, ohne viel zu reden, denn wir fühlten, daß die Entscheidung eingetreten war, und daß mit dem heutigen Tage ›Kaiser und Reich‹ unwiderruflich wiederhergestellt seien ...«

Indessen unterschrieb ein Staat nach dem anderen den Bundesvertrag zu Bismarcks Bedingungen. Von den süddeutschen Staaten stand Baden am festesten zur preußischen Regierung und trat schon am 2. Oktober 1870 dem Norddeutschen Bund bei. Problematischer gestalteten sich die Beitrittsverhandlungen mit Württemberg und Bayern, das am 23. November 1870 unterzeichnete, zwei Tage später folgte Württemberg. Die föderativen Elemente wurden in der neuen Reichsverfassung ausreichend betont. Den einzelnen Staaten verblieben unbeschadet der Reichsaufsicht die innere Verwaltung, die Justiz, die Schulen und die Kirchen, wobei sich die Königreiche Bayern und Württemberg noch wertvolle »Reservatrechte« ausbedungen hatten. In Bayern hatte man anfänglich sogar noch an die Kaiserwürde gedacht, notfalls im Wechsel mit Preußen. Die Württemberger durften ihre Post, Telegraphie und Eisenbahn behalten, die Bayern darüber hinaus noch ihre eigene Diplomatie und Militärhoheit in Friedenszeiten. Mit diesen letzten Unterzeichnungen hatte sich der Norddeutsche Bund über ganz Süddeutschland ausgedehnt.

Das neue Deutsche Reich entstand also nicht als ein zentralistischer Einheitsstaat, sondern in Anlehnung an den Norddeutschen Bund als ein Bundesstaat aus Mittel- und Kleinstaaten und freien Städten, die im Bundesrat vertreten waren, der der eigentliche Souverän im Lande war, das oberste Reichsorgan. Wie schon zuvor im Norddeutschen Bund war Preußens dominierende Stellung auch unter den 25 vertragschließenden Staaten gesichert.

Der Nationalliberalen Partei waren Bismarcks Zugeständnisse an Bayern zwar zu weit gegangen, aber wegen des nationalen Einigungszieles stimmte sie, wenn auch zähneknirschend, zu, so dass Eduard Lasker lapidar im Norddeutschen Reichstag erklärte: »Häßlich ist das Mädel, aber geheiratet werden muß es.« Am 9. Dezember 1870 nahm der Norddeutsche Reichstag die Bundesverträge an, die parallel dazu auch von den süddeutschen Landtagen verabschiedet wurden. In Bayern hatte der Widerstand der Ultramontanen Partei [politischer Katholizismus mit streng päpstlicher Gesinnung] heftige Debatten ausgelöst, so dass die Annahme dort erst drei Tage nach der Kaiserproklamation erfolgte und Bayern erst am 1. Februar 1871 in das neue Deutsche Kaiserreich eintreten konnte.

Am 10. Dezember ersetzte der Reichstag des Norddeutschen Bundes für die neue Reichsverfassung die alten Titel »Deutscher Bund« und »Bundespräsidium« durch die Bezeichnungen »Deutsches Reich« und »Deutscher Kaiser«. Aus dem »häßlichen Mädel« Laskers hatte Bismarck etwas Klangvolles und Ansehnliches gemacht, das auf den altehrwürdigen Namen »Reich« getauft wurde. Und aus dem unpersönlichen »Präsidium« des Bundesrates wurde der »Deutsche Kaiser«. »Kaiser und Reich« – das klang gut und hatte eine magische Wirkung.

Den König von Preußen aber konnte man nach wie vor nicht für den Kaisertitel erwärmen. Am 11. Dezember 1870 findet man im Kriegstagebuch des Kronprinzen die Bemerkung: »Im übrigen aber ist es sehr schwer, den König, der mehr als je dazu neigt, alles schwarz zu sehen, von seinen Auffassungen auf andere Gedanken heiterer Natur zu bringen. Ich war heute abend wieder einmal zum Tee bei ihm, dabei gibt es aber so wenig Unterhaltung, daß die Hälfte der zahlreichen Anwesenden regelmäßig schläft.« Die Königin erfuhr die ganze Sache erst am 10. Dezember, durch »ein Telegramm des Königs von Bayern, der seine Glückwünsche zum neuen Kaisertitel ausspricht; bis dahin wußte sie von der Anregung jener Würde nur durch die Reichstagsverhandlungen und durch Zeitungsnachrichten ...« Wilhelm I. hatte seiner Frau gegenüber geschwiegen.

Dem Norddeutschen Reichstag fiel lediglich noch die Aufgabe zu, den König von Preußen höflich zu bitten, die Kaiserwürde nicht abzulehnen. So war denn am 16. Dezember 1870 unter der Führung des Königsberger Nationalliberalen Eduard von Simson eine Delegation von 30 Reichstagsabgeordneten nach Versailles gekommen, um König Wilhelm I. im Namen der Volksvertretung um die Annahme der Kaiserkrone zu bitten. Derselbe Simson hatte König Friedrich Wilhelm IV. schon zwei Jahrzehnte früher die Kaiserkrone des Frankfurter Parlaments angetragen. Empfangen wurde die Reichstagsabordnung zunächst vom Kronprinzen, der zwei Tage später bei der »echt deutsch-patriotische[n] Rede«, die Präsident Simson bei der Übergabe der von Lasker entworfenen Reichstagsadresse an den König richtete, vor Rührung in Tränen ausbrach, auch weil er in der Vorstellung lebte, die Kaiserkrone sei Ausdruck des Volkswillens, wobei der souveräne Wille des Volkes überhaupt nicht gefragt war. Der König empfing die Kaiserkrone nur aus den Händen der deutschen Fürsten und der freien Städte, denn Bismarck hatte sein Einigungswerk allein mit ihnen zustande gebracht. Das war überhaupt die Vorbedingung Wilhelms I. für eine etwaige Annahme der deutschen Kaiserkrone gewesen, denn er hatte als einer der wenigen schon 1849 die Haltung seines Bruders bei der Ablehnung der Kaiserkrone des Frankfurter Parlaments geteilt. So sehr sich der König auch anfangs gegen den Empfang der Reichstagsabgeordneten gesträubt hatte, so angenehm war dann die Atmosphäre, die letztlich auch den Zusammenhang zwischen dem Parlament und »dem Kaisertum und dem Reich« deutlich machte, was den König sichtlich erleichterte, wie es der Kronprinz an diesem 18. Dezember schriftlich festgehalten hat.

Zur Jahreswende 1870/71 war es zu einer Verstimmung zwischen Bismarck und Moltke gekommen. Moltke, dessen Haltung der Kronprinz teilte, hatte sich gegen eine Bombardierung von Paris ausgesprochen, während Roon und Bismarck dafür eintraten. Bismarck, der »auch in militärischen Dingen das große Wort führen möchte«, wie es der Kronprinz kritisch am 9. Januar 1871 in seinem Tagebuch festhielt, wollte ein schnelles Ende des Krieges herbeiführen. Der Generalstabschef, so Friedrich Wilhelm in seiner Tagebuchnotiz, war »durch Graf Bismarcks rücksichtsloses Alleinherrschertum tief gekränkt«, so dass der Kronprinz erneut als Vermittler auf den Plan treten musste. Schon unter dem 26. Oktober hatte er in seinem Tagebuch festgehalten: »Alle maßgebenden Elemente, ich an der Spitze, sind darin einig, daß wir alles daransetzen müssen, Paris allein durch Hunger zu bezwingen; General Moltke stimmt mit mir darin völlig überein ...« Roon, der an der Seite Bismarcks stand, war dagegen der Meinung, dass das Babel Paris »gründlich bombardiert und an allen Enden angezündet werden« müsse.

Im Vorfeld der Beschießung von Paris waren die Meinungen hart aufeinandergeprallt. Moltke vertrat die Ansicht, dass eine so starke und große Festung wie Paris nicht durch ein Bombardement zur Übergabe gezwungen werden könnte, sondern nur durch Aushungern. Bismarck dachte in anderen Kategorien und drängte auf Zeit, weil er bei einer längeren Kriegsdauer die Einmischung fremder Mächte befürchtete. Sogar die Kronprinzessin wurde mit einbezogen, der man eine angebliche Einmischung im Auftrag Englands nachsagte, was man ihr übel nahm. Verärgert hatte der Kronprinz schon am 14. Dezember in sein Kriegstagebuch geschrieben: »... In Berlin ist es jetzt an der Tagesordnung, meine Frau als die Hauptursache der aufgeschobenen Bombardierung von Paris zu verleumden und ihr nachzusagen, sie handele im Auftrage der Königin von England, was mich über die Maßen verstimmt. Gräfin Bismarck-Schönhausen und die Hofdame Gräfin Amélie Dönhoff haben dies ganz unverholen ausgesprochen ...« Auch Bismarck war bei seinem alten Argwohn gegen weibliche Einflüsse bei Hofe der Auffassung, dass die Verzögerung der Beschießung von Paris nicht in militärischen Gründen läge, sondern in »falschen Humanitätsrücksichten« Moltkes und des Königs, deren Ursache für ihn in der Kronprinzessin und auch in der Königin zu suchen war. Was diesen Punkt betraf, reagierte Bismarck geradezu überempfindlich. Aber sein Verdacht war wenig haltbar.

Weihnachten 1870 lagen die Deutschen noch immer vor Paris. Während der Kronprinz in Versailles bei weihnachtlicher Atmosphäre mit Pfefferkuchen, Nüssen, Äpfeln und Punsch am Heiligen Abend »eine Lotterie für die achtzig Personen meines Stabes unter dem deutschen Christbaum« veranstaltete, umrahmten die Franzosen die Deutsche Weihnacht mit Geschossen und Granaten. Da inzwischen auf deutscher Seite schwere Geschütze eingetroffen waren, wurden die französischen »Weihnachtsgrüße« am 27. Dezember mit einem Feuer auf Paris beantwortet. Moltke und der König konnten mittlerweile für eine Beschießung der französischen Hauptstadt gewonnen werden, so dass am 5. Januar 1871 die eigentliche Bombardierung von Paris begann. Ironisch hielt der Kronprinz in seinem Tagebuch fest: »Nun werden wohl die Weisen in Berlin triumphieren und erwarten, daß heute abend bereits die Kapitulation stattfindet.« Nach dreitägigem Bombardement der Stadt bekannte er am 8. Januar in seinem Tagebuch: »Ich gestehe, daß bei jedem Schuß, der in die Stadt ging, mein Herz sich zusammenschnürte, weil ich an die Unschuldigen dachte ... Bei meiner individuellen Abneigung gegen den Krieg ist es ein wahres Kreuz für mich, unter den gegenwärtigen Verhältnissen auch noch zu dieser Pflichterfüllung gezwungen zu sein. Es soll mir aber in diesem Riesenkampf nichts erspart bleiben ...«

Die Bedenken des Kronprinzen gegen die Bombardierung von Paris hatten im Grunde keine Rolle mehr gespielt, auch wenn ihn, den auf dem Schlachtfeld außerordentlich Erfolgreichen, die befohlene Bombardierung tief erschütterte. Seine Gedanken dazu gab er in seinem Kriegstagebuch am 2. Januar 1871 wieder: »Sobald die ersten Schüsse gegen Paris getan sein werden, dürfte uns eine Flut von Vorwürfen treffen, weil wir es wagen, eine s o l c h e Stadt nach Kriegsbrauch zu behandeln ...« Deprimiert hatte er zum Jahresausklang am 31. Dezember 1870 ein Fazit gezogen und geschrieben: »Je länger dieser Kampf dauert, desto besser für die Franzosen und desto schlimmer für uns ... Man erblickt in uns nicht mehr die unschuldig Bedrohten, sondern vielmehr die übermütigen Sieger ... Man will in der Nation von Denkern und Philosophen, von Dichtern und Künstlern, von Idealisten und Schwärmern nichts weiter erkennen als ein Volk von Eroberern und Zerstörern ... Wohl sind wir unbestritten das erste Kulturvolk der Welt, aber zur Stunde will es scheinen, als seien wir weder geliebt noch geachtet, sondern lediglich gefürchtet. Man hält uns jeder Schlechtigkeit fähig, und das Mißtrauen gegen uns steigert sich mehr und mehr. Das ist nicht die Folge dieses Krieges allein – so weit hat uns die von Bismarck erfundene und seit Jahren in Szene gesetzte Theorie von Blut und Eisen gebracht! ... Bismarck hat uns groß und mächtig gemacht, aber er raubte uns unsere Freunde, die Sympathien der Welt und – unser gutes Gewissen ...«

Dass der Kronprinz ausgerechnet Bismarck mangelnden Reichseifer vorhielt, war nicht nur eine unfreundliche und unzutreffende Bemerkung, sondern eine schwer nachzuvollziehende Unterstellung, denn selbst die Namen »Kaiser und Reich« – gewissermaßen das Salz an der Suppe – waren Bismarcks Idee gewesen, die alle Herzen höher schlagen ließ, die des Volkes ebenso wie die aller Demokraten und der Fürsten. Die Demokraten fanden ihre alten Forderungen der Frankfurter Nationalversammlung von 1848 wieder und begrüßten als demokratische Nationalisten demzufolge das neue Reich. Die Fürsten aber begrüßten es, weil dem König von Preußen von ihnen die Kaiserkrone angetragen werden musste und sie damit die eigentlichen »Kaisermacher« waren.

Jetzt würde es also wieder ein Deutsches Reich geben, das aber das Erbe des alten Heiligen Römischen Reiches Deutscher Nation, seinen Universalismus und Katholizismus, nicht übernahm. Das so genannte kleindeutsche Reich Bismarcks, dessen Staats- und Volkstumsgrenzen nicht zusammenfielen, umfasste etwa nur 70 Prozent des deutschen Sprachraums und Volkstums. Das neue Reich war preußisch-protestantisch geprägt und erhob keinen übernationalen Universalitätsanspruch. Zwar war Bismarcks Reichsgründung ganz anders zu Stande gekommen, als sich die »Achtundvierziger« es einst vorgestellt hatten, wurde von der Mehrzahl der Deutschen aber als Erfüllung ihrer jahrzehntelangen Wünsche empfunden. Die Nationalliberalen, die Bismarck wegen seiner Mittel und Methoden politisch zunächst über Jahr und Tag bekämpft hatten, besonders in den Reihen der Deutschen Fortschrittspartei, dankten ihm sein Einigungswerk, zumal sie ihren deutschpatriotischen Traum, das »größere Preußen«, in seinem Reich verwirklicht sahen. Annexionsgeschädigte von 1866 dagegen und einige altkonservative Kreise, die sich von der preußischen Monarchie nicht lösen mochten, hatten ihre Probleme mit Bismarcks neuem Reich, in dem sie sich nie richtig zu Hause fühlten, weil es für sie das Ende Preußens war, womit sie übrigens nicht Unrecht hatten. Nach Theodor Schieder sah die Mehrheit aller Deutschen aber in Bismarcks Reichsgründung von 1871 »eine Erfüllung ihrer nationalen Wünsche und zugleich der deutschen Geschichte überhaupt«.

Für viele Deutsche umgab sich das neue Reich mit der Aura einer großartigen tausendjährigen Vergangenheit. Nicht nur für den Kronprinzen war es wie eine Wiedergeburt des sagenumwobenen Reichs der Sachsen- und der Stauferkaiser, wobei er an Otto den Großen dachte und an ein Reich von römisch-deutscher Dimension. Selbst Friedrich Barbarossas Ruhe war dahin, der wohl oder übel aus dem Kyffhäuser steigen musste. Der Reichsromantiker Friedrich Wilhelm ließ sich von dem Glanz eines verschollenen tausendjährigen Kaisertums blenden, denn er betrachtete, wie es unter dem 18. Dezember 1870 bei ihm nachzulesen ist, »das heutige Kaisertum als dasselbe, welches seit mehr als tausend Jahren in Deutschland bestanden und nur ... solange geruht hat, bis es jetzt nach 65-jährigem Interregnum, gründlich geläutert und zu einem erblichen gestaltet ... wieder hergestellt worden ist«.

Die Kaiserproklamation am 18. Januar 1871 in Versailles. Gemälde von Anton von Werner.

Die Reichsgründung wirkte auf viele magisch, nicht nur auf Kronprinz Friedrich Wilhelm. Allein die altehrwürdigen Worte »Kaiser und Reich« hatten einen nahezu mythischen Klang. Sie wirkten so faszinierend, dass sie die Fantasie vieler Menschen beflügelte, die die Reichsgründung des überragenden Staatsmanns Bismarck »als Wiedergeburt der alten glorreichen Kaiserzeit idealisiert und mythisiert haben«. Bismarck selbst wusste, dass die »Schwungkraft« des Kaisertitels auf die Fantasie der Menschen wirkte, die den festeren Zusammenschluss zu einer Nation nur beschleunigen konnte. Auch Leibniz hatte 170 Jahre früher dem Königsnamen, den der brandenburgische Kurfürst Friedrich III. begehrte und seit 1701 führte, eine magische Wirkung zugeschrieben und darin den eigentlichen Wert der kurfürstlichen Rangerhöhung gesehen.

Trotz einiger überschießender Reaktionen und Peinlichkeiten, die Zeiten eines nationalen Hochgefühls immer mit sich bringen, war Deutschland seit 1806 wieder als Großmacht in Erscheinung getreten und bildete ein stattliches Reich, das, wenn man es nicht so genau nahm, von der Maas bis an die Memel reichte, wie Hoffmann von Fallersleben es schon 1841 vor sich sah. Außerdem stand Deutschland den anderen europäischen Großmächten wieder gleichberechtigt gegenüber, und mit der Reichsgründung hatte sich die politische

Landschaft Europas von Grund auf geändert, denn neben Österreich, Russland, England und dem durch den verlorenen Krieg gegenwärtig zwar schwer angeschlagenen Frankreich gab es nun eine ernst zu nehmende fünfte europäische Großmacht – das »Zweite Deutsche Reich«.

Auch wenn die neue Reichsverfassung bereits in Kraft getreten war, ließ der eigentliche Reichsgründungsakt noch immer auf sich warten, weil nämlich der Hauptdarsteller, der Preußenkönig, streikte. Wenn man ihm schon einen Kaisertitel zumutete, dann bitte einen, der seine herausgehobene landeshoheitliche Stellung sichtbar machte. »Kaiser von Deutschland« – das war angemessen, aber »Deutscher Kaiser« nicht. Als »Deutscher Kaiser« empfand er sich als »Primus inter pares« und nicht als Herrscher über alle Deutschen, wie es der Titel »Kaiser von Deutschland« zum Ausdruck brachte.

Über die Fassung des Titels kam es noch einmal zu einem heftigen Meinungsstreit zwischen dem König und Bismarck, obwohl die Bezeichnung »Deutscher Kaiser« schon im Artikel 11 der Reichsverfassung festgeschrieben war. Es war ein Kompromiss gewesen, denn einer weitergehenderen Bezeichnung hätte vor allem König Ludwig II. seine Zustimmung versagt, dem die Sache ohnehin nicht schmeckte, dass an der Spitze des Deutschen Reiches ausgerechnet ein Preuße stehen musste.

Für den alten König bedeuteten »Kaiser und Reich« zugleich den Abschied von Preußen, denn die Kaiserkrone empfand er der preußischen Königskrone gegenüber mit Recht als sekundär. Und dann noch diese zweitklassige Bezeichnung »Deutscher Kaiser«, bei der ihm in militärischer Sprache nur die Frage einfiel: »Was soll mir der Charakter-Major?« [Als »Charaktermajor« bezeichnete man einen am Ende seiner Laufbahn zum Major beförderten Hauptmann, den man in den Ruhestand versetzen wollte, ein Trostpreis also]. Bismarck war um eine Antwort nicht verlegen und erwiderte seinem König: »Ew. Majestät wollen doch nicht ewig ein Neutrum bleiben, ›das Präsidium‹? In dem Ausdrucke ›Präsidium‹ liegt eine Abstraktion, in dem Worte ›Kaiser‹ eine große Schwungkraft.« Für den König aber war die Bezeichnung nichts weiter als ein Ersatz für den prosaischen Titel eines Bundespräsidenten, was im Übrigen den Tatsachen entsprach. Für ihn handelte es sich lediglich um ein »Scheinkaisertum«, um mehr nicht.

Die Titelfrage war durchaus mehr als nur eine spitzfindige Frage, um die zwischen dem König auf der einen und Bismarck, der von dem Kronprinzen unterstützt wurde, auf der anderen Seite tagelang gestritten wurde. Zu Bismarck sagte der alte König: »Als Kaiser muß ich tun, was die anderen wollen, als König bin ich der Herr.« Im letzten Augenblick hätte Wilhelm I. die Proklamation noch um Haaresbreite durch seine Abdankung vereitelt, als er nämlich sagte: »Fritz soll die Sache machen. Der ist mit ganzer Seele bei dem neuen Stande der Dinge, während ich mir nicht ein Haar breit daraus mache und nur zu Preußen halte.«

Der König war verärgert über Bismarck, über Ludwig II. von Bayern und auch über seinen Sohn, der in dieser ganzen Sache zu Bismarck hielt. Auch der Kronprinz wollte lieber »Kaiser von Deutschland« als »Deutscher Kaiser« sein, aber schließlich war er froh, dass der Kaisertitel überhaupt kam, und nun forcierte er das Tempo. Da ihm die Formel »Kaiser und Reich« weit mehr als dem Preußenkönig bedeutete, konnte er gemeinsam mit seinem Schwager, dem Großherzog von Baden, allmählich auch seinen Vater umstimmen. Dass die Annahme des Kaisertitels zudem die Oberhoheit Wilhelms I. über die von Napoleons (I.) Gnaden in den Königsstand erhobenen Fürsten von Sachsen, Bayern und Württemberg entsprechend demonstrieren würde, war ein Argument, dem sich auch der Preußenkönig nicht verschloss.

Wie immer gelang es am Ende Bismarck, den König zum Einlenken zu bewegen, auch wenn es zwischen beiden noch am Vorabend der Proklamation zu einem neuerlichen Konflikt gekommen war, denn in der Schlussberatung am 17. Januar 1871 lehnte Wilhelm I. noch einmal die Bezeichnung »Deutscher Kaiser« kategorisch ab. Entweder »Kaiser von Deutschland« oder Verzicht auf jeden Kaisertitel – das war die königliche Devise und Wilhelms letztes Wort. Am Ende versuchte Bismarck mit philologischen Argumenten den Schlusspunkt unter diese leidige Debatte zu setzen und erklärte seinem König, dass bei diesem Titel die adjektivische und nicht die genitivische Form gebräuchlich sei. In »Gedanken und Erinnerungen« sagt Bismarck dazu: »Man hätte Römischer Kaiser, nicht Kaiser von Rom gesagt; der Zar nenne sich nicht Kaiser von Rußland, sondern Russischer ... Kaiser«, was der König scharf bestritt und mit seinen Russischkenntnissen zu widerlegen suchte. Als der Kronprinz Bismarck hilfreich zur Seite sprang, schlug der alte Herr auf den Tisch und sagte: »Und wenn es so gewesen wäre, so befehle ich jetzt wie es sein soll ...«

Zu einem klaren Abschluss kam man eigentlich nicht, dennoch konnte man das Verhalten Wilhelms I. einen Tag vor der Kaiserproklamation als Zustimmung, zumindest als eine Duldung werten, wenn er auch dabei in Tränen ausbrach und sagte: »Morgen ist der unglücklichste Tag meines Lebens. Da tragen wir das preußische Königtum zu Grabe.« Viele hielten die Haltung des Königs für die sentimentale Schwäche eines alten Mannes, der der Vergangenheit verhaftet war und sich für Neues nicht mehr öffnen konnte. Für die meisten aber, so auch für Bismarck, war es lediglich eine königliche Laune und mehr nicht. Doch das war ein Irrtum, weil der König offenbar als Einziger den Untergang Preußens vor sich sah, denn mit der Kaiserproklamation am 18. Januar 1871 in Versailles, auf den Tag genau 170 Jahre nach der Krönung des ersten Preußenkönigs in Königsberg, begann Preußens langes Sterben wie Sebastian Haffner es bezeichnet hat. Wilhelm I. schien es geahnt zu haben.

Für das Zeremoniell der Ausrufung des Deutschen Kaisers schien der Spiegelsaal von Versailles ein würdiger und angemessener Rahmen zu sein, der das gedemütigte Frankreich damit noch an seiner Achillesferse treffen würde, denn schließlich handelte es sich um den Prunksaal seines Sonnenkönigs, der nun dem neuen Deutschen Reich Glanz und Pracht verleihen sollte. Die Demütigungen, die Ludwig XIV. dem Heiligen Römischen Reich und Kaiser Leopold I. einst zufügte, als er die alte deutsche Reichsstadt Straßburg mit dem restlichen Elsaß kassiert und das Land bis aufs Blut ausgebeutet hatte, wurden wieder wach. Jetzt aber triumphierte Deutschland, das nicht nur als Sieger aus dem Krieg hervorgegangen war, sondern auch als funkelnagelneues Kaiserreich. In solchen Kategorien dachte aber nur der Reichsromantiker Friedrich Wilhelm, nicht der Reichsrealist Bismarck, dem es allein um die Sache ging, von dem schlichten und einfach lebenden Preußenkönig, Wilhelm I., ganz zu schweigen, der sich gegen jede pompöse Zeremonie ausgesprochen hatte, die sich viele wegen der Größe und Einmaligkeit des historischen Ereignisses gewünscht hatten.

Den Termin der Kaiserproklamation aber hatte der König selbst bestimmt. Es war ein preußischer Termin, und er erklärte: »Da ich den Kaisertitel einmal annehmen soll, so habe ich diesen Gedenktag der preußischen Geschichte dafür gewählt.« Der Arrangeur der großen Feier wurde Kronprinz Friedrich Wilhelm, der eigens den bekannten Historienmaler Anton von Werner aus Karlsruhe kommen ließ, der für die Nachwelt den historischen Augenblick in seinem bekannten Kolossalgemälde festgehalten hat. Im Spiegelsaal Ludwigs XIV. wurde hinter einem Feldaltar eine Tribüne errichtet, über der der Reichsadler prangte, und dort, wo einst der Thron des Sonnenkönigs stand, bildete ein Wald von Fahnen und Standarten den Abschluss. Der Kronprinz erschien als Generalfeldmarschall in Galauniform und hatte den Schwarzen-Adler-Orden und ebenfalls den Hosenbandorden angelegt.

In Anwesenheit der deutschen Fürsten, der Minister und der Führer des siegreichen Heeres begann die Zeremonie mit einem Gottesdienst, den der Hofprediger Bernhard Rogge hielt, der sich in einer nahezu taktlosen Predigt in nationalen Phrasen erging, so dass »sich viele anwesende ehrliche Preußen vor Peinlichkeit [wanden]« wie Bismarck meinte. Dem folgte eine kurze Ansprache Wilhelms I. an die »Durchlauchtigsten Fürsten und Bundesgenossen«, in der er leise die Proklamation über die Wiedergeburt des deutschen Kaisertums verkündete und Bismarck den Auftrag erteilte, die »Ansprache an das deutsche Volk« zu verlesen. Da es keine Krönung gab, führte der ungewöhnlich blass aussehende Bismarck für seinen Herrn aus: »Nachdem die deutschen Fürsten und freien Städte den einmütigen Ruf an Uns gerichtet haben ... die seit mehr denn 60 Jahren ruhende Deutsche Kaiserwürde zu übernehmen .... bekunden Wir hiermit, daß Wir es als eine Pflicht gegen das gemeinsame Vaterland betrachtet haben, diesem Rufe ... Folge zu leisten und die deutsche Kaiserwürde anzunehmen ... Uns aber und Unseren Nachfolgern an der Kaiserkrone wolle Gott verleihen, allzeit Mehrer des Deutschen Reiches zu sein, nicht an kriegerischen Eroberungen, sondern an den Gütern und Gaben des Friedens auf dem Gebiete nationaler Wohlfahrt, Freiheit und Gesittung.«

Friedrich Wilhelms Schwager, dem Großherzog Friedrich I. von Baden, fiel die Aufgabe zu, im Namen der Festversammlung das abschließende Hoch auf den Kaiser auszubringen. Bis zum letzten Augenblick lag für alle Spannung in der Luft, wie sich der Großherzog dieser Pflicht entledigen werde, auch wenn Wilhelm I den von ihm gewünschten Titel ausdrücklich befohlen hatte. Noch am Morgen vor der Feierlichkeit hatte Bismarck den Großherzog gefragt, wie er den neuen Kaiser zu bezeichnen gedenke. Dessen Antwort war eindeutig, wenn er ihm sagte: »Als Kaiser v o n Deutschland, nach Befehl Sr. Majestät.« Der Großherzog aber zog sich diplomatisch aus der Affäre als er ausrief: »Seine Kaiserliche und Königliche Majestät, Kaiser Wilhelm, lebe hoch! hoch! hoch!« und umging so geschickt die Titelfrage. Minutenlange Hoch- und Hurra-Rufe lösten die spannungsgeladene Atmosphäre. Unter dem Schwenken der Fahnen und Standarten der siegreichen Regimenter wurde das Kaiserlied »Heil dir im Siegerkranz ...« angestimmt. Der Kronprinz kniete als

Die Siegessäule in Berlin.

Erster vor seinem kaiserlichen Vater nieder, es folgten Glückwünsche, die der Kaiser mit einem Händedruck quittierte.

Am 24. Januar 1871 kapitulierte Paris, vier Tage später wurde der Waffenstillstand vereinbart. Am 26. Februar wurde der Vorfriedensvertrag geschlossen, in dem Bismarck den Franzosen 5 Milliarden Francs [gleich 4 Milliarden Mark] als Kriegsentschädigung abnahm, die binnen dreier Jahre zu zahlen waren. Außerdem reklamierte Bismarck für das inzwischen gegründete Deutsche Kaiserreich das Elsaß und den größten Teil Lothringens. Auf der Übernahme der Festung Metz hatte Kaiser Wilhelm bestanden. Dass Lothringen einverleibt wurde, fand auch die Zustimmung des Kronprinzen, wie es seinem Kriegstagebuch unter dem 28. Januar 1871 zu entnehmen ist: »Die ehemaligen deutschen Teile Lothringens könnten wir mit Recht beanspruchen, doch sollten wir uns vor dem Verlangen nach

Wilhelm I. Deutscher Kaiser und König von Preußen. Nach einem Gemälde von Franz von Lenbach.

wirklich französischem Gebiet hüten, weil dasselbe ein stets wirkender Grund zu neuen französischen Wiedereroberungsversuchen bleiben würde.« Dagegen äußerte er sich besorgt nach dem Präliminarfrieden am 26. Februar und schrieb: »Möge nur Metz nicht einst der Grund sein, daß der heute erlangte Frieden ein bloßer Waffenstillstand wird!« Der endgültige Friedensvertrag wurde am 10. Mai 1871 in Frankfurt am Main geschlossen.

Am 1. und am 2. März zogen die siegreichen deutschen Truppen in Paris ein, um die französische Hauptstadt einen Tag später wieder zu verlassen. Bewegt vom Siegesrausch und überwältigt von der großen Heerschau hielt Friedrich Wilhelm an diesem Tag fest: »Vor allem aber war ich in dem Augenblick von dem Gefühl, daß deutsche Truppen zum drittenmal in diesem Jahrhundert Paris als Sieger betreten sollten, bewegt und gehoben.«

Bei aller Abneigung Victorias gegen Bismarck, die sich auch durch dessen Erfolge nicht relativierte, anerkannte die Kronprinzessin aber, dass der Reichskanzler historisch etwas Großes auf den Weg gebracht und vollendet hatte, auch wenn sie seine Mittel nach wie vor missbilligte und sich sein Reichseinigungswerk ohne Waffengewalt gewünscht hätte. Seine Vorstellungen und sein Denken aber konnte sie nachempfinden, auch wenn ihr dieses Eingeständnis nicht über ihre Lippen kommen mochte. Auch sie war stolz auf das siegreiche und geeinte Deutschland, das Frankreich nun den Vorrang abgelaufen hatte und zur europäischen Großmacht aufgestiegen war, vor allem aber war sie stolz auf ihren Mann, der aus dem Deutsch-Französischen Krieg als Generalfeldmarschall und als deutscher Kronprinz nach Hause kommen würde.

Am 17. März 1871 kamen der Kaiser und der Kronprinz nach Berlin zurück, das sich in einem regelrechten Siegestaumel befand und seine Kriegshelden jubelnd empfing, begrüßte und feierte.

Dass den Deutschen in Frankreich Hass entgegenschlug, war nach dieser Demütigung verständlich. Die Beziehungen zu Frankreich sollten im Übrigen auf Dauer gestört bleiben, zumal Bismarck nach dem Territorialgewinn auch noch auf die ursprünglich beabsichtigte Volksabstimmung in Elsaß-Lothringen verzichtet hatte, die er nicht mehr für sinnvoll hielt, was den Riss zwischen den beiden Völkern noch zusätzlich vertiefte. Aber die Stimmung gegen Deutschland in den anderen maßgeblichen Ländern Europas war rundherum nicht gut, nicht zuletzt deshalb, weil anstelle der bisher üblichen vielen deutschen Staaten plötzlich ein neues und einheitliches Deutsches Reich auf der europäischen Staatenkarte erschienen war. In England stand Königin Victoria beispielsweise mit ihrer deutschfreundlichen Gesinnung ziemlich allein, die ihr von einigen Politikern und Abgeordneten immer schwerer gemacht wurde. Was Österreich betraf, so war die Schlacht von Königgrätz noch lange nicht vergessen, so generös sich Bismarck in den Friedensverhandlungen auch gezeigt hatte. Aber demütigend war doch vor allem, dass Österreich, das über viele Jahrhunderte dem Heiligen Römischen Reich angehört und vorgestanden hatte, aus der deutschen Völkerfamilie ausgestoßen worden war. Russland neidete dem neuen Deutschen Kaiserreich schlicht seine Erfolge. Bismarck musste nach vielen Seiten Friedensfackeln tragen, aber auch das gehörte zu seiner politischen Vision, auf eine komplizierte, aber notwendige Bündnispolitik war er vorbereitet.

Selbst in der Stunde seines größten Triumphes hatte Bismarck daran gedacht, dass er Europa davon überzeugen musste, dass sich das neue Deutsche Reich nicht als Nachfolgerstaat des Heiligen Römischen Reiches verstand und nichts anderes erstrebte als einen »auf gegenseitiger Achtung und Selbständigkeit sowie gemeinsamer Förderung der Völker begründeten freundschaftlichen Verkehr der Völker«, was man natürlich in Wien, in London und in St. Petersburg gern hörte.

Der Kronprinz wünschte, dem Reich eine »… Bürgschaft für den dauernden Frieden der Welt zu geben« und war davon überzeugt, »daß nur eine neue Zeit, die einst mit mir rechnet, solches erleben wird«. Aber eine solche Zeit, die er erträumte, würde niemals kommen. Die nächsten 17 Jahre gehörten jedenfalls noch seinem Vater oder Bismarck oder beiden, so dass im Laufe der Jahre immer weniger Deutsche mit dem »ewigen Kronprinzen« rechneten, dessen politischer Wartestand kein Ende nahm. Allmählich verlor auch er den Glauben an sich selbst, weil ihm eine eigene Zukunft und Regierungszeit immer unwahrscheinlicher erschienen, ganz abgesehen davon, dass eine tödliche Krankheit seinem Schicksal eine völlig andere Wende geben sollte.

Der ewige Kronprinz

Je mehr die Popularität des Kronprinzen in den Kriegsjahren gewachsen war, desto unbedeutender wurde seine Rolle in dem neu gegründeten Reich, in dem er mehr oder weniger dazu verurteilt war, bis zu seiner Amtsübernahme im Jahre 1888 politisch auf der Stelle zu treten. Bei seinen Soldaten war er ausgesprochen beliebt gewesen, wenn er sich wie ein Landser mit Feldmütze und Tabakspfeife mitten unter ihnen bewegte. Auch auf der deutschen Nationalbühne machte er eine gute Figur und verkörperte das Reich allein durch seine strahlende und heldenhaft anmutende Erscheinung, die einem Musikdrama Richard Wagners entlehnt sein konnte. Und was sein Ansehen in der Bevölkerung noch weiter hob, war der Umstand, dass er zugleich ein Familienleben nach Art der »Gartenlaube« zu führen suchte.

Aber die Gesundheit des Kronprinzen entsprach in all den Jahren nicht seinem blühenden Aussehen, so dass er aus Krankheitsgründen häufig Ruhepausen einlegen musste, Kuren und Seebäder aufsuchte und sich mit einigen Unterbrechungen für den relativ langen Zeitraum von Oktober 1879 bis Mai 1880 an der italienischen Riviera aufhielt. Franz Herre erinnerte in diesem Zusammenhang noch einmal an die Feierlichkeiten aus Anlass der Einweihung des Suezkanals und schrieb: »Es war, als nagte eine geheime Krankheit, vielleicht die ägyptische, an ihm.«

Nach der Beendigung des Frankreichfeldzugs begab sich der Kronprinz mit seiner Frau und seinen Kindern im Sommer 1871 für sechs Wochen nach England, um liberale Luft zu tanken, die er dem neuen Deutschen Kaiserreich einzuatmen gedachte. Aber seine Absichten waren zu unscharf und diffus, so dass sie als politische Alternative kein Gehör finden konnten. Obwohl es mit der Gesundheit des alten Kaisers nicht zum Besten stand, musste sich der Kronprinz noch gut anderthalb Jahrzehnte in Geduld üben. Der Kaiser aber dachte nicht daran, seine Macht mit dem zukünftigen Herrscher zu teilen, obwohl er nichts dagegen einzuwenden hatte, Bismarck die Ausübung der Macht zu überlassen. Mit seinem Ministerpräsidenten und Reichskanzler stimmte Wilhelm I. in Staatsangelegenheiten fast immer überein, nicht aber mit seinem Sohn und Nachfolger, was er so kommentierte: »Meines Sohnes politische Richtung ist bisher nicht die meiner Person, als auch nicht die meines Ministeriums«, zumal der Kronprinz offen erklärt hatte, »daß seine Prinzipien der Regierung die der englischen Regierung seien, also einer parlamentarischen Regierung, und nicht bloß parlamentarischer Gesetzgebung, wie dies dem preußischen und deutschen Parlament zu Grunde liegt«.

Der Vater engte den Sohn in seinem politischen Aktionsradius ein, wo er nur konnte und versuchte, den Einfluss des Kronprinzen überall zurückzudrängen. So erhielt er als Generalfeldmarschall kein preußisches Kommando mehr und wurde lediglich zur Inspektion der süddeutschen Truppen herangezogen. Finanziell wurde er so knapp gehalten, dass von einer glänzenden kronprinzlichen Hofhaltung keine Rede sein konnte, an sich nicht einmal von einer angemessenen. Er musste mit seiner Familie von dem leben, was sein Vater als Familienoberhaupt ihm zahlte, denn über eigenes Vermögen verfügte er nicht. Aus dem Rahmen fiel das allerdings in Preußen nicht, denn das war hierzulande nie anders gewesen. Außer dem Kronprinzenpalais in Berlin Unter den Linden und dem Krongut Bornstedt gehörte dem Kronprinzen eigentlich nichts. In seiner Sommerresidenz, im Neuen Palais bei Potsdam, durfte er ohne Erlaubnis des königlichen Hofmarschalls nicht einmal ein Möbelstück verrücken lassen. Seine Kinder, die ihr Einkommen ebenfalls vom Großvater bezogen, verloren aus diesem Grund allmählich den Respekt vor ihrem »mittellosen« Vater. Auch wenn die Kronprinzessin eine englische Rente bezog, reichten die Mittel an sich nie aus.

Dass der Kaiser und König den Sohn politisch an der kurzen Leine hielt, kam Bismarck sehr gelegen, weil er sich dem Kronprinzen gegenüber, wenn er ihm seine Grenzen aufzeigte und ihm widersprechen musste, immer auf den Kaiser berufen konnte. Unmissverständlich ließ Bismarck den Kronprinzen wissen, dass ein Thronfolger, der mit der innenpolitischen Opposition sympathisierte und für den Deutschlands Hauptrivale England politischen Vorbildcharakter hatte, von den Staatsgeschäften natürlich ferngehalten werden müsste. Maßregelungen dieser Art brauchte sich Bismarck von seinem Kaiser nicht einmal absegnen zu lassen, da hier beide gleich empfanden und es keiner Absprache bedurfte.

Die vielen Repräsentationsaufgaben, die Friedrich Wilhelm von Haus aus lagen und denen er zumindest in den ersten Jahren nach der Reichsgründung gern nachkam, hatten längst dazu geführt, dass er auch bei größeren und bedeutungsvolleren Anlässen wie beispielsweise 1878 bei der Eröffnung des »Berliner Kongreßes« die Begrüßungs-Honneurs übernahm. Zwangsläufig stand er bei solchen Anlässen, bei denen er sich »in Schale werfen« konnte, selbst im Mittelpunkt des Geschehens, was seiner Eitelkeit schmeichelte. Am liebsten legte er bei solchen Anlässen die Uniform an, mit allen Orden und Ehrenzeichen, für die er sehr empfänglich war, da sie für ihn Glanz und Pracht symbolisierten. Der Kaiser und der Kanzler waren also zufrieden, dass der Kronprinz das Reich repräsentierte und ließen sich gern durch ihn vertreten, wobei jeder seine eigenen Motive dafür hatte.

So spielte er für kurze Zeit Geschichte, die ihm selbst versagt blieb. Halb gab er sich zivil, halb militärisch, einerseits ausgesprochen deutsch, andererseits betont preußisch. Auf jeden Fall blieb er dem Autoritären verhaftet, wenn auch dem Freisinn zugewandt. Die Liberalen erwarteten von ihm allerdings eine eindeutigere nationale Haltung und ein Bekenntnis für den Fortschritt. Was von dem Kronprinzen politisch kam, war immer noch zu amorph.

Auf den Umgang mit den Nationalliberalen legte der Kronprinz auch weiterhin großen Wert und pflegte besonders die Kontakte zu Max von Forckenbeck, der inzwischen zum Reichstagspräsidenten aufgestiegen war, zu Georg von Bunsen und Franz von Roggenbach. Darüber hinaus rauchte er auch gelegentlich mit diesem oder jenem liberalen Reichstagsabgeordneten eine gute Zigarre. Wenn er sich dazu durchgerungen hatte, in dieser oder jener Angelegenheit für die Liberalen in die Bresche zu springen, holte er sich meist beim Kaiser eine Abfuhr, so dass es bei Einzelaktionen blieb und er Wiederholungen lieber vermied. Ein konkretes Beispiel dafür ergab sich im Jahre 1872, als sich die Berliner Abgeordnetenversammlung mit der Absicht trug, den Danziger Oberbürgermeister, Leopold von Winter, zum Berliner Stadtoberhaupt zu wählen, was die Zustimmung des Kronprinzen fand, nicht aber die seines Vaters, der seinem Sohn erklärte, dass er die Wahl des liberal eingestellten Winter zum Berliner Oberbürgermeister nie bestätigen werde. Schließlich hatte Winter den Kronprinzen im Jahre 1863 zu dessen Danziger Rede animiert, was Wilhelm I. nicht vergessen hatte.

Solche Vorkommnisse nahmen dem Kronprinzen den Mut, so dass er in Zukunft immer weniger widersprach und sich nach und nach den politischen Gegebenheiten und Machtverhältnissen anpasste, was ihm von Freunden und Vertrauten auch geraten worden war. Der Nationalliberale Karl von Normann, Friedrich Wilhelms Sekretär, Adjutant und Hofmarschall, empfahl ihm auch eine Annäherung an Bismarck, da er mit ihm früher oder später ohnehin zu rechnen habe.

Die Nationalliberale Partei besaß im ersten Reichstag 125 von 382 Mandaten und blieb bis zum Ende der siebziger Jahre die stärkste Fraktion im Parlament. Ob sie noch eine liberale Partei im eigentlichen Sinne geblieben war, wurde unterschiedlich gesehen. Ihre »Mutterpartei«, die wesentlich kleinere Deutsche Fortschrittspartei, aus der die Nationalliberalen 1866 hervorgegangen waren, machte ihr das streitig. Auch für Ludwig Bamberger, einem linken Nationalliberalen und Mitbegründer der Deutschfreisinnigen Partei, waren die Nationalliberalen mehr und mehr autoritätshörig und aus seiner Sicht politisch unreifer geworden. Fest steht, dass die Nationalliberale Partei Bismarck stützte, weil sie für eine Reichsgründung im Sinne eines »Großpreußen« eintraten. Mit der Herstellung der von ihr unterstützten deutschen Einheit schien sie sich aber verausgabt zu haben, denn für die Erlangung der Freiheit fehlte es ihr dann an der notwendigen Kraft, oder war für sie mit der Reichseinigung ihr politisches Anliegen erfüllt und aufgegangen?

Unternehmertum und Wirtschaft – das waren die besonderen Bereiche der Nationalliberalen, weniger die parlamentarische Kompetenz, die Bismarck ihnen allmählich streitig machte und auch am liebsten vorenthielt. Der wirtschaftliche Aufschwung kam auch durch die von den Franzosen zu leistende Kriegsentschädigung zu Stande und stellte sich ebenso durch das allmählich zunehmende Vertrauen in die eigene Nationalkraft ein. Der Kronprinz, dessen Beziehungen zu den Nationalliberalen immer ein besonderes Gewicht gehabt hatten, fasste die Wirtschaftsblüte so zusammen: »Alles fühlt sich gehoben, gekräftigt und als Mitglied eines achtunggebietenden Volkes – welches die ehemaligen 30 Vaterländer nie erreichen konnten.« Vom letzten Drittel des 19. Jahrhunderts erwartete der Kronprinz ebenfalls einen Aufstieg von Kunst und Wissenschaften. »Forschen, prüfen, Licht, Aufklärung« – das war seine Losung bei der Einweihung des neuen Gebäudes der Freimaurerloge »Royal York zur Freundschaft«. Antisemitismus, der sich nach der Reichsgründung immer stärker regte, war ihm als »modernem Kulturmenschen, als Christen und Gentleman« zuwider, wie Kronprinzessin Victoria ihren Mann beurteilte. Er wollte »Gewissensfreiheit und Duldung … fleißig üben«, wenngleich er seinen Aufruf im »Kulturkampf« nur bedingt einhielt.

Kronprinz Friedrich Wilhelm war ein Protestant, der im Papst den alten Feind des evangelischen Glaubens sah – aber auch den neuen Gegner der italienischen Nationalstaatsbewegung. Sein Protestantismus war selektiv. So schätzte er an Luther mehr den nationalen Propheten als den Kirchenreformator. Der Reichskanzler und die Nationalliberalen wollten in erster Linie in dem so genannten Kulturkampf, den Bismarck unmittelbar nach Kriegsende begann, die römisch-katholische Kirche treffen. Den Begriff »Kulturkampf« für diesen sinnlosen Konflikt prägte Virchow.

Die schon erwähnten »Ultramontanen« blickten über die Alpen zum Papst nach Rom. An sich waren sie Universalisten und Partikularisten zugleich: Bayern, die zu ihrem König hielten, Welfen, die ihren König von Hannover wiederhaben wollten, Rheinländer und Westfalen, die immer noch ihre Probleme mit der »preußischen Wolljacke« hatten. Die Polen aber, die sich seit der ersten Teilung ihres Landes inzwischen daran gewöhnt hatten, preußische Staatsbürger zu sein, hatten echte Probleme, sich plötzlich als deutsche Reichsangehörige zu fühlen, und verbargen ihren eigenen Nationalismus hinter ihrem Katholizismus.

Das neue Deutsche Kaiserreich war dem entschiedenen Unitaristen Friedrich Wilhelm in einigen Punkten noch wichtiger als dem eher föderativ eingestellten Bismarck, der dem preußischen Thronfolger sogar empfohlen hatte, polnisch zu lernen, ein Rat, den der Kronprinz in den deutschnationalen Wind schlug, denn er verlangte von den preußischen Polen genau das Gegenteil, um loyale deutsche Reichsangehörige aus ihnen zu machen. Den Germanisierungsgedanken, der erst allmählich nach der Reichsgründung zu Tage trat, hatte es im klassischen Preußen nie gegeben. Bis dahin waren die preußisch gewordenen Polen eher gleichberechtigt als zweitrangig behandelt worden. Sie durften ihre Sprache sprechen, ihre Landessitten pflegen und ihre Religion ausüben. Als 1794 das »Allgemeine Landrecht für alle preußischen Staaten« in Kraft trat, kamen die in Preußen lebenden Polen gleichberechtigt in den Genuss dieser neuen Rechtssicherheit.

Der polnischen Oberschicht standen in Preußen Ämter und Offiziersstellen offen. Viele polnische Adlige wurden im Laufe der Zeit nicht nur loyale, sondern auch prominente Preußen, Familien, deren Namen bis heute bekannt geblieben sind wie beispielsweise die Radziwills, die Radolins [Radolinskis] und die Podbielskis, von denen nach der Reichsgründung einer traurig meinte, dass die Polen zwar Preußen werden könnten, Deutsche jedoch nie.

Der in den siebziger Jahren entbrannte Kulturkampf entsprach der Auseinandersetzung zwischen dem Herrschaftsanspruch des neuen Reiches und dem der Kirche. Es war in erster Linie ein Kampf zwischen dem Staat und der katholischen Kirche in Preußen und im Reich. Dass diese heftige Auseinandersetzung mit dem Dogma der Unfehlbarkeit des Papstes von 1870 zusammenfiel, war eher zufällig, aber nicht die tiefere Ursache, die vielmehr innenpolitisch begründet war.

Das Dogma der Unfehlbarkeit, das mit Hilfe des Ersten Vatikanischen Konzils durchgesetzt wurde, begründete die absolute Autorität des Papstes in der Kirche und wurde im Reich von der römisch-katholischen Kirche und von der Zentrumspartei unterstützt. Die Führung dieser »Reichsfeinde«, wie Bismarck sie nannte, hatte im Kulturkampf der alte Welfenminister und Vorsitzende der Zentrumspartei Ludwig Windthorst übernommen.

Bismarck hatte noch 1870 dem Papst Asyl angeboten, falls er aus Italien fliehen müsste. Glaubwürdig hatte er erklärt: »Nichts kann törichter sein, als mich für einen Feind des Römischen Stuhls zu halten. Für mich ist der Papst an erster Stelle eine politische Figur, und ich habe einen angeborenen Respekt vor allen realen Mächten und Gewalten. Ein Mann, der über die Gewissen von 200 Millionen Menschen verfügt, ist für mich ein großer Monarch …«

Die nationalliberale Ideologie, die die Gründung des Reichs mit ermöglicht hatte, war mit der Position der Kirche nicht vereinbar. Für Bismarck wie für Kaiser Wilhelm war der entbrannte Kampf aber kein Kulturkampf wie für die Liberalen, »sondern nur ein Kampf zur Behauptung der souveränen Staatsgewalt gegen die Übergriffe der römischen Kirche und zur Sicherung des Reiches gegen die Feinde der preußischen Führung, die jetzt bemüht waren, mit kirchlichen Waffen zu vernichten, was mit Blut und Eisen gewonnen war«. Für Bismarck lag das Hauptmotiv für das Aufflammen dieser heftigen Auseinandersetzung darin begründet, dass die im Kultusministerium bestehende katholische Abteilung dem Polentum in Posen, Westpreußen und auch in Teilen Oberschlesiens unter einer früher gut preußisch gesinnten katholischen Bevölkerung Vorschub leistete, eine polnische Nationalfrage geschaffen hatte und die Begriffe katholisch und polnisch gleichsetzte oder vermischte. Der Kaiser sah das ebenso wie Bismarck, der die katholische Sonderabteilung im Kultusministerium schließen ließ, eine Maßnahme, der einflussreiche Liberale und Freisinnige zustimmten.

Um diesen Kulturkampf durchzustehen, brauchte Bismarck auch jetzt wieder die Liberalen, und damit stand der Kronprinz abermals an Bismarcks Seite. Er hielt in diesem Kampf die Stellung der Protestanten und legte, wie er es auf der Luther-Jubiläumsfeier im Jahre 1883 in Wittenberg sagen sollte, »ein Bekenntnis für Gewissensfreiheit und Duldung« ab. Der Intoleranz, die er im Unfehlbarkeitsdogma des Papstes sah, wollte er allerdings auch intolerant begegnen.

Der Konflikt nahm immer größere Dimensionen an und bezog Schulaufsicht und Eheschließung ein. Der Staat konnte sich schwer bieten lassen, dass polnische Priester in Ostpreußen offen gegen die deutschen »Besatzer« hetzten wie die französischen Jesuiten in Elsaß-Lothringen. Die preußische Regierung drängte zu Maßnahmen und wollte zum einen die geistliche Schulaufsicht aufheben, zum anderen die Zivilehe einführen. Da der Kaiser sich sträubte, den kirchlich-religiösen Akt einer Eheschließung in einen weltlichen zu verwandeln, ließ Bismarck 1872 zunächst ein Gesetz erarbeiten, das die Schulaufsicht sämtlicher Schulen, auch der konfessionellen, staatlichen Schulinspektoren übertrug. Der konservative Kultusminister Heinrich von Mühler, der Probleme mit Bismarcks kirchenfeindlicher Politik hatte, wurde sogar entlassen, so schwer der Schritt dem König auch fiel.

Am Ende erwies sich der Kulturkampf als nicht durchführbar, weil er nicht zu gewinnen war. Bismarck wollte ihn allmählich, wenn auch unter Kompromissen, einschlafen lassen. Mit der behutsamen Unterstützung seines neuen Kurses bei Papst Leo XIII. konnte der Kanzler rechnen. Da er sich allerdings der liberalen Bundesgenossenschaft so schnell wie möglich entledigen wollte, um sich wieder auf die Parteien im rechten Spektrum zu stützen, ging ihm alles viel zu langsam. Als Bismarcks Versuche, den Streit mit der Kurie beizulegen, schließlich scheiterten, kam es noch einmal zur Verschärfung des Tons auf beiden Seiten, so dass der Kanzler im Reichstag ausrief: »Nach Canossa gehen wir nicht!« Schließlich passierte ein Gesetz den Reichstag, das den Jesuiten ihre Niederlassungen im Reich verbot. In Preußen kam es unter heftigem Widerspruch des Herrenhauses 1873 zum Erlass der so genannten Maigesetze, die die Ausbildung und Anstellung der Geistlichen regelten, die durch staatliche Behörden kontrolliert werden sollten.

Um den Kulturkampf endgültig zu beenden, wurde der Kronprinz erneut von Bismarck zur Mithilfe herangezogen. Während seines Spanienbesuches erhielt er von dem Reichskanzler die Aufforderung, auf seiner Rückreise dem Papst seine Aufwartung zu machen. Der Kronprinz kam dem Anliegen Bismarcks ungern nach, weil er den Abbruch des Kulturkampfes in einer Phase, in der es um den Staat nicht günstig stand, für fehlerhaft hielt. Außerdem befürchtete er mit seinem Papstbesuch den König von Italien zu verletzen, der ebenfalls mit der Kurie einen Kampf austrug. Aber man muss dem Kronprinzen bescheinigen, dass er die keineswegs unkomplizierte Aufgabe geschickt löste. In einem fast einstündigen Gespräch mit dem Papst gelang es ihm, konkrete Aussagen zu vermeiden und sich in Allgemeinheiten zu erschöpfen, wobei er formvollendet und höflich blieb, wenn auch distanziert, steif und kühl. Sein Auftreten war durch die Sorge bestimmt, dass man ihm nach seiner Audienz im Vatikan zu Hause einen »Gang nach Canossa« nachsagen würde, was trotz seines reservierten Auftretens eintrat, während ihm Bismarck sein Verhalten sogar als »Indolenz« auslegte.

Der Kulturkampf endete schließlich remis, unter Mitwirkung des Kronprinzen, wenn auch nicht zu seiner Freude. Für den Kronprinzen wurde er zu hart geführt, und er monierte vor allem, dass sich Bismarck dabei der Waffen des Obrigkeitsstaates bediente und in der Durchsetzung der Macht regelrecht gewalttätig vorging. Jetzt meldete sich in Friedrich Wilhelm das liberale Gewissen zu Wort und damit auch wieder seine Abneigung gegen Bismarck. Die Kronprinzessin, die wie immer die liberale Haltung ihres Mannes herausstrich, stellte fest: »Er fand, wie auch wir, daß dieser Kampf mit einer Rohheit und Brutalität geführt würde, die ja die Regierungsart charakterisierte!« Aber eines darf nicht vergessen werden – der Kronprinz verurteilte lediglich die Methoden, nicht aber die Ziele des Kulturkampfes und unterstützte insofern Bismarck, als die Nationalliberale Partei an seiner Seite stand, auch wenn Bismarck die Unterstützung aus dieser Richtung nicht mehr gelegen kam. Die

»Hoch zu Ross« – der Kronprinz mit Pfeife auf seinem Krongut Bornstedt

Einschätzung des Kronprinzen über den Ausgang des Kulturkampfes, den er offenbar nicht so kompromissbereit wie Bismarck beendet hätte, ist aufschlussreich, weil er zeigt, wie weit er und Bismarck in einer Angelegenheit voneinander entfernt waren, die beide wollten: »Das Schlimmste schien ihm aber, daß dieser Kampf abgebrochen und aufgegeben werden mußte, daß der Fürst Bismarck einen sehr faulen Frieden mit der Kirche schließen mußte, aus dem Kampf als Besiegter hervorging, der Preußische Staat als solcher eine rechte Schlappe erlitt und einen Gang nach Canossa machen mußte!«

Die Wirtschaftsblüte nach dem letzten Krieg brachte zwangsläufig Licht und Schatten mit sich, denn die ungleiche Verteilung der Gewinne rief soziale Spannungen hervor, die durchaus politische Gefahren in sich bargen. Der Kronprinz wusste, dass außer politischen und wirtschaftlichen auch zunehmend soziale Belange eine Rolle spielten, und er bekundete seine Absicht, sich dieser Fragen anzunehmen, was er seinem Tagebuch anvertraute, als er nach dem Deutsch-Französischen Krieg Versailles verließ: »Der nächste Beruf im Frieden ist die Lösung der sozialen Fragen, die ich gründlich erforschen werde,« um anderenorts fortzufahren: »Für mich soll nach meiner Rückkehr in die Heimat die gründliche Erforschung jener sozialen Frage eine anziehende und lehrreiche Beschäftigung werden.« Es blieb bei Absichtserklärungen, denn die tieferen Ursachen der sozialpolitischen Probleme wurden von ihm nicht erkannt. Die ersten Gegenmaßnahmen auf das allgemeine Elend, das nach dem Krach der Gründerjahre um sich griff, waren in der Entstehung sozialer Einrichtungen erkennbar, wozu Volksküchen, Krankenkassen und Arbeiterwohnungen gehörten, Versuche, die einen vagen Wohltätigkeitscharakter trugen.

Es soll keineswegs bestritten werden, dass auch das Kronprinzenpaar, das sich vielen Versuchen zur Verbesserung der sozialen Lage der Arbeiterschaft anschloss, die besten Absichten hatte. Immerhin wurde in dieser Zeit ein neuer Abschnitt in der Geschichte des menschlichen Zusammenlebens in Deutschland überhaupt eingeleitet. Doch die Aktivitäten und die Fürsorge des Kronprinzen und seiner Frau entsprangen eher sittlichen Empfindungen, Gutes und Wohltätiges zu tun, spontane Handlungen mehr aus freien Stücken als aus einem humanitären Prinzip oder einem als gesellschaftlich notwendig erkannten systematischen Handlungskonzept.

Wie mancher Gutsherr handhabte das Kronprinzenpaar die sich selbst auferlegten Verpflichtungen, was durchaus hervorgehoben werden soll. In Bornstedt gingen beide mit nachahmenswertem Beispiel voran und versuchten eine Musterwirtschaft zu führen, unterstützten die Bedürftigen, sorgten für die Pflege der Kranken und traten selbst vor die Schulklassen, wenn der Lehrer verhindert war. So musterhaft das Landleben auf dem Krongut Bornstedt auch war, Verallgemeinerungen ließ es nicht zu, so dass in Friedrich Wilhelms lobenswerten Bemühungen kein politisches oder soziales Programm erkennbar war, auch nicht hier auf dem Lande.

Diese Wohlfahrtstätigkeit des Kronprinzen betraf eigentlich alle Bereiche des Lebens. Es bekümmerte ihn, dass in der Reichshauptstadt so viel Elend herrschte, dass Arbeiterfamilien in Hinterhöfen zusammengepfercht leben mussten. Es dauerten ihn die darbenden Männer, die verhärmten Frauen und die hungernden Kinder, die er auf seinen Rundgängen erlebte. Die Berliner Arbeiterviertel, die er durchstreifte und in deren Wohnungen er ging, um sie kennen zu lernen, waren ein Bild des Jammers und die Kehrseite der Gründerjahre. Bei seinen Spaziergängen durch die Armenviertel sann er darüber nach, wie diesem Übel wirksam abzuhelfen war, denn eigentlich musste man diesen Menschen doch helfen, die ebenso Reichsdeutsche waren wie er selbst.

Der Kronprinz war in der Bevölkerung beliebt, weil er sich nicht scheute, die Realität zur Kenntnis zu nehmen. Natürlich blieb das alles ein Tropfen auf dem heißen Stein, unterschied sich aber wohltuend von der üblichen Hofgesellschaft. Auch beließ er es nicht nur bei theoretischen Erwägungen, sondern kümmerte sich konkret um soziale Belange. So förderte er den »Verein für häusliche Gesundheitspflege« und die »Heimstätten für Genesende« und protegierte die Bodelschwinghschen Arbeiter- und Handwerkerkolonien, wie er auch daran dachte, für Arbeiter menschenwürdige und familienfreundliche Wohnungen zu errichten. Kronprinzessin Victoria formulierte die Absichten ihres Mannes schriftlich: »Wir dachten, daß in der Lösung der Wohnungsfrage für die arme Bevölkerung in Berlin eine große Handhabe zur sittlichen Hebung dieser Klassen läge und man damit einem Teil der sogenannten sozialen Frage zu Leibe gehen könnte.« An sich entbehrte es nicht der Ironie, dass gerade Kronprinz Friedrich Wilhelm das »Sozialistengesetz« unterschreiben musste, er, der der notleidenden Bevölkerung nicht gleichgültig gegenüberstand. Aber sein Amt als Stellvertreter des Kaisers und Königs zwang ihn zur Ratifizierung des Gesetzes.

Der Kronprinz war der Meinung, dass nur »... auf der Grundlage gesunder Volkserziehung ... [eine] gesunde Volkswohlfahrt gedeihen [kann]«. In Bornstedt war ein Kinderheim nach Fröbelschem Vorbild entstanden, für das Berliner Pestalozzi-Fröbel-Haus übernahm das Kronprinzenpaar das Protektorat, wie es auch die städtischen Fortbildungsschulen in der Reichshauptstadt förderte. Das waren Einrichtungen für junge Handwerker und Qualitätsarbeiter, um die sich das Kronprinzenpaar besonders kümmerte, was seine Popularität noch weiter hob.

Am Ende waren die sozialen Fragen allein mit Wohltätigkeit und Hochherzigkeit nicht zu lösen; so blieben alle lobenswerten Absichten und Handlungen des Kronprinzenpaares nicht nur Einzelaktionen, sondern auch ohne Systematik und Programm, so dass sich eigentlich niemand zu wundern brauchte, dass die Sozialisten diesen »Almosensozialismus« verwarfen und eine Umverteilung der Güter verlangten, um schließlich zum Klassenkampf aufzurufen. Inzwischen war es zu Abeiterdemonstrationen und Arbeitsniederlegungen gekommen, und im Frühjahr 1878 wurde sogar zweimal auf den Kaiser geschossen. Am 11. Mai war es der Klempnergeselle Max Hödel, der dem Kaiser nach dem Leben getrachtet hatte, sein Ziel aber verfehlte wie auch die im Wagen neben ihrem Vater sitzende Tochter Luise, die Großherzogin von Baden. Am 2. Juni 1878 kam es zum nächsten Attentatsversuch, als Dr. Karl Eduard Nobiling, ein »verbummelter Akademiker«, Schrotkugeln auf den Kaiser abfeuerte und ihn dabei an Kopf und Armen traf, so dass er schwer verletzt wurde. Wie üblich war der Kaiser gegen 14 Uhr im offenen Wagen über die Straße Unter den Linden in Richtung Brandenburger Tor gefahren, als aus einem Haus ein Schuss fiel, dem unmittelbar ein zweiter folgte. Schwer getroffen sank der Kaiser in sich zusammen, wurde nach dem Schloss zurückgefahren, während der Attentäter Nobiling ergriffen werden konnte und seinem Leben selbst ein Ende setzte.

Die Schuld an diesen Attentaten wurde den Sozialdemokraten angelastet und zwar vom Kaiser selbst, von Bismarck und dem nationalbewussten Bürgertum, ein Kreis, für den die Sozialdemokraten ohnehin nur »vaterlandslose Gesellen« waren. Bismarck benutzte die Gelegenheit, ein Reichsgesetz »gegen die gemeingefährlichen Bestrebungen der Sozialdemokratie« durchzusetzen, das am 21. Oktober 1878 verabschiedet und bis zum 1. Oktober 1890 verlängert wurde. Mit diesem »Sozialistengesetz« waren alle Versuche zum »Umsturz der bestehenden Staats- und Gesellschaftsordnung« abzuwenden, mit polizeilichen Mitteln ebenso wie durch ein Verbot sozialistischer Vereinigungen, von Versammlungen und Veröffentlichungen sowie durch Ausweisung von Funktionären.

Trotz dieses Repressionsgesetzes blieben der Partei in Preußen und im Reich immer noch genügend Möglichkeiten der Betätigung. Damit hatte dieses Ausnahmegesetz keinerlei Ähnlichkeit mit der Vorgehensweise totalitärer Staaten des 20. Jahrhunderts gegenüber oppositionellen Gruppen. Das Ziel war eigentlich verfehlt, denn die Partei, die auch weiterhin an Reichstagswahlen teilnahm, gewann kontinuierlich Anhänger.

Dass die soziale Frage einer Lösung bedurfte, hatte nicht nur der Kronprinz, sondern auch Bismarck erkannt. Er beabsichtigte, diese Lösung durch den Staat herbeizuführen und sah eine Möglichkeit, die Arbeitszeit zu verkürzen, den Arbeitslohn anzuheben und für den Arbeitnehmer einen Versicherungsschutz bei Krankheit, Invalidität sowie im Alter einzuführen. Bismarck hoffte, dass seine sozialpolitischen Maßnahmen, die längst nicht alle begrüßten, mehr Arbeiter für Kaiser und Reich gewinnen konnten. Außerdem waren die deutschen Arbeiter durch solche fortschrittlichen Verfügungen auch von der internationalen Arbeiterbewegung zu trennen. Immerhin konnte Bismarck mit seinen Versicherungen, die nach seinen eigenen Vorstellungen noch weiter gegangen wären, etwas schaffen, was es bisher noch nie gegeben hatte und den Grundstein, um sich der Sprache unserer Zeit zu bedienen, für eine Lohnfortzahlung im Krankheitsfall und eine Altersrente zu legen. Damit leitete er den Anfang einer neuen Entwicklung ein. Die aktive Sozialpolitik Bismarcks, die 1880 begann, führte 1883 zur Einrichtung der Krankenversicherung, ein Jahr später zur Unfallversicherung und 1889 zur Alters- und Invalidenversicherung. Für seine weitergehenden Pläne fand Bismarck weder im Reich noch in Preußen eine parlamentarische Mehrheit und damit niemanden, der die Kosten übernahm. Dennoch wurden die Sozialprogramme in den Folgejahren, also in der Zeit nach Bismarck, weiter ausgebaut.

Von den Nationalliberalen wurde Bismarcks obrigkeitliches Sozialistengesetz ebenso kritisiert wie seine staatliche Sozialpolitik, weil der Kanzler um diese Zeit eine Wende vom Freihandel zum Schutzzoll vollzog und sich zunehmend von den Liberalen abwandte, um sich wieder den Konservativen und sogar der Zentrumspartei zuzuwenden. Die Attentate auf den Kaiser hatten Bismarck die Motive für sein Sozialistengesetz geliefert. Während seine erste Gesetzesvorlage vom Reichstag noch mit einer Vierfünftelmehrheit abgelehnt worden war, wurde es nach dem zweiten Attentat auf Kaiser Wilhelm vom Reichstag angenommen. Bismarck bediente sich kräftiger Worte und führte vor dem Reichstag aus: »Wenn wir unter der Tyrannei einer Gesellschaft von Banditen existieren sollten, so verliert jede Existenz ihren Wert.«

Nach diesem Attentat traf der Kronprinz am 3. Juni in Berlin ein, eilte sofort zu seinem schwer verletzten Vater, der ihm am Tag darauf die Stellvertretung der Regierung übertrug, die der Kronprinz am 5. Juni antrat.

Endlich stand er an der Spitze des Staates, wenn auch nur stellvertretend und für ein halbes Jahr, was ihm dennoch eine gewisse Genugtuung verschaffte. Allerdings wurde seine Befindlichkeit dadurch getrübt, dass ihm im Grunde nur die Unterschriftsvollmacht, nicht aber die Entscheidungsbefugnis übertragen worden war. Da sein schwer verletzter Vater weder amts- noch lebensmüde war, übertrug er ihm lediglich die Stellvertretung, nicht aber die Regentschaft, die sich der Kronprinz gewünscht hatte. Seinem Ministerium gegenüber hatte der verletzte Kaiser erklärt, »daß fernerhin ganz in meinem Sinne weiter regiert wird, und daß alles bleibt, wie es ist«, was dem Kanzler sehr entgegen kam.

Als Bismarck dem Kronprinzen die »bereits vollzogene Stellvertretungsurkunde« überbrachte, kam es zum Eklat, weil Friedrich

Wilhelm nicht die Stellvertretung, sondern die Regentschaft forderte, für die sich der Reichskanzler beim Kaiser einsetzen sollte. Das aber lehnte Bismarck ab, der sich weigerte, dem kronprinzlichen Begehren nachzukommen. Als der Kronprinz daraufhin heftig wurde, schickte sich Bismarck an, das Zimmer zu verlassen, wurde aber mit folgenden Worten von Friedrich Wilhelm aufgefordert zu bleiben: »Halt! Ich verlange, daß Sie hier bleiben. Wenn nicht mehr, bin ich jetzt der Stellvertreter meines Vaters und verlange von Ihnen als dem Ministerpräsidenten Rechenschaft über den Stand der Dinge im Staatsleben.«

Bismarck hatte die Form gewahrt, war aber in der Sache keinen Schritt gewichen. Der Kronprinz hatte sich Genugtuung verschafft, denn schließlich war er es sich schuldig gewesen, dem Kanzler gegenüber als Souverän aufzutreten, hatte sich bei allem aber dem Befehl seines kaiserlichen und königlichen Vaters gebeugt. Damit konnten alle leben, wenn auch mehr oder weniger gut. Der Kaiser blieb der unumstrittene und unangefochtene Herrscher, Bismarck der führende Staatsmann und allmächtige Kanzler. Der Kronprinz aber musste sich mit der Rolle eines »Ersatzmanns« begnügen. Was er selbst für wichtig hielt und durchzusetzen bereit gewesen wäre, musste unterbleiben, denn als Stellvertreter hatte er nur die ihm von anderen unterbreiteten Aufgaben zu genehmigen, musste Bismarck in dessen innen- und außenpolitischen Absichten folgen und auch das Sozialistengesetz unterschreiben, was ihm aus den dargelegten Gründen nicht grundsätzlich widerstrebte. An sich waren damit die von Bismarck geforderten Reichstagsauflösungen überflüssig geworden. Der zweiten hatte sich der Kronprinz erfolgreich widersetzen können, weil er durch Forckenbeck informiert worden war, dass sich auch mit den Nationalliberalen eine Verständigung über das Sozialistengesetz finden lasse, das dann am 21. Oktober 1878 verabschiedet wurde.

Das Todesurteil gegen den Attentäter Hödel bereitete dem Kronprinzen besondere Probleme, so dass er dessen Unterzeichnung, die auch in seine Stellvertretungszeit fiel, Tag für Tag verschob. Er geriet darüber in Gewissensnöte, weil seit Jahrzehnten in Preußen kein Todesurteil mehr vollstreckt worden war. Immer wieder schob er die Unterschrift hinaus, »mit wahrer Scheu«, wie er selbst schrieb, »die Lade betrachtend, welche die verhängnisvollen Papiere barg«. Hierin ähnelte er seinem Vater, der Todesurteile solange im Schreibtisch »verkramte«, bis irgendein Feier- oder Festtag eine Begnadigung rechtfertigte.

Die mit seinem Stellvertreteramt zwangsläufig verbundenen höheren und größeren Repräsentationspflichten nahm der Kronprinz mit Freuden und Genugtuung wahr. Mit Glanz und Anmut bereitete er den Vertretern der europäischen Mächte, die 1878 zum »Berliner Kongreß« gekommen waren, einen würdigen Empfang. Kurzzeitig war die junge deutsche Reichshauptstadt zum Mittelpunkt der Weltpolitik geworden, in der »sich alle Charakterköpfe der europäischen Kabinette« vereinigten wie später niemals wieder.

Bismarck, der dem »Berliner Kongreß« als Präsident vorstand, bemühte sich als »ehrlicher Makler« um einen Ausgleich zwischen den europäischen Mächten und um die Erhaltung des Gleichgewichts, das wieder einmal Russland durch einen Angriffskrieg gegen die Türkei ins Wanken gebracht hatte. Als die Russen dem Sultan im Frühjahr 1878 einen Frieden diktierten, kamen Kriegsdrohungen aus England und Österreich. Bismarck wollte die Orientwirren schlichten und die russisch-englische Rivalität abschwächen, vor allem aber nicht das Dreikaiserabkommen zwischen Wilhelm I., Franz Joseph I. und Alexander II. gefährden. Er versuchte, die angespannte Situation mit diplomatischen Mitteln beizulegen und brachte den Frieden von Berlin zu Stande. Jeder erhielt etwas, wenn auch nicht alles, was er sich vorgestellt hatte, wobei die Russen mit Bismarck ganz besonders unzufrieden waren, da sie sich von ihm übervorteilt fühlten, während die Österreicher mit seinem diplomatischen Ergebnis leben konnten, wenn auch nicht übermäßig beglückt. Den Franzosen missfiel grundsätzlich, dass sich Bismarck überhaupt die Rolle als Europas »ehrlicher Makler« angemaßt hatte.

Die große Balkankrise zwischen Russland und England, die Europa 1878 in einen Krieg zu stürzen drohte, wurde auf dem »Berliner Kongreß« beigelegt, und die Friedensbedingungen hingen von Bismarck ab. Das Deutsche Reich war zum Schiedsrichter Europas geworden, eine stolze Rolle, die dem Friedensstifter Bismarck übertragen worden war.

Als die Zeit der Stellvertretung für den Kronprinzen abgelaufen war, traf der Kaiser, der durch den Gebrauch von Bädern und Kuren allmählich wieder genesen war, am 5. Dezember 1878 mittags um 12 Uhr in Berlin ein, das sich zu seinem Empfang besonders festlich geschmückt hatte. Noch an demselben Tag übernahm er wieder seine Amts- und Regierungsgeschäfte. In einem besonderen Erlass sprach er dem Kronprinzen seinen Dank für die von ihm geführte Stellvertretung aus und schrieb die denkwürdigen Worte: »... Es ist mir Herzensbedürfnis, Ihnen für die mit voller Hingebung und mit sorgsamer Beachtung meiner Grundsätze erfolgreich geführte Vertretung meinen innigsten Dank auszusprechen. Die Gewißheit, daß die schwierigen Aufgaben der Regierung in dieser tief bewegten Zeit von Eurer Kaiserlichen und Königlichen Hoheit mit fester Hand zum Heile des Volkes wahrgenommen werden würden, hat mich nicht getäuscht, denn es war mir vergönnt, mit wachsender Befriedigung den Gang der Regierungsgeschäfte während dieser Zeit zu beobachten. Der mir dadurch gewonnenen Ruhe und Zuversicht verdanke ich es wesentlich, daß meine Genesung so rasch vorgeschritten ist …«

Friedrich Wilhelm fiel nach der Rückkehr seines Vaters auf den Thron oder an den Schreibtisch wieder in die alte politische Bedeutungslosigkeit zurück, wurde weder mit Informationen versorgt noch nach seiner Meinung gefragt. Dieser Zustand blieb bis zum Tode seines Vaters unverändert. Wilhelm I. atmete auf, als er die Zügel selbst wieder übernahm. Er war froh, dass er seinen Sohn von dessen Stellvertreterposten entbinden konnte. Wenigstens räumte er ein, dass in dieser Zeit keine irreparablen Schäden eingetreten waren. Zu mehr Lob aber konnte er sich nicht verstehen, was den Sohn kränkte.

Seit 1884 ging die bis dahin unbegrenzte allgemeine Sympathie für den Kronprinzen spürbar zurück, zunächst in Offizierskreisen, in erster Linie im Adel und dann ebenso im höheren Bürgertum. Während die Altersgenossen Kaiser Wilhelms I. schon so gut wie ausgestorben waren, und auch die Generation des Kronprinzen mittlerweile schwächer wurde, befand sich auch der Kronprinz allmählich in einem Alter, in dem sich andere zur Ruhe setzten. Wahrscheinlich, so hörte man es allenthalben, wäre es ohnehin besser, wenn er den Thron nie besteigen würde, weil man mit ihm nur eine Regierung der »Engländerei«, der »Humanitätsduselei« und der »Malermeister« usw. bekäme. Seine Position war schwach. Während sein Vater einer der mächtigsten Fürsten der Welt war, wie Werner Richter schrieb, »hatte [er] weniger Befugnisse als der Sohn eines Dorfschulzen im hintersten Ostpreußen«.

Wilhelm I. hatte den Kronprinzen im Sommer 1871 zum Protektor der königlichen Museen in Berlin ernannt, eine Aufgabe, der er mit Ernst und Engagement nachkam, indem er beispielsweise versuchte, die preußischen Kunstsammlungen den bayerischen in München und den sächsischen in Dresden, die in Qualität und Quantität den preußischen überlegen waren, gleichrangig an die Seite zu stellen. Bedeutungsvoll war diese Aufgabe auch aus dem Grunde, da nun der gesamte Schriftverkehr zwischen dem Kultusministerium und den Museumsverwaltungen durch seine Hände ging, so dass es ihm gelang, das Budget für die Sammlungen zu verdreifachen. Auch das Münz- und Kupferstichkabinett verdanken dem Kronprinzen ihre Vervollständigung, wie auch die Berliner Nationalgalerie durch ihn entstand. Bei Anerkennung all seiner Verdienste um die Kunstangelegenheiten sollte man jedoch den Kommentar Gustav Freytags nicht überlesen, für den »… solche Thätigkeit auf Seitenpfaden … zuletzt doch für einen großen Fürsten nur Zeitvertreib und Spiel [war]«.

Ein Vierteljahrhundert nach dem Tod des Kaisers wurde der Öffentlichkeit ein großes neues Museum übergeben, das der Kronprinz schon 1883 angeregt hatte, für das er noch selbst den Grundstock der Gemälde zusammenbrachte. Zurecht erhielt es seinen Namen, nämlich »Kaiser-Friedrich-Museum«, das 1960 in »Bode-Museum« umbenannt wurde. Wilhelm Bode war Generaldirektor der ehemaligen Königlichen und späteren Staatlichen Museen in Berlin gewesen. Im Juni 1874 wurde der Kronprinz Ehrenmitglied der Akademie der Künste, eine Auszeichnung, auf die er sich etwas zugute hielt, weil ihn die Kunst ansprach, für die er sich auch stets sachkundig einsetzte.

Tief beeindruckt war Friedrich Wilhelm von seinem Besuch im Prado in Madrid gewesen, wobei ihn ganz besonders die Bilder von Diego Velázquez ansprachen, den er unter allen Malern am meisten zu schätzen schien. Auch die Kunst zu Hause zog ihn an, wobei sein Geschmack nicht ausgefallener war als der anderer Kunstverständiger und ausgewiesener Kunstliebhaber seiner Zeit und er sich an Anton von Werners grandioser und pompöser »Kaiserproklamation in Versailles« ebenso erbaute wie die meisten seiner Zeitgenossen. Architektur und Plastik schien er der Malerei vorzuziehen, wenngleich zu seinen Gästen in Berlin viele Maler gehörten. Den preußischen Klassizismus hielt er für die erreichte Größe seines Hauses nicht mehr für angemessen. So plante er einen monumentalen Neubau des Berliners Doms, der zugleich ein Mausoleum des Königshauses mit einer Gedenkhalle der preußischen Geschichte einschließen sollte und vor allem der Verherrlichung seines Hauses zu dienen hatte. Den in der Gruft beizusetzenden Hohenzollern sollten Standbilder errichtet werden. Seine eigenen Elaborate sandte er zur Begutachtung an die Koryphäen Leopold von Ranke, Johann Gustav Droysen, Hans Delbrück und andere Historiker. Auch das Kunstgewer-

Der Kronprinz (ganz links) im Kreise seiner Jagdgesellschaft am 10. Januar 1886 in Buckow (Ausschnitt).

be wurde vom Kronprinzen in besonderer Weise gefördert, mehr aber noch von seiner Frau, die selbst als Malerin und Zeichnerin dilettierte und sich an französischen und englischen Mustern orientierte. Für das Berliner Kunstgewerbemuseum mit seiner Kunstgewerbeschule stand dann auch das Londoner South-Kensington-Museum Pate.

Auf die Berliner Hofkreise wirkte es befremdend, dass sich das Kronprinzenpaar lieber mit Künstlern, Gelehrten und Schriftstellern als mit Offizieren, Beamten und Geistlichen umgab, was auf die Kronprinzessin noch mehr zutraf als auf ihren Mann. Das kronprinzliche Haus zog die damalige Gelehrtenwelt an, allerdings mehr durch Victorias Initiative als durch die des Kronprinzen. Neben den bekannten Historikern wie Ranke, Droysen, Theodor Mommsen und Heinrich von Treitschke gehörten auch andere namhafte Wissenschaftler wie Virchow, Hermann von Helmholtz und Emil du Bois-Reymond zu diesem Kreis.

Am väterlichen Hof nahm man schon Anstoß an der »Herrschaft der Malermeister« im Hause des Kronprinzen. Das hatte Vor- und Nachteile zugleich. Einerseits war es natürlich interessanter für die Gastgeber, wenn in schöngeistiger Runde geplaudert werden konnte, andererseits schloss sich das Kronprinzenpaar durch seine Isolation vom Reichsgeschehen selbst aus und konnte immer weniger mitreden, wenn es um Staatsangelegenheiten ging. Eher bürgerlich als fürstlich blieb die kronprinzliche Familie auch bei den Mahlzeiten im Berliner Kronprinzenpalais und im Potsdamer Neuen Palais unter sich, denn nirgends fühlte sich der Kronprinz so wohl wie in seinem Familienkreis, den er besonders gern im Krongut Bornstedt um sich hatte.

Beim Tee, den man mit den Damen und Herren des kronprinzlichen Hofes einnahm, wurde über Gott und die Welt gesprochen. Den Gesprächsstoff lieferten die Zeitungen, die alle eifrig lasen. Bismarck hätte nicht alles hören dürfen, was in diesen Runden am kronprinzlichen Hof gesprochen wurde.

Im Anschluss an die Teestunden am kronprinzlichen Hof zog sich der Kronprinz meist zurück, um das am Tag Erlebte, Erfahrene und Gehörte seinem Tagebuch anzuvertrauen. Weltbewegendes hatte er in seinen Tagesnotizen nicht aufzuzeichnen, da kaum Nennenswertes passierte und er sich selbst politisch ausgeschlossen hatte. Die Lebenszeit, die hinter ihm lag, wurde immer länger, umso kürzer war die Zeit, die er noch vor sich sah. »Die Silberhochzeit am 25. Januar 1883 erinnerte den ewigen Zweiten auch an fünfundzwanzig Jahre Sekundärrolle in der Ehe«, wie es Franz Herre formulierte. So sahen ihn auch seine Zeitgenossen, und Gustav Freytag schrieb: »Denn seine Hingabe und Unterordnung unter die geliebte Frau war eine völlige«, während Karl von Normann bemerkte, dass alles, was Friedrich Wilhelm fühle und denke, nur das Werk seiner Frau sei. Niemand dürfe daher versuchen, »den Einfluß der Herrin auf ihren Gemahl zu bekämpfen«, weil man dem Kronprinzen damit jeden Halt nehmen würde.

Im Spätherbst 1883 trat der Kronprinz eine Reise in den Süden an, um die ohnehin schon gut zu nennenden Beziehungen zu Italien, Preußens Alliiertem von 1866, aufzufrischen und zu pflegen. Als König Victor Emanuel II. am 9. Januar 1878 gestorben war, hatte Friedrich Wilhelm an den Trauerfeierlichkeiten teilgenommen und den neuen König Umberto begrüßt, mit dem ihn ein nahezu freundschaftliches Verhältnis verband. Die Italiener brachen damals in frenetischen Jubel aus, als der deutsche Kronprinz nach der Eidesleistung des neuen Königs den kindlichen Kronprinzen und späteren Victor Emanuel III. auf einem Balkon des Quirinals in die Höhe hob.

Wer den Kronprinzen näher kannte, wie beispielsweise Karl von Normann, zweifelte daran, dass der Tag seines vielleicht doch noch erfolgenden Regierungsantritts auch der Tag zur liberalen Wende in Deutschland sein würde. Der Kronprinz, der vielen ja als Deutschlands liberale Hoffnung galt, hatte kein klares Programm und nicht die Kraft, es aufzustellen und dann auch durchzusetzen. Es waren keine guten Zeiten für den Liberalismus in Deutschland, zumal nicht einmal ein sicherer liberaler Kaiser in Sicht war und die liberalen Parteien bei der Reichstagswahl 1884 Mandatsverluste hinzunehmen hatten und 1887 noch weiter schrumpften.

Zu Bismarck hatte sich das Verhältnis des Kronprinzen trotz zwischenzeitlicher Schwankungen, besonders in den Kriegs- und Reichsgründungszeiten, in den Jahrzehnten nicht grundsätzlich geändert, weil der Gegensatz zwischen beiden Männern zu elementar war. Schon 1871 hatte Königin Victoria bei einem Besuch ihres Schwiegersohns notiert: »Er sagt ... Bismarck sei zweifellos energisch und schlau, aber schlecht, ohne Grundsätze und allmächtig, der wirkliche Kaiser.« Selbst Wilhelm I. hatte einmal geklagt, dass es schwer sei, unter Bismarck Kaiser zu sein. Der Kronprinz aber und auch die Kronprinzessin waren Bismarck gegenüber um Fairness bemüht und verteidigten seine Politik, wo sie sie für richtig hielten. 1876 hatte Kronprinzessin Victoria ihrer Mutter geschrieben, dass sie Bismarcks Politik in der Orientfrage für »einfach und anständig« hielt. 1881 fügte sie hinzu, dass er »zweifellos ... patriotisch und ehrlich« sei, um sechs Jahre später resigniert zu ergänzen, dass er wie »ein Mensch aus einem andern Jahrhundert« sei, »sicherlich ein Patriot und ein Genie, aber brutal und zynisch«.

Bismarck seinerseits war kaum zu Konzessionen bereit und verzichtete auf Höflichkeiten, wenngleich er im Umgang mit der Kronprinzessin geradezu liebenswürdig sein konnte. Auch die Beziehungen zwischen dem Kronprinzen und dem Kanzler waren äußerlich natürlich intakt und schienen völlig harmonisch zu sein. Der Eklat im Zusammenhang mit der Stellvertreterurkunde sollte die Ausnahme bleiben. Eine ähnlich geartete Szene wiederholte sich nicht mehr. Als Kaiser Wilhelm im Jahre 1885 ernsthaft erkrankte, ließ der Kronprinz Bismarck nach Potsdam rufen, um ihn zu fragen, ob er im Falle des Thronwechsels im Amt bleiben wolle, was Bismarck unter zwei Bedingungen bejahte: keine Parlamentsregierung und keine ausländischen Einflüsse. Ob es dazu gekommen wäre, ist letzen Endes nicht zu sagen, denn um diese Zeit war der Kronprinz noch gesund und hätte sich noch immer anders entscheiden können. Schließlich war es nur eine Anfrage und noch keine Festlegung gewesen. Als es dann 1888 tatsächlich dazu kam, war Friedrich Wilhelm längst ein vom Tod gezeichneter Kaiser, dem schon allein aus Zeitgründen kaum eine andere Wahl als Bismarck blieb.

So wie aber die Politik und die Regierungsform ins Spiel kamen, ging der Kanzler auf Distanz zu dem parlamentarischen Regime Englands, für das in seiner autokratischen Herrschaftsform kein Platz vorhanden war. Die fundamentalen Unterschiede waren alt und sollten sich nicht mehr ändern. Schon Prinz Albert, der verstorbene Vater der Kronprinzessin, der so engagiert für die deutsche Einigung unter Preußens Führung eingetreten war, hatte sich dieselbe durch »moralische Eroberung durch Preußen« gewünscht und nicht durch Bismarcks spätere »Blut- und Eisenpolitik«. Für Bismarck war ein Regierungsantritt des Kronprinzen gleichbedeutend mit dem Verfall des Reichs, was er auch öffentlich aussprach.

Wenn der Kronprinz doch einmal einer Ministerratssitzung beiwohnte und ihn der König nach seiner Meinung befragte, was selten genug vorkam, stand er auf und erklärte: »Ich bitte, mich von der Abgabe eines Votums entbinden zu wollen.« Ob das von einem Thronfolger besonders klug war, dort zu schweigen, wo ein klarer Standpunkt angebracht gewesen wäre, muss bezweifelt werden, so dass seine Feinde aus leicht verständlichen Gründen nicht zögerten, ihm Intelligenzmangel, Gedankenträgheit und Festlegungsscheu nachzusagen. Er selbst erklärte sein Verhalten damit, dass der König und das Ministerium ohnehin gegen seine geäußerten Ansichten stimmen würden und er nicht wie ein ewig erfolgloser Opponent dastehen wolle.

Auch äußerlich sah man dem Kronprinzen in zunehmendem Maße seinen inneren Zustand an: Die Siegfriedgestalt hatte längst ihre Spannkraft verloren, der Kriegsheld von 1866 und 1870/71 war ruhebedürftiger geworden und musste sich mehrfach am Tag ermattet hinlegen. Sein Gesicht war gelblich-blass und auch durch den Vollbart, der schütterer wurde und allmählich seine natürliche Farbe verlor, nicht mehr zu kaschieren. Auch war der Kronprinz ein wenig korpulenter geworden, und seine leidenden Züge hatten sich längst in sein Gesicht eingegraben. Seine Frau aber sah das alles nicht und klagte über ihren Mann, den sie allmählich für einen Hypochonder hielt.

Was ihm geblieben war, und was er pflegte, das war die alte Reiselust. Auch in seinen späteren Jahren überfiel ihn die Sehnsucht, fremde Länder und Menschen kennen zu lernen. Wenn das Frühjahr verstrichen war, kehrte er Potsdam den Rücken und brach mit seiner Familie nach den Bergen der Schweiz oder in die südlichen Gefilde Italiens auf. Gleich anderen Sommergästen führte er an seinem Urlaubsort ein ruhiges und beschauliches Leben, ohne Luxus und ohne Etikette. Gelegentlich beklagte er sein »Nomadenleben«, wie er es selbst bezeichnet hat. Aber das Leben »aus dem Koffer« war längst zur Gewohnheit geworden und gut mit seinen Bedürfnissen in Einklang bringen.

Die Kronprinzessin hielt sich in den letzten Jahren mehr denn je an England, an das Land der »männlichen Männer« und entglitt ihm allmählich. Auch Freunde wurden ihm in letzter Zeit genommen und durch den Tod entrissen. 1886 war sein langjähriger Freund und Vertrauter Ernst von Stockmar gestorben, im selben Jahr wie Friedrich Wilhelms Intimfeind, König Ludwig II. von Bayern. Sie hatten sich beide nicht gemocht, wahrscheinlich weil sie sich zu ähnlich waren. Ludwig war im Unterschied zu Friedrich Wilhelm zwar früh auf den Thron gelangt, Macht war ihm aber im Grunde auch versagt geblieben, weil in Bayern die Bürokratie regierte, und in Deutschland die Preußen herrschten. Beide, der Preuße und der Bayer, hatten sie Probleme mit und in ihrer Zeit, mit den Menschen, mit denen sie leben mussten. Der Bayernkönig hatte immerhin den Mut aufgebracht, sich seiner Zeit zu verweigern und sich der »Knechtschaft« wahrscheinlich durch einen Freitod zu entziehen.

Am 19. Juni 1886 war der deutsche und preußische Thronfolger neben Kronprinz Rudolf von Österreich-Ungarn, der ein paar Jahre später dem Bayernkönig folgte, im trauernden München hinter dem Sarg Ludwigs II. hergeschritten. Mit ihm schien eine Generation, die nicht zum Zuge gekommen war, in die Gruft der Geschichte gesenkt zu werden. Als nächster sollte ihm Friedrich Wilhelm folgen und nach ihm der Habsburger, den Kaiser Franz Joseph, Rudolfs Vater,

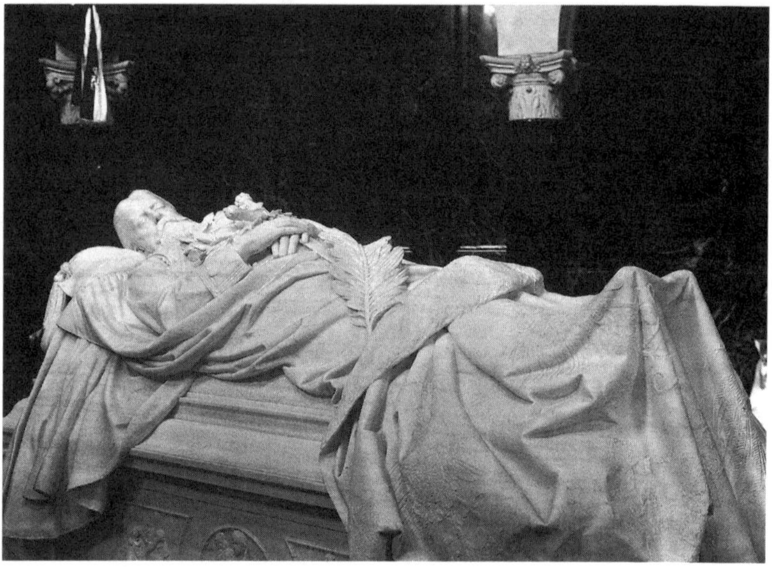

Der Sarkophag Kaiser Friedrichs III. im Mausoleum an der Friedenskirche.

nicht neben sich aufkommen ließ und der für sich keine Zukunft mehr sehen konnte und damit selbst den Schlussstrich zog.

Kronprinz Friedrich Wilhelm huldigte der preußisch-deutschen Geschichtsauffassung, nach der Preußen von Anfang an die Mission zur Führung und Einigung Deutschlands gehabt habe, was damals von vielen Historikern behauptet wurde, jedoch schwerlich einer Prüfung standhalten kann. In dieser Angelegenheit befielen auch Friedrich Wilhelm Zweifel, und er neigte mehr zu dem eher weltbürgerlich gebliebenen Historiker Ranke als zu dem nationalistischen Treitschke, der gegen die Engländer, die Liberalen, die Juden und eigentlich gegen alle Kosmopoliten zu Felde zog und selbst noch dem toten Kaiser Friedrich grollte, weil der als Kronprinz den Antisemitismus getadelt hatte, als er im Jahre 1885 vor Studenten der Königsberger Universität ausführte: »... sicherlich dürfen wir mit berechtigtem Stolz uns dessen rühmen, was unser Volk ... geleistet, aber sorgen wir zugleich dafür, daß jede Überhebung uns fern bleibe, denn solche ist undeutsch ...«

Der Kronprinz las sehr viel, bevorzugte die historische Literatur und fand keinen Zugang zu Romanen. Der alte Ranke, zu dessen 90. Geburtstag er sich persönlich einfand, wurde von ihm verehrt, wie er auch den Historiker Droysen schätzte. Das Lieblingsgebiet des Kronprinzen war die Geschichte der Hohenzollern, also die seines Hauses. Dass das Aktenmaterial zur Geschichte des Großen Kurfürsten herausgegeben werden konnte, war Friedrich Wilhelms Verdienst und ist ihm zu danken. Er selbst hat sich auch produktiv mit historischen Themen auseinandergesetzt, wobei auch hier wieder die Geschichte seines Hauses die Schlüsselposition einnahm. Da es ihm aber versagt blieb, selber aktiv Geschichte zu machen, floh er in die Vergangenheit, zurück bis in archäologische Zeiten. Er förderte die Vorhaben seines alten Lehrers Ernst Curtius, Olympia, die Stätte der klassischen Spiele, wieder auszugraben und hatte persönlichen Anteil daran, dass der Pergamonaltar in Berlin aufgestellt wurde.

Die schicksalhafte Krankheit

Die Diagnose der deutschen Ärzte

Das Jahr 1887 brachte für den Kronprinzen eine schicksalhafte Wende, aber nicht dergestalt, dass es nach jahrelangem »thatlosem Harren« endlich zu dem erwarteten Thronwechsel gekommen wäre, sondern weil ihn eine lebensbedrohliche Krebskrankheit befiel, die ein Jahr später tödlich enden sollte.

In seiner Krankenakte ist verzeichnet, dass Kronprinz Friedrich Wilhelm im Januar 1887 an Heiserkeit litt, die seine Mitmenschen oft an ihm beobachtet hatten, im Grunde schon seit seinen Kindheitstagen. So wurde das auch diesmal wahrgenommen, aber noch ohne alle Ängste registriert. Nicht einmal der Betroffene selbst zeigte sich besorgt, jedenfalls noch nicht im Januar 1887.

Auch nach den Aufzeichnungen Dr. August Wegners litt Kronprinz Friedrich Wilhelm ab Januar 1887 an Heiserkeit. Wegner, inzwischen Generalarzt I. Klasse des Garde du Corps im Range eines Generalmajors, war seit Jahrzehnten Leibarzt Ihrer Kaiserlichen und Königlichen Hoheiten des Kronprinzen und der Kronprinzessin und mit den Krankheiten des Thronfolgers vertraut.

Bei seiner ersten Konsultation, so berichtete der englische Kehlkopfspezialist, Sir Morell Mackenzie, in seiner späteren Erwiderungsschrift »Friedrich der Edle und seine Ärzte«, führte der Kronprinz ihm gegenüber den Ursprung seiner Heiserkeit auf eine im Herbst 1886 erlittene Erkältung zurück, die er sich angeblich auf seinem Italienbesuch zugezogen hatte.

Auch nach dem unveröffentlichten Tagebuch des Kronprinzen ist der Beginn seiner Halsaffektion, der allgemein mit dem Januar 1887 angegeben wird, tatsächlich früher anzusetzen, sogar schon vor dem Herbst 1886, wie es nach Mackenzies Aufzeichnungen zu vermuten wäre. In den kronprinzlichen Tagesnotizen findet man unter den Monaten September und Oktober 1886 zwar Eintragungen über seine Italienreise, aber keine über eine dort erlittene Erkältung.

Am 28. Februar 1886 erscheint bei ihm dagegen schon der Hinweis, dass er sich, der in den Wintermonaten gern mit seinen Familienangehörigen Schlittschuh lief, wegen seines kranken Halses schonen musste, wenn er schrieb: »Die Erkältung wollte auch im Frühjahr 1886 noch nicht weichen, wofür die Tagebucheintragung »Fühle mich erkältet« vom 8. April spricht. Drei Tage später notierte er: »Ich tüchtig erkältet, niese unglaublich viel«, um am 12. April zu ergänzen: »Ich von einem quälenden trockenen Husten tagsüber geplagt ...«

Generalarzt Wegner waren Halsaffektionen seit Jahr und Tag bekannt, die auch für ihn ihre Ursachen in Erkältungen und Belastungen der Stimme hatten, so dass er dem neuerlichen Auftreten der Heiserkeit zunächst noch keine sonderliche Bedeutung beigemessen hatte. Da nicht nur Wegner wusste, dass der Kronprinz ein ziemlich starker Raucher war, konnte die Heiserkeit ursächlich auch so gedeutet werden. Was das Rauchen anbelangte, so hatte die Kronprinzessin schon 1866 nach der Schlacht von Königgrätz an ihren Mann geschrieben: »... aber mit wahrem Entsetzen sehe ich, daß Du wieder einmal mit der abscheulichen Pfeife abgebildet bist ...«, um in einem Brief drei Jahre später das Thema mit den Worten wieder aufzugreifen: »Ich denke mit Entsetzen an das viele Rauchen – ich bilde mir ein, Du rauchst den ganzen Tag ...«

Aber eines war diesmal anders und fiel auf: Bisweilen war die Heiserkeit des Kronprinzen bis zur Stimmlosigkeit ausgeprägt, und hartnäckiger als gewöhnlich war sie auch. Als sie nach zwei, drei Wochen immer noch nicht weichen wollte, stellte sich bei Dr. Wegner doch allmählich Besorgnis ein.

Als die üblichen Mittel gegen einen Halskatarrh, der immer noch von Wegner als Folge einer Erkältung angenommen wurde, zu keiner Besserung der Stimme führten, suchte der Leibarzt den fachlichen Rat eines Hals- und Kehlkopfspezialisten und bat den Kronprinzen, den auf diesem Gebiet ausgewiesenen Internisten und Direktor der II. Medizinischen Klinik der Charité, Geheimrat Professor Dr. Carl Gerhardt, hinzuziehen und konsultieren zu dürfen, um dessen Meinung einzuholen. Am 6. März 1887 führte Gerhardt seine erste Untersuchung durch, die der Kronprinz so in seinem Tagebuch festhielt: »Konsultation mit Geh[eimrat] Dr. Gerhardt wegen meiner andauernden Heiserkeit; er will eine ... Stelle an Stimmbändern entfernen.«

Einem Bericht Dr. Wegners, den dieser am 20. Mai 1887 verfasste, dem Tag, an dem den deutschen Ärzten das Heft des Handelns aus der Hand genommen wurde, sind alle von ihm versuchten und durchgeführten symptomatischen Behandlungsmaßnahmen und der bisherige Krankheitsverlauf aus Sicht des Leibarztes zu entnehmen.

Generalarzt Dr. August Wegner (1846-1905), Leibarzt des Kronprinzen

Die sich bei Wegner anschließende Beschreibung des Befundes, den Gerhardt am 6. März 1887 »in Gegenwart des Herrn Generalarztes Dr. Wegner mit dem Kehlkopfspiegel« erhob, soll Gerhardts eigenem Bericht aus der »Berliner Broschüre« entnommen werden, die 1888 in der Kaiserlichen Reichsdruckerei erschien. Von der »Berliner Broschüre« spricht Mackenzie in seiner Erwiderungsschrift »Friedrich der Edle und seine Ärzte« auf den zusammenfassenden Bericht »Die Krankheit Kaiser Friedrich des Dritten«, den die deutschen Ärzte im Auftrag Kaiser Wilhelms II. nach amtlichen Quellen und den im Königlichen Hausministerium niedergelegten Berichten der Ärzte erstellten. Seine erste Untersuchung hielt Gerhardt als Befundbeschreibung so fest: »Während der Athmung sah man am Rande des linken Stimmbandes ... eine blasse, zungen- oder lappenartige, anscheinend etwas unebene Vorragung ... es bestand keinerlei Starre oder Schwerbeweglichkeit des Stimmbandes.«

Auch wenn Gerhardt weiter schrieb: »Die Diagnose wurde gestellt auf polypöse Verdickung des linken Stimmbandrandes«, also auf ein gutartiges Geschehen, so stimmt seine Beschreibung des Lokalbefundes doch schon nachdenklich, denn die Geschwulst des linken Stimmbandrandes fühlte sich – so Gerhardt – »bei Sondenberührung ... etwas hart an ...« Außerdem ließ sie sich nicht mit dem so genannten Ringmesser abtragen, weil diese Versuche »an [der] Flachheit, Glätte und Härte« der Geschwulst scheiterten.

Da die Entfernung des angeblich subglottisch liegenden Tumors weder mit einer Drahtschlinge noch mit dem Ringmesser gelang und alle unternommenen Versuche erfolglos blieben, wurde seine »Zerstörung auf galvanokaustischem Wege beschlossen« [Brennen des Tumors mit einem glühend gemachten chirurgischen Instrument durch konstant fließenden Gleichstrom], wozu ein glühender Platindraht in den Hals des Kronprinzen eingeführt werden musste. Nach vorheriger Kokainisierung zur Schleimhautbetäubung wurde die topografisch schwer zugängliche Neubildung am 14. März 1887 mit dem Glühdraht zum ersten Mal gebrannt, eine Prozedur, die Gerhardt mehrfach wiederholen musste.

Am 22. März 1887 beging Kaiser Wilhelm I. seinen 90. Geburtstag. Zu diesem Jubiläum waren allein 85 fürstliche Gratulanten erschienen, und auf den Kronprinzen kamen wegen der offiziellen Repräsentationspflichten und Empfänge Belastungen zu, denen er stimmlich nicht gewachsen war, so dass sie seine Gesundheit weiter untergraben mussten und daher besser unterblieben wären, so sehr ihm die Honneurs auch lagen.

Nach der Zwangspause vom 18. bis zum 26. März, die Gerhardt wegen des kaiserlichen Jubiläumsgeburtstages in seiner Behandlung einlegen musste, wurden die »Zerstörungen der Neubildung« mit dem glühenden Platindraht bis zum 7. April fast täglich fortgesetzt. Schon vor der Konsultation Gerhardts hatte Wegner dem Kronprinzen die übliche Badekur in Bad Ems angeraten, um ihn für einige Zeit aller höfischen Aufgaben und Pflichten zu entheben.

Am 7. April wurden daher die täglichen Torturen eingestellt, denn trotz der Schleimhautbetäubung mit dem Kokain trugen die außerordentlich schmerzhaften Behandlungen für den Patienten fraglos den Charakter von Torturen, da das Kokain zwar die Oberfläche, nicht aber die tieferen Schichten unempfindlich macht. Auch für den behandelnden Arzt waren es Torturen, allerdings, und darin lag der wesentliche Unterschied, Torturen ohne körperliche Qualen.

Die Befundbeschreibung Gerhardts zu dieser Zeit jedoch klang hoffnungsvoll, denn nach seiner mehrfachen Glühdrahtbehandlung »... war die Geschwulst« bei seiner Untersuchung am 7. April »beseitigt und die Wundfläche blieb in den nächsten Tagen glatt und eben, wenn sie sich auch nicht überhäutete«. Die Eintragung des Kronprinzen an diesem Tag unterstreicht Gerhardts optimistische Beurteilung, wenn es bei ihm heißt: »GR Gerhardt brannte 2 mal lange u. gründlich, u. glaubt das Haupt Übel beseitigt zu haben.« Bei ihrer Untersuchung am 11. April waren die »Aerzte zufrieden«, und die »Stelle [war] im Heilen«, so sah es jedenfalls um diese Zeit der Kronprinz.

Für Professor Gerhardt hatte der Kuraufenthalt in Bad Ems über den allseits erhofften Heil- und Erholungseffekt hinaus eine viel grundsätzlichere Bedeutung, weil sich in den Wochen der Ruhe und der Abgeschiedenheit die Dignität des Tumors zeigen musste. In seinem Abschlussbericht von 1888 schrieb Gerhardt dazu später: »Schon Anfangs April hatten sich mir Bedenken über die Natur der Geschwulst aufgedrängt.« Auch wenn er sie trotz seiner Bedenken noch als gutartig betrachtet hatte, so hielt er ihre Entfernung aber für dringend geboten. »War sie gutartig« – so Gerhardt weiter – »so war damit der Hohe Kranke geheilt, war sie bösartig, so mußte ihr Wiederwachsen die bösartige Natur der Neubildung erkennen lassen«.

Die Wochen in Bad Ems mussten also die letzte Wahrheit bringen. Lag Malignität [Bösartigkeit] vor, was Gerhardt trotz seiner am 6. März noch konstatierten »polypösen Verdickung« offenbar von Anfang an befürchtete, dann würde sich der Prozess an der Stimmlippe wieder zeigen. Dann musste eine ganz andere Behandlungsstrategie erwogen werden. Von dieser Kur hing sozusagen alles ab: Krebs oder nicht Krebs – so jedenfalls sah es Gerhardt.

Am 13. April brach das Kronprinzenpaar mit den drei jüngsten Prinzessinnen auf nach Bad Ems, wo Inhalationsbehandlungen und weitere Kurmaßnahmen, kurze Spaziergänge und Ausflüge ins Lahntal das Allgemeinbefinden des Kronprinzen, vor allem aber den Lokalbefund am Stimmband bessern sollten, was in den ersten beiden Wochen auch den Anschein hatte, so dass die Kronprinzessin am 29. April 1887 an ihre Mutter schreiben konnte: »Seine Stimmung ist viel freundlicher als in Berlin und sein Hals scheint täglich besser zu werden.« Der Kronprinz selbst sah seine Lage offenbar viel realistischer. Die Heiserkeit der Stimme war geblieben, auch wenn die ärztliche Untersuchung in den letzten Tagen seines Kuraufenthaltes angeblich »eine kleine Zurückbildung in der Stimmband-Erhöhung« erkennen ließ.

»Nach der Rückkehr«, so hielt Generalarzt Dr. Wegner am 20. Mai 1887 fest, »war die Stimme nicht gebessert, das Allgemeinbefin-

Geheimrat Professor Dr. Carl Gerhardt (1833-1902). Gemälde von Ludwig Noster.

den sehr gut, doch constatirte Dr. Gerhardt, daß sich wieder im linken Stimmbande eine Anschwellung gebildet hatte und daß die Stelle, an welcher gebrannt worden, noch nicht völlig vernarbt war. Bei diesem ungünstigen Zustande schlug Dr. Gerhardt am 15ten vor, den Professor v. Bergmann zuzuziehen, um über weitere, ev[entuell] operative Maaßnahmen zu berathen ...«

Als der Kronprinz am 15. Mai in Potsdam eingetroffen war, klang der Untersuchungsbefund, den Gerhardt nach fünf Wochen an diesem Tag erhob, in der Tat bedenklich: »... die Stimme [war] heiserer wie früher, die Geschwulst war größer als zuvor ... Meine schlimmsten Befürchtungen waren eingetroffen ... Ich bat ... um die Zuziehung noch eines oder mehrerer Laryngologen ... [und] dann dringend, daß ein Chirurg, und zwar Geheimer Rath von Bergmann, zugezogen werde ... Die Zuziehung von Bergmanns besorgte Generalarzt Dr. Wegner.«

Das hieß im Klartext: Der Lokalbefund hatte sich im Vergleich zum 7. April verschlechtert, denn der Tumor war in der Zwischenzeit sogar gewachsen. Die Kur in Bad Ems war bezüglich der erhofften Wirkung nicht nur umsonst, sondern geradezu falsch gewesen, denn unter dem Gesichtspunkt der Behandlungschancen waren immerhin vier wertvolle Wochen verschenkt worden.

Nach der Untersuchung Gerhardts am Tag der Heimkehr des Kronprinzen wandte sich Generalarzt Wegner schriftlich an Geheimrat Professor Dr. Ernst von Bergmann, den Direktor der Chirurgischen Klinik der Friedrich-Wilhelms-Universität in der Berliner Ziegelstraße, einer der namhaftesten deutschen Chirurgen seiner Zeit, dem er an diesem Tag noch folgenden Brief zustellen ließ: »Ich möchte Sie im Einverständniß mit Geh[eim] R[at] Gerhardt bitten, morgen Montag um 5 Uhr mit uns zu einer Consultation bei Sr. K. H. dem Kronprinzen im hiesigen Palais zusammen zu kommen. – Ich halte es für nöthig Ihnen die Vorgänge vorher mitzutheilen u. bitte mich durch den Überbringer oder morgen früh wissen zu lassen wann ich Sie heute oder morgen zu Hause finde.«

So kam es noch am Abend des 15. Mai zu der von Wegner gewünschten Begegnung mit von Bergmann, der von dem kronprinzlichen Leibarzt gebeten wurde, den Patienten am darauffolgenden Tag gemeinsam mit Professor Gerhardt zu untersuchen. Bei der Gelegenheit teilte Wegner ihm den bisherigen Verlauf der Krankheit mit und unterbreitete von Bergmann seinen Vorschlag, der sich mit Gerhardts deckte, zusätzlich noch einen Kehlkopfspezialisten von internationalem Ruf zu konsultieren. Dem stimmte auch von Bergmann zu und schlug Professor Karl Rauchfuß aus St. Petersburg und die beiden berühmten Wiener Laryngologen Leopold von Schrötter und Karl Stoerck vor, während Wegner den Engländer Morell Mackenzie ins Gespräch brachte, der ebenfalls von Bergmann akzeptiert wurde, auch wenn er ihn spontan nicht nannte.

Vom 25. Mai 1887 stammt eine Denkschrift von Bergmanns, die mit dem Tage seiner ersten Untersuchung des Kronprinzen am 16. Mai beginnt. Das Ergebnis seines laryngoskopischen Befundes, den er am 16. Mai um 6 Uhr nachmittags im Kronprinzlichen Palais in Berlin Unter den Linden erhob, gab er so wieder: »Dieser Befund, sowie der Umstand, daß mehrfach erfolglos Abtragungen und energische Ätzungen mittelst des galvanocaustischen Glühdrahts, zuletzt am 26. März [es war der 7. April], vorgenommen waren, veranlaßten mich den Verdacht der Anwesenheit einer bösartigen Neubildung, eines Epitheliom's auszusprechen.« [Für von Bergmann handelte es sich offensichtlich um ein Stimmlippenkarzinom. Epitheliome sind gutartige oder bösartige Tumoren aus Epithelzellen wie zum

Beispiel Papillome, Adenome, Epithelzysten und Karzinome; für ihn kam nur das Letztere infrage.]

In dieser Eindeutigkeit war die Krankheit als »bösartige Neubildung« – also Krebs – bislang noch nicht bezeichnet worden, wobei von Bergmann seine Diagnose durch den Zusatz Verdacht um diese Zeit noch abschwächte. Gerhardts düstere Ahnungen und Befürchtungen wurden durch von Bergmanns Untersuchungsbefund dagegen bestätigt.

Der Chirurg schloss seiner Diagnose sofort einen konkreten und grundsätzlich richtigen Behandlungsvorschlag an: die Kehlkopfoperation und zwar von außen. Nach seiner Einschätzung war bei der Natur des Tumors seine endolaryngeale Entfernung [vom Munde aus] operationstechnisch nicht möglich, weil »... bei Sitz eines Krebses am Stimmbande ... das ganze Stimmband und ein[en] Theil der noch gesunden, an das erkrankte Stimmband stoßenden Schleimhaut wegzunehmen, ja bei tieferer Ausbreitung desselben sogar unerläßlich ein[en] Theil der Kehlkopf-Knorpel – Schildknorpel und Gießbeckenknorpel – zu entfernen« sind.

Aus diesem Grunde schlug er die Operation von außen, also vom Hals aus vor und empfahl die so genannte Laryngotomie, eine operative Eröffnung des Kehlkopfs durch eine mediane Spaltung des Schildknorpels, die als Laryngofissur bezeichnet wird. Nur so war ein ausreichender Zugang zu dem bösartigen Tumor zu schaffen, der dann unter direkter Sicht herausgeschnitten werden konnte. Nach Durchführung der Laryngofissur hatte sich die Laryngoresektion anzuschließen, das heißt die Entfernung eines Kehlkopfteils mit der erkrankten Stimmlippe. Und dieser Vorschlag war auch damals richtig, wollte man dem Krebs, wofür von Bergmann die Veränderung am Stimmband hielt, trotz der Einwände und Bedenken, die später von Mackenzie vorgetragen wurden, wirksam zu Leibe rücken. Es sollte überhaupt der einzige konkrete Behandlungsvorschlag im kurativen Sinne bleiben, der jemals im Zusammenhang mit der Kehlkopfkrankheit des Kronprinzen unterbreitet wurde, womit natürlich noch nichts über seinen Ausgang gesagt war.

Neben der Beschreibung des operationsmethodischen Vorgehens drängte Bergmann, »eine sofortige Operation auszuführen ...«, weil er wusste, dass nur »kleine Krebse der Kehlkopfschleimhaut ... bis jetzt durch die erwähnte Operation – Laryngo Fissur und Laryngo-Resection – erfolgreich behandelt worden« waren.

Weiterhin wurde an diesem 16. Mai erörtert und beschlossen, noch einen erfahrenen und international anerkannten Kehlkopfspezialisten hinzuzuziehen, von dem »der von uns wahrgenommene Befund … zu bestätigen sei«, wie Bergmann es in seiner Denkschrift formulierte, denn dass seine Beurteilung, die sich mit Gerhardts deckte, lediglich der Bestätigung bedurfte, da kein Fachmann sie infrage stellen würde, dessen waren sich beide sicher. »Unter den zu consultirenden Spezialärzten von Ruf«, so Bergmann weiter, »kamen in Vorschlag: Morell Mackenzie aus London, Stoerck aus Wien und Rauchfuß aus Petersburg. Wir entschieden uns den Erstgenannten Sr. Kaiserlichen Hoheit vorzuschlagen und später noch auf Wunsch Sr. Exzellenz des Kaiserlichen Leibarztes, Generalstabsarztes Dr. von Lauer den hiesigen Laryngologen Professor Dr. Tobold.«

Nach Gerhardts Abschlussbericht für die »Berliner Broschüre« von 1888 war es Generalarzt Wegner, der Mackenzie vorschlug, den sie aber beide, er und von Bergmann, insofern akzeptierten, weil sie der grundsätzlichen Meinung waren, »daß Jeder, der laryngoskopiren könne, zu dem gleichen Urtheile kommen müsse« wie sie. Mit diesem offenbar einstimmigen Beschluss der deutschen Ärzte am 16. Mai 1887 erhielt der bisherige Verlauf seine verhängnisvolle und schicksalhafte Wende, was natürlich niemand der Anwesenden ahnte, dazu waren sie sich ihrer Diagnose zu sicher und in ihrem Therapievorschlag zu einig.

Es gehört wenig Fantasie dazu, sich vorzustellen, dass von Bergmanns Diagnose, auch wenn er sie anfänglich nur eine Verdachtsdiagnose nannte, mehr aber noch sein Therapievorschlag auf die Betroffenen wie ein Schock wirkte. Am 17. Mai schrieb Kronprinzessin Victoria an ihre Mutter: »Seit heute morgen ist mir das Herz sehr schwer, da die Ärzte … entdeckt haben, daß das Gewächs auf dem Stimmband … wahrscheinlich ein, wie sie sagen, ›Epithelion‹ ist und daß, wenn es entfernt werden muß, man es nicht von der Innenseite des Halses aus erreichen kann … Der berühmte Chirurg Professor Bergmann ist für eine Operation von außen; Du kannst Dir vorstellen, daß diese weder einfach noch klein ist. Ich war vor Schrecken mehr tot als lebendig, als ich dies hörte … Natürlich weiß Fritz noch kein Wort davon [Dafür spricht auch die Tagebuchnotiz des Kronprinzen vom 16. Mai, in der er die Konsultation mit Gerhardt, von Bergmann und Wegner zwar erwähnte, ansonsten aber lediglich festhielt: »Verhärtung hat sich im linken Stimmband wiedergebildet.«] … Heute findet eine neue Konsultation statt [sie fand erst einen Tag später, am 18. Mai, statt] …«, von der sich die Kronprinzessin verständlicherweise bessere Nachrichten erhoffte. Am Ende ihres Briefes ist zu lesen: »Ich hoffe sehr, daß Bergmanns und Gerhardts Befürchtungen übertrieben sind …«, was schließlich auch bedeuten konnte, dass sie ihre Hoffnungen schon jetzt auf Mackenzie setzte, dessen beabsichtigte Berufung durch die deutschen Ärzte ihr seit dem Vortage bekannt war, so dass sie ihrer Mutter noch an demselben Tag schreiben konnte: »… sie [die deutschen Ärzte] wünschten Dr. Morell Mackenzie von London [Harley Street] heranzuziehen, um seine Meinung zu hören«. Die Kronprinzessin konstatierte in ihren Ausführungen an ihre Mutter: »Er gilt als der geschickteste Arzt, mit Ausnahme nur eines in Petersburg …«, räumte aber damit ein, dass Professor Rauchfuß in St. Petersburg dem britischen Laryngologen zumindest ebenbürtig war.

Es ist davon auszugehen, dass Bismarck und durch ihn der Kaiser noch am 16. Mai über den Ausgang des ersten Ärztekonsiliums informiert wurden sowie natürlich auch die Kronprinzessin. Der Kronprinz selbst wurde zunächst geschont. Man unterbreitete ihm lediglich, dass zusätzlich noch ein erfahrener englischer Arzt konsultiert werden sollte.

Jetzt schritt Bismarck ein. In »Gedanken und Erinnerungen« heißt es: »Die behandelnden Ärzte waren Ende Mai 1887 entschlossen, den Kronprinzen bewußtlos zu machen und die Exstirpation des Kehlkopfs auszuführen, ohne ihm ihre Absicht angekündigt zu haben. Ich erhob Einspruch, verlangte, daß nicht ohne die Einwilligung des Patienten vorgegangen und, da es sich um den Thronfolger handle, auch die Zustimmung des Familienhauptes eingeholt werde. Der Kaiser, durch mich unterrichtet, verbot die Operation ohne Einwilligung seines Sohnes vorzunehmen.«

In Bismarcks Erinnerungswerk wird ein genauer Termin seines Gesprächs mit dem Kaiser vermisst, wobei es sich um den 16. Mai gehandelt haben muss. Als Bismarck nämlich die Krebsdiagnose erfuhr – und das war an dem Tag, an dem von Bergmann den Kronprinzen zum ersten Mal untersuchte –, »war [er]«, so Röhl, »sofort zum alten [und völlig gleichgültigen] Kaiser gefahren, um die vorgesehene Operation … zu verhindern«. Dafür spricht auch der Hinweis Gerhardts in seinem Abschlussbericht, dass an der Konsultation am 18. Mai zwei weitere, vom Kaiser gesandte Ärzte teilnahmen, der also umgehend nach der Untersuchung am 16. Mai informiert worden war und zwar nicht nur von den Ärzten, sondern auch von seinem Kanzler.

Bismarck, entschiedener Gegner einer Radikaloperation, irrt in »Gedanken und Erinnerungen«, denn eine Kehlkopfentfernung war nicht vorgeschlagen worden, sondern eine Kehlkopfspaltung mit anschließender Ausschneidung des erkrankten Stimmbands und zwar weit »im Gesunden«, also weit im gesunden Gewebe, wie wir es heute sagen würden. Dass der Patient nicht über die beabsichtigte Operation informiert wurde, wie Bismarck es behauptet hat, muss ebenfalls bezweifelt werden. Sicher erfuhr der Kronprinz den Vorschlag der Ärzte nicht am ersten Untersuchungstag, denn ansonsten hätte die Kronprinzessin ihrer Mutter kaum schreiben können: »Man wird es Fritz nicht sagen bis zu dem Augenblick, da er seine Erlaubnis geben muß!« Festzustehen scheint, dass die Ärzte dem Kronprinzen spätestens am 20. Mai, dem Tag vor der geplanten Operation, ihre »Absicht angekündigt ... haben«, um Bismarcks Worte aufzugreifen. Dass ein chirurgischer Eingriff vom Umfang einer Kehlkopfspaltung dem Kronprinzen nicht »angekündigt« wurde, ist ausgeschlossen und auch durch den Bericht von Bergmanns für die »Berliner Broschüre« widerlegt – ein Irrtum oder eine Unterstellung Bismarcks?

Dass die Informationen gegenüber dem Patienten allerdings dürftig waren, ist auch seinem Tagebuch zu entnehmen, in das er am 17. Mai eintrug: »Telegr[amm] an Mama zu veranlaßen, Dr. Morell Mackenzie herzusenden, auf Wunsch der 3 Doktoren. Derselbe [wird] als erste Autorität über Halskrankheiten an[ge]sehen, u. ihn konsultiren alle, ehe ich wieder operirt werde. Dr. Wegner theilte uns erst heute dieses als Ergebniß der gestrigen Untersuchung mit.«

Die Kronprinzessin, die genau wie Bismarck den Eingriff ablehnte, hatte sich schon rückversichert, wie die Operation ohne eigenen Gesichtsverlust noch zu vereiteln war. Und diese Rückversicherung hieß Mackenzie, der dringlich von ihr erwartet wurde. Victoria wusste, dass man sie ohnehin, auch wenn der Vorschlag von den deutschen Ärzten kam, für die Berufung Mackenzies verantwortlich machen würde und bat daher ihre Mutter, dass sie, die Königin, doch den Anschein erwecken möge, als habe sie von sich aus Mackenzie gebeten, nach Berlin zu reisen, um sich vor Ort ein Bild zu machen. Am 17. Mai schrieb sie an ihre Mutter: »... Du könntest die große Güte und Freundlichkeit haben, uns aus dieser Schwierigkeit durch die bloße Bemerkung herauszuhelfen, daß Du ihn sendest, um nach Fritzens Befinden zu fragen und Dir über den Zustand seiner Kehle berichten zu lassen. Daran wird niemand Anstoß nehmen, während natürlich wir auf Bitten unserer Ärzte um ihn senden ... Ich bin gewöhnlich so zuversichtlich und so wenig geneigt, Schlechtes zu glauben, daß ich selbst jetzt hoffe, die Ärzte irren sich und Morell Mackenzie werde dies bestätigen, wenn er kommt ...« Ihre Zuversicht

Geheimrat Professor Dr. Ernst von Bergmann (1836-1907)

und ihre Hoffnung fokussierten sich zu dieser Zeit bereits auf Mackenzie. Warum sollten sich die Berliner Ärzte, deren fachliche Reputation doch außer Frage stand, eigentlich so gründlich irren? Und warum glaubte sie so fest daran, dass Mackenzie diesen Irrtum bestätigen werde? Eher war davon auszugehen, dass er sich dem Urteil seiner deutschen Kollegen anschloss. Einige Äußerungen der Kronprinzessin klangen merkwürdig und stimmen nachdenklich, auch heute noch. Wusste Mackenzie bereits, was in Berlin von ihm erwartet wurde?

Es sieht so aus, als trüge die Anberaumung der nächsten ärztlichen Konsultation, die am 18. Mai stattfand, die Handschrift Bismarcks. Neben Wegner, Gerhardt und von Bergmann nahmen diesmal auch der kaiserliche Leibarzt Generalstabsarzt Dr. Gustav Adolf von Lauer und der bekannte Berliner Kehlkopfspezialist Professor Dr. Adelbert von Tobold teil, die offiziell vom Kaiser zusammengerufen worden waren. Zu diesem Kreis gehörte auch der weitere kronprinzliche Leibarzt, Oberstabsarzt Dr. Max Schrader.

Nach von Bergmanns Aufzeichnung vom 25. Mai gewinnt man den Eindruck, dass ihm während der zweiten Untersuchung des Kronprinzen besonders an der fachlichen Beurteilung und Stellungnahme Tobolds gelegen war, wenn er schrieb: »Ich richtete ... an Professor Tobold die Frage, ob er die Diagnose der Krankheit lediglich nach dem objectiven Befunde, ohne vorheriges Anhören der Krankengeschichte, machen wolle. Derselbe erklärte sich bereit und bezeichnete dieselbe als einen Krebs des linken Stimmbandes.« Nach Gerhardts Bericht für die »Berliner Broschüre« sagte Tobold sogar, dass es »sich mit Ausschluß jeder anderen Diagnose nur um Krebs handeln« könnte. Nach seinen differenzialdiagnostischen Überlegungen schied jede andere Krankheit für ihn aus. Das therapeutische Vorgehen stand für die deutschen Ärzte nunmehr fest: die von von Bergmann vorgeschlagene operative Eröffnung des Kehlkopfs mit Ausschneidung der erkrankten Stimmlippe. Auch Zweifel an seiner Krebsdiagnose äußerte in diesem Kreise niemand.

Nach der Untersuchung des Kronprinzen versammelten sich die Ärzte im Konsultationszimmer, berieten noch einmal das Für und Wider einer Kehlkopfspaltung, schlossen aber gemeinsam ein endolaryngeales Vorgehen aus, von dem nach übereinstimmender Meinung kein kurativer Behandlungserfolg zu erwarten war. Bezüglich der Stimme war im einen wie im anderen Fall mit einer erheblichen Beeinträchtigung zu rechnen, denn auch die versuchte Tumorentfernung auf galvanokaustischem Wege bedeutete eine Zerstörung des Stimmbands.

Auch wenn man von Bergmann heute liest, muss ihm bescheinigt werden, dass er seinen vorgeschlagenen Eingriff keineswegs verharmloste, auch mögliche Komplikationen oder Risiken nicht bagatellisierte oder gar verschwieg, sowie er auch die irreversiblen Folgeschäden seiner Operation benannte. Auch für den Fall eines diagnostischen Irrtums hielt von Bergmann seinen Eingriff für indiziert, also auch bei einem gutartigen oder einem durch spezifische Infektionskrankheiten wie Tuberkulose oder Syphilis verursachten Gewächs, da auch gutartige Geschwülste wachsen würden und daher entfernt werden müssten.

Generalarzt Wegner warf dann die grundsätzliche Frage der Stimmbildung nach der durchgeführten Kehlkopfspaltung auf und äußerte Bedenken, ob sie »nicht dauernd verloren ginge«. Die Aussage von Bergmanns klang keineswegs optimistisch, denn dazu hielt er fest: »Aussicht zur Erhaltung des Stimmbandes schien mir weder durch eine endolaryngeale [vom Munde aus] noch eine laryngotomische [von außen] Operation vorhanden. Die Stimme würde also dauernd gestört bleiben.« In seinem Abschlussbericht für die »Berliner Broschüre« formulierte er die unausbleiblichen Folgen seiner Operation für die Stimme ein wenig abgeschwächter, aber konkreter, wenn er schrieb: »Es würde eine heisere, rauhe, allein da das rechte Stimmband erhalten werden könne, hinlänglich verständliche Stimme zurückbleiben.«

Mit der Operation, darin waren sich die deutschen Ärzte einig, wollten sie sich bis zum Eintreffen Dr. Mackenzies gedulden, von dem sie allerdings lediglich noch eine Bestätigung ihrer Diagnose und ihres Therapievorschlags erwarteten. Umso größer war ihr Erstaunen, als sie den englischen – korrekt: den schottischen – Arzt dann zwei Tage später erlebten. Dass die Zeit drängte, macht der Kommentar von Bergmanns deutlich: »Wir beschlossen ins Gesammt, diese unsere Meinung dem Dr. Mackenzie vorzutragen ... Nur sollte durch erneutes Teleghraphiren an Ihre Majestät, die Königin von England, Mackenzie's Ankunft möglichst beschleunigt werden.« Tatsächlich wandten sich die deutschen Ärzte mit ihrer Bitte noch am 18. Mai telegrafisch an die britische Königin. Ungewiss dabei blieb lediglich, ob Generalarzt Wegner der Spiritus Rector war oder ob die Kronprinzessin nachgeholfen hatte.

Die Königin, die noch am selben Tag einen ihrer Leibärzte, Sir James Reid, zu Mackenzie sandte, um ihm das Anliegen der deutschen Ärzte und der Kronprinzessin überbringen zu lassen, reagierte keineswegs begeistert. Sie warnte ihre Tochter eher vor Mackenzie, als sie ihr am 20. Mai schrieb: »Ich hoffe, Dr. Mackenzie ist angekommen. Ich kenne ihn überhaupt nicht und habe niemals von ihm gehört, hielt es aber für das beste, sogleich ... um ihn zu senden und ihn zur Reise zu veranlassen ... Sir William Jenner [ein Leibarzt der Königin] sagt, er sei sicherlich in diesem besonderen Fach der Kehlkopfbehandlung sehr bewandert, meint aber auch, daß er in Geldsachen höchst gewinn- und habsüchtig ist ... und seine Kollegen ihn daher nicht mögen. Ich erwähne dies nur, damit Du weißt, mit wem Du es zu tun hast. Freilich, wenn eine so kostbare Gesundheit auf dem Spiele steht, gilt keinerlei Rücksicht auf Geld, Bequemlichkeit oder sonst etwas.«

Die Operation sollte am 21. Mai 1887 um 7 Uhr morgens im Kronprinzenpalais durchgeführt werden. Der Kronprinz und die Kronprinzessin hatten ihre Zustimmung zu dem Eingriff gegeben. Alle Vorbereitungen waren am Abend des 20. Mai abgeschlossen, an denen sich die Kronprinzessin aktiv beteiligt hatte, was von Bergmann besonders hervorhob. In seinem Abschlussbericht heißt es dazu: »Diesen Vorstellungen [gemeint war von Bergmanns Erklärung, dass seine Operation »dauernd die Stimme schädigen würde« und dass er im Stande war, »durch Hinweis auf einzelne, Seiner Kaiserlichen Hoheit bekannte Personen die Art der späteren Phonation anzudeuten«] habe ich es wohl zu danken, daß nach unserer zweiten Untersuchung am 18. Mai 1887 Ihre Kaiserliche Hoheit die Frau Kronprinzessin mir auftrug, alles zur Operation vorzubereiten, damit, sowie Mackenzie angekommen sei und seine Uebereinstimmung mit unserer Diagnose ausgedrückt hätte, auch am Morgen darauf, also am Morgen des 21. Mai operirt werden könne. Der Hohe Kranke selbst sagte mir: ›Fort muß die Schwellung auf jeden Fall. Wenn sie nicht von innen herauszuschaffen ist, so sollen Sie außen einschneiden.‹ Ich bejahte und machte mich nun an die Einrichtung der im Zweiten Stock des Kronprinzlichen Palais gelegenen Zimmer, die ausgeräumt und in Räume für den Operationsakt, das spätere Krankenlager, sowie die Aerzte und Dienerschaft eingetheilt wurden. In unermüdlicher Weise half hierbei Ihre Kaiserliche Hoheit die Frau Kronprinzessin mit und sorgte dafür, daß nicht das Geringste vergessen würde und daß sämmtliche Gegenstände, die ich für erforderlich hielt, nur neu und gut gereinigt zur Stelle wären. Operationstisch, Instrumentarium, sterilisirte Verbände fanden bis zum Abende des 20. Mai ihre Aufstellung.«

Einem weiteren Brief der Kronprinzessin, den sie am 20. Mai vor Eintreffen Mackenzies an ihre Mutter schrieb, ist zu entnehmen, dass sie sich scheinbar in das Unvermeidliche geschickt hatte, weil ihr bezüglich der Behandlung ihres Mannes keine Wahl geblieben zu sein schien.

Als Gegner eines radikalchirurgischen Vorgehens stellte sich Bismarck mit seiner ganzen Autorität gegen die von den deutschen Ärzten vorgeschlagene Operation. »Ich erlaube mir … die Äußerung, es ist besser, in die Hände Gottes als in die der Menschen zu fallen«, so hatte er sich noch später in seinem am 2. Dezember 1887 in Friedrichsruh an die Kronprinzessin gerichteten Brief geäußert. Anstelle des Kronprinzen würde er sich jedenfalls so verhalten. Ein stimmloser Kaiser war für Bismarck mit der Würde eines Monarchen ohnehin nicht zu vereinbaren und politisch für ihn unvorstellbar.

Die letzten Gründe für Bismarcks Haltung bleiben uns verborgen. Waren sie rein politisch, dann sah er den Kronprinzen, dessen Gegenspieler er schon der Kronprinzessin wegen war, noch immer als das geringere Übel an als den erst 28 Jahre alten Prinzen Wilhelm, auch wenn der Prinz sich durch und durch bismarckianisch und wilhelminisch gab. Eine Operation, wie von den deutschen Ärzten beabsichtigt, glich so oder so einem Todesurteil – so sah es Bismarck. Ohne Operation aber konnte der Kronprinz vielleicht doch noch die deutsche Kaiserkrone tragen. Und da der Kanzler wusste, dass einem Kaiser Friedrich Wilhelm, vor allem aber einer Kaiserin Victoria, mehr an Titel, Glanz und Repräsentation als an der wirklichen Macht gelegen war, würde er am ungestörtesten deren Hebel allein weiter bedienen können. Zwischen ihm und dem Kaiserenkel aber, Prinz Wilhelm, lagen zwei Generationen. Ein so tiefer Graben war unüberbrückbar. Niemand wusste das so gut wie Bismarck, auch wenn der Prinz stets die Partei des alten Kanzlers und des greisen Kaisers nahm und nicht die seiner kronprinzlichen Eltern.

Die »Vor-Mackenzie-Zeit« dokumentiert, dass sich die Kronprinzessin äußerlich in ihr Schicksal ergeben hatte, vorausgesetzt, dass sie dasselbe dachte, was sie schrieb und sagte, was jedoch zu bezweifeln ist. Wenn sie Bismarck beispielsweise sagte, dass sie sich dem Rat der verantwortlichen medizinischen Autoritäten unterwerfen müsse, dann war das scheinheilig, denn Mackenzies Beurteilung der Krankheit stand um diese Zeit noch aus, und damit war der Rat »der ... medizinischen Autoritäten« noch nicht einmal komplett. Gerade auf ihn aber setzte sie ihre Hoffnungen, was besser ungesagt blieb, nicht nur vor Bismarck.

Was den hochbetagten Kaiser betraf, so wurde er als Staats- und Familienoberhaupt zwar von den Ärzten über ihre An- und Absichten informiert und selbstverständlich von Bismarck auf dem Laufenden gehalten. Aber in seinem biblischen Alter war eine echte Anteilnahme von ihm nicht mehr zu erwarten, auch wenn es seinen Sohn betraf. Sicher hatte die Kronprinzessin Recht, wenn sie an ihre Mutter schrieb: »Ich bin sicher, daß der Kaiser kein Wort davon verstehen wird.«

Wie gleichgültig der greise Monarch inzwischen geworden war, zeigte seine Antwort, die er Bismarck auf dessen Frage gab: »›Ob Seine Maj. nicht zuvor morgen die Ärzte sehen wolle?‹ S. M. erwiderte: ›Ach, morgen ist mir das sehr unbequem, da ich Besichtigung in Potsdam habe.‹ Als der Kanzler insistierte, sagte S. M.: ›Nun, dann sollen die Ärzte früh kommen, damit die Besichtigung nicht gestört wird.‹ Nur einmal im Laufe der Unterhaltung sagte der Kaiser: ›Ach mein armer Sohn‹, aber auch in sehr gefaßtem Tone.«

Die Töne, die der »Hof- und Kanzleidiplomat« Holstein, der zur Bismarckpartei gehörte, in seinen Tagesnotizen über die Kronprinzessin anschlug, klingen ganz anders als ihre eigenen Bekundungen an ihre Mutter von ihrer maßlosen Betroffenheit über das Schicksal ihres Mannes. Holstein schrieb: »Die Kronprinzeß hat sich so benommen, daß die Umgebung und Friedberg in einem Paroxismus von Wut ist. Friedberg sagte, nach seiner Ansicht begrüßte Ihre Kais. Hoheit die Katastrophe als den Übergang zur Freiheit. – Als Radol[inski] ihr mitteilte, die Ärzte stimmten für Krebs, erwiderte sie: ›Ach, das wird nicht so schlimm sein. Aber schade ist es, daß Fritz kein Testament gemacht hat. Vicky [Viktoria, auch Moretta genannt; die zweite Tochter des Kronprinzenpaars] müßte die Einkünfte von Öls haben, um den Fürsten Alexander [von Battenberg] heiraten zu können‹ ... ›Könnte man nicht den Kronprinzen veranlassen, daß er noch rasch eine letztwillige Bestimmung für Vicky macht?‹ Radolinski, Kessel [Major Gustav von; Adjutant des Kronprinzen] und Friedberg sind einig über die vollständige Gleichgültigkeit der Kronprinzeß. Die Idee, daß Seck[endorff; Götz Graf von, Hofmarschall] ihr amant ist, gewinnt wieder sehr an Boden. Sie scheint es sich reizend vorzustellen, mit ihm ein Zigeunerleben in Italien zu führen. ›Hier bleibe ich nicht eine Stunde länger, als ich muß‹, äußerte sie gestern.« Vielleicht sollte man hinzusetzen, dass die von Holstein zitierten Personen überwiegend in Bismarcks Bannkreis standen und als Bedienstete des Kronprinzen ein gefährliches Doppelspiel betrieben, sieht man dabei von von Seckendorff einmal ab, den Bismarck zu entfernen wünschte und der natürlich nicht zu seinen Anbetern gehörte.

So sah in Berlin das Vorspiel aus, als sich am späten Nachmittag des 20. Mai 1887 mit dem Auftritt des britischen Kehlkopfspezialisten Morell Mackenzie der Vorhang zum 1. Akt des Trauerspiels öffnete.

Mackenzie tritt auf den Plan

Die deutschen Ärzte hatten an der Diagnose Kehlkopfkrebs keinen Zweifel, entsprechend sah ihre Erwartung aus, die sie an Mackenzies Ankunft knüpften. Die Begutachtung durch einen weiteren Kehlkopfspezialisten war für sie nur noch reine Formsache, da jeder, ob er nun von Schrötter, Stoerck, Rauchfuß oder Mackenzie hieß, ihre Einschätzung teilen würde, dazu waren der klinische Befund und der bisherige Krankheitsverlauf zu eindeutig. Aus dieser Sicherheit heraus hatten sie auch dem englischen Wunschkandidaten Dr. Wegners zugestimmt, da es weniger um die Person als um die Sache ging. Denn die war für sie eindeutig.

Das war das Dilemma, in dem Mackenzie sich befand, als er in Berlin eintraf. Er ahnte, was seine deutschen Kollegen von ihm erwarteten und wusste, was sich der deutsche Kronprinz, vor allem aber die Kronprinzessin von ihm erhofften. Bei der Erwartungshaltung der deutschen Ärzte und der Wunschvorstellung des Kronprinzenpaars stellte sich die Ausgangslage für ihn fraglos problematisch dar. Allerdings war er mit Sicherheit nicht so ahnungslos und wenig informiert, wie er es später darzustellen suchte. Als Königin Victoria nämlich am 18. Mai ihren Leibarzt, Sir James Reid, zu ihm sandte, wird er Mackenzie nicht nur das Ersuchen der deutschen Kronprinzessin und der Berliner Ärzte überbracht, sondern ihm auch den Ernst der Lage klargemacht haben.

Wenn man Mackenzies Darstellung dagegen liest, dann wollte er nicht einmal eine »Andeutung bezüglich der Natur des Falles« erhalten haben, von dem er nur »vage Gerüchte gehört« hatte. Das Einzige, was er am Abend des 18. Mai erfuhr, war das Anliegen des deutschen Kronprinzen, ihm einen ärztlichen Besuch abzustatten. Erst in Berlin wurde er angeblich über die Angelegenheit aufgeklärt, der er bislang »keine besondere Aufmerksamkeit« schenkte.

Das alles klingt ziemlich unglaubwürdig und war es wohl auch, denn der Leibarzt der britischen Königin wird sich nicht nur zum Tee am 18. Mai bei ihm eingefunden haben. Zumindest wird es ihm gelungen sein, Mackenzies Aufmerksamkeit auf diesen nicht alltäglichen Fall zu lenken. Um seine angebliche Ahnungslosigkeit zu demonstrieren, brach Mackenzie sogar ohne seine speziellen Instrumente von London nach Berlin auf, wohin er aber nur seines fachlichen Rates wegen gerufen worden war, der eine klinische Untersuchung natürlich voraussetzte und eine mögliche Behandlung einschloss. Er aber hatte sich nur mit einigen Instrumenten versehen, die ihm lediglich eine einfache Kehlkopfspiegelung erlaubten, aber keine Behandlungsmaßnahme.

Der Griff zu seiner Instrumententasche war in allen Krankheitsfällen immer wie ein Reflex gewesen. Und ausgerechnet zur Konsultation des deutschen Kronprinzen reiste er ohne seine gewohnten Instrumente nach Berlin? Angesichts der politischen Bedeutung dieses Falles klingt das geradezu fantastisch. Dagegen kann eher spekuliert werden, ob Mackenzie nicht schon in London einige Zusatzinformationen erhalten hatte, die ihm auf Umwegen von der deutschen Kronprinzessin zugegangen waren, auch wenn darüber nichts zu finden ist. Offenbar war aber das Gegenteil seiner Darstellung der Fall, so dass sein Erscheinen schon ziemlich nebulös begann.

Bei aller Ehre, die Mackenzie mit seiner Berufung fraglos zuteil geworden war – um seine Aufgaben zu beneiden war er nicht. Denn zweifelllos war ihm bewusst, dass die kronprinzliche Familie von ihm erwartete, die geplante Operation von Bergmanns zu verhindern. Das aber konnte nur durch Zweifel an der Diagnose gelingen, die eine Absetzung der Operation rechtfertigen würde, bei der er allerdings den scharfen Widerspruch der deutschen Ärzte einkalkulieren musste. Da ihm andererseits die hohe Erwartungshaltung der Kronprinzessin bekannt war, musste er sich einen Standpunkt erarbeiten und ihn überzeugend vertreten. Diese Ausgangssituation war sein Dilemma, denn damit war er in seinen fachlichen Entscheidungen nicht mehr frei und psychisch nicht mehr unbelastet.

Am Morgen des 19. Mai 1887 verließ Mackenzie London, um einen Tag später in Berlin einzutreffen. Am Bahnhof erwartete ihn Generalarzt Wegner, der ihn ins Kronprinzenpalais begleitete, wo bereits ein Zimmer für ihn bereitstand. Über seine Ankunft schrieb Mackenzie: »Ich hatte kaum Zeit, meine Reisekleider zu wechseln, als schon der Hofmarschall Graf Radolinsky erschien, um mich zu dem Kronprinzen zu führen. Dieser empfing mich auf das allergnädigste ... [und] erbot sich sofort, sich untersuchen zu lassen ...« Mackenzie aber bat darum, zuvor mit den deutschen Ärzten sprechen zu dürfen, was der Kronprinz respektierte und was auch geschah.

An der ersten Konsultation am 20. Mai um 18 Uhr nahmen außer Mackenzie dieselben Ärzte teil, die schon zwei Tage zuvor zugegen waren. Außerdem war in Person des Ministerialdirektors, Karl Heinrich von Boetticher, der anstelle von Generalleutnant Otto Graf zu Stolberg-Wernigerode, dem stellvertretenden Minister des Königlichen Hauses, erschienen war, diesmal auch der Staat vertreten. Als der Kronprinz die Ärzte zählte und unter ihnen überraschend Boetticher entdeckte, stutzte er zunächst, um dann heiter zu fragen: »Ja, ich soll wohl gleich mein Testament machen?« Boetticher erklärte ihm, wen er vertrat und sah sich, wie er es dem Kronprinzen darstellte, ansonsten als Protokollführer. Zunächst trug Generalarzt Wegner den Krankheitsverlauf vor, dem eine Beschreibung Gerhardts folgte, der sich von Bergmann mit seiner Diagnose und seinem Therapievorschlag anschloss. Dann folgte Mackenzies erste Untersuchung.

Die Eindrücke, die Mackenzie von den deutschen Ärzten gehabt haben wollte, nachdem er diesen vorgestellt worden war, gab er in

seiner späteren Erwiderungsschrift »Friedrich der Edle und seine Ärzte« wieder. In dieser Schrift liest sich sein erster Eindruck so: »Ich gestehe, ich fühlte einige Überraschung, daß unter den Ärzten, mit welchen ich in einem Fall von solcher Bedeutung zu beraten eingeladen worden war, sich nicht wenigstens einer der hervorragenden deutschen Spezialisten auf dem Gebiete der Halskrankheiten befand ... die Abwesenheit derselben in diesem Falle schien mir so bezeichnend, daß ich einigermaßen rasch schloß, der erlauchte Patient müsse an irgendeiner unbekannten Krankheit leiden, bei welcher die Kehlkopf-Affektion blos eine zufällige Komplikation sei.«

Bei aller berechtigten – oder unberechtigten – Kritik Mackenzies an der fachlichen Kompetenz der um den Kronprinzen versammelten deutschen Ärzte bleibt festzuhalten, dass ihre Diagnose richtig war und seine falsch. Verlauf und Ausgang der Krankheit machten das leider zur traurigen Gewissheit. Außerdem wird in Mackenzies Kritik deutlich, dass er durchaus wusste, weshalb er eingeladen worden war und ihm diese Erleuchtung nicht erst in Berlin gekommen sein konnte, wie er seine Leser glauben machen wollte.

Das erste Untersuchungsergebnis Mackenzies, der ebenfalls am linken Stimmband eine subglottisch liegende Geschwulst feststellte, bot »... dem nackten Auge das Aussehen einer einfachen Warze oder eines Papilloms [gutartiger Tumor] dar ...« – so lautet die Beschreibung in seiner Entgegnungsschrift.

Nach dieser Untersuchung zogen sich die Ärzte gemeinsam zu einer längeren Beratung zurück. Gerhardt und Tobold wiederholten ihre Diagnose Krebs, und auch von Bergmann stimmte »... im wesentlichen mit ihnen überein«, wie Mackenzie später schrieb. Außerdem unterstrichen sie noch einmal die Indikation für die beabsichtigte Operation, die für sie die einzig richtige Behandlungsmaßnahme war.

Mackenzie erklärte dagegen, »[daß] in dem Aussehen des Gewächses nichts Charakteristisches sei, und daß daher ohne eine eingehendere Untersuchung es ganz unmöglich sei, eine bestimmte Erklärung bezüglich der Natur desselben abzugeben«. Er sagte nicht, dass es kein Krebs sei, obwohl der Befund für einen gutartigen Tumor auch für ihn atypisch war. Was war es aber dann, wenn ein entzündlicher Prozess ebenfalls ausschied? Blieb dann am Ende nicht nur Krebs? Um zu einer definitiven Diagnose zu gelangen, schlug Mackenzie vor, »ein Stück des Gewächses auf dem innern Weg abzukneifen und dasselbe mikroskopisch durch einen Sachverständigen untersuchen zu lassen«.

Die deutschen Ärzte waren von Mackenzies Äußerungen wie betroffen. Wenn er ihre Diagnose auch nicht direkt verwarf, so stellte er sie doch auf jeden Fall infrage. Die für den 21. Mai geplante und vorbereitete Operation fiel damit aus, denn bis zum Vorliegen einer mikroskopischen Untersuchung wurde der Eingriff von Mackenzie abgelehnt. Wer es dem Kronprinzenpaar mitteilte, dass die Operation am 21. Mai abgesetzt worden war, ist nicht mehr festzustellen, nicht einmal bei Mackenzie selbst, auch wenn er sich von Stund an rühmte, die große Operation verhindert zu haben.

Dass Mackenzie die Diagnose durch eine Biopsie [Entnahme einer Gewebeprobe] histologisch [feingeweblich] sichern lassen wollte, sprach für ihn und auch dafür, dass er seiner Wissenschaft hier um Jahre voraus zu sein schien. Allerdings, und in diesem sehr wesentlichen Punkt hatte Gerhardt Recht, war es operationstechnisch außerordentlich schwierig, eine ausreichende Gewebeprobe für die mikroskopische Untersuchung zu gewinnen, was auch Mackenzie einräumte. Da der Untersuchende natürlich nur beschreiben konnte, was unter sein Mikroskop gelegt wurde, lag darin das besondere Problem, denn nach Gerhardts Meinung musste die Gewebeprobe bei dieser ungünstigen Tumorlage notgedrungen zu gering ausfallen, um eine sichere Diagnose stellen zu können – oder es würde gar nicht gelingen, Untersuchungsmaterial von der richtigen Stelle zu gewinnen. Am Ende war es auch nicht auszuschließen, dass das entnommene Gewebe mit dem eigentlichen Herd gar keine Verbindung hatte, sondern nur angrenzende Teile der Stimmbandveränderung enthielt.

Außerdem zeigte die reiche Erfahrung im Zusammenhang mit dem erhobenen Kehlkopfbefund und dem gesamten Krankheitsverlauf, dass der klinische Befund Vorrang vor feingeweblichen Beschreibungen hat, und dass man sich nicht in seinem therapeutischen Vorgehen allein auf das Mikroskop verlassen kann, was noch heute gilt. Dass ein günstiges histologisches Ergebnis nicht zwangsläufig gegen das Vorliegen eines bösartigen Tumors sprach, musste mit ins Kalkül gezogen werden. Das war genau der Punkt, den die deutschen Ärzte am meisten fürchteten.

Am besten und am längsten kannte Gerhardt den bisherigen Verlauf, da er mehr als zwei Monate den Stimmbandbefund des Kronprinzen beobachtet hatte. Seine klinische Erfahrung hatte ihn in der Diagnose schon bald in eine ganz bestimmte Richtung denken lassen. Jetzt fürchtete er, dass der Aussagewert einer histologischen Diagnose wegen Mangels an Material eingeschränkt oder sogar falsch sein müsste, so dass das wahre Bild dadurch verschleiert würde.

In seiner Denkschrift vom 25. Mai 1887 gab von Bergmann seine Eindrücke von der ersten Begegnung mit Mackenzie wieder und unterstrich noch einmal die reiche klinische Erfahrung Gerhardts, griff dabei aber Mackenzies Vorschlag auf, die Diagnose vor der Operation durch eine mikroskopische Untersuchung zu sichern und schrieb: »Dr. Morell Mackenzie erklärte nach seiner Untersuchung, daß er verstehen könne, wie wir zum Verdacht einer malignen Neubildung gekommen wären, er selbst glaube nicht an eine solche, hielte vielmehr die Geschwulst für eine polypöse oder fibromatöse [gutartige]. Auf Gerhardts Einwand, daß vor 2 ½ Monaten auch er in gleicher Weise die Sache angesehen und beurtheilt hätte, aber durch den Verlauf der Krankheit, so insbesondere durch die Erfolglosigkeit der Ätzungen und Abtragungen zu dem bezeichneten Verdacht gekommen sei, antwortete Mackenzie, die Sache ließe sich wohl am besten durch die mikroskopische Untersuchung eines kleinen ausgeschnittenen Stückes entscheiden. Gerhardt betonte bei der Starre und diffusen Grenze der Neubildung die Schwierigkeiten der Excision ... Ich sprach mich dahin aus, daß für einen Operateur nichts so erwünscht sein könne, als schon vor der Operation Gewißheit über die Natur der zu operirenden Neubildung zu erhalten und bat daher dem Vorschlage Mackenzies beizutreten. Als competenten Histologen für die Untersuchung bezeichnete Leibarzt Dr. Wegner Professor Virchow.«

In Gerhardts Abschlussbericht fällt die Beschreibung des Gesprächs nach der ersten Untersuchung Mackenzies im Ton markanter aus als bei von Bergmann. »Mackenzie« – so äußerte sich Gerhardt – »... untersuchte und erklärte sofort, er halte dies nicht für Krebs, das ganze Aussehen der Anschwellung sei nicht das einer krebsigen, er sei so lange gegen die Operation von außen, als nicht durch die mikroskopische Untersuchung eines herausgenommenen Stückes die krebsige Natur dieser Wucherung erwiesen sein werde«.

Von Bergmanns Abschlussbericht, in dem er dann den moderaten Ton seiner Denkschrift aufgab, macht die entstandene Kontroverse und den Missklang zwischen Mackenzie und den deutschen Ärzten deutlich, wenn er schrieb: »Es ist bekannt, wie Mackenzie's bestimmter Widerspruch diese Vorbereitungen [die Operationsvorbereitungen für den 21. Mai] unnütz gemacht hat ... Wie unzweideutig Mackenzie meine, ihm gegenüber scharf betonte Krebsdiagnose zurückwies, geht schon daraus hervor, daß er mir sagte: ›Ich bin überzeugt, wenn nicht Ihr Interesse für den geliebten Kronprinzen Sie beherrschte, bei einem gewöhnlichen Patienten Ihrer Klinik, Sie

Sir Morell Mackenzie (1837-1892).

gar nicht an Carcinom in diesem Falle denken würden‹, sowie weiter aus der immer und immer wiederholten Versicherung, daß seine reiche Erfahrung ihm mehr als einen ganz identischen Fall gezeigt habe, der durch milde und schonende endolaryngeale Behandlung schnell genesen sei.«

Mackenzie war sozusagen von den deutschen Ärzten als Schiedsrichter auf den Plan gerufen worden. Nun aber hatten sie mit dem Urteil des Schiedsrichters ein Problem, da es sich grundlegend von ihrem unterschied. Die Weichen waren gestellt. Ein kollegiales Miteinander zwischen den deutschen Ärzten und dem englischen Laryngologen schien ausgeschlossen. Das spürten alle hier Versammelten.

Neben den medizinischen Beweggründen Mackenzies, die zunächst sogar bestechen konnten, spielten möglicherweise schon um diese frühe Zeit politische mit hinein, die etwas mit den Wunschvorstellungen der Kronprinzessin zu tun gehabt haben konnten, denn Mackenzies Anliegen kann es von Anfang an gewesen sein, den Kronprinzen unter allen Umständen noch auf den deutschen Kaiserthron zu bringen. Auf jeden Fall wurde dieser Verdacht, so unbegründet er auch sein mochte, in einigen Hofkreisen schon früh geäußert.

Die vorgeschlagene Operation von Bergmanns war nicht ungefährlich und konnte tödlich enden oder einen Patienten zurücklassen, der tatsächlich nicht regierungsfähig war, nicht allein seiner Stimmlosigkeit wegen. Den Eingriff galt es also zu verhindern, selbst wenn es nur noch gelang, einen Sterbenden auf den Thron zu bringen. Die Hauptsache war, dass es gelang, denn das war auch das ehrgeizige Ziel der Kronprinzessin. Es war allerdings ein Wettlauf mit der Zeit. Das wusste selbstverständlich auch Mackenzie. Die Überlebenschancen waren im einen wie im anderen Fall gering, bei der geplanten Operation aber waren sie nach seiner Meinung am geringsten. So war sein konservatives und abwartendes Verhalten zumindest lebensverlängernd, auch wenn es keine einzige Behandlungsmaßnahme enthielt, die der eigentlichen Diagnose Rechnung trug. Aber auch bei einem bekannten bösartigen Tumor hätte Mackenzie einer Operation von außen allem Anschein nach nicht zugestimmt, da Kehlkopfkrebs für ihn so oder so nicht heilbar war. Außerdem gab die englische Schulmedizin dem operativen Vorgehen bei Kehlkopfkrebs im Unterschied zur deutschen wenig Chancen. Mackenzie kapitulierte vor der Krankheit, von Bergmann wollte sie besiegen.

Die Hofkreise, die die Operation, unabhängig von der noch ausstehenden Konsultation Mackenzies, natürlich am 21. Mai erwartet hatten, waren von der plötzlichen Kehrtwende völlig überrascht. Der Kurswechsel in der Behandlung des Kronprinzen schien allen unbegreiflich und ließ bei einen Zweifel an der Kompetenz der deutschen Ärzte, bei anderen Bewunderung für Mackenzie aufkommen. Wie waren solche eklatanten Unterschiede in der medizinischen Beurteilung möglich? Holstein schrieb am 20. Mai in sein Tagebuch:

»Der Schotte Mackenzie hat einen Vorschlag gemacht, den die anderen Esel auch schon hätten haben sollen: Ein Stückchen der Geschwulst schmerzlos mit Kokain herausnehmen und mikroskopisch untersuchen, ob Krebs oder nicht. Gleichviel, ob es sich als Krebs erweist oder nicht, finde ich es ein Armutszeugnis für die Berliner Ärzte, daß sie darauf nicht vorher gekommen sind.«

Vom seelischen Druck befreit war nach dem Auftreten Mackenzies vor allem die Kronprinzessin. Sichtlich erleichtert schrieb sie am Abend des so wichtigen 20. Mai an ihre Mutter: »Dr. M. Mackenzie sagt, daß er eine Operation nicht befürworten könne, ehe er nicht ganz sicher ist, daß das Gewächs im Hals bösartiger Natur sei … Oh, wie erleichtert bin ich … Ich segne Dr. M. Mackenzie. Natürlich weiß ich, daß die Operation vielleicht trotzdem stattfinden muß!! … Er scheint nicht gewußt zu haben, warum er gerufen wurde und hat leider infolgedessen seine Instrumente nicht mitgebracht.« Der letzte Satz war für die Öffentlichkeit bestimmt, denn nach dieser Aussage der Kronprinzessin wäre Mackenzie buchstäblich ins Blaue gefahren, was weder ihr noch ihm abgenommen werden konnte.

Die deutschen Ärzte wurden durch Mackenzie bald verdrängt und von der weiteren Behandlung des Kronprinzen ausgeschlossen – eine nicht häufig genug zu beklagende schicksalhafte Wendung, auch wenn später niemand sagen konnte, dass der Behandlungsvorschlag von Bergmanns zum Erfolg geführt hätte. Aber sicher sagen lässt sich, dass am Ende von Mackenzies Strategie der tödliche Ausgang stehen musste, weil sie im Unterschied zum chirurgischen Therapievorschlag von Bergmanns keine kurative Behandlungsmaßnahme enthielt.

Als sich der weitere Krankheitsverlauf der Beobachtung der deutschen Ärzte entzog, weil sich der Kronprinz nach England begeben hatte, fügte er im Juni seiner Eintragung vom 20. Mai noch einen Nachtrag an, der deutlich macht, dass Mackenzies Einfluss bereits erste Früchte getragen hatte und die deutschen Ärzte sogar noch in ihrer Abwesenheit in Misskredit gerieten. Ganz gegen seine Gewohnheit, Tagesaufzeichnungen kurz zu halten, notierte der Kronprinz eine umfänglichere Passage und schrieb: »Ich erfuhr erst allmählig, daß die Berliner Aerzte mit ihren Mitteln zu Ende waren, vor allem daß Keiner die Entfernung auch nur eines kleinen Partikels der Erhöhung am Stimmband ausführen zu können erklärte, dagegen umgehend eine Operation von Außen durch GR Bergmann machen laßen wollten. Dahingegen erklärte Dr. M. Mackenzie sofort es ausführen zu können, was allgemeines Unbehagen u. Mißtrauen hervorrief, zumal unsere Aerzte meinen Zustand für lebensgefährlich angesehen wißen wollten.« In seiner Ergänzung kam der Kronprinz darauf zurück, dass sich keiner der deutschen Ärzte danach gedrängt hatte, die von Mackenzie vorgeschlagene, operationstechnisch schwierige Gewebeprobe zu entnehmen, die er demzufolge selbst ausführen musste.

Da Mackenzie ohne seine speziellen Instrumente angereist war, kaufte er sich in einem Berliner chirurgischen Instrumentengeschäft eine französische Kehlkopfzange, um am Morgen des 21. Mai, an dem ursprünglich die Laryngofissur durchgeführt werden sollte, mit der ihm ungewohnten Zange Gewebe aus dem Tumor zu entnehmen, ein Eingriff, der zwar nicht spontan, aber beim zweiten Versuch gelang. Die Gewebeprobe wurde umgehend von Generalarzt Wegner Professor Dr. Rudolf Virchow, Direktor des Pathologischen Instituts der Charité und einer der namhaftesten Pathologen und Anthropologen seiner Zeit, zur mikroskopischen Untersuchung überbracht. Virchow war bereits am Abend des 20. Mai durch einen Brief Wegners auf die für den nächsten Tag vorgesehene Untersuchung vorbereitet worden.

Allein die Biopsie bot Anlass für die nächste Kontroverse. Während Mackenzie behauptete, Gewebe von dem »rückwärtigen und unteren Teil des Gewächses« entnommen zu haben, was von Bergmann – so jedenfalls die Aussage Mackenzies – nach seiner anschließend vorgenommenen Kehlkopfspiegelung bestätigt hatte, hielt Gerhardt dagegen in seinem Abschlussbericht fest: »Unmittelbar nachher sah ich einen kleinen Substanzverlust der Schleimhaut an der oberen Fläche des linken Stimmbandes nahe der äußeren Grenze der Geschwulst.« Damit war eingetreten, was Gerhardt von Anfang an befürchtet hatte, auch wenn er in seinem Bericht auf eine Wiederholung seiner präoperativen Bedenken verzichtete. Aber seine Formulierungen »kleiner Substanzverlust«, »obere[n] Fläche« … und »äußere[n] Grenze« ließen natürlich Zweifel am Effekt der Biopsie aufkommen.

Regelrecht scharf verurteilt wurde Mackenzies Versuch, den Tumor oder einen Teil desselben mit der Zange zu entfernen, von Tobold, der folgendes Gutachten abgab: »Er halte die Art der Entfernung der Neubildung mittelst einer Quetschzange für inopportun und unzulänglich, da es ganz unmöglich sei eine mit dem Stimmbande diffus verwachsene Neubildung völlig scharf und rein abzutragen. Man müße dabei befürchten, daß sich über lang oder kurz Recidive bildeten … Er halte allein die Laryngofissur für das geeignete Verfahren der Neubildung erschöpfend beizukommen, indem man hierbei mit Sicherheit und absoluter Genauigkeit alle krankhaften Theile fortschneiden … könne.«

In seinem Abschlussbericht schrieb von Bergmann: »Diese Lage [des Tumors] machte die Herausnahme eines zur Untersuchung geeigneten Stückes illusorisch« und schloss sich damit Gerhardts und Tobolds Meinung zur Gewebsentnahme bei dieser ungünstigen Tumorlage an. In seiner Denkschrift hatte er sich noch jeder kritischen Bemerkung enthalten und darauf beschränkt, den Ablauf kommentarlos wiederzugeben und geschrieben: »… entschloß er [Mackenzie] sich … am Sonnabend den 21ten früh 9 ½ Uhr ein Stück von der degenerirten Partie des linken Stimmbandes abzutragen. Der Versuch gelang …« Einen guten Tag später hielt der Chirurg das histologische Ergebnis in Händen und schrieb: »Am Sonntag den 22. Mai Abends lief Virchow's Erklärung bei mir ein, nach welcher das untersuchte Stück bloß Veränderungen im Epithel, wie sie bei einfach irritativen Zuständen vorkämen, aber nichts krebsartiges zeigte …«

Also kein Krebs – aber einer wirklichen Befreiung kam Virchows Urteil doch nicht gleich, auch wenn sich Mackenzie in seiner Diagnose durch die mikroskopische Untersuchung des berühmten Pathologen bestätigt sah und sich nun ständig auf Virchow berief. Von seinem vermeintlichen Triumph machte er über Gebühr Gebrauch und entlastete sich fortan selbst, als er für die Richtigkeit der Diagnose nun einzig und allein Virchow verantwortlich machte.

Der Versuch der zweiten Gewebeentnahme am 23. Mai, die bei der ersten Zusammenkunft zwischen Mackenzie und den deutschen Ärzten schon vereinbart worden war die sich nach dem Befund Virchows, der zumindest Zweifel an der richtigen Entnahmestelle aufkommen ließ, erst recht anbot, scheiterte, da diesmal gar kein Material aus dem krankhaft veränderten Stimmband gewonnen werden konnte, obwohl Mackenzies eigene Zange aus London inzwischen eingetroffen war. Der Kronprinz notierte in seinem Tagebuch: »Dr. Morel Mackenzie, Gerhard u. Wegner hier; Ersterer suchte den Rest der Verhärtung zu entfernen, aber erfolglos weil vom 21sten noch Verschwollenheit zu groß.«

Gerhardt, der wie Wegner auch bei dem zweiten Biopsieversuch zugegen war, hatte nach Mackenzies Intervention den Kehlkopf untersucht und dabei festgestellt, dass »… statt des linken das rechte, seither gesunde Stimmband mit der erwähnten starken Zange gefasst, gequetscht und gerissen« wurde, was Mackenzie mit dem Hinweis bestritt, dass das nicht möglich sei, weil »eine glatte Oberfläche wie die eines gesunden Kehlkopfes« mit der von ihm konstruierten Zange nicht weggeschnitten werden könne. In seiner Verteidigungsschrift unterstellte Mackenzie Gerhardt später, dass der ihn um seinen bisherigen Erfolg beneidet habe und deshalb die rechte Stimmbandverletzung gesehen haben wollte, die Mackenzie als »sorgfältig vorbereiteten Theater-Koup« Gerhardts bezeichnete. Die Atmosphäre zwischen den deutschen Ärzten und dem Engländer war nun restlos vergiftet und für den Patienten mehr als unerfreulich, so dass Mackenzie seine baldige Abreise ins Auge fasste.

Das erste Gutachten Virchows wurde nicht einmal veröffentlicht, »weil es sich« – wie er auf der Sitzung der »Berliner medicinischen Gesellschaft« am 16. November 1887 ausführte – »... um ein sehr geringfügiges Object handelte [...] Es war«, so Virchow weiter, »ein so kleines Stück, dass das gesammte Präparat auf einem einzigen Objectglase ausgebreitet und in toto zur Untersuchung gebracht werden konnte«.

Auf dieser Novembersitzung nahm Virchow Stellung zu seinen bisherigen Gutachten, da er mittlerweile ins Kreuzfeuer der Pressekritik geraten war, die ihm sogar »die Verantwortlichkeit für die ganze Situation, insbesondere auch für die Vertagung der ... Operation« auflud. Er verlas zunächst das unveröffentlichte erste Gutachten vom 21. Mai 1887 und führte darin aus, dass sich das »kleine Präparat ... mikroskopisch als ein ganz oberflächliches Schleimhautstück [erwiesen hatte]«, um zusammenfassend festzustellen: »Somit wurde nichts gefunden, was über die Erscheinungen eines einfach-irritativen Prozesses hinausging.«

In dem Material, das Virchow von Mackenzie zur Untersuchung übergeben worden war, konnte kein Krebs nachgewiesen werden. Daraus leitete Mackenzie ab, dass kein Krebs vorliege, denn schließlich hatte Virchow seine eigene klinische Diagnose nicht widerlegt, sondern histologisch mehr oder weniger bestätigt. Die sich nun anschließenden optimistischen Prophezeiungen Mackenzies bezüglich der Heilungschancen waren zumindest gewagt, denn Virchow hatte den »einfach-irritativen Prozess« lediglich an einem »sehr geringfügige[n] Object« gefunden. Was aber würde sich histologisch zeigen, wenn genügend Material von der richtigen Entnahmestelle unter seinem Mikroskop lag?

Virchows histologisch unauffälliger Befund von dem kleinen oberflächlichen Schleimhautstück riss Mackenzie merkwürdiger-

Geheimrat Professor Dr. Rudolf Virchow (1821-1902).

weise zu Äußerungen hin, die bedenklich klangen und gewagt waren, wenn sie auch bei vielen ihre Wirkung nicht verfehlten. So hielt Freiherr von Ballhausen am 28. Mai in seinem Tagebuch fest: »Dr. Mackenzie habe auf seine [Friedbergs] direkte Frage, ob er überzeugt sei, den Kronprinzen heilen zu können, gesagt: ›Ich bin nicht nur überzeugt, sondern ich weiß es gewiß! Wenn der Prinz jetzt wie ein anderer Sterblicher mit nach London in meine Klinik käme, so würde er in vier bis sechs Wochen völlig geheilt sein.‹«

Die Kronprinzessin, die der histologischen Beurteilung Virchows sorgenvoll entgegengesehen hatte, schrieb ihrer Mutter nach Eingang des Befundes am 22. Mai: »Heute morgen brachte Wegner Virchows Bericht über das kleine Fragment des Gewächses. Er kann kein Anzeichen von Krebs entdecken, aber das Fragment war zu klein, so daß morgen ein anderes entfernt werden muß ... Er [Mackenzie] glaubt immer noch, daß das Gewächs unschuldig ist, bis das Gegenteil durch Virchows Untersuchung tatsächlich bewiesen wird. Er ist der festen Meinung, daß bis dahin über diese schreckliche Operation nicht entschieden werden dürfe! ...«

Die von Gerhardt festgestellte Verletzung des rechten Stimmbandes nach Mackenzies zweitem Biopsieversuch am 23. Mai wurde auch nach der Untersuchung, die von Bergmann und Tobold bei ihrer nächsten Zusammenkunft am 25. Mai vornahmen, bestätigt. Mackenzie selbst fand dagegen nichts Auffälliges und hielt den verdächtigen Befund am rechten Stimmband für eine Folge der Entzündung, die eine stärkere Durchblutung ausgelöst hatte. Er gab in seiner Schrift zwar zu, dass Bergmann und Tobold die von Gerhardt diagnostizierte Verletzung des rechten Stimmbandes bestätigt hätten, schwächte die Bedeutung ihrer Feststellung aber mit dem polemischen Hinweis ab, dass von Bergmann nie ein ausgewiesener »Laryngoskopiker« gewesen sei und Tobold Gerhardt ohnehin willfährig ergeben war. Dem einen hielt er sozusagen fachliche Unzulänglichkeiten zugute, dem anderen sah er menschliche Schwächen nach. Seine eigene Rechtfertigung war allerdings recht dürftig und beschränkte sich auf den schon erwähnten Hinweis, dass derartige Verletzungen im Kehlkopf mit seiner Zange wegen ihrer speziellen Konstruktion völlig ausgeschlossen seien und dass er selbst über einen so reichen Erfahrungsschatz auf diesem Gebiet verfüge wie wohl kein Zweiter, so dass man diesen Punkt erst recht vernachlässigen könne.

Allerdings sprachen eine Reihe von Symptomen für Gerhardts Feststellungen, die Mackenzie aber nicht für mitteilenswert gehalten hat. Nach Gerhardts Beschreibung war der Kronprinz nach dem zweiten Biopsieversuch bis zum 8. Juli stimmlos und »hatte in den nächsten Tagen Schmerzen beiderseits im Halse«. Im Übrigen wurde der Substanzdefekt am rechten Stimmband nicht nur von Bergmann und Tobold bestätigt, sondern auch Monate später noch von Dr. Landgraf gesehen, als sich der Kronprinz längst in England aufhielt.

Nach allem, wie die ersten Tage seines Berlinaufenthalts verlaufen waren, wird verständlich, dass von Bergmann über Mackenzie später schrieb: »Wir hatten nach den letzten Konsultationen zu Mackenzie das Vertrauen, das uns zu seiner Berufung veranlaßt hatte, vollständig verloren.« Für diesen Vertrauensverlust nannte er drei Gründe: 1. die Fragwürdigkeit der richtigen Materialentnahme von der eigentlichen Geschwulst; 2. »die unwissenschaftliche und ganz willkürliche ... Verwertung des Virchow'schen Gutachtens« sowie »die Abwälzung jeder Verantwortlichkeit von sich auf den pathologischen Anatomen« und 3. das Einschalten der Presse durch Mackenzie, die sofort mit seinem Auftreten durch Korrespondenten und Telegramme auf den Plan gerufen worden war.

Auf der Zusammenkunft am 25. Mai wurde Mackenzie von den deutschen Ärzten nach seinen weiteren Behandlungsmaßnahmen gefragt, falls neuerliche Versuche der Tumorentfernung mit seiner Zange scheitern sollten. Überraschend schlug er vor, für den beschriebenen Fall »von Zeit zu Zeit vermittels der elektrischen Kauterisierung« fortzufahren, die Gerhardt schon seit dem 14. März erfolglos vorgenommen hatte und »in der Zwischenzeit ein adstringierendes und beruhigendes Pulver« aus Morphium, Wismuth, Catechu [Extrakt aus dem Kernholz verschiedener Akazienarten, als Mittel zum Gurgeln verwendet] und Zucker zu verabreichen, das Generalarzt Wegner auf Wunsch Mackenzies schon seit dem 23. Mai anwandte. Die deutschen Ärzte stimmten dem Behandlungsvorschlag Mackenzies merkwürdigerweise zu, die Geschwulst »mit der scharfen Zange und mit dem Glühdraht« zu entfernen, wenngleich er bis auf den ohnehin fragwürdigen Versuch mit der Zange nichts Neues enthielt. Lag in der Zustimmung der deutschen Ärzte schon Resignation, oder war es Mackenzies Äußerung, dass er bei Erfolglosigkeit seiner Behandlungsmaßnahmen dem Gedanken an die Operation von außen näher treten würde, auch wenn er das immer kategorisch bestritt?

Am 27. Mai hatte Holstein skeptisch in sein Tagebuch geschrieben: »Über den Kronprinzen ist man noch keineswegs beruhigt. Die hiesigen Ärzte, namentlich Bergmann und Tobold, bleiben bei ihrer Ansicht, daß es Krebs ist. Der Kronprinz selbst betrachtet sich als einen toten Mann. Mackenzie wird in 14 Tagen wiederkommen. Für jetzt verlangt er, daß man den Hals in Ruhe lässt ...«

Alles in allem herrschte sowohl bei den Betroffenen als auch bei den Außenstehenden Unsicherheit und Uneinigkeit. Niemand wusste, wer wem Recht geben sollte. Während ursprünglich das Vertrauen in die Kompetenz der deutschen Ärzte ohne Abstriche vorhanden war, hatte Mackenzies Erscheinen viele verunsichert und Spekulationen ausgelöst. In diesem Zusammenhang lässt der Kommentar Alfred Graf von Waldersees in seinen »Denkwürdigkeiten« besonders aufhorchen, wenn er am 6. Juni festhielt: »... Über das Leiden des Kronprinzen gehen die Ansichten mehr auseinander als je. Viele Momente weisen allerdings darauf hin, daß Dr. Mackenzie ein sehr gewandter Schwindler ist.«

Am 29. Mai 1887 kehrte Mackenzie zunächst zurück nach England. Die Kronprinzessin war zwar noch nicht beruhigt, aber doch insofern schon gelassener, als er zunächst das Schlimmste, nämlich die Operation von außen, verhindert hatte.

Mit »allen Fasern ihres Herzens« klammerte sie sich, wie Egon Caesar Conte Corti schrieb, an Virchows Urteil, der keinen Anhalt

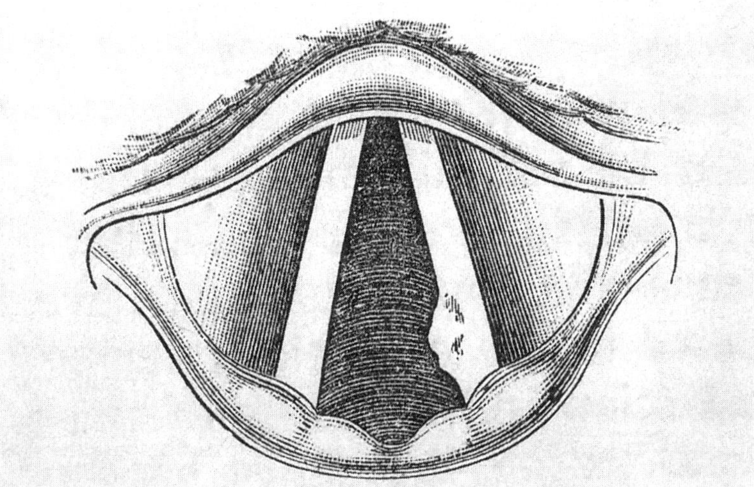

Mackenzies Skizze vom Stimmbandbefund am 8. Juni 1887 (nach Entfernung der Hälfte des Tumors).

für Krebs finden konnte, so wie Mackenzie es vorausgesagt hatte. Die so ganz anders lautende Ansicht der deutschen Ärzte dagegen, die sie einfach nicht wahrhaben wollte, wurde von ihr verdrängt, wie es ein Briefauszug vom 27. Mai an ihre Mutter zeigt: »Ich denke, die Doktoren wollen nicht zugeben, dass Dr. Mackenzies Ansicht die richtige ist und die ihrige falsch ...«

Eine gute Woche nach seiner Abreise wurde Mackenzie zurückgerufen nach Potsdam, wo er am 7. Juni eintraf, um am Tage darauf in Gegenwart von Generalarzt Wegner den Kronprinzen zu untersuchen. Die Kongestion, also die entzündliche Begleiterscheinung des Stimmbands, war in der Zwischenzeit, wie Mackenzie später schrieb, nicht mehr nachweisbar, so dass er sich entschloss, bei dieser günstigen Situation aktiv zu werden und mit seiner Spezialzange an Ort und Stelle erneut Gewebe aus dem Tumor zu entnehmen, was Gerhardt insofern übelnahm, als er Mackenzie unterstellte, er habe sich »einen so unbequemen Zuschauer bei der Operation«, wie er es für ihn war, diesmal vom Leibe halten wollen. Auf jeden Fall gelang es ihm am 8. Juni, zwei Gewebeproben zu gewinnen und damit »mehr als die Hälfte« – so Mackenzies eigene Beurteilung – »des Gewächses fortzuschaffen«. Der Kronprinz hielt am 8. Juni in seinem Tagebuch fest: »Dr. Morell Mackenzie traf Nachts ein, und entfernte am Morgen ½ 10 Uhr mit merkwürdiger Schnelligkeit 2 kleine

Stückchen von Stimmband Erhöhung, unter Cocain Anwendung, welche P[ro]f. Virchow wieder mikroskopisch untersuchen soll.«

Virchows histologischer Befund schien nach der Entnahme dieser beiden Gewebeproben insofern aussagekräftiger zu sein, als er Mackenzie jetzt bescheinigen konnte, »dass der operative Eingriff tiefe, unterhalb der Schleimhaut gelegene Theile erreicht hat«. Einen Anhalt für eine bösartige Neubildung fand Virchow, der in den Veränderungen nur eine Warze [Pachydermia verrucosa] sah, aber auch diesmal nicht. In seinem Gutachten vom 9. Juni 1887 hatte er geschrieben: »Der vorliegende Befund geht erheblich über den Befund vom 21. v. M. hinaus ... Gegenwärtig ist eine offenbar mehr centrale Stelle gefasst worden ... Obwohl diese Stelle eine sehr ausgeprägte Erkrankung erlitten hat, so ergiebt doch die gesunde Beschaffenheit der Gewebe an der Schnittfläche ein prognostisch sehr günstiges Urtheil.« Am Ende seines Gutachtens hielt der Pathologe jedoch einschränkend fest: »Ob ein solches Urtheil in Bezug auf die gesammte Erkrankung berechtigt wäre, lässt sich aus den beiden exstirpirten Stücken mit Sicherheit nicht ersehen. Jedenfalls ist an denselben nichts vorhanden, was den Verdacht einer weiteren und ernsteren Erkrankung hervorzurufen geeignet wäre.«

Am 10. Juni wurde auf der nächsten Ärztekonsultation das Gutachten Virchows besprochen, das auf Mackenzies und des Kronprinzen Wunsch zur Beruhigung der Bevölkerung veröffentlicht wurde. Auch diese Ärztekonsultation, die mit einer neuerlichen Untersuchung des Patienten einherging, hielt der Kronprinz in seinem Tagebuch fest: »Dr. Morell Mackenzie mußte mit denselben Aerzten wie am 20. Mai Besprechung in Berlin haben, die Meisten untersuchten meinen Hals. Er reiste Abends nach England zurück.«

Trotz der Einschränkung seines Urteils, mit der Virchow seinen Untersuchungsbefund versah, wertete Mackenzie das Ergebnis als eine weitere Bestätigung seiner diagnostischen Fähigkeiten, da es ihm gelungen war, bei dieser zweiten Biopsie Gewebe aus der zentralen Tumorstelle zu entnehmen und zwar »ganz durch die krankhafte Struktur bis in die gesunden Teile« hinein, wie er es in seiner Antwort auf die »Berliner Broschüre« beschrieb. Der erste Teil des histologischen Gutachtens war für Mackenzie fraglos ein Erfolg, der allerdings durch Virchows letzten Satz, wenn auch nicht aufgehoben, so doch auf jeden Fall gedämpft wurde, weil er ihn wieder infrage stellte. So wenig verbindlich Virchows Urteil »auf die gesammte Erkrankung« auch sein mochte, Mackenzie folgerte daraus, dass kein Krebs vorliege. Zugute halten konnte er sich dabei, dass Virchows Befundbeschreibung seine optimistische Auslegung in weiten Teilen rechtfertigte, denn schließlich hatte ihm der berühmte Pathologe bescheinigt, diesmal eine »centrale Stelle gefasst« zu haben, womit den ewig zweifelnden deutschen Ärzten ein weiteres Mal der Wind aus den Segeln genommen war. Wie auch immer, jedenfalls wurde Virchows Mahnung zur Vorsicht von ihm nicht so verstanden, wie sie offenbar gemeint war. Virchow kam später noch oft darauf zurück. Vielleicht wäre seine Aussage unmissverständlicher gewesen, wenn er auf konjunktivische Formulierungen verzichtet hätte.

Auf die Kronprinzessin wirkte Mackenzies zweiter Besuch »tatsächlich wieder wie ein Zauber«, wie Röhl es treffend formulierte. Nach seiner neuerlichen Entnahme von zwei Teilen des Gewächses, »die Virchow wieder untersuchen will«, schrieb sie am 9. Juni befreit an ihre Mutter: »Ich hoffe, dann werden die Ärzte, die dem ungläubigen Thomas gleichen, endlich glauben, daß die Krankheit harmloser Natur ist! ...« Als Virchow bei der Durchmusterung der neuen Präparate wieder keinen Krebs entdeckte, hatte auch sie alle trüben Gedanken an die schlimme Diagnose der deutschen Ärzte verdrängt und am 11. Juni erleichtert an Königin Victoria geschrieben: »Aber Virchows Bericht bestätigt alles, was er [Mackenzie] gesagt hat, und ich vertraue darauf, daß die Leute sich beruhigen werden.« Wer wollte dem Kronprinzen und der Kronprinzessin verübeln, dass sie dem Arzt ihr Vertrauen schenkten, der eine Heilung nach einer achtwöchigen Kur in Aussicht stellte und die gefürchtete Operation von außen verwarf? Konnte man angesichts der Sicherheit Mackenzies die pessimistischen Beurteilungen der deutschen Ärzte nicht vernachlässigen, da Virchows Befunde Mackenzies medizinisches Können doch zu bestätigen schienen?

Trotz Mackenzies optimistischer Beurteilung des Stimmbandprozesses hielten von Bergmann, Tobold und Gerhardt unbeirrbar an ihrer Krebsdiagnose fest und sahen in der Laryngofissur den einzig richtigen Behandlungsweg. Mackenzie hatte sie nicht nur nicht überzeugt, sondern auch menschlich tief enttäuscht, denn die Gewebeproben waren nach wie vor das eigentliche Problem. Entweder waren sie zu peripher vom eigentlichen Herd oder immer noch zu oberflächlich entnommen, auch wenn der Operateur das Gegenteil behauptete und in Virchows neuerlichem Befund eine weitere Bestätigung seiner Diagnose sah. An Virchows histologischem Befund bestanden für die deutschen Ärzte keine Zweifel, aber Mackenzie trauten sie nicht mehr über den Weg.

Auf der erwähnten Ärzteversammlung am 10. Juni wurden einige grundsätzliche Dinge besprochen und die Weichen für die weitere Behandlung gestellt. Die wichtigsten Ergebnisse reduzierten sich nach Mackenzies Darstellung auf die Punkte, »dass mit einstimmiger Zustimmung aller Anwesenden der Fall mir zur Behandlung in der von mir vorgeschlagenen Weise übertragen wurde«, die in England fortgesetzt werden sollte. Allerdings musste sich Mackenzie den deutschen Ärzten gegenüber zu einigen Konzessionen bereit erklären, was er später beharrlich bestritt. Dazu gehörte nach von Bergmanns Darstellung die Festlegung, dass alles noch zu entnehmende oder anfallende Material aus dem Stimmbandgewächs weiterhin Virchow zur feingeweblichen Untersuchung zu übergeben war und dass »bei dem Wachsen der Geschwulst die Laryngofissur« vorgenommen werden sollte. Gerhardts Aufzeichnungen sind in ihrem ersten Punkt mit denen von Bergmanns identisch. Weiterhin brachte er zum Ausdruck, »daß die Behandlung in England unter Kontrolle eines deutschen, der Laryngoskopie kundigen Arztes stattfinde«.

Wegen der histologischen Untersuchungen durch Virchow bestand zwischen Mackenzie und den deutschen Ärzten Einvernehmen. Was aber von Bergmanns Darstellung von einer gemeinsam festgelegten Laryngofissur bei einem fortschreitenden Tumorwachstum anging, so bestritt Mackenzie auf das Heftigste, einer Operation von außen jemals zugestimmt zu haben, auch nicht auf der gemeinsamen Konsultation am 25. Mai. Wörtlich führte er dazu aus: »Ich meinerseits kann für mich bestimmt erklären, daß, wenn ich der Patient gewesen wäre, ich ernstliche Zweifel bezüglich des gesunden Verstandes des Chirurgen gehegt hätte, welcher etwas derartiges vorgeschlagen haben würde.« Im Übrigen versuchte Mackenzie, die Darstellung von Bergmanns zu bestreiten und schrieb: »Da die exakte Natur irgend einer beabsichtigten späteren Operation niemals erörtert wurde, so ist ersichtlich, daß für die Behauptung Bergmanns keine Grundlage vorhanden sein kann.« Für Mackenzies Glaubwürdigkeit war sein vehementer Widerspruch bezüglich seiner Zustimmung zur Operation von außen von grundsätzlicher Bedeutung, denn bestand diese Vereinbarung tatsächlich, hätte man ihn des Wortbruchs bezichtigen können, da die Geschwulst in der Tat kontinuierlich wuchs, was spätestens in San Remo von ihm zugegeben werden musste, so dass die Laryngofissur in all den Monaten, die seit dem Mai ins Land gegangen waren, indiziert gewesen wäre. Dieser Punkt berührte seine Glaubwürdigkeit und Lauterkeit als Mensch und als Arzt. Er musste in die Offensive gehen und sich massiv zur Wehr setzen, wollte er sich nicht selbst diskreditieren.

Selbst wenn Mackenzie sich dieser am 25. Mai bereits gegebenen Zustimmung, die er während seines zweiten Berlinaufenthalts sogar noch einmal wiederholte, nicht mehr erinnern konnte oder wollte, so lässt von Bergmanns Schrift vom 25. Mai doch Zweifel an der Lauterkeit Mackenzies aufkommen, wenn es dort heißt: »Sollte jedoch gegen seine [Mackenzies] Meinung, die Geschwulst rascher wachsen und deutlich größer werden, so trete er der Ansicht derjenigen Ärzte bei, welche wegen des verdächtigen Aussehens der Geschwulst, die blutige Eröffnung des Kehlkopfs zum Zweck der Exstirpation der Neubildung wünschten.« Außerdem erscheint in dieser Schrift der Hinweis, dass Generalarzt Wegner die Ergebnisse der Sitzung vom 25. Mai protokollierte und alle Äußerungen der Ärzte schriftlich festhielt. Nach Wegners Protokoll sagte Mackenzie: »Wenn die Neubildung fortfährt zu wachsen so muß sie zuerst mit der Zange behandelt werden. Wenn dies nicht gelingt, und andere endolaryngeale Eingriffe nicht Erfolg haben so muß die Laryngofissur gemacht werden ...« Nach Wegners Protokoll sprach sich Mackenzie klar für die Operation von außen aus, wenn andere Therapieverfahren versagten. Dass er sie kategorisch ausschloss und sogar »ernstliche Zweifel bezüglich des gesunden Verstandes des Chirurgen« gehabt haben wollte, von dem ein solcher Vorschlag kam, diente wohl nur der eigenen Rechtfertigung und Verteidigung seiner monatelangen Tatenlosigkeit und Ignoranz und hatte mit der Wahrheit nichts zu tun.

Auch wenn Mackenzie kritisierte, dass von Bergmann seine Operation »niemals erörtert« hätte, so müsste er sich fragen lassen, warum er ihn dazu nicht aufforderte, wozu er seit der ersten Konsultation am 20. Mai Gelegenheit gehabt hätte. Außerdem hatte von Bergmann die Laryngofissur wiederholt beim Namen genannt, ein Eingriff, mit dem in diesem Ärztekreis jeder etwas anzufangen wusste. Und ausgerechnet Mackenzie, der namhafte und berühmte Laryngologe, sollte nicht gewusst haben, wie von Bergmann operationsmethodisch vorzugehen gedachte?

In Mackenzies Abwesenheit war den deutschen Ärzten in der Wohnung Generalarzt Wegners bereits am 1. Juni mitgeteilt worden, dass der Kronprinz Mackenzie nach England folgen wolle, ein Wunsch, der die Zustimmung des Kaisers unter der Bedingung finden würde, dass auch in England ein deutscher Arzt zugegen wäre. Es wurde daher vorgeschlagen, dass Professor Gerhardt den Kronprinzen begleite. Gerhardt hatte eingewilligt und darum gebeten, dass sich auch Generalarzt Wegner der deutschen Begleitung anschließen solle.

Wer die Begleitung Gerhardts am Ende verhinderte, ist nicht mehr auszumachen. Offenbar wurde sie aus einer bestimmten Richtung hintertrieben. Gerhardt selbst erfuhr erst am 6. Juni, dass der Beschluss geändert worden war. Das Einzige, was er noch erreichen konnte, war die Mitreise seines laryngologischen Assistenten, des Stabsarztes Dr. Wilhelm Landgraf, der nun an seiner Statt gemeinsam mit Generalarzt Wegner den Kronprinzen begleitete.

Natürlich entstanden spontan Gerüchte, wer Gerhardts Begleitung verhindert haben konnte. Wahrscheinlich war es Wegner, der aber wohl nicht aus eigenem Antrieb gehandelt hatte, denn die Fronten zwischen Gerhardt und Mackenzie waren im Mai unüberbrückbar. Gerhardt hatte gegenüber der Kronprinzessin offen seine Zweifel an Mackenzie geäußert und kein Hehl daraus gemacht, dass das gesunde rechte Stimmband bei dessen Biopsieversuch am 23. Mai verletzt worden sei. Mackenzie lehnte es fortan ab, mit Gerhardt zusammenzutreffen. Allerdings ging er nicht soweit, die Bitte auszusprechen, Gerhardt von künftigen Untersuchungen auszuschließen, falls der Kronprinz dies wünsche. Es bleibt bedauerlich und war möglicherweise schicksalhaft, dass gerade Gerhardt von der Reise ausgeschlossen wurde, denn zum einen war er ein erfahrener und anerkannter Kehlkopfspezialist, zum anderen kannte niemand so gut und auch so lange den Lokalbefund am Stimmband und den gesamten klinischen Verlauf wie er.

Fraglos war Mackenzie nach all den Verstimmungen und Kontroversen mit den deutschen Ärzten an einer Weiterbehandlung des Kronprinzen in England besonders gelegen. In diesem Punkt kreuzten sich offenbar seine Wunschvorstellungen mit denen des Kronprinzen, der lange schon die Absicht hegte, am 50-jährigen Thronjubiläum seiner Schwiegermutter, der Königin Victoria, teilzunehmen, das auf den 21. Juni 1887 fiel. Im Vorfeld dieses Thronjubiläums hatte es in Berlin Ärger genug gegeben. Hauptsächlich ging es bei den Streitigkeiten um die offizielle Vertretung des Deutschen Kaisers bei den britischen Thronfeierlichkeiten. Natürlich war der Kronprinz zu seinem Stellvertreter ernannt worden, wobei aber auch Prinz Wilhelm mit Rücksicht auf den Gesundheitszustand seines Vaters diesen Platz einnehmen konnte. Dieser hatte am 29. Mai seine Mutter darüber informiert, dass der Kaiser ihm befohlen habe, ihn bei den offiziellen Feierlichkeiten in London zu vertreten, was das Kronprinzenpaar maßlos kränkte und verstimmte. Die Kronprinzessin teilte daraufhin ihrer Mutter am 30. Mai mit: »Fritz hat aber seine Absicht, zu Deinem Jubiläum zu gehen, noch nicht aufgegeben. Gestern hat er dem Kaiser mitgeteilt, er wünsche seine Behandlung in England unter Dr. Mackenzie fortzusetzen. Nun werden wir sehen, was geschieht ...« In ihrem Brief vom 2. Juni hatte die Kronprinzessin an Königin Victoria geschrieben: »Seine einzige Hoffnung, sein einziger Wunsch besteht darin, am 21. in der Westminster-Abtei zu sein und den Kaiser zu vertreten. Ich habe dies dem Kaiser gestern gesagt, und er ist einverstanden, wenn die Ärzte es erlauben. Wenn Mr. Mackenzie damit einverstanden ist, könnten wir dann Anfang oder Mitte Juli nach Norris Castle gehen ...« Die Weiterbehandlung des Kronprinzen durch Mackenzie in England stand indessen so gut wie fest.

Dass Wegner mit nach London reiste, musste von Mackenzie wohl oder übel akzeptiert werden, auch wenn das nicht seinen Beifall fand. Sein regelrechtes Missfallen erregte dagegen die Teilnahme Landgrafs, über dessen fachliche Qualitäten er sich abfällig äußerte. Nur beiläufig wollte er erfahren haben, dass Landgraf ein Assistent Gerhardts war, was ohnehin sein Misstrauen weckte und ihm schlagartig klarmachte, dass er auch weiterhin von Gerhardt kontrolliert würde. So sah er in Landgraf nur Gerhardts »Aufpasser«. Während Landgraf aus der Sicht Gerhardts ein in der Laryngoskopie kundiger Arzt war, wollte Mackenzie von einem bekannten Berliner Halsspezialisten erfahren haben, dass er »... nichts weniger als ein geschickter Laryngologe sei, und daß derselbe nur einige Wochen vorher nicht imstande gewesen sei, die wahren von den falschen Stimmbändern zu unterscheiden«. Über Landgrafs Teilnahme war er maßlos verärgert und verstimmt, so dass das Verhaltnis zwischen beiden von Anfang an distanziert und unterkühlt war. Diese Polemik, die sich bereits in Potsdam abgezeichnet hatte, wurde gewissermaßen schon nach England hinübergetragen, bevor die Reise überhaupt angetreten worden war.

Noch am Abend dieses Tages trafen sich die deutschen Ärzte erneut in Wegners Wohnung, wo ihnen der kaiserliche Leibarzt Dr. von Lauer mitteilte, dass der Kronprinz den Kaiser nun offiziell gebeten habe, nach England reisen zu dürfen. Die Motive für die Reise lagen auf der Hand: die Teilnahme des deutschen Kronprinzen am Thronjubiläum Königin Victorias, die alle Gerüchte von seiner tödlichen Krankheit am wirkungsvollsten widerlegen konnte und die Weiterbehandlung durch Mackenzie.

Am 13. Juni 1887 verließ das Kronprinzenpaar mit seiner Reisebegleitung, die aus den drei jüngsten Töchtern, zwei Hofbeamten und zwei Hofdamen bestand, die deutsche Hauptstadt, um in Sheerness an der Themse-Mündung das Ufer des britischen Königreichs zu betreten. Seinen Vater sollte der Kronprinz, der erst als ein vom Tode gezeichneter Kaiser nach Deutschland zurückkehrte, nicht mehr wiedersehen.

Zwischen Hoffen und Bangen

Um das Fazit der Monate vorwegzunehmen, die der Kronprinz unter Mackenzies ärztlicher Schirmherrschaft im Ausland verbrachte, so stellte sich die Beurteilung aus englischer und aus deutscher Sicht geradezu konträr dar. Während Mackenzies notorischer Optimismus bis tief in den Oktober 1887 ungebrochen blieb, betrachtete sein deutscher Gegenspieler Landgraf den Krankheitsverlauf skeptisch. Die von ihm beobachtete und skizzenhaft festgehaltene kontinuierliche Zunahme des Tumors veranlasste Landgraf, Generalarzt Wegner darauf hinzuweisen und eine erneute Konsultation der deutschen Ärzte anzuregen, da nach seiner Ansicht die Operation von außen der einzige Therapievorschlag war, der überhaupt noch Aussicht auf Erfolg versprach. Zwar schloss sich Wegner Landgrafs Einschätzung an, eine Konsultation mit Gerhardt und von Bergmann aber kam dennoch nicht zustande. Da Mackenzie der selbstherrlichen Meinung war, dass Landgraf keine fachliche Kompetenz besitze, war er auf dieses Thema sowieso nicht anzusprechen. Die ungeschickten und zeitaufwändigen Untersuchungen, die Mackenzie Landgraf unterstellte, waren für ihn nichts als ein Ausdruck von dessen Unvermögen.

Die optimistischen Äußerungen Mackenzies führte der Stabsarzt auf die Oberflächlichkeit und Flüchtigkeit des Engländers zurück, die er bei dessen Untersuchungen beobachtet haben wollte. Mehr hat Landgraf Mackenzie nie nachgesagt. Dessen fachliche Kompetenz stellte er trotz mancher Verwunderung nie infrage, weder in seinen Aufzeichnungen vor Ort noch in seinem Abschlussbericht. Dennoch waren die Fronten von Anfang an geklärt, die Ärzte heillos zerstritten. Eine unerträgliche Situation, unter die der Kronprinz mit der Verabschiedung Landgrafs am 3. September 1887 einen Schlussstrich zog, auch wenn der unter seine Krankheit nicht zu ziehen war, denn die nahm unaufhaltsam zu.

Im Juni 1887 wurde der Schauplatz des Berliner Dramas nach England verlegt, wo das Kronprinzenpaar mit seiner Reisebegleitung am 14. des Monats eintraf und sich außerhalb Londons in Upper Norwood niederließ. Wegner und Landgraf wurden auf Wunsch des Kronprinzen nicht mit in die Behandlung, die ausschließlich in Mackenzies Händen lag, einbezogen. Den bisherigen Krankheitsverlauf, den Landgraf nicht von Gerhardt in Berlin erfahren hatte, teilte ihm Wegner nach ihrer Ankunft in Norwood mit. Er wies ihn außerdem darauf hin, keine Mitteilungen nach Berlin zu übermitteln. Damit war Landgrafs Wirkungskreis auf gelegentliche Befunderhebungen beschränkt, die er lediglich mit seinem Vorgesetzten Wegner diskutieren konnte. Eine fachliche Debatte mit Mackenzie war nicht vorgesehen und von dem Engländer auch nicht gewünscht.

Vor ihrer Abreise nach England hatte die Kronprinzessin offenbar versucht, den Kronprinzen zu bewegen, testamentarische Verfügungen zu treffen, denn trotz der günstigen Befunde Virchows und der noch günstigeren Mackenzies war über den Ausgang der Behandlung bei allem Optimismus Mackenzies das letzte Wort noch nicht gesprochen.

Als am 21. Juni das Thronjubiläum von Königin Victoria begangen wurde, sah man den deutschen Kronprinz in Kürassieruniform hoch zu Ross durch die geschmückten Straßen Londons reiten, wo ihn die Volksmenge enthusiastisch begrüßte und feierte. Die besondere Aufmerksamkeit der Menschen galt ihm auch deshalb, weil seine gefährliche Erkrankung alle mit Sorge erfüllte. Beim Anblick seiner strahlenden und gesund anmutenden lohengrinhaften Erscheinung wurden solche trüben Gedanken jedoch schnell verdrängt. Auch wenn der Kronprinz die Verkörperung von herrschaftlichem Glanz und fürstlicher Pracht zu sein schien, war er, wie es Ponsonby schrieb, »im Innern aber überzeugt, daß der Krebs seine Würgehand um ihn gelegt habe und die Tage seines Lebens gezählt seien«.

Als Mackenzie seinen Patienten am Ankunftstag untersuchte, fand er die Veränderung am linken Stimmband auf ein Drittel des ursprünglichen Ausmaßes verkleinert und war mit dem Befund zufrieden. Die stärker durchbluteten Anteile des Kehlkopfs führte er auf das »schwere Brennen« Gerhardts zurück, auch wenn die letzten Eingriffe ausschließlich von ihm selbst vorgenommen worden waren und Gerhardts galvanokaustische Behandlungen mehr als zwei Monate zurücklagen. Ganz anders lauteten dagegen die Befunde Landgrafs, die er bei seinen Untersuchungen am 17. und 18. Juni erhob. Nach diesen, später von Gerhardt veröffentlichten Befundbeschrei-

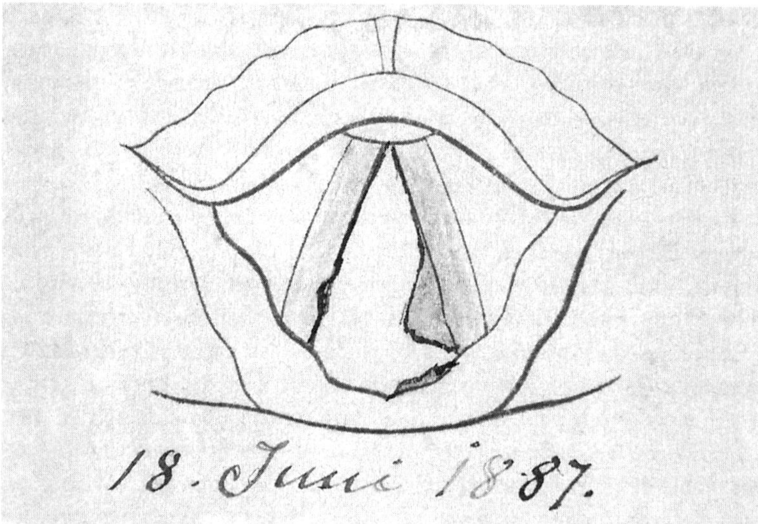

Stimmbandbefund vom 18. Juni 1887 – Landgrafs Skizze mit der inzwischen nachgewachsenen Neubildung am linken Stimmband, Stimmlippendefekt rechts.

bungen war am rechten Stimmband immer noch ein Defekt erkennbar. Da Mackenzie ihn von Anfang an bestritten hatte, musste er ihm auch weiterhin verborgen bleiben.

Am linken Stimmband aber fand Landgraf nicht nur den Tumor, sondern auch die hintere Kehlkopfwand verdickt. Dieser Befund, auf den die deutschen Ärzte Mackenzie schon bei seiner letzten Konsultation in Berlin aufmerksam gemacht hatten, war ein Alarmzeichen und machte deutlich, dass der Tumor bereits auf die hintere Kehlkopfwand übergegriffen hatte. Die am 18. Juni von Landgraf angefertigte Skizze sandte Wegner noch an demselben Tag an den kaiserlichen Leibarzt Dr. von Lauer, der Wegners Brief mit dem Kommentar versah: »Bericht, den ich auch H[errn] Geh[eim] Rath Gerhardt mitzutheilen bitte.« Durch Landgrafs Skizzen, die Wegner vereinbarungsgemäß weiterleitete, war man nun auch in Berlin aktuell informiert. Im Unterschied zu Landgraf fand Mackenzie den Zustand günstig, so dass man auf der von ihm für Wegner angefertigten Skizze weder einen Defekt am rechten Stimmbandrand noch eine Verdickung der hinteren Kehlkopfwand erkennt.

Während Landgrafs Befunde, solange er sie noch erheben durfte, leider der Wirklichkeit entsprachen und die Betroffenen eigentlich verunsichern mussten, waren Mackenzies Äußerungen ausgesprochen beruhigend und wurden dankbar aufgenommen. Sie hatten nur einen Schönheitsfehler: Sie stimmten nicht. Zwischen diesen beiden Interpretationen ein und desselben Befundes wuchs das Stimmbandkarzinom unaufhaltsam weiter, bis am 6. November die Stunde der Wahrheit schlug. Aber da war es zu spät.

Die von Mackenzie angesetzte tägliche Lokalbehandlung sollte sein Mitarbeiter am Hospital für Halskrankheiten, Dr. Norris Wolfenden, durchführen, der eigens dazu nach Norwood zog. Der Kronprinz akzeptierte diese Festlegung, während Wegner Einspruch erhob und darauf hinwies, dass man zu diesem Zweck schließlich Landgraf mitgenommen habe, was Mackenzie mit dem Hinweis bestritt, dass Landgraf nur für eine plötzlich notwendig werdende Tracheotomie zur Hand sein sollte. Für seine Behandlung lehnte er ihn ab. Damit war Landgraf ausgeschaltet und Mackenzie als Alleinbehandler des Kronprinzen formal sogar im Recht, da Landgrafs Aufgabenbereich tatsächlich nicht umrissen worden war.

Täglich begab sich der Kronprinz nun in Mackenzies Behandlung, die Dr. Wolfenden bei ihm noch einmal abends wiederholte. Diese rein symptomatische Behandlung, die teilweise in Berlin schon erfolgte, bestand aus »Einblasungen« in die Luftröhre mit einem »beruhigende[n] und zusammenziehende[n] Pulver,« wie es Mackenzie formulierte, oder mit dem erwähnten »unschuldigen Pulver«, wie es Gerhardt später nannte, das Morphium, Wismut, Catechu und Zucker enthielt sowie aus Pinselungen mit Zinkchlorat und Eisenchlorid. Nicht zuletzt gehörten zu Mackenzies Behandlungsstrategie auch noch zwei weitere galvanokaustische Behandlungen, die Monate zuvor schon in Berlin vorgenommen worden waren, wenn auch erfolglos.

Am 26. Juni durfte Landgraf erneut den Kehlkopf untersuchen und fand wie Gerhardt später schrieb, dass die »Geschwulst am linken Stimmbande an Umfang eher etwas zu- wie abgenommen« hat. Am 28. Juni 1887 nahm Mackenzie in Gegenwart Wegners und Wolfendens – Landgraf war nicht von Mackenzie zur Teilnahme aufgefordert worden – mit seiner Kehlkopfzange den Rest des Gewächses am Stimmband fort, das Virchow wieder zur histologischen Untersuchung übergeben wurde. Der Kronprinz hielt an diesem Tage fest: »Dr. M. Mackenzie entfernte ein größeres Stück von der Stimmband Verhärtung ebenso schnell wie leicht …«

In dem ihm aus Norwood zugesandten Gewebsstück, das noch flacher als die beiden ersten Proben war, fand Virchow lediglich eine

Warze und wieder keinen Anhalt für Bösartigkeit. Ein am 1. Juli 1887 geschriebener Brief Virchows an Dr. von Lauer berechtigte nicht nur Mackenzie zum Optimismus, wenn der Pathologe seine Zeilen mit den Worten schloss: »Ich freue mich von ganzem Herzen, sagen zu dürfen, daß der heutige Befund auch dem ärgsten Kritiker keinen Anhalt zu schlimmer Deutung liefern könnte.« Das war beruhigend und stammte immerhin aus Virchows Feder.

Während Virchows Ergebnis Mackenzie zufrieden stellte – bestätigte es doch ein weiteres Mal die beiden ersten histologischen Befunde und seine eigene Diagnose –, hatte er doch aus der Sicht Gerhardts und von Bergmanns »blos kleine Fetzen von der Oberfläche des Gewächses« fortgenommen. Auch Virchows neue histologische Untersuchung konnte die Berliner Ärzte nicht vom Gegenteil ihrer Diagnose überzeugen, was nicht an Virchow lag, sondern ausschließlich an Mackenzie, dessen Materialentnahme das Dilemma war und blieb, wodurch für sie das wahre Bild weiterhin verfälscht wurde. Hinzu kam noch, dass auch die alarmierenden Spiegelbefunde Landgrafs nicht in Mackenzies Konzept passen wollten. Bei seiner Untersuchung am 1. Juli hatte Landgraf zwar bestätigt, dass die Geschwulst am 28. Juni entfernt worden war, die Schwellung an der hinteren Kehlkopfwand hatte dagegen sogar zugenommen. Das kommt besonders anschaulich in Landgrafs Skizze zum Ausdruck, die Wegner einen Tag später wieder an Dr. von Lauer sandte. Zwar war die Neubildung am linken Stimmband nach Mackenzies Intervention vom 28. Juni nicht mehr nachweisbar, dagegen war die Schwellung im Bereich der hinteren Kehlkopfwand ausgeprägter als zuvor. Als Landgraf am 2. Juli seine Zeichnungen überreichte, bat er Mackenzie, sich zur Bedeutung dieser Schwellung zu äußern, die ihm doch sicherlich auch aufgefallen sei. Am 8. Juli erfuhr Landgraf zu seiner Überraschung, dass Mackenzie »die hintere Wand für gesund« hielt, auch wenn er etwas später diese Schwellung plötzlich sah und das am 31. Juli auch zugab.

Nach der Operation am 28. Juni begab sich der Kronprinz auf die Insel Wight, wo ihm der Herzog von Bedford das Norris Castle zur Verfügung stellte. Er hatte diesen Aufenthaltsort selbst gewählt, weil er die Insel liebte und früher schon in diesem Schloss gewohnt hatte. Nicht zuletzt fühlte er sich hier auch deshalb wohl, weil er die warme Luft als wohltuend empfand und seine Stimme anscheinend langsam besser wurde.

Die Lokalbehandlung schien langsam zu wirken, so dass der Kronprinz am 9. Juli schreiben konnte: »Mackenzie beim Pusten so

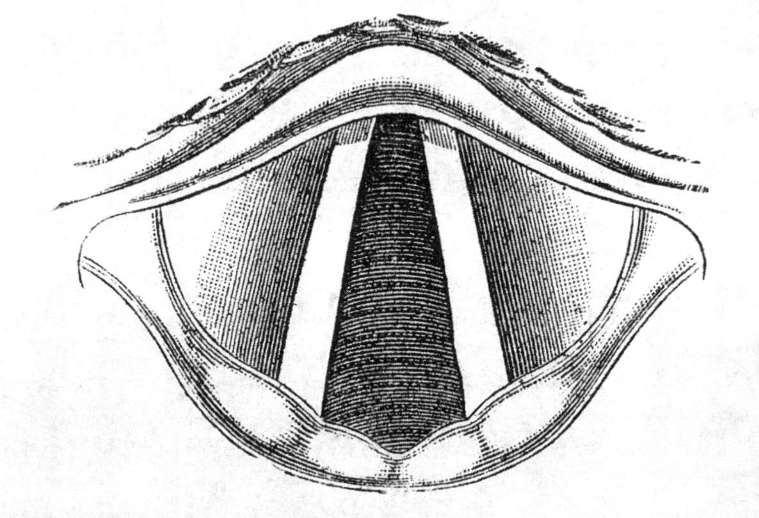

Stimmbandbefund vom 28. Juni 1887 – Mackenzies Skizze nach Entfernung des »Gewächses« an demselben Tag.

befriedigt daß er mich bei der Hand faßte u. mich zur Wiederkehr meiner Stimme beglückwünschte!« Bei seinen Untersuchungen am 17. und 18. Juni hatte Landgraf noch geschrieben: »Keine Ulceration, völlige Aphonie.« Die Stimme, die seit dem 23. Mai, dem Tag des zweiten Biopsieversuchs, nicht mehr zu hören war, hatte sich nach dieser langen Zeit der Schonung allmählich soweit erholt, dass man ihre Wiederkehr jetzt als Erfolg Mackenzies feierte, dessen Heilkunst sogar eine völlige Stimmlosigkeit überwinden und beheben konnte. Am 21. Juli hatte Wolfenden eine »leichte Anschwellung der hinteren Oberfläche der Gießbeckenknorpel« beobachtet, die von Mackenzie am 23. Juli bestätigt wurde und ihm deshalb Sorge bereitete, weil er eine Entzündung des Perichondriums [Knorpelhaut] befürchtete und diesmal sogar die Kronprinzessin darauf vorbereitete, dass sich möglicherweise eine Perichondritis anbahne.

Einen Tag zuvor hatte Landgraf die Gelegenheit gehabt, erneut zu untersuchen und fand nach dreiwöchiger Pause die meisten Symptome eher etwas geringer ausgeprägt. Allerdings zeigte das linke Stimmband »eine breit aufsitzende sattelförmige Anschwellung«. Der Tumor, der am 28. Juni entfernt worden war, war in der kurzen Zwischenzeit also wieder gewachsen. Auch seinen am 22. Juli erhobenen Befund hielt Landgraf als Skizze fest, die Wegner mit einem

Begleitschreiben zwei Tage später an von Lauer sandte, dem er schrieb: »Am 23sten fand Dr. Mackenzie ziemlich dasselbe, nämlich die Kehlkopfschleimhaut noch stark geröthet, ebenso beide Stimmbänder, an der Operationsstelle, da wo die Geschwulst gewachsen war, eine Anschwellung«, also ein Rezidiv des Stimmbandtumors, ein Wiederkehren der Krankheit.

Mitte Juli war es zwischen Mackenzie und Wegner zu einem heftigen Streit gekommen. Mackenzie hatte schriftlich Klage bei seinem Patienten gegen Wegner geführt, da er »dieses intriguieren gegen seine Thätigkeit u. die Verläumdungen nicht länger ertragen könne«, wie es der Kronprinz formulierte. In seinem Brief vom 17. Juli 1887 an seine Frau brachte er den Inhalt der Kontroverse zwischen den beiden Ärzten auf den Punkt und schrieb, dass es auf die Dauer für Mackenzie unerträglich wäre, »immer wieder aus ärztlichen Kreisen zu hören, daß mein Leib-Arzt [Dr. Wegner] sich geringschätzend über sein [Dr. Mackenzies] Verfahren, das keine Erfolge nachweise, äußere«. Der immer heftiger werdende Ärztestreit, dessen erste Schüsse bereits in Berlin gefallen waren, ging in England nahtlos weiter.

Die Krankheit des Kronprinzen beschäftigte natürlich, auch wenn er außer Landes weilte, die Hofkreise in Berlin. Am 14. Juli notierte Ballhausen: »Gestern Bismarck gesprochen … Kam jedoch sehr in Fluß beim Gespräch über den Kronprinzen. Er habe von sehr weitgreifenden, aber darum nicht ganz zuverlässigen Quellen die Meinung gehört, Mackenzie sei dafür gewonnen worden, die Krankheit des Kronprinzen als eine ungefährliche erscheinen zu lassen. Für die englische Politik sei die Meinung, der Kronprinz werde einst eine russenfeindliche und innerlich liberale Politik machen, von einer unschätzbaren Bedeutung … Übrigens irre man sich in dieser Beurteilung des Kronprinzen. Der Kronprinz habe ihm noch jetzt vor seiner Abreise nach England in Gegenwart der Kronprinzeß erklärt, er wünsche ihn als leitenden Minister zu behalten im Falle des Thronwechsels.« Dass das Verhalten Mackenzies auch politisch motiviert sein konnte, wurde also damals schon besprochen, wobei natürlich niemand irgendwelche Absprachen kannte – und die Quellen »nicht ganz zuverlässig« waren, was Bismarck nicht vergaß hinzuzusetzen. Informativ, wenn auch nicht völlig überraschend, an Ballhausens Aufzeichnung ist dagegen die Wiedergabe der Äußerung des Kronprinzen, dass er Bismarck im Amt belassen wollte, wenn er den Thron besteigen würde, was schon zwei Jahre zuvor zwischen dem Kronprinzen und dem Reichskanzler besprochen worden war.

Bei seiner Untersuchung am 23. Juli hatte nun auch Mackenzie Anzeichen eines Rezidivs der von ihm am 28. Juni entfernten Geschwulst entdeckt, die mit der Zange nicht zu fassen war und nun galvanokaustisch zerstört werden sollte, wie Gerhardt es schon vor fünf Monaten ergebnislos versucht hatte.

Am 2. August begann Mackenzie in seiner Londoner Klinik mit seiner galvanokaustischen Behandlung des Tumorrezidivs, die er sechs Tage später im Beisein Wegners noch einmal wiederholte. Ob aber durch diese Behandlungen irgendetwas gebessert werden konnte, schrieb Mackenzie nicht. Er hatte lediglich – zuversichtlich wie immer – der Kronprinzessin am 8. August mitgeteilt: »Ich fand alles derart zufriedenstellend, daß ich nicht umhin kann, Ew. Kaiserlichen Hoheit mitzuteilen, wie erfreut ich bin. Seitdem ich den Hals zum ersten Mal untersucht habe, sah er fast nie so gesund aus wie jetzt ... Ew. Kaiserlichen Hoheit brauche ich natürlich nicht zu sagen, daß mir der Fall sehr ernste Sorgen bereitet hat, aber ich war noch nie so zuversichtlich wie im gegenwärtigen Augenblick.«

Nicht nur die deutschen Ärzte stieß Mackenzie mit seiner unverantwortlichen Verharmlosung der Krankheit vor den Kopf, auch einige englische meldeten sich zu Wort. In diesem Zusammenhang muss der aus Danzig stammende deutsch-jüdische Halsspezialist Felix Semon genannt werden, der über diesen Fall die Akten sammelte und übersichtlich zusammentrug. Nach der galvanokaustischen Behandlung am 2. August schrieb Semon am 6. August an Graf Herbert von Bismarck, mit dem er befreundet war: »Dies ist nun meiner Information nach das 4te Recidiv seit dem Beginne des Leidens, wenn auch nur 2 derselben [das Emser und das gegenwärtige] officiell zugestanden sind.« Eine Schuld wies er Mackenzie noch nicht zu, wenn Semon weiter schrieb: »Wenn diese Dinger wiederwachsen wollen [»ein Characteristicum der warzigen Geschwülste«], so tun sie es ... «

Für Semon ergaben sich drei Möglichkeiten bezüglich der Natur des Gewächses: bösartig, verdächtig oder gutartig. Selbst wenn es sich für Mackenzie »um eine entschieden gutartige, aber recidivirende Geschwulst handelt[e]«, war sein Vorgehen für Semon unverständlich, das ihm »als eine reine Geldschneiderei!« erschien. »Einen Patienten wegen eines recidivirenden Papilloms [Warze] Monatelang vollständig von der Außenwelt abzusperren, ihn zu operiren, zu brennen, zu pinseln, von Deutschland nach London, von London nach Cowes [Insel Wight], von Cowes nach Schottland zu schicken, ist einfach unglaublich! Aber freilich: eine Reise von London nach

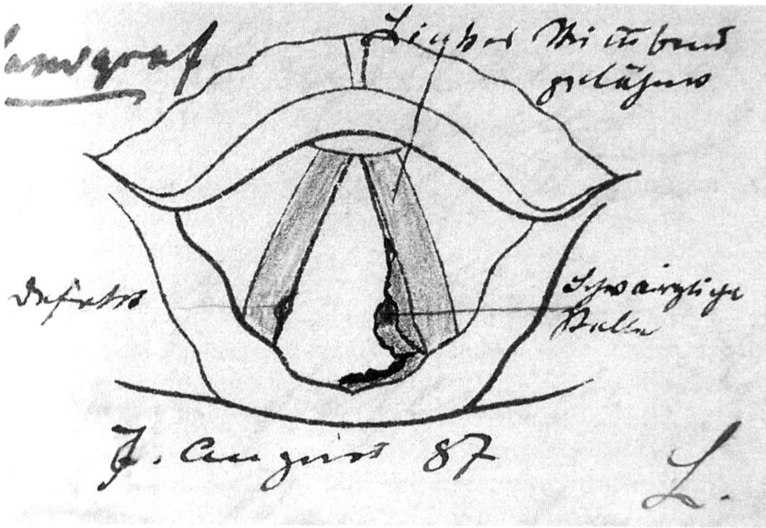

Landgrafs Stimmbandbefund vom 7. August 1887, auf dem er die Veränderungen im Bereich der linken Stimmlippe kommentiert, auch den Defekt rechts.

Schottland wird besser honorirt als eine Reise von London nach der Insel Wight ...« Semons Urteil über Mackenzie wurde im Laufe der Zeit immer kritischer – bis es vernichtend wurde.

Am 7. August durfte Landgraf erneut einen Befund erheben und fand eine Vergrößerung der Geschwulst, deren Oberfläche nun nicht mehr glatt, sondern uneben war. Die Schwellung an der Kehlkopfhinterwand war unverändert nachweisbar. Das linke Stimmband zeigte fast keine Beweglichkeit mehr, am rechten war der mehrfach beschriebene Defekt immer noch deutlich sichtbar. Die von Landgraf festgestellte Stimmbandlähmung gab auch Mackenzie zu. Die Skizze vom 7. August, die Landgrafs Befunderhebung anschaulich dokumentiert und die von ihm mit Randbemerkungen versehen wurde, sandte Wegner zwei Tage später wieder nach Berlin und bemerkte in seinem Begleitschreiben: »Mackenzie sprach auf meine Frage die Ansicht aus daß er kein Symptom maligner Bildung erkennen kann. Wenn es Carcinom wäre so hätten in der Zeit des Bestehens schon größere Veränderungen, namentlich schnelleres Wachsen und Ulceration stattfinden müssen. Die Schwellung an der hinteren Kehlkopfwand hält er ebenfalls für ein Papillom und sagt, nach seiner Erfahrung seien solche Recidive und Bildungen an anderen Stellen sehr häufig. Die geringe resp. fehlende Beweglichkeit des linken Stimmbandes hält er nicht für ein schlechtes Zeichen.« Welch Unterschied in den Beurteilungen beider Ärzte über ein und denselben Befund! Während Mackenzie fand, dass der Hals des Kronprinzen »fast nie so gesund aus[sah] wie jetzt«, war für Landgraf der Tumor kontinuierlich gewachsen und hatte längst die Stimmbandgrenzen überschritten! Nicht nur die Beschreibungen beider schlossen sich wie immer aus, auch die Gespräche zwischen ihnen, wenn sie denn zu Stande kamen, verliefen heftig und kontrovers.

Am Nachmittag des 7. August rief Landgraf Wegner in Erinnerung, dass die von Mackenzie für die Wiederherstellung der Gesundheit und der Stimme des Kronprinzen eingeräumte Zeit von acht Wochen inzwischen erfolglos verstrichen sei und dass die Krankheit sogar zugenommen habe. Einen weiteren Aufschub der Operation hielt er nicht für vertretbar, von der man jetzt schon nicht mehr sagen könnte, dass eine reine Tumorexzision, wie sie von Bergmann vorgeschlagen hatte, überhaupt noch ausreiche. Möglicherweise sei diese Zeit bereits verstrichen, so dass jetzt nur noch eine halbseitige Kehlkopfentfernung infrage käme. Wegner unterstützte zwar den Vorschlag Landgrafs, aber es kam nicht einmal eine Konsultation Gerhardts und von Bergmanns zustande, geschweige denn, dass die Operation als eine Behandlungsmöglichkeit wieder auf die Tagesordnung gesetzt worden wäre.

Am 9. August reiste der Kronprinz, so wie Mackenzie es empfohlen hatte, nach Schottland und ließ sich von Wegner, Landgraf und Dr. Mark Hovell, Chirurg am Hospital für Halskrankheiten, den Mackenzie zum Nachfolger Wolfendens bestimmt hatte, begleiten. Am 11. August traf der Kronprinz in Braemar ein, während seine beiden deutschen Ärzte in Edinburgh bleiben mussten und nur besuchsweise zu ihm gebeten wurden. Warum sie plötzlich ausgeschaltet wurden, ist unklar geblieben. Mackenzie hat in seiner Schrift alle Schuld von sich gewiesen. Da er nicht in dieser Angelegenheit um Rat befragt worden sei, hätte er auch keinen Rat gegeben. Vielleicht reichten dem kranken Kronprinzen einfach die Unstimmigkeiten unter den Ärzten, denen er so am besten aus dem Wege gehen konnte. »In Braemar trat« nach Mackenzie »eine merkliche Besserung in dem Zustande des Kehlkopfes ein«. Auch war die Kongestion [Blutüberfüllung] der Schleimhaut zurückgegangen und die »Stimme wurde stark und beinahe natürlich im Tone«, abermals ein befreiendes Urteil, so dass die allgemeine Stimmung hier in Schottland aufgelockerter wurde.

In Deutschland sah man die Entwicklung bei weitem nicht so optimistisch. Am 18. August hatte Ballhausen festgehalten: »Friedberg … brachte die letzten Nachrichten über das Befinden des Kronprinzen. Es habe sich wieder ein Wachsen der Wucherung gezeigt, welche durch Kauterisieren beseitigt worden sei. Mackenzie sei von der Gutartigkeit des Übels völlig überzeugt und vom Gang der Behandlung befriedigt. Der Kronprinz dürfe eine Viertelstunde laut sprechen, er würde wahrscheinlich den Winter nach Tirol gehen, was wohl Italien heiße.«

Am 20. August war Mackenzie selbst in Braemar eingetroffen und hatte sich aufs Neue nach der Kehlkopfuntersuchung zufrieden gezeigt. Erleichtert hatte Königin Victoria schon am 17. August an Kaiserin Augusta geschrieben: »Mackenzie hat mit voller Bestimmtheit nunmehr die Aussicht auf Genesung gegeben, gottlob!« Am 22. August konnte der Kronprinz dankbar schreiben: »Dr. M. Mackenzie … reiste Abends wieder ab, befriedigter wie je, u. mit dem Ausspruch das Uebel sei nunmehr überwunden …« Als Verhaltensmaßregel legte Mackenzie ihm ans Herz, lebhaftes Getriebe wie es ihn in Berlin erwarten würde, zu meiden, die gute Bergluft zu suchen und im Übrigen viel zu schweigen.

Landgrafs Beurteilung des Befundes wurde von ihm nicht dokumentiert. Er hatte an diesem Tag den Kronprinzen zum letzten Mal untersucht und im Gegensatz zu Mackenzie nicht nur keine Verbesserung, sondern eine eindeutige Verschlechterung der Veränderung festgestellt, so dass er in seinem Bericht für die »Berliner Broschüre« später schrieb: »Nach der Rückkehr von Braemar hielt ich mich zu der Erklärung für verpflichtet, daß nach meiner Ansicht der Krankheitsprozeß in stetigem Fortschreiten zum Schlimmeren begriffen sei.« Seine Skizze vom 23. August macht den gewachsenen Tumor am linken Stimmband im Vergleich zum 7. August sehr deutlich. Den von Landgraf erhobenen Befund teilte Wegner einen Tag später aus Aberdeen dem kaiserlichen Leibarzt auszugsweise mit: »Das rechte Stimmband ist weniger roth als früher, das linke bewegt sich weder beim Athmen noch beim Phoniren, die Geschwulst an demselben zeigt an ihrer Oberfläche eine Reihe kleiner zugespitzter Hervorragungen; vielleicht in Folge der Cauterisation. Linkerseits wird dadurch der Einblick auf die tiefern Theile verdeckt, so daß auch von der Leiste an der hinteren Pharynxwand [Rachenwand] wenig gesehen wird …« Wieder waren die Eindrücke beider Ärzte geradezu konträr. Mackenzie war nach seinen Kehlkopfuntersuchungen voller Optimismus und Zufriedenheit und verbreitete eine erfreuliche

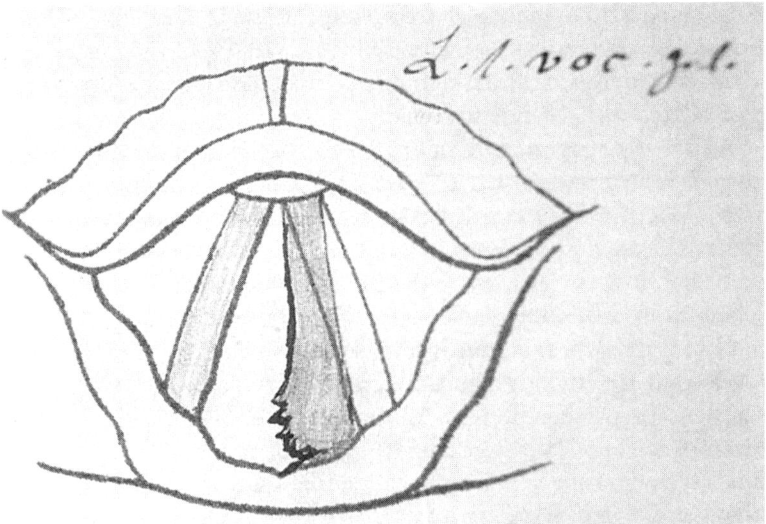

Landgrafs Stimmbandbefund vom 23. August – der vergrößerte Tumor zeigt im Vergleich zum Vorbefund vom 7. August eine »Reihe kleiner zackiger Auswüchse«.

Stimmung, die sich auf die ganze kronprinzliche Gruppe in Braemar übertrug. Dagegen mussten Landgrafs Beschreibungen wieder wie eine kalte Dusche wirken. Es wurde wirklich Zeit, sich von einem der Ärzte zu trennen. Dass dieses Los den Engländer nicht treffen würde, bedarf kaum der Erwähnung.

Durch Mackenzies optimistische Aussagen konnte der Kronprinz in diesen Tagen an seine Schwiegermutter schreiben: »Er [Mackenzie] verließ mich nach zwei Tagen ungemein befriedigt, so daß er den Ausspruch tat, er betrachte mein Leiden als behoben ...« Eine so frohe Botschaft war eine besonders ehrenvolle Auszeichnung wert, und Friedrich Wilhelm bat nun schriftlich seine Schwiegermutter, Mackenzie in den Ritterstand zu erheben. Die Königin reagierte prompt und teilte ihre Absicht umgehend ihrem Premierminister, Lord Salisbury, mit, der prinzipiell keine Bedenken hatte, wenngleich seine Zustimmung mit der vorsichtigen Warnung schloss: »Vielleicht wäre es aber gut abzuwarten, bis man weiß, daß die Heilung auch wirklich vollständig ist.« In ihrem Brief vom 30. August an ihre Mutter kam Kronprinzessin Victoria auf den Wunsch ihres Mannes zu sprechen und schrieb: »Fritz schreibt mir voller Freude, daß Du so gütigerweise versprochen hast, Dr. Mackenzie in den

Adelsstand zu erheben – er freut sich ganz besonders über Deine Freundlichkeit und ist Dir sehr dankbar.« Der Premierminister hatte mit seinem Rat nichts ausgerichtet, denn schon Anfang September erhielt Mackenzie den Ritterschlag.

Am 29. August brach Kronprinz Friedrich Wilhelm auf und fuhr zurück nach London, wo er zwei Tage später Mackenzie sah, der sich wiederum über den Zustand seines Kehlkopfs sehr zufrieden äußerte, denn nun bewegte sich das linke Stimmband im Vergleich zu früher wieder freier, wenn die Beweglichkeit auch noch zu wünschen übrig ließ. Zudem machte der Kronprinz einen ausgezeichneten Eindruck, was seinen Allgemeinzustand betraf.

Aber an diesem 29. August sah Landgraf auch das von Mackenzie für den »Deutschen Reichs-Anzeiger und Königlich Preußischen Staats-Anzeiger« [Reichsanzeiger] entworfene Bulletin und nahm mit Verwunderung zur Kenntnis, dass er »das Wiederwachsen der Geschwulst, das ich sicher konstatirt hatte, in Abrede stellte«. Von Heiserkeit war im Entwurf Mackenzies keine Rede, eine Textänderung nicht mehr zugelassen. Glücklicherweise konnte Wegner in seiner deutschen Übersetzung den Zusatz »Die Stimme ist noch heiser« unterbringen, der in der ursprünglichen englischen Fassung fehlte. Das Bulletin, das der »Reichsanzeiger« am 2. September brachte, klang dennoch wie eine Genesungsanzeige.

Der Kronprinz hatte sich nun festgelegt, seinen Aufenthalt nach Toblach in Tirol zu verlegen, ein Vorschlag, den Mackenzie ihm am 17. August schon telegrafisch unterbreitet hatte. Er gab ihm lediglich den Rat mit auf den Weg, bei Klimaverschlechterung seinen Standort noch einmal zu verändern, des milderen südeuropäischen Klimas wegen.

Grundsätzlich stellte sich für Friedrich Wilhelm natürlich die Frage, ob er nicht eigentlich nach Berlin zurückkehren oder wenigstens einen Abstecher nach Babelsberg einplanen müsste, um seinen altersschwachen kranken Vater zu besuchen. So sehr ihn dieser Wunsch bewegte, so sehr fürchtete er sich gleichermaßen vor Berlin, weil er sich dem vielen dort zu erwartenden Besuch schwer entziehen konnte. Da jedes zusätzliche Sprechen aber ungünstig für seine Genesung war, unterließ er besser diese Reise, auch wenn er zu Hause, besonders von dem alten Kaiser, der oft wegen seiner schwachen Gesundheit gebieterisch seine Rückkehr gefordert hatte, dringend erwartet wurde. Der Kronprinz aber fürchtete »die beständigen Besuche und Pflichten ohne Ende«, wie es die Kronprinzessin sozusagen für ihn schrieb. »Es wäre Wahnsinn, Fritzens Behandlung zu unterbrechen, während er sich auf dem Wege der Rekonvaleszenz befindet, aber noch nicht ganz gesund ist«, schrieb Kronprinzessin Victoria am 30. August an ihre Mutter und setzte sich mit Nachdruck gegen die Rückkehr nach Berlin und Potsdam ein. Selbst einen Kurzbesuch des kranken Kaisers lehnte sie als schädlich für ihn ab. Die deutsche Presse attackierte Mackenzie, der die Berlinreise verhindert hätte, weil er ein Zusammentreffen seines Patienten mit Gerhardt und von Bergmann fürchtete. Am meisten aber wurde die Kronprinzessin angeschuldigt, die Berlinreise vereitelt zu haben, was wohl am ehesten zutraf.

Dabei wäre die Anwesenheit des Kronprinzen in Berlin nicht unwichtig gewesen, um allen Intrigen entgegenzutreten, die zugunsten Prinz Wilhelms gesponnen wurden, dessen Macht und Einfluss ständig wuchsen. Auch wenn die Kronprinzessin die gefährliche Lage klar erkannte, stellte sie die Gesundheit ihres Mannes doch immer an die erste Stelle. Sie wusste, dass ihr Sohn seinen greisen und kranken Großvater, Kaiser Wilhelm I., leicht für sich gewinnen konnte und dass die Berliner und Potsdamer Atmosphäre keinen guten Einfluss auf Prinz Wilhelm hatten, der doch nur darauf hinauslief, den Kronprinzen weiter ins politische Abseits zu stellen.

Unterdessen hatte der Kronprinz Mackenzie wissen lassen, dass Generalarzt Wegner aus Gesundheitsgründen für einige Zeit durch den weiteren kronprinzlichen Leibarzt Dr. Max Schrader vertreten werden müsste. An sich brauchte er gar keinen anderen Arzt in seinem Gefolge als Mark Hovell, mit dem er höchst zufrieden war. Im Übrigen wollte er Landgraf verabschieden, sobald die Reisegesellschaft in Deutschland eintreffen würde. Am 3. September kehrten Wegner und Landgraf tatsächlich nach Berlin zurück, so dass bis auf Oberstabsarzt Schrader, der den erkrankten Generalarzt Wegner vertrat, kein Deutscher mehr zum Ärzteteam gehörte.

Mackenzie nahm die Absicht des Kronprinzen, sich von Landgraf zu trennen, später zum Anlass, seine angestauten Aggressionen gegen den Stabsarzt in seiner Verteidigungsschrift loszuwerden, weil dessen Beitrag in der »Berliner Broschüre« den Engländer empfindlich getroffen hatte. Angeblich hätte sich der Kronprinz bei Mackenzie über Landgrafs »Rohheit und Ungeschicklichkeit« schon nach seiner ersten Untersuchung beklagt und ihn gebeten, Landgraf einen entsprechenden Wink zu geben. Das aber traute sich Mackenzie nicht, weil er die Nachrede in Berlin fürchtete. Er gab es lediglich an Wegner weiter und hielt Landgraf ansonsten fachlich bestenfalls für mittelmäßig und dessen Beobachtungen für unbrauchbar.

Als Landgraf Wegner gegenüber äußerte, dass er die kontinuierliche Zunahme des Gewächses für Krebs halte und die deutschen Ärzte endlich zu Rate gezogen werden müssten, schloss der sich dessen Ansicht an, während Mackenzie dagegen Landgrafs unzureichende Erfahrung und fachliche Unsicherheit bemängelte. Selbst bei Dr. Wolfenden wollte sich der Kronprinz über Landgrafs Unbeholfenheit und Hilflosigkeit beklagt haben. Mackenzie lenkte alle Aufmerksamkeit in diese Richtung, um Landgrafs düstere Prognose zu relativieren und dessen Beobachtungen als Panikmacherei abzutun. Seinen Befunderhebungen maß er nicht die geringste Bedeutung bei, da Landgraf für ihn nicht besser mit einem Kehlkopfspiegel umzugehen verstand als ein englischer Student im sechsten Semester.

Am 31. Juli kam es schließlich zu einer längeren Unterredung zwischen Mackenzie und Wegner, der dem Engländer sagte, dass er, Mackenzie, den Zeitpunkt für eine andere Therapie selbst bestimmen müsse, wenn man therapeutisch auf der Stelle trete. Bei dieser Rücksprache räumte Mackenzie erstmals ein, dass ein ungünstiger Krankheitsverlauf auch von ihm nicht ausgeschlossen werden könne, womit es aber sein Bewenden hatte. Die ihm von Wegner gebaute Brücke ignorierte er, sondern ging unbeirrt seinen eingeschlagenen Weg weiter, der zu einem tragischen Ende führen musste, denn nach Mackenzies Prophezeiung hätte der Kranke längst gesund sein müssen. Auch wenn Wegner seinen Vorstoß sogar noch einmal wiederholte, kam eine Konsultation der deutschen Ärzte nicht mehr zustande – wie auch in therapeutischer Hinsicht von Mackenzie keine Änderung versucht wurde.

Bevor das Kronprinzenpaar England verließ, versicherte Mackenzie der Kronprinzessin, dass das Leiden des Kronprinzen nicht krebsartig zu sein scheine, auch wenn es sich am Ende doch als solches herausstellen könne. Er hielt in dieser Situation vier Entwicklungen für möglich: 1. Der Tumor würde nicht wieder wachsen, so dass der Kronprinz geheilt sei. 2. Der Tumor könne wieder wachsen, so dass seine erneute Zerstörung nötig würde. 3. Das Wachstum könne auch zur Entstehung so genannter »multipler Papillome« führen, was zwar gefährlich, aber nicht zwangsläufig tödlich sei. 4. Der Tumor könne schließlich schon Krebs sein oder es später werden.

Wie aus Punkt vier hervorgeht, hat Mackenzie spätestens zu diesem Zeitpunkt mit der Möglichkeit von Krebs gerechnet. Es kann nicht ausgeschlossen werden, dass er der Kronprinzessin gegenüber die Diagnose Krebs erwähnt hat, so forsch er in der Öffentlichkeit und auch vor dem Kronprinzen selbst dagegen auftrat und Zuversicht verbreitete. Solange der Krebs nicht mikroskopisch nachgewiesen war, lag letztlich keine Bestätigung für Krebs vor, und damit waren die Ansichten Mackenzies auch nicht zu widerlegen. Mit dieser gezielten Beruhigung verbesserte er fraglos die allgemeine Stimmung, auch die im deutschen Volk – aber um einen sehr hohen Preis. Den mussten zu der Zeit hauptsächlich die deutschen Ärzte zahlen, die von allen Seiten wegen ihrer schlimmen Diagnose und der fürchterlichen Operation mit bitteren Vorwürfen und Anklagen überschüttet wurden. Ein nicht geringer Teil der Bevölkerung fand für die deutschen Ärzte nur noch Worte der Verachtung, während der erfolgreiche und tüchtige Engländer in den höchsten Tönen gepriesen und bewundert wurde.

Mackenzies Verhalten war in jeder Beziehung unverständlich. Wie konnte er nur so selbstherrlich auf seiner Meinung bestehen und keine andere gelten lassen? Warum lehnte er die deutschen Ärzte so strikt ab? Warum verwarf er so rigoros ihre Diagnose und ihren Therapievorschlag, ohne ein begründetes und fachlich diskutables Gegenangebot zu unterbreiten? Er sah doch den Verlauf der Krankheit, die keine Rückbildungsneigung erkennen ließ und konnte sich tagtäglich davon überzeugen, dass Landgrafs Beobachtungen nicht aus der Luft gegriffen waren. Er wusste doch, wie dünn das Eis war, das Virchows mikroskopische Befunderhebungen tragen sollte. Wider besseres Wissen bediente er sogar die Presse mit seinen zweifelhaften Befunderhebungen und Ergebnissen. Wie wollte er sich eigentlich verhalten, wenn die Wahrheit ans Licht käme?

Am 3. September verließ der Kronprinz London und reiste über Frankfurt am Main, München und den Brenner nach Toblach, wo er am 7. September erschöpft und heiser eintraf. Einen Tag später bemerkte Dr. Hovell, der das Kronprinzenpaar als einziger Arzt umgab, bevor Oberstabsarzt Dr. Schrader sich nach einigen Tagen einfand, »eine geringe Verdickung an dem rückwärtigen Teile des linken Stimmbandes … wo jenes Gewächs früher war, welches Sir Morell zerstört hatte. Die Heiserkeit nahm zu …« Die Stimme hatte sich verschlechtert, neue Beschwerden im Kehlkopf stellten sich ein.

Erst am 20. September traf Mackenzie in Toblach ein und bestätigte nach seiner Untersuchung die runde Anschwellung, die Hovell am 8. September zum ersten Mal bemerkt hatte, und deren Durchmesser gut 5 mm betrug. Auch die Stimme des Kronprinzen wurde »solange wir hier sind« immer schlechter, wie einem Brief aus der Umgebung des Kronprinzen vom 24. September zu entnehmen ist.

Holstein gibt diesen in Toblach verfassten Brief in seinen »Tagebuchblättern« wieder, den vermutlich Hofmarschall Maximilian von Lyncker an Graf Radolinski schrieb. Dieser Brief ist ebenso interessant wie informativ, weil er nicht nur die Krankengeschichte bereichert, sondern auch die Stimmung zwischen dem Kronprinzenpaar wiedergibt, die offenbar nicht durchweg so harmonisch war, wie es die Briefe der Kronprinzessin an ihre Mutter vermuten lassen. Bei dem Verfasser des Briefes heißt es beispielsweise: »Na, überhaupt die Kronprinzessin! Ich freue mich für den Kronprinzen, daß er ein paar Tage allein sein wird … Ich kann nicht beschreiben, wie mir die Frau auf die Nerven geht. Jetzt, wo es so grimmig kalt ist, daß wir alle mit den Zähnen klappern vor Frost …, erklärt sie das Wetter für unerträglich heiß und läßt die Fenster öffnen … Bei den Spaziergängen rennt sie voran, wie von der Tarantel gestochen, bis der Kronprinz ganz erschöpft stehen bleibt und sagt: ›Ich kann nicht weiter, meine Frau rennt wieder zu toll.‹ Ich bleibe dann bei [ihm], die Prinzeß läßt sich aber nicht stören im Weitergehen, sagt mit sanftem Augenaufschlag: ›Nicht wahr, lieber Fritz, Du gehst recht langsam, damit Du Dich nicht echauffierst.‹ Ich kann das ewige Lächeln auf dem Gesicht nicht mehr sehen, diese Frau hat alle guten Geister aus ihrem Hause herausgelächelt.«

Den Winter wollte der Kronprinz, das wurde jetzt schon festgelegt, in Italien verbringen, wo man sich für San Remo entschied. Da die Temperaturen in Toblach sanken, empfahl Mackenzie nun ein bis zwei Wochen Venedig, zumal wieder eine Erkältung zu einer erneuten Zunahme der Schluckbeschwerden und Heiserkeit geführt hatte. Da er auf eine sofortige Abreise drängte, brach der Kronprinz mit ärztlicher Begleitung am 25. September nach Trient auf, während die Kronprinzessin noch in Toblach verblieb, um am 28. September mit Seckendorff und der Gräfin Wanda Perponcher [Gemahlin Graf Fritz Perponchers; Oberhofmarschall Kaiser Wilhelms I.] ihre Reise nach Venedig anzutreten. Der Briefverfasser schrieb: »… wenn sie erst mit S[eckendorff] auf Reisen ist, wird sie wohl nicht pünktlich in Venedig landen.«

Nach einem Zwischenaufenthalt in Trient traf die kronprinzliche Gruppe am 28. September in Venedig ein, um bis zum 6. Oktober dort zu bleiben. Am Ankunftstag hielt Kronprinz Friedrich Wilhelm fest: »Sir M. Mackenzie trennte sich nach Einpusten eines schärferen Pulver's von uns in Trient, u. befriedigt. Abends pustete Dr. Hovell.« Mackenzies Bericht klang abermals erfreulich, denn er fand: »Der Zustand seines Kehlkopfes besserte sich inzwischen in stetiger Weise.«

Am 6. Oktober brach das Kronprinzenpaar nach Mailand auf, um einen Tag später in Baveno am Lago Maggiore einzutreffen, wo der Hals des Kronprinzen nach Mackenzies Untersuchung weiterhin »in sehr befriedigendem Zustande« war, auch wenn sich das linke Stimmband nicht frei bewegte.

Vom milden Klima und den duftenden Gärten in Baveno war das Kronprinzenpaar so angetan, dass beide gern Mackenzies Empfehlung folgten, die nächsten Wochen hier zu verbringen, um besonders die herrliche Luft noch länger zu genießen. Die Schonung der Stimme war weiterhin das oberste Gebot für den Kronprinzen, der nach Mackenzies Vorhersage ja in drei bis vier Monaten wieder vollkommen gesund sein könnte. In seinen Äußerungen dem Kronprinzen gegenüber stellte Mackenzie die Lage offenbar noch immer unrealistisch dar.

In Deutschland sah man die Lage jedoch anders. Die Presse, die in diesen Wochen nicht verstummen wollte, erregte sich vor allem darüber, dass Mackenzie, ein Ausländer, nun schon seit Juni der alleinige Arzt des deutschen Kronprinzen war. Sir Edward Malet, der britische Botschafter in Berlin, sprach in seinem Brief vom 15. Oktober an seine Königin von »nationaler Eifersucht« und war der Meinung, dass sich Mackenzie klüger verhielte, wenn er die Verantwortung mit einem »berühmten deutschen Professor« teilen würde. Die deutschen Zeitungen, die der Kronprinz alle las, berichteten schonungslos und ohne jedes Taktgefühl über seine Krankheit und die Ärztekontroversen, was für den Patienten eine erhebliche psychische Belastung darstellte, weil die Berichterstattung keine Zurückhaltung kannte und teilweise schauerlich war. Die Kronprinzessin war darüber maßlos gereizt und schrieb sich am 27. Oktober in einem Brief an ihre Mutter ihren Ärger über die Presse von der Seele: »Die Berliner Zeitungen machen mich ganz wild … Fritz kann unmöglich besser verpflegt und sorgfältiger behandelt werden als hier! Die Kur zu unterbrechen würde die Gefahr in sich schließen, sie zwecklos zu machen … Es existiert aber eine Clique, die entschlossen ist, alles falsch zu finden und zu kritisieren, und die eifersüchtig ist, daß er einen englischen Arzt hat und in einem englischen Hause lebt …«

Auch Mackenzie, der inzwischen wieder nach England gereist war, blieben die Angriffe nicht verborgen. Am 21. Oktober 1887 schrieb er einen Brief an den Halsspezialisten Professor Max Joseph Oertel in München, in dem sein notorischer Optimismus allmählich Unsicherheit zu weichen schien: »Mit Bezug auf Ihre Anfrage über den Kronprinzen schätze ich mich glücklich Ihnen sagen zu können, daß derselbe, als ich ihn in Baveno sah, sich sehr gut befand; es war niemals auch nur irgendwie von bösartiger Krankheit Charakteristisches vorhanden, soweit man mit dem nackten Auge sehen kann ... So wertvoll aber auch die Untersuchungen Professor Virchows waren, so bieten dieselben doch nur negative Beweise dar, und ich werde nicht ganz frei von Besorgnis mich fühlen, bis 6 Monate seit Anwendung der elektrischen Kauterisierung verflossen sind.« Am 31. Oktober erschien in der Presse Mackenzies Brief vom 26. Oktober an Oertel, in dem er versuchte, die Wogen zu glätten, wenn er schrieb: »Es ist wohl nicht erst nötig zu sagen, daß ich mich niemals und in keiner Weise geweigert habe, mit meinen deutschen Kollegen in Beratung zu treten, und wenn sich unglücklicherweise neuerdings irgendein ungünstiges Anzeichen zeigen würde, wäre ich der erste, einen Ihrer Landsleute zu Hilfe zu rufen.« Auch Oertel, eine Autorität von internationalem Ruf auf dem Gebiet der Halskrankheiten, war zu Mackenzie auf Distanz gegangen.

Schließlich meldete sich sogar die britische Königin zu den Berliner Kritiken zu Wort und schrieb am 1. November an ihren Berliner Botschafter: »... Er [der Kronprinz] hat mir gerade erst geschrieben, daß er keinem der deutschen Ärzte, die ihn fast umgebracht hätten und anfangs zweifellos gänzlich verpatzten [mismanaged], erlauben würde, ihm wieder nahezukommen. Er ist vollkommen zufrieden mit der Behandlung Sir Morell Mackenzies und dessen Assistenten Dr. Hovell ...«

Mackenzies britische Kollegen sahen ihren Landsmann anders als der Patient in dessen Brief an seine Schwiegermutter, wenn er denn wirklich dachte, was er ihr schrieb. Für Semon war es völlig unverständlich, dass Mackenzie mit seinem Scheinoptimismus die Operation der deutschen Ärzte verhindert hatte. »Denn«, so schrieb er am 8. September an Graf Herbert von Bismarck, »wenn einmal der richtige Zeitpunkt zur Radicaloperation verpaßt ist, so ist das Ende in 2-3 Jahren, höchstens 4 Jahren ... unausbleiblich ... Hätten Sie je das Loos gehabt, diese traurigen Stadien zu sehen, wie ich dies leider nur zu oft gehabt habe, so würden Sie begreifen, lieber Graf, wie diesen Dingen gegenüber die Frage nach der Beschaffenheit der Stimme absolut in Nichts versinkt!« In seinem Brief an Graf Bismarck meinte Semon, dass Mackenzies Behandlung »das Erstaunen des Sachverständigen« herausfordere, wie er auch die räumliche Distanz zwischen Arzt und Patient mit Verwunderung zur Kenntnis nahm. Die einzige Erklärung dafür konnte für ihn nur sein, »daß Sir Morell Mackenzie Geschmack an den ›Reisehonoraren‹ gefunden hat«!

Auch am deutschen Kaiserhof machten sich immer mehr Zweifel an der Lauterkeit und Kunst des britischen Arztes breit, denn die von Mackenzie genannte Genesungsfrist war längst verstrichen – was viele nachdenklich stimmte: Die deutschen Ärzte waren beharrlich bei ihrer Diagnose geblieben.

Ab Mitte Oktober wurden Hovells Berichte an Mackenzie plötzlich ungünstig. Am 17. des Monats war es zu einer akuten Schwellung des Kehlkopfs gekommen. Der Kronprinz vermerkte an diesem Tag lediglich: »... Abends Stimmband leicht geröthet.« Zehn Tage darauf nahm die Anschwellung an Größe zu. Am 28. Oktober zeigte sich eine Schwellung am Stimmband oberhalb des Tumors. Die Stimme aber, so schrieb Mackenzie, war »ganz klar und nach der Ansicht der Kronprinzessin vollständig natürlich«. Es war übrigens am 28. Oktober, dass sie das letzte Mal den wahren Klang der Stimme ihres Mannes hören sollte, denn schon einen Tag später stellte sich wieder Heiserkeit ein, die nun nicht mehr reversibel war. Am Tage darauf zeigte sich eine Schwellung unterhalb des rechten Stimmbandes, während die andere Seite »Ableger auszustoßen begann«, was wohl bedeutete, dass sich erste Nekrosen [abgestorbenes Gewebe] lösten. Der Kronprinz war über die Verschlimmerung seines Halses völlig entmutigt und hielt deprimiert am 31. Oktober in seinem Tagebuch fest: »Ich empfinde wieder starke Schmerzen an linker oberer Mandel, wie schon öfters. Stimmbänder wieder einmal geröthet ... Muß wieder das Inhaliren beginnen! Bin sehr heiser.«

Da Kronprinzessin Victoria auf ein noch wärmeres und angenehmeres Klima an der italienischen Riviera hoffte, erfolgte am 3. November 1887 der Wechsel von Baveno nach San Remo, wo die Villa Zirio als passende Residenz für den Kronprinzen vorbereitet worden war. Hovell bemerkte an diesem Tag, »daß der subglottische Tumor bedeutend gewachsen war« und jetzt schon eine Größe von einem Zentimeter im Durchschnitt und eine Höhe von vier Millimetern hatte. Der Lokalbefund hatte in den letzten Tagen eine erhebliche Verschlechterung erfahren, worüber Hovell umgehend Mackenzie informierte. Resigniert und traurig trug der Kronprinz am 4. November in seinem Tagebuch ein, dass Hovell ihm mitgeteilt habe, »er sei seit dem 18. October nicht mehr mit meinem Halse zufrieden, habe dies Sir Morell Mackenzie mitgetheilt, und reist dieser heute von London ab um nachzusehen. Mithin bin ich wohl so weit wie Ende Mai, da eine Verdickung des Gewächses am Stimmbande sich wieder zeigt, und wird die Genesung von der ich aus Anlaß meines Geburtstags soviel sprach, um ein Wesentliches zurückgedrängt, wenn nicht ... operativen Eingriffen ... Ich bin sehr niedergeschlagen zumal noch vor 8 Tagen alle Umgebungen die Stimme so sehr gekräftigt fanden – was ich freilich niemals wahrgenommen hatte.«

Am Ende der monatelangen Irrfahrt von England bis nach Italien war jetzt der Zustand eingetreten, den die deutschen Ärzte seit langem vorausgesagt hatten. In der sich dramatisch zuspitzenden Situation wurde Mackenzie telegrafisch nach San Remo gerufen, wo er am 5. November 1887 am späten Abend eintraf.

Kehlkopfkrebs

Bis zur dramatischen Wende in San Remo war man in Deutschland allgemein voller Bewunderung für Mackenzie gewesen, der sich durch seine professionelle Pressearbeit in der Öffentlichkeit im rechten Lichte darzustellen wusste. Als der Kronprinz auf seiner Reise nach Tirol aber an Berlin vorüberfuhr, das sich auf seinen festlichen Empfang schon vorbereitet hatte, waren die Berliner nicht nur enttäuscht, sondern auch nachdenklich geworden. Verhielt sich auch wirklich alles so, wie es den mackenzietreuen Blättern zu entnehmen war? Spätestens seit Toblach machten Gerüchte von einer anhaltenden Heiserkeit die Runde, die aber schon am Lago Maggiore wieder verstummten, wofür die Presse sorgte, die dem Engländer nun schon seit Mai die Treue hielt. Aber diese tendenziösen Berichterstattungen setzten auch zugleich den Schlusspunkt unter die monatelange Bewunderung für den britischen Kehlkopfspezialisten, der nun zur Überraschung aller am 6. November 1887 plötzlich eingestand, dass es sich bei der Krankheit des Kronprinzen um Kehlkopfkrebs handle, was für die deutschen Ärzte schon seit Mai feststand.

Als man Mackenzie Anfang November schleunigst aus England nach San Remo rief, hatte er sich am Morgen des 6. November sofort zur Untersuchung des Kronprinzen in die Villa Zirio begeben. Der Befund am Kehlkopf deckte sich vollkommen mit der Beschreibung, die er von Hovell erhalten hatte, so dass er später schrieb: »Das neue Gewächs war hellrot, in der Mitte etwas mehr prominent als sonst, und auf der Oberfläche eiternd.« Außerdem unterschied es sich auch im Aussehen »von demjenigen, welches ich zerstört hatte ...« In der Legende der von Mackenzie am 6. November angefertigten Skizze spricht er von einem »große[n] neue[n] Gewächs« unterhalb des linken Stimmbands sowie von einem »kleinere[n] Gewächs« unterhalb des rechten. Damit war klar, dass der Tumor nun auch das bisher gesunde Stimmband erfasst hatte. Was die Diagnose betraf, war auch für ihn nun jeder Zweifel ausgeschlossen, so dass er kurz und bündig festhielt: »… es sah in der That entschieden bösartig aus.« Dem Kronprinzen musste er nun wohl oder übel die Wahrheit sagen, auch wenn er ihm gegenüber die Diagnose noch immer nicht beim Namen nannte. Der aber fragte ihn konkret: »Ist es Krebs?« und erhielt darauf von ihm die Antwort: »Ich bedauere, Kaiserl. Hoheit, sagen zu müssen, es sieht sehr danach aus, aber es ist unmöglich, darüber sicher zu sein.« Der Kronprinz nahm die schlimme Wendung mit Fassung und mit Haltung auf und dankte seinem Arzt für dessen Offenheit. Er glaubte, dass ihm »eine langsame Agonie bevorstehe«, eine beklemmende Aussicht, der er »furchtlos entgegen sah, in dem er sein Vertrauen auf Gott setzte«. So jedenfalls hat Mackenzie es niedergeschrieben.

Nach Monaten des Leugnens hatte er überraschend einen bösartigen Tumor festgestellt – oder sollte man vielleicht besser sagen, zugegeben? Allerdings rechtfertigte er seine monatelange Verharmlosung durch die Behauptung, dass es ein »neue[s] Gewächs« am linken Stimmband sei, das sich von dem bisherigen eindeutig unterschied. Damit versuchte er, seine Glaubwürdigkeit zu retten, die durch das Eingeständnis einer bösartigen Neubildung, selbst wenn er sie sicherheitshalber schon als Zweittumor ausgab, Schaden nehmen konnte. Jedenfalls hat er das so in seiner Erwiderungsschrift angeboten, was die deutschen Ärzte, die den Befund von Anbeginn an kannten, natürlich abermals erstaunte.

Eine endgültige Diagnose war letztlich nur durch eine mikroskopische Untersuchung zu stellen, auf die Mackenzie aber jetzt verzichten musste, weil die Gewebsentnahme in diesem Zustand viel zu gefährlich war und das Ödem durch die Manipulation mit seiner Kehlkopfzange zunehmen konnte, was zwei Tage später auch spontan eintrat. Durch eine Biopsie hätte er die Ödembildung, die zu Atemnot und Erstickungsanfällen führen konnte, mit Sicherheit noch provoziert. Schließlich reichte Mackenzies jahrelange klinische Erfahrung, um die Diagnose auch ohne histologische Bestätigung stellen zu können, was die Berliner Ärzte ja schon seit Mai für sich in Anspruch nahmen, auch wenn das für Mackenzie zu Beginn der Stein des Anstoßes gewesen war.

Um sich seine Diagnose, so sicher er sich ihrer war, bestätigen zu lassen und die Verantwortung für die jetzt notwendige Therapie zu teilen, wünschte Mackenzie den Rat weiterer erfahrener Laryngologen einzuholen, von denen er ein »vollständig unbefangenes Urteilsvermögen« erwarten konnte. An sich mussten jedem spontan die Namen Gerhardt, von Bergmann und Tobold einfallen, in denen Mackenzie aber seit dem Frühjahr nur noch Gegner sah, die für ihn nicht infrage kamen, zumal sie wegen der Vorgeschichte nun auch noch als befangen gelten konnten. Für ihn war in Berlin sogar ein Mangel an entsprechenden Kapazitäten zu beklagen, allerdings »mit Beiseitesetzung von Gerhardt und Tobold, die bereits in diesem Falle ihre Meinung scharf ausgedrückt hatten«, und die war allen seit Monaten bekannt. Im Zusammenhang mit Berlin fielen Mackenzie nur noch die Namen von Professor Bernhard Fränkel, Direktor der 1887 errichteten Universitätsklinik für Hals- und Nasenkranke, und Dr. Hermann Krause ein. Wien war dagegen »die Wiege ...« der Laryngologie, die es dort zu einer beachtlichen Blüte gebracht hatte. Unter drei infrage kommenden Wiener Halsspezialisten entschied er sich für Professor Leopold von Schrötter, der ihm wegen seiner fachspezifischen und allgemeinmedizinischen Kenntnisse am geeignetsten erschien. Und was Berlin schließlich betraf, so schlug er Dr. Krause vor, weil der ihm auf internationalen wissenschaftlichen Veranstaltungen besonders aufgefallen war. Während Krause nach Mackenzies Meinung sogar »einer der hervorragenden Laryngologen in Deutschland« war, kam Fränkel für ihn von vornherein nicht in die engere Wahl.

So wurden dann auf Ersuchen Mackenzies von Schrötter und Krause nach San Remo eingeladen, wo am 9. November die erste Ärzteversammlung im kleinen Salon Mackenzies in seinem Hotel stattfand, an der er selbst, von Schrötter, Krause, Hovell und Schrader teilnahmen. Zunächst stellte Mackenzie den neuen Kollegen die Krankengeschichte des Kronprinzen von Mai bis in den Oktober hinein vor, die Hovell bis zum Tag ihrer Zusammenkunft ergänzte. Dann folgte Mackenzies aktuelle Befundbeschreibung, die er mit dem »Aussehen des neuen Gewächses« beschloss, um seinen Gesamteindruck mit den Worten zusammenzufassen: »Dieses Gewächs sieht wie Krebs aus.« Seine Ausführungen sollen so brillant gewesen sein, meinte er später, dass von Schrötter davon angeblich so angetan war, dass es »für ihn gar nicht nötig [wäre], den Kranken [noch] zu sehen«, da nach dieser überzeugenden Darstellung auch für ihn nur Krebs infrage kam. Mackenzie hat sich in seiner Selbstverteidigungsschrift »für dieses schmeichelhafte Zeugnis meiner deskriptiven Fähigkeiten«, die von Schrötter ihm angeblich bescheinigt hatte, sogar noch einmal ausdrücklich bei ihm bedankt.

Im Bericht von Schrötters für die »Berliner Broschüre« findet sich dagegen kein Wort über die glänzende Vorstellung Mackenzies, wie der Wiener Laryngologe überhaupt in vielen Punkten von dessen Darstellung und Sicht der Dinge abwich. Schon bei seiner Ankunft war er erstaunt gewesen, dass außer ihm nur noch Dr. Krause aus Berlin gerufen worden war, was er von Oberstabsarzt Schrader erfuhr. Er hatte angenommen, dass in einem »so hochwichtigen Falle« nur Koryphäen infrage gekommen wären und um eine solche konnte es sich bei dem noch jüngeren, gerade habilitierten Berliner Kollegen noch nicht handeln, auch wenn er gegen Krause persönlich nichts einzuwenden hatte, der längere Zeit an seiner Klinik hospitierte, in der er ihn als strebsamen Kollegen kennen lernte. Natürlich musste es dem jungen Berliner Laryngologen noch an Erfahrung mangeln.

Nachdem alles Wichtige in diesem Kreis besprochen worden war, brach man gemeinsam auf zur Villa Zirio, um den Kronprinzen zu untersuchen. Nach der Untersuchung fand man sich wieder im Hotel Mackenzies ein, um das Konsilium fortzusetzen und fasste den Beschluss, dass jeder seine Meinung über das Krankheitsbild schriftlich fixieren sollte. Auch von Schrötters Diagnose lautete Krebs. Sein Therapievorschlag sah eine totale Kehlkopfentfernung vor und ging damit weit über den ursprünglichen Operationsplan von Bergmanns hinaus. Auch für Krause lag »höchst wahrscheinlich … eine bösartige Neubildung« vor, wobei er eine exakte Untersuchung wegen des akuten Ödems für schier unmöglich hielt.

Mackenzie wiederholte in diesem Kreis noch einmal seine Diagnose, deren letzte Sicherheit natürlich nur histologisch erbracht werden konnte. Daher schlug er vor, nach Abklingen der Schwellung erneut Material für eine mikroskopische Untersuchung zu entnehmen. Abermals wird hier eine Meinungsverschiedenheit oder eine unterschiedliche Darstellung der Sachverhalte zwischen Mackenzie und von Schrötter deutlich. Die von Mackenzie vorgeschlagenen weiteren Biopsien zum Zweck der Untersuchung lehnte von Schrötter nachdrücklich ab, weil sie das Tumorwachstum provozieren würden. Es ist richtig, dass von Schrötter ebenso wie Mackenzie die Diagnose Krebs stellte, wobei die laryngoskopische Untersuchung wegen des ausgeprägten Ödems auch für ihn schwierig war, worauf schon Krause aufmerksam gemacht hatte. Allerdings war dessen Festlegung auf eine bösartige Neubildung bei weitem nicht so eindeutig, wie es nach Mackenzies Schrift den Anschein hat. Er dachte auch an die Möglichkeit einer »anderen Erkrankung«, die von Schrötter aber nicht beim Namen nannte, auch wenn in diesem Kreise jeder wusste, dass er damit eine spezifische Infektionskrankheit, nämlich die Syphilis, ansprach. Im Tagebuch des Kronprinzen ist unter dem 9. November zu lesen: »Dr. Schrötter aus Wien und Dr. Krause aus Berlin untersuchten mich. Der Schmerz hat mich die Nacht recht geplagt ...«

In therapeutischer Hinsicht schienen für von Schrötter »nur zwei Wege möglich« zu sein: 1. die Tracheotomie und zwar die »Vornahme des möglichst tiefen Luftröhrenschnittes« und 2. die Entfernung des Kehlkopfs zum Zweck »einer gründlichen Heilung«. Von Schrötter sprach sich eindeutig für die totale Kehlkopfexstirpation aus. Allerdings, und das wird ganz bewusst hervorgehoben, müssten vor einer so großen und folgenschweren Operation nach seiner Ansicht auch »jene hohen wissenschaftlichen Sommitäten [Spitzen] beigezogen [werden], welche den Kranken bereits in Berlin behandelt hatten«, also von Bergmann und Gerhardt, mit deren Namen Mackenzie aber von Anfang an seine Probleme hatte, wenn man nur an seinen ersten Eindruck denkt, den er am 20. Mai 1887 bei der Bekanntmachung mit den deutschen Ärzten von ihnen gehabt haben wollte. Im Gegensatz zur Kehlkopfspaltung von Bergmanns war nach einem inzwischen verstrichenen halben Jahr nur noch die Entfernung des gesamten Kehlkopfs diskutabel, wenn überhaupt noch Aussicht auf Erfolg bestehen sollte, denn – und darauf hatte ja sogar Mackenzie hingewiesen – in der Zwischenzeit war auch die rechte Stimmlippe nicht mehr tumorfrei.

Am Nachmittag dieses 9. November erhielt von Schrötter die Gelegenheit, der Kronprinzessin seine Vorstellungen über das weitere therapeutische Vorgehen zu entwickeln, die mit Entschiedenheit die große Operation von Schrötters zurückwies und in ihrer Haltung so konsequent von Hovell unterstützt wurde, dass der Wiener Laryngologe erstaunt war, da die letzte Entscheidung darüber doch wohl bei dem Patienten selber liegen musste.

Da der Kaiser dringend zuverlässige Nachrichten über das Befinden seines Sohnes wünschte, erhielt Prinz Wilhelm am 7. November den Befehl, mit Dr. Moritz Schmidt aus Frankfurt am Main, den von Bergmann den kaiserlichen Leibärzten empfohlen hatte, auf dem schnellsten Wege nach San Remo zu eilen, wo beide am Abend des 9. November eintrafen und Prinz Wilhelm alle Ärzte um sich versammelte, um sich über die Krankheit seines Vaters berichten zu lassen.

Die Reise Prinz Wilhelms mit Dr. Moritz Schmidt nach San Remo wurde im Auftrag des Kaisers angetreten, dem Kronprinzen aber nicht einmal angekündigt. Die Nachrichten über die neue Lage in San Remo wurden von den Berliner Hofkreisen begierig aufgenommen, wobei nicht alle der Wahrheit standhalten konnten, solange es keine amtlichen Verlautbarungen gab. Besonders die Zeitungen waren mit ihren Berichten aus San Remo nicht zurückhaltend, allerdings mit Vorsicht zu genießen, denn die Presseschlacht ging nun in ihre heiße Phase, in der die Namen von Bergmann und Mackenzie allmählich regelrecht zum Schlachtruf wurden, der erste für die Konservativen, der andere für die Liberalen.

Am 10. November hatten sich die Ärzte in San Remo erneut zu einem Konsilium in der Villa Zirio versammelt, um weitere Untersuchungen vorzunehmen. Der Ärztekreis war nun um Moritz Schmidt erweitert worden, was von dem Kronprinzen in seinem Tagebuch erwähnt wurde: »Sämmtliche Ärzte untersuchten mich 10 Uhr, konnten aber nur mühsam heran wegen Schleimhautgeschwulst, gegen die ich die Umschläge machen muß … Dr. Schmidt aus Frankfurt a/M ward vorgestellt.«

Da die Schwellung im Kehlkopf im Vergleich zum Vortag rückläufig war, stellte von Schrötter nun »auch ein Knötchen an dem rechten wahren Stimmbande« fest und wiederholte in der sich anschließenden Besprechung noch einmal seine Diagnose und seinen Therapievorschlag. »Auch Dr. Schmidt«, so schrieb er später, »schloß sich meiner Ansicht vollinhaltlich an.« Für die »Berliner Broschüre« hatte Schmidt formuliert, dass sich die »Schwellung … an der Hinterwand herüber nach der rechten Seite [zog], wo sie an einem Hanfkorn großen, rothen Knötchen … des rechten Stimmbandes endigte«. Wie von Schrötter stellte auch er nach seiner Untersuchung fest, dass »das Leiden nur als eine durch Carcinom bedingte Perichondritis« angesehen werden könnte. Ausdrücklich betonte Schmidt, dass er »eine solche Knötchenbildung wie die am rechten Stimmbande, nur bei Carcinom gesehen habe«. In therapeutischer Hinsicht kam auch für ihn nur noch die totale Kehlkopfentfernung infrage, da der Krebs bereits die Mittellinie überschritten hatte.

Wichtig an Schmidts Bericht ist auch sein Hinweis, dass er nicht den geringsten Zweifel hegte, nachdem er von den Berliner Ärzten noch die Vorgeschichte erfahren hatte, »daß die im November von mir beobachteten Krankheitserscheinungen in direktem Zusammenhang mit den von März bis Mai 1887 gesehenen standen«. Damit bestätigte er ein halbes Jahr später die frühe Diagnose der deutschen Ärzte, die zum Zeitpunkt seiner Untersuchung so eindeutig war, dass sie jetzt jeden Zweifel ausschloss. So war die Behauptung Mackenzies von einem Zweittumor oder »neue[n] Gewächs« zumindest fragwürdig. Später, als Moritz Schmidt am 13. November auf der Ärztekonferenz in Berlin seinen Bericht abgab, schloss er die Möglichkeit der Bildung eines »neue[n] Gewächs[es]« zwar nicht grundsätzlich aus, betonte aber ausdrücklich, dass der von ihm wahrgenommene Stimmbandtumor derjenige sei, den Gerhardt, von Bergmann und Tobold schon im Frühjahr sahen. Für ihn, so berichtete es Herbert von Bismarck am 14. November seinem Vater, sei es »zweifellos im Mai schon Krebs gewesen«. Am selben Tag schrieb Semon, der inzwischen vom Rivalen zum entschiedenen Gegner Mackenzies geworden war, an Graf Bismarck, er bedauere, dass dem »unheilbringenden Element selbst jetzt noch viel zu viel Einfluß eingeräumt« würde.

Schmidt sprach sich bei ihrer nächsten Zusammenkunft für die Anwendung von Jodkalium aus und wurde in seinem Therapievorschlag von Krause unterstützt. Mackenzie und von Schrötter stimmten schließlich zu, weil sie der Ansicht waren, dass es nicht schaden könnte, wobei sie aber nicht an eine bestimmte Theorie glaubten, wie es Mackenzie formulierte oder an eine »andere Krankheit«, die Krause schon angesprochen hatte. Auf dem Konsilium am 10. November wurde vereinbart, einen Bericht über die Vor- und Nachteile der totalen und der partiellen Kehlkopfentfernung zu erstellen, der dem Kronprinzen zu seiner Orientierung übergeben werden sollte. Mackenzie unterbreitete den Vorschlag, dass dieses »ausführliche Memorandum über die Chancen der Larynxexstirpation gegenüber dem einfachen Luftröhrenschnitte«, wie es von Schrötter formuliert hatte, durch einen völlig unvoreingenommenen Arzt abgefasst werden sollte. Er selbst entfiel insofern, als er »sich stets gegen strenge Maßnahmen« ausgesprochen hatte, wie er sein abwartendes Verhalten und palliatives Vorgehen bezeichnete und schlug daher von Schrötter vor, der diese Aufgabe auch übernahm.

Darüber hinaus beschlossen die versammelten Ärzte, dem Kronprinzen auch mündlich eine »formelle Mitteilung von unseren Anschauungen« zu machen. Die Wahl des Vortragenden fiel wieder auf von Schrötter, weil, wie Mackenzie anmerkte, dieser Vortrag mit einem so sensiblen Thema besser in der Muttersprache des Kronprinzen gehalten werden sollte. An sich hätte er als alleinbehandelnder Arzt als Erster die Pflicht dazu gehabt, der er sich aber geschickt mit dem Argument der Muttersprache entledigte, das sogar ziemlich überzeugend klang. Weiterhin fürchtete er, dass man ihm vorhalten würde, wenn er selbst »diese delikate Aufgabe« übernahm, er habe damit die Entscheidung für die künftige Behandlung beeinflusst.

Am Vormittag des 11. November teilte von Schrötter dem Kronprinzen in Gegenwart der Kronprinzessin offiziell die Diagnose mit. Über die Erfüllung dieses »schmerzliche[n] Amt[s]« schrieb der Wiener Laryngologe für die »Berliner Broschüre«, »daß diese Scene zu den ergreifendsten meines Lebens gehörte ... Der Hohe Patient ... schlug meine Bitte, sich niederzusetzen, lächelnd ab, nahm den Bericht stehend mit philosophischer Ruhe, mit wahrem Heldenmuthe entgegen.« Auch wenn von Schrötter die Diagnose nicht beim Namen nannte, war allen Anwesenden klar, um welche Krankheit es hier ging. Im Anschluss an diese Erklärung wurden die Ärzte von dem Kronprinzen auf eine »liebenswürdige, herzgewinnende Art« verabschiedet und zogen sich darauf zurück. Zuvor hatte Dr. Schrader dem Kronprinzen noch das am Vortag erarbeitete Referat mit den Vor- und Nachteilen der verschiedenen Kehlkopfoperationen überreicht.

An diesem schweren 11. November schrieb die Kronprinzessin ihrer Mutter: »Die Angst um Fritz war in Berlin so groß, daß man aufs neue die furchtbare Operation beschloß; wir verdanken es Sir Morell Mackenzie und seiner ruhigen, geschickten und klugen Behandlungsweise allein, daß wir nicht mit Gewalt nach Berlin geschleift worden sind, um uns diese Operation aufzwingen zu lassen ... Ich muß Prof. Schrötter die Gerechtigkeit widerfahren lassen, zu sagen, daß er die sehr schwierige und delikate Aufgabe, meinem armen Liebling das Resultat der Konsultation mitzuteilen, außerordentlich gut gelöst hat. Um die Wahrheit zu sagen: ich glaube nicht, daß Fritz die volle Bedeutung seiner Worte verstand.«

Im Anschluss an die ebenso wichtige wie ernste Besprechung beim Kronprinzen versammelten sich die Ärzte gemeinsam bei Generalmajor von Winterfeld, um in Gegenwart Prinz Wilhelms das erste Bulletin für den »Reichsanzeiger« abzufassen, wobei die Festlegung getroffen wurde, dass weitere Bulletins »erst allmählich ernster lauten sollten«, um die Öffentlichkeit nach und nach auf die schwere Situation vorzubereiten.

Schon am 10. November hatte Graf Stolberg den Hofmarschall Graf Radolinski in San Remo aufgefordert, »sogleich von den Aerzten einen genauen und zum amtlichen Gebrauch bestimmten Bericht über den Zustand des Kronprinzen erstatten zu laßen und mir denselben durch chiffrirtes Telegramm zu übermitteln«. Einen Tag später erhielt er von Radolinski den erbetenen Bericht der Ärzte mit folgendem Wortlaut: »Nach wiederholten eingehenden Untersuchungen sind die versammelten Aerzte vollkommen klar darüber, daß es sich bei Seiner Kaiserlichen und Königlichen Hoheit um Krebs des Kehlkopfs handelt. In Bezug auf die Behandlung wurden die verschiedenen Möglichkeiten gründlich durchgesprochen, Seine Kaiserliche und Königliche Hoheit von den Aerzten in dieselben eingeweiht und es wurde der seinerzeit etwa nothwendig werdende tiefe Luftröhrenschnitt empfohlen. Soeben erklärt der Kronprinz unterschriftlich, daß Er auf Entfernung von Kehlkopf oder Theilen desselben verzichtet, aber den Kehlkopfschnitt seinerzeit zugeben wird.«

Die Ausführungen des Kronprinzen am 11. November, dem Tag, an dem von Schrötter ihm die niederschmetternde Eröffnung machen musste, wie lebensbedrohlich sein Zustand war, nehmen einen relativ breiten Raum in seinem Tagebuch ein, in dem es heißt: »Dr. v. Schrötter an der Spitze der versammelten Aerzte theilte mir in ihrer Gegenwart, unter Frauchens Beisein, deren Ansicht dahin mit, daß sie bedauerten, mir kein günstigeres Ergebniß ihrer Beobachtungen geben zu können, indem der vorliegende Fall ein ernster sei. Ich fragte ihn ob er es Krebs nenne, worauf er erwiderte: ›wenigstens mit demselben verwandt‹ ... Es könnte in einiger Zeit, falls ein weiteres Wachsen erfolge was übrigens seit 6 Tagen nicht der Fall war, wenn eine Erschwerung des Athmens erfolge ein leichter Einschnitt, ›Tracheotomie‹ genannt, erfolgen ... Hierauf nahm ich von den hergerufenen fremden Aerzten Abschied, u. reisten v. Schrötter sowie Schmidt gleich ab. Dr. Krause baten wir noch zu bleiben. Sir Morell will ... nach ein paar Wochen wiederkommen, dann vielleicht ein Stück entfernen ... Frauchen bewunderungswürdig wie immer in ihrer Faßung und in ihrem Muth. Wilhelm herzlich auch einen Augenblick weich. Die Mädchen wissen's nicht. Ich erklärte mich schriftlich erforderlichen Falls die ›Tracheotomie‹ zulaßen zu wollen, ganz bestimmt aber gegen die 2 Kehlkopfsoperationen. Somit werde ich wohl mein Haus bestellen müssen.«

Von der Tracheotomie, für die sich der Kronprinz inzwischen entschieden hatte, war schon auf der ersten größeren Ärzteversammlung am 9. November die Rede gewesen, vor allem davon, wer den Eingriff ausführen sollte. Am 10. November hatte von Schrötter der Kronprinzessin empfohlen, für den Luftröhrenschnitt einen deutschen Arzt zu berufen, die aber davon nichts hören wollte und die Anwesenheit Hovells als ausreichend empfand. Am darauffolgenden Tag kam sie kurz vor der schweren Mitteilung, die von Schrötter ihrem Mann zu machen hatte, von sich aus aber wieder auf dieses Thema zurück und teilte ihm mit, dass sie einem deutschen Operateur zustimmen werde. Dass es bei dem Operateur natürlich um von Bergmann ging, wusste und wünschte nicht nur von Schrötter.

Obwohl am 11. November alle noch in San Remo versammelten Ärzte von Dr. Schrader und Graf Radolinski um strikte Geheimhaltung der Diagnose gebeten worden waren, weil die deutsche Bevölkerung durch vorsichtige Bulletins behutsam und fraktioniert auf die schicksalhafte Krankheit vorbereitet werden sollte und man auf diese Weise auch am schonendsten mit dem Kronprinzen verfuhr, erschien schon ein Tag später im »Reichsanzeiger« das Bulletin, das die Krankheit, wenn auch noch mit einem Fremdwort, schon bei ihrem Namen nannte. Damit waren alle getroffenen Absprachen über Nacht zunichte gemacht worden. Die Ärzte in San Remo wie der gesamte kronprinzliche Hof waren entsetzt und maßlos verärgert über dieses taktlose Vorgehen. Dass »ein so wichtiger Bericht, welcher unter dem Siegel des strengsten Geheimnisses erstattet war, sofort veröffentlicht wurde«, löste in den informierten Kreisen natürlich Erstaunen und Befremden aus. Allerdings war die vorliegende Fassung, die am Abend des 12. November im »Reichsanzeiger« erschien, vom Kaiser höchstpersönlich zur Veröffentlichung genehmigt worden, so dass man sich besser jedes weiteren Kommentars enthielt. Das Bulletin lautete: »Nach den Nachrichten aus San Remo ist leider kein Zweifel mehr darüber möglich, daß das Leiden Sr. Kaiserlichen und Königlichen Hoheit des Kronprinzen in der That carcinomatöser Natur ist. Ueber die weitere Behandlung wird eine zuverlässige Nachricht erst möglich sein, nachdem der auf Allerhöchsten Befehl nach San Remo geschickte Dr. Moritz Schmidt hier mündlichen Bericht erstattet haben wird.« Eindeutiger ging es tatsächlich nicht. Nun war es allgemein bekannt, so dass man selbstverständlich auch öffentlich darüber sprach, selbst wenn das Bulletin die letzte Wahrheit noch mit einem Fremdwort zu verschleiern suchte.

Das Echo, das dieser nichtsignierte Bericht im »Reichsanzeiger« auslöste, ist der aktuellen Tagebucheintragung Ballhausens vom 12. November zu entnehmen, in der es heißt: »Heute wird im Reichsanzeiger konstatiert, daß das Leiden des Kronprinzen karzinomatischer Natur sei. Eine Operation wird nicht versucht, weil der Kronprinz sie nicht will und weil es wahrscheinlich schon zu spät sei … Es kann nun nur noch Wochen, höchstens Monate dauern und man kann dem armen Herrn nur noch ein leichtes Ende wünschen

…« Seit dem 12. November wussten die Deutschen, dass es mehr als fraglich war, ob es noch einen Kaiser Friedrich Wilhelm geben werde, auf den viele Menschen ihre Hoffnungen gesetzt hatten. Entsprechend groß war das allgemeine Mitgefühl und echte Mitleid, das viele mit ihrem todkranken Thronfolger empfanden.

In Berlin folgte in diesen Tagen eine Besprechung und eine Konferenz der anderen. Die deutschen Ärzte, die den Kronprinzen im Frühjahr untersucht und behandelt hatten, waren nun wieder in aller Munde, denn sie hatten schon im Mai die Bösartigkeit der Stimmbandveränderung erkannt und ihre Diagnose zu keiner Zeit mehr geändert. Viele Menschen waren daher der Meinung, dass Hilfe nur noch von den Berliner Ärzten kommen könnte und plädierten für die sofortige Heimkehr des Kronprinzen. Von der Presse, die mit Schuldzuweisungen nicht zimperlich umging, wobei diese nun voll den Engländer trafen, der seinen Kredit selbst in den liberalen Blättern verspielt hatte, wurde das Thema weidlich ausgeschlachtet. Die deutschen Ärzte, die gleich zu Beginn die richtige Diagnose stellten, seien zugunsten eines Ausländers absichtlich beiseite gedrängt worden, weil die Kronprinzessin auf einem Engländer bestanden hätte. So sei der deutsche Kronprinz Opfer eines unfähigen englischen Arztes geworden. Das war der Tenor in der Tagespresse.

Verbittert und zornig über die Pressekampagne schrieb Kronprinzessin Victoria am 15. November an ihre Mutter: »Die heftigen und schamlosen Angriffe auf den armen Sir Morell Mackenzie in der deutschen Presse und unter dem Berliner Publikum empören uns außerordentlich. Sie sind ebenso ungerecht wie übereilt. Wir sind ihm so sehr dankbar, daß sie uns doppelt schmerzen.« Zwei Wochen später beklagte sie sich über beleidigende Äußerungen ihrer Söhne, der Prinzen Wilhelm und Heinrich. »Heinrich behauptet weiter«, so schrieb sie ihrer Mutter am 29. November, »daß sein Papa infolge der Tätigkeit der englischen Ärzte und durch mich verloren ist …« Am 2. Dezember beklagte sie sich über ihren Generaladjutanten und schrieb an ihre Mutter: »General von Winterfeldt, der unser größter Trost und unsere beste Stütze in Baveno war, gab sofort alles auf, verlor den Kopf und unternahm es, den ganzen Hof und die Militärpartei in Berlin in Aufregung zu bringen … Winterfeldt und die ganze Partei in Berlin wünschten, daß wir augenblicklich packen, nach Hause reisen und Fritz in die Hände von Gerhardt, Bergmann und Tobold geben sollten – sie wollten uns die Operation aufzwingen!«

Am 13. November hatte Graf Stolberg die führenden Berliner Ärzte zu einer wichtigen Konferenz eingeladen, die, wie es in der

Königin Victoria von Großbritannien und Irland (1819-1901). Gemälde von Heinrich von Angeli.

Einladung heißt, »heute Nachmittag 3 Uhr im Vortragszimmer des Ministeriums des Königlichen Hauses Wilhelmstraße 73 Flügel links« stattfand. Grundsätzlich ging es auf dieser außerordentlichen Konferenz von hochkarätigen Fachvertretern um die Erörterung der von dem Kaiser gestellten Fragen, ob man trotz der vorgetragenen Bedenken nicht doch die Operation erwägen könne, da man den Kranken ansonsten ja von vornherein verloren gäbe. Weiterhin sollte im Allerhöchsten Auftrag auch die Frage aufgeworfen werden, warum die für den Mai schon geplante Operation, die damals aufgegeben worden sei, zu so später Stunde noch einmal erwogen wurde.

Die versammelten Ärzte äußerten einstimmig die Meinung, dass bei der Ausdehnung des Tumors nur noch die totale Kehlkopfentfernung infrage käme, und dass der Zeitpunkt für die Tumorexzision, wie sie im Mai vorgeschlagen worden war, längst überschritten sei. Die totale Kehlkopfentfernung aber war lebensgefährlich und in hohem Maße verstümmelnd, so dass das Operationsbegehren nur von dem Kranken selber kommen könne. Aus ärztlicher Sicht sei dieser Eingriff wegen des bekannten hohen Risikos jedoch abzulehnen.

Was den späten Zeitpunkt der Operation in der vom Kaiser aufgeworfenen Frage anbelangte, so wurde aktenkundig festgehalten: »Nachdem die versammelten Aerzte im Juni ... die bestimmte Zusicherung der Operation beim Wachsen der Neubildung erhalten, müßten sie demjenigen Arzte die Schuld für das ›zu spät‹ beimessen, welcher dieses Wachsen übersehen hatte, selbst dann abgestritten hatte, als Dr. Landgraf es ihm gegenüber mit der allergrößten Bestimmtheit behauptete und eine neue Konsultation dringend verlangt wurde!«

In einem elfseitigen Protokoll, das von den Ärzten Bergmann, Gerhardt, Leuthold, Wegner, Tobold und Schmidt gelesen, genehmigt und unterschrieben sowie von Stolberg und Boetticher abgezeichnet wurde – Landgraf unterschrieb im laufenden Protokolltext nur seine Ausführungen – wurden alle Besprechungspunkte aufgeführt und die Meinungen und Vorschläge der Ärzte festgehalten. So findet man in dem Protokoll den schon erwähnten Wunsch Gerhardts nach Hinzuziehung und Befragung Dr. Landgrafs, »den auf dem Gebiete der Laryngologie besonders erfahrenen Stabsarzt ...« – wie es im Protokolltext heißt –, ein fachliches Zeugnis, das Mackenzie Landgraf rundweg streitig gemacht hatte. Auch Wegners Ausführungen sind aufschlussreich, besonders weil sie die Monate vom Juni bis August 1887 in England wiedergeben, die ja nur er und Landgraf beurteilen konnten. Im Protokoll heißt es dazu: »Auf seine [Dr. Landgrafs] Bitte habe Herr Generalarzt Dr. Wegner Herrn Dr. Mackenzie nach dieser Anschwellung [an der hinteren Kehlkopfwand] gefragt und habe er [Dr. Landgraf] von ersterem am 8. Juli gehört, dass Dr. Mackenzie nur noch das linke Stimmband uneben gefunden, dagegen die hintere Larynx Wand für gesund erklärt habe ... am 31. Juli habe Dr. Mackenzie zugeben müssen, daß auch eine Schwellung an der hinteren Larynx Wand bestehe ...«

Schließlich wurde auf dieser Konferenz auch noch der Luftröhrenschnitt angesprochen, der durch eine akute Schwellung jeden Augenblick notwendig werden könnte, so dass sofort ein »in der Tracheotomie geübter Chirurg nach San Remo gesandt« werden müsste. Als geeigneten Fachmann schlug von Bergmann seinen ersten Assistenten Dr. Friedrich Gustav Bramann vor, was alle Ärzte akzeptierten. Allerdings gestaltete sich Bramanns Abreise alles andere als reibungslos, weil sich in San Remo Schwierigkeiten auftaten und Widerstände gegen seine Entsendung regten.

In einem Telegramm Stolbergs vom 14. November an Radolinski in San Remo heißt es: »Kronprinz und Kronprinzessin haben durch Dr. Schmidt dem Professor von Bergmann Wunsch aussprechen lassen daß er seiner Zeit den Luftröhrenschnitt aus führe. Bergmann ist dazu bereit, hält aber schon jetzt Anwesenheit eines ganz sichren Operateurs erforderlich, welcher bei plötzlich eintretender Notwendigkeit Operation ausführen kann. Es ist daher verabredet daß sein erster Assistent Dr. Bramann in diesen Tagen nach San Remo geht und zur Disposition bleibt ...«

Nach der Konferenz am 13. November, auf der sich alle versammelten Ärzte dem Vorschlag von Bergmanns angeschlossen hatten, drängte der Hausminister zur Eile, weil er die sofortige Umsetzung des ärztlichen Ratschlags für dringend notwendig erachtete. Am 15. November war aus San Remo ein ärgerliches Telegramm Radolinskis eingetroffen, der Stolberg bat: »Auf hoechsten Befehl bitte gehorsamst mit Sendung zu warten bis Brief eintrifft.« Als handschriftlicher Kommentar erscheint auf diesem Formular: »Der Inhalt dieses Telegramms ist Herrn Geh. Rath v. Bergmann brieflich mit dem Ersuchen mitgetheilt, mit Absendung des Dr. Bramann bis auf Weiteres zu warten.« Der von Radolinski angekündigte Brief wurde noch am selben Tag verfasst und nennt die wahren Ursachen der Zeitverzögerung beim Namen, wenn es dort heißt: »Euer Erlaucht Telegramm vom 14ten d. M. habe ich zu erhalten die Ehre gehabt und dasselbe zur höchsten Kenntniß der Kronprinzlichen Herrschaften gebracht. Ihre Kaiserliche Hoheit die Kronprinzeßin hat mir befohlen Euer Erlaucht mitzu theilen, daß Höchstdieselbe die Ankunft des Assistenten von Professor von Bergmann für verfrüht ansieht und wünscht, daß derselbe erst dann käme, wenn von hier aus die Notwendigkeit der Operation bestimmt sein würde ... Ihre Kaiserliche Hoheit scheint die Befürchtung nicht zu theilen, daß ein operativer Eingriff ganz unerwartet nöthig sein könnte ...«

Ein Brief der Kronprinzessin vom 15. November an den Hofmarschall macht deutlich, dass sie es war, die Bramanns Kommen, für das sie keine Notwendigkeit sah, nicht wünschte. An Radolinski schrieb die Kronprinzessin: »Lieber Graf, Bitte antworten Sie dem Grafen Stollberg: daß nach Ansicht der Ärzte nicht die geringste Nothwendigkeit für die Tracheotomie besteht. Allem Anschein nach wird sie auch noch lange nicht nothwendig werden! Das Athmen ist vollständig frei, der Kronprinz nicht im Geringsten behindert. Sollte im Lauf der Zeit die leiseste Andeutung sich bemerkbar machen daß die Operation näher ins Auge gefaßt werden müsste, wird man sicher recht zeitig (sogar lieber zu Früh) sich mit Prof: Bergmann in Verbindung setzen, daß er seinen Aßistenten schickt oder selbst kommt. Für jetzt wäre es vollkommen unnöthig.«

Schließlich kam das Machtwort vom Kaiser, auf dessen ausdrücklichen Befehl Bramann am 16. November abends nach San Remo aufbrach, wo er zwei Tage später eintraf und sofort von Schrader und Krause über den aktuellen Stand der Dinge informiert wurde. Dem Kronprinzen selbst wurde er nicht vorgestellt, jedenfalls noch nicht nach seiner Ankunft. Bis zuletzt hatte die Kronprinzessin versucht, Bramanns Reise zu verhindern. Bramann war um seine Aufgabe nicht zu beneiden, denn er wusste, dass er in San Remo nicht willkommen war. Selbst wenn man sich mit der Tracheotomie noch etwas gedulden konnte, war die Ablehnung Bramanns unverständlich, denn immerhin war ein versierter Operateur vor Ort doch sehr beruhigend.

Welch maßlose Verstimmung Bramanns Ankunft in San Remo tatsächlich auslöste, konnte Stolberg Radolinskis Brief vom 22. November entnehmen, in dem es heißt: »Die Ankunft des Dr. Bramann hat Seine Kaiserliche Hoheit den Kronprinzen momentan in eine beängstigende Gemütserregung versetzt, die nur mit Mühe beruhigt werden konnte.« Es war bezeichnend genug, dass Bramann erst zehn Tage nach seiner Ankunft, am 28. November, die erste Gelegenheit erhielt, den Kehlkopf des Kronprinzen zu untersuchen. Die Tagebucheintragung des Kronprinzen vom 19. November macht deutlich, dass er über die in Berlin getroffene Entscheidung verstimmt war: »Sehr geärgert dadurch daß ein Dr. Braman Assistent von Bergmann in Berlin hier eintraf, von S. M. geschickt um als Chirurg in meiner Nähe zu weilen!«

Der Kronprinz, inzwischen längst ein todkranker Mann, hielt sich ansonsten aus allen Querelen heraus, was in seiner Situation verständlich war, ganz abgesehen davon, dass atmosphärische Verstimmungen auch in seinen gesunden Tagen nicht seinem Naturell entsprochen hatten. Ihn bewegten und beschäftigten ganz andere Gedanken. Nicht umsonst hatte er geschrieben, dass er jetzt sein Haus bestellen müsse. Alles andere überließ er seiner Frau. Das war allerdings zu keiner Zeit anders gewesen, aber wie sollte sich ausgerechnet jetzt noch etwas daran ändern? Die Kronprinzessin würde alles zu seinem Besten richten, davon war Friedrich Wilhelm immer überzeugt gewesen.

Am 18. November verließ Mackenzie San Remo und führte, bevor er aufbrach, noch eine Abschlussuntersuchung durch, in der er die Symptome am linken Stimmband etwas abgeschwächter fand und die Ödembildung nach seiner Meinung rückläufig erschien. Am Tag seiner Abreise vereinbarte er mit den beiden in San Remo verbleibenden Ärzten Hovell und Krause, ihn bis zu seiner Wiederkehr durch regelmäßiges Übersenden von Befundberichten auf dem Laufenden zu halten.

Am 20. November war in der »Kreuzzeitung« ein Gutachten Mackenzies erschienen, das er zuvor im »British Medical Journal« veröffentlicht hatte. Sein Artikel schloss mit den Worten: »Obgleich die Natur des jüngst aufgetretenen Auswuchses noch nicht auf dem Wege mikroskopischer Untersuchung festgestellt ist, so hat es doch vollständig das Aussehen von Krebs.« Noch einmal war die Diagnose klar und deutlich formuliert, ohne ein Fremdwort zu benutzen.

Die schwere und aussichtslose Krankheit des Kronprinzen hatte in Berlin nicht nur Überlegungen über die Stellvertreterfrage ausgelöst, sondern schon am 17. November zu einer Festlegung geführt, in der Prinz Wilhelm die Vertretung des Kaisers übertragen wurde. Die Order, die vom Kaiser gezeichnet und vom Kanzler gegengezeichnet war, hat folgenden Wortlaut: »In Anbetracht der Wechselfälle meiner Gesundheit ... und in Betracht der Krankheit meines Sohnes, des Kronprinzen, beauftrage ich Eure Königliche Hoheit in allen Fällen, wo ich eine Vertretung in den laufenden Regierungsgeschäften ... zu bedürfen glauben werde, mit dieser Vertretung, ohne daß es für die einzelnen Fälle einer jedesmaligen, besonderen Order bedarf.

Berlin, 17. November 1887.

Wilhelm v. Bismarck.

An den Prinzen Wilhelm, Königliche Hoheit.«

Darüber hielt Ballhausen in seinen Aufzeichnungen am 17. November fest: »Eben ist eine Order Sr. Majestät, gezeichnet Bismarck, an das Staatsministerium in Umlauf gesetzt, worin die Vertretung des Kaisers in Behinderungsfällen und in Rücksicht auf den schwankenden Gesundheitszustand Sr. Majestät und auf die entfernte Abwesenheit des Kronprinzen – dem Prinzen Wilhelm übertragen wird. Die Sache ist ohne vorgängige Beratung des Staatsministerii – aber wie ich annehme, mit Vorwissen des Kronprinzen gemacht ...« Zwei Tage später heißt es in seinen »Bismarck-Erinnerungen« dann aber: »Die Stellvertretungsorder ist ohne Wissen des Kronprinzen und ohne Rücksprache mit dem Justizminister vollzogen ... Über den Kronprinzen sprach Bismarck kein Wort, er rechnet offenbar schon nicht mehr mit ihm. Friedrich II. sei mit achtundzwanzig Jahren zur Regierung gekommen, also im Alter des Prinzen Wilhelm, der Große Kurfürst mit zwanzig Jahren, Friedrich Wilhelm III. mit siebenundzwanzig Jahren! Wenn der Kaiser uns genommen würde, so sei der Kronprinz eo ipso Kaiser ... Die Stellvertretungsangelegenheit steht bereits in der Kreuzzeitung«, die noch in Tagebuchaufzeichnungen anderer ihren Niederschlag fand. So steht unter dem 18. November in Waldersees »Denkwürdigkeiten«: »Heute früh hat Prinz Wilhelm die Order erhalten, die ihm in Fällen der Behinderung des Kaisers die Vertretung gibt. Das wird großes Aufsehen machen. Der Kronprinz ist durch den Reichskanzler in Kenntnis gesetzt.« Holstein notierte kurz und knapp: »Er [der Kronprinz] wird geneigt sein zu verzichten; sie läßt das aber nicht zu.« Doch da irrte Holstein, denn zum Thronverzicht war auch der Kronprinz nicht bereit, zumindest war er schwankend. Auch hier waren die Ansichten beider Eheleute ziemlich identisch, die es empörte, wie rücksichtslos man mit ihnen in Berlin verfuhr.

In diesem Zusammenhang hatte die Kronprinzessin mit Genugtuung erfahren, dass Bismarck allem Gerede von einer Abdankung des Kronprinzen entschieden entgegentreten würde. Solche Meldungen aus der Hauptstadt hörte sie natürlich gern, und es erfreute sie besonders, dass sie von ihrem Kontrahenten Bismarck kamen.

Bismarck hätte es in dieser Zeit tatsächlich als ein Unglück empfunden, wenn die Regierung des Kronprinzen durch Krankheit übergangen worden wäre. Auch wenn er die schwärmerische Zuneigung kannte, die Prinz Wilhelm für ihn hegte, hielt er ihn für einen »Brausekopf«, der »Deutschland in einen Krieg stürzen [kann], ohne es zu ahnen und zu wollen« – so hatte es Roggenbach am 8. Januar 1888 an den Marineminister Albrecht von Stosch geschrieben. »Der Wert einer Regierungszeit des Kronprinzen liegt darin«, so meinte Roggenbach, »daß der Prinz Wilhelm Zeit gewinnen kann, sich zu setzen und zu lernen«. Die Vorbehalte, die Bismarck gegen den Kronprinzen hatte, waren nie so grundsätzlicher Natur, dass er sich den Wegfall seiner Regierung gewünscht hätte.

Die Kronprinzessin, die die Post mit der Stellvertretungsorder entgegengenommen hatte, beschloss, ihrem Mann diesen Erlass vorzuenthalten und bat Radolinski, ihn zu verwahren, was natürlich nicht gelang, wie es ihrem Brief, den sie am 21. November an ihre Mutter schrieb, entnommen werden kann: »In Berlin haben sie den größten Fehler begangen ... Es ist ein gegen die Regel verstoßendes und außerordentlich rücksichtsloses Vorgehen, dies zu tun, ohne Fritz um Rat gefragt zu haben. Vor zwei Tagen kam eine von Bismarck signierte Notifikation dieser Tatsache an, die nicht einmal von seiner Hand geschrieben war … Heinrich kommt an, zieht ein Papier, oder vielmehr einen Brief von Wilhelm aus seiner Tasche, in dem dieser sagt, daß er zum Stellvertreter des Kaisers bestimmt sei, und gibt ihn Fritz, der sehr gekränkt, ärgerlich und erregt war … sagte, er wolle sofort nach Berlin kommen usw.«

Bismarck ließ der Kronprinz wissen, dass er in der Stellvertreterfrage eine Beschneidung seiner Thronfolgerrechte sah. Er spürte, dass man ihn in Berlin übergehen wollte und war über die Einsetzung Prinz Wilhelms als Stellvertreter des Kaisers empört. In seinem Tagebuch klingt seine Eintragung vom 22. November wie ein Aufschrei: »Denn ich bin ja nicht unzurechnungsfähig, noch bettlägerig, auch nicht dispositionsunfähig …« Am Rande seiner Tagebuchnotiz wurde noch von ihm vermerkt: »Dr. Bramann aus Berlin, durch Dr. Schrader vorgestellt«, was also vier Tage nach Bramanns Ankunft erfolgte, aber immer noch keine Untersuchung einschloss.

Völlig kommentarlos nahm der Kronprinz den Erlass also nicht hin. Am 22. November wandte er sich in einem Brief an den Reichskanzler, den er ohnehin für den eigentlichen Urheber dieser Order hielt. In seinem autobiografischen Buch »Aus meinem Leben« bestätigte Kaiser Wilhelm II. später die Annahme seines Vaters, dass Fürst Bismarck es für notwendig erachtet habe, »angesichts der offensichtlich zunehmenden Hinfälligkeit des greisen Kaisers … mir dessen Stellvertretung zu übertragen«. Dem Kanzler schrieb der Kronprinz: »Ich räume ein, daß angesichts des Leidens … für die Dauer meiner Abwesenheit Anstalten getroffen werden müssen, welche im Falle einer Behinderung Seiner Majestät die Geschäftserledigung regeln. Dagegen hat es mich empfindlich berührt, daß, ohne mich von dem gesagten Vorhaben in Kenntnis zu setzen, noch auch meine Ansicht einzuholen, der ich doch ebenso gesunden Sinnes wie völlig im Besitz meiner Kräfte bin, ein gewichtiger, die Rechte des Thronerben betreffender Schritt geschah, zumal im Augenblick kein Grund vorlag, mit solcher Eile vorzugehen. Bei dem dringenden Wunsch, den ich hege, meinen Pflichten in jeder Weise nachzukommen, und angesichts des Vertrauens, welches ich zu Ihnen hege, bitte ich Sie daher ebenso dringend wie aufrichtig, in künftigen Fällen Rücksicht auf mich, trotz meiner Abwesenheit, zu nehmen und sich erst mit mir in Verbindung zu setzen, ehe entscheidende Schritte geschehen.« Dieser Brief hatte eher den Charakter einer Bittschrift als den einer

Beschwerde. Im Übrigen hatte sich auch die Kronprinzessin in der Stellvertretungsangelegenheit schriftlich an Bismarck gewandt, der sich mit seiner Antwort Zeit ließ.

Schließlich war es der alte Kaiser, der seinen todkranken Sohn nicht weiter demütigen wollte und ihn wissen ließ, dass er dem Prinzen Wilhelm weniger die eigentliche Stellvertretung übertragen wollte als vielmehr nur eine Unterschriftsvollmacht. Bismarck brachte die Angelegenheit wieder in die Reihe und beantwortete, wenn auch verspätet, am 2. Dezember den Brief der Kronprinzessin, in dem er noch einmal seine ablehnende Haltung zur Operation zum Ausdruck brachte: »Die Überzeugung, daß die Gegner einer übereilten Operation im Frühjahr recht hatten wird heute nur selten noch bestritten, weil der Erfolg einer nicht durch unmittelbare Lebensgefahr erzwungenen Operation, auch für die seitdem gewonnenen sechs Monate, immer nur unsicher oder, im Falle des Gelingens, für den erlauchten Patienten kaum annehmbar gewesen wäre …« Schließlich ging er auf den eigentlichen Gegenstand, den Stellvertretererlass, ein und schrieb: »Die Frage, um die es sich dabei für Seine Kaiserliche Hoheit handelt, ist nur die der vorgängigen Meldung; für letztere lag bei der Schnelligkeit, mit welcher Seine Majestät die Sache erledigte, keine Möglichkeit vor …« Der Kronprinz gab sich zumindest den Anschein, als sei er mit der Ausrede des Kanzlers zufrieden.

Am 12. Dezember erhielt Mackenzie aus Italien erneut einen ungünstigen Bericht über das Aussehen des linken Stimmbandes, das sich nach der Einschätzung seiner Kollegen in San Remo verschlechtert hatte. Der Kronprinz notierte an diesem Tag relativ unbesorgt in seinem Tagebuch: »Eine leise Andeutung von neuer Warzenbildung auf dem Stimmband oberhalb der allerersten vom Mai ist wieder bemerkbar.«

Mackenzie wurde eilig nach San Remo gerufen, wo er am 15. Dezember eintraf. Zur allgemeinen Überraschung stellte er bei seiner Untersuchung aber fest, dass »eine bemerkenswerte Besserung in dem Zustande des Kronprinzen zu finden« war, besonders »im Vergleiche mit demjenigen, wie er vor einem Monate gewesen war …« Nun war »keine Spur mehr vorhanden von dem entzündeten und schwärenden Tumor unterhalb des linken Stimmbandes«, jedenfalls nicht nach Mackenzies Urteil. Diese Feststellung musste schockierend wirken, so gern sie von dem Kronprinzenpaar auch gehört wurde. Eigenartig war und blieb dabei, dass Mackenzie als Einziger wieder etwas anderes gesehen hatte als seine erstaunten Kollegen, denn die beängstigende Veränderung im Kehlkopf hatte sie schließlich alarmiert und Mackenzies neuerliches Erscheinen dringend erforderlich gemacht. Was die anderen Ärzte dachten, sei dahingestellt. Den Kronprinzen konnte er jedenfalls wieder beruhigen, wie es dessen Tagebucheintragung von diesem Tag vermuten lässt: »Ankunft von Dr. Sir Morell Mackenzie, der mich Ab[ends] nebst allen uebrigen Aerzten untersuchte, u. sich zufrieden aussprach.«

Mackenzies Untersuchungsbefund vom 15. Dezember, so sehr er die Eingeweihten auch überraschen mochte, wirkte erneut wie ein Befreiungsschlag. Wie konnte er, der noch einen Monat zuvor von Kehlkopfkrebs gesprochen hatte, der seine Diagnose den in San Remo versammelten Ärzten und sogar seinem Patienten mitteilte und zur Veröffentlichung im »Reichsanzeiger« freigegeben hatte, jetzt wieder von einem »entzündlichen Charakter« der »kleine[n] Neubildung« sprechen, die »nicht bösartig ist«, ein Nachsatz, auf den es hier besonders ankam? Hovell fühlte sich angesichts des harmlosen Befundes, den offenbar nur Mackenzie so sah, veranlasst, seinen Hilferuf zu rechtfertigen und erklärte ihm, dass die Vortage ein ganz anderes Bild geboten hätten. Nach der Verlaufskontrolle zeigte sich sogar schon einen Tag später ein Rückgang aller alarmierenden Erscheinungen, so jedenfalls beurteilte Mackenzie den Befund. Der »Reichsanzeiger« verhielt sich am 17. Dezember vorsichtiger und schrieb nur etwas von »einer kleinen Wucherung«, ließ sich aber weder auf eine Betrachtung über einen entzündlichen noch bösartigen Charakter ein.

Auch wenn Mackenzies optimistische Befundeinschätzung Mitte Dezember den Kronprinzen wieder hoffen ließ, entschloss er sich doch, nicht sofort nach England zurückzukehren. Am 17. Dezember hatte der Kronprinz in seinem Tagebuch notiert: »Sir M. Mackenzie sehr befriedigt, reist Abends weiter nach Algier«, um am 27. Dezember wieder in San Remo einzutreffen. Das Ergebnis seiner ersten Untersuchung nach dieser Reise fiel wieder so beruhigend aus, »daß er immer mehr am Vorhandensein eines Krebses zweifele. Die Wucherungen, die sich vor 14 Tagen gezeigt hätten, seien in Zerfall begriffen und überall beginne wieder die Vernarbung.« Diese Formulierung stammt allerdings nicht von Mackenzie, sondern ist der »Berliner Broschüre« zu entnehmen. Nachdenklich stimmt allerdings, dass Mackenzie dieser Äußerung nicht widersprochen hat, sondern sie in seiner Erwiderungsschrift stillschweigend überging, was seinem Stil keineswegs entsprach. Wo er sich nämlich missverstanden oder angegriffen fühlte, hatte er sich immer seiner Haut zu wehren gewusst. Da er das in diesem Falle unterließ, wird er in der

»Berliner Broschüre« wohl korrekt zitiert worden sein. Er selbst schloss seine Einschätzung in der Erwiderungsschrift mit der allgemeinen Bemerkung: »Im ganzen war jedoch der Zustand des erlauchten Patienten viel besser als er zur Zeit meines ersten Besuches in San Remo gewesen war«, auch wenn er »etwas Geschwulst auf dem oberen Teile des Taschenbandes« fand, die sowohl gutartig als auch bösartig sein konnte.

Völlig unverständlich bleibt, dass Mackenzies Stellung bei dem Kronprinzenpaar keinen Schaden nahm, nicht nur wegen des Dualismus zwischen ihm und den deutschen Ärzten, sondern auch wegen der Diskrepanzen zwischen Mackenzies Verheißungen und dem wirklichen Krankheitsverlauf. Spätestens am 6. November, als er völlig überraschend die Diagnose Krebs stellte oder zugab, war er als Arzt gescheitert. Er hatte sich in seiner monatelang behaupteten Diagnose ebenso geirrt wie in seiner Behandlungsstrategie. Zwar sagte er nie, dass es kein Krebs sei, bestritt aber über ein halbes Jahr vehement, gestützt auf Virchows gut klingende Befunde, das Vorliegen eines bösartigen Tumors, was auf dasselbe hinauslief. Die Verantwortung für die Diagnose, die für ihn allein Virchow trug, wies er schon seit Mai zurück. Das aber war von einem Kliniker nicht lauter, denn der behandelnde Arzt war er, spätestens ab Juni 1887. Virchow hatte den klinischen Befund nie gesehen, er kannte die Krankheit nur vom Mikroskop, nicht aber den Kranken, weil er als Pathologe natürlich nicht zu dem Kreis der behandelnden Ärzte gehörte.

Das von Anfang an vorhandene gute Einvernehmen zwischen Mackenzie und der Kronprinzessin war nicht mehr zu erschüttern, durch keine noch so schlechte oder widersprüchliche Nachricht. Von Mackenzie erwartete sie nur noch eine Verlängerung der Lebensdauer ihres Mannes, nicht aber die Heilung seiner Krankheit, das erklärte Ziel der deutschen Ärzte. Da die von ihnen vorgeschlagene Operation tödlich enden oder misslingen konnte, würde die Kaiserkrone ein Wunschtraum bleiben, so dass die deutschen Ärzte ausgeschaltet werden mussten. Unabhängig von ihrer politischen Übereinstimmung mit Mackenzie war er der einzige Garant für die Kaiserkrone, so knapp bemessen die Zeit des kaiserlichen Glanzes auch sein würde. Das Wichtigste war, dass es Mackenzie überhaupt gelang, das Kronprinzenpaar noch auf den Thron zu bringen. Mit Vehemenz verteidigte sie ihn gegen alle »heftigen und schamlosen Angriffe« der deutschen Ärzte und der deutschen Presse, wie sie es ihrer Mutter am 15. November geschrieben hatte.

Mackenzie war für sie der Retter, der den Kronprinzen vor allem Schrecklichen bewahrt hatte, vor der verstümmelnden Kehlkopfoperation und damit vor der Rückkehr nach Berlin, vor dem erzwungenen Thronverzicht und wahrscheinlich sogar vor dem raschen Tod. Der Kronprinz selbst sah die Angelegenheit offenbar wie seine Frau und äußerte sich dazu, dass nicht »... die deutschen Ärzte, die zweimal Krebs diagnostizierten, sondern Mackenzie mit seiner günstigeren Prognose ... recht behalten« habe. Mit förmlicher Ergebenheit hatte er formuliert: »Bei meinem unerschütterlichen Vertrauen zu Sir Morell Mackenzie, verließ ich mich mehr auf seine Aussprüche im November als auf diejenigen der zur Konsultation berufenen mir gänzlich fremden Ärzte – und bis jetzt behielt er Recht.«

Trotz der Fülle des Quellenmaterials kann letztlich nicht gesagt werden, was der Kronprinz wirklich glaubte. Dass er an eine Heilung seines »chronischen Katarrhs« und nicht an eine Krebsdiagnose glauben wollte, war eine menschlich verständliche Einstellung, die sowohl durch seine Frau als auch durch Mackenzie und Hovell gestützt wurde. Es bleiben jedoch Zweifel, ob er seiner Frau ihren zur Schau getragenen Optimismus abnahm.

Ausgesprochen schwierig ist es, die Kronprinzessin zu beurteilen. Wahrscheinlich ahnten beide die Wahrheit. Und offenbar wusste jeder vom anderen, was er dachte. Aber man sprach nicht gemeinsam darüber. In der von der Kronprinzessin ausgehenden Zuversicht sahen einige reinen Zweckoptimismus, der damit zusammenhängen konnte, dass sie der irrtümlichen Annahme war, nur ein gesunder Kronprinz könne in Preußen den Thron besteigen. Bismarck schrieb dazu in »Gedanken und Erinnerungen«: »Auch daß ein Thronerbe, der an einer unheilbaren Körperkrankheit leide, nach unsern Hausgesetzen nicht sukzessionsfähig sei, wie 1887 in manchen Kreisen behauptet, in andern geglaubt wurde, ist eine Fabel. Die Hausgesetze so wenig wie die preußische Verfassungsurkunde enthalten irgendeine Bestimmung der Art.«

Ein kranker Kronprinz durfte also nicht in der Thronfolge übergangen werden, was die Kronprinzessin offenbar annahm. Unter diesem Gesichtspunkt konnte ihre Verharmlosung der Krankheit auch als reine Taktik gelten, um den Kronprinzen von seinen immer wiederkehrenden Verzichtsgedanken zurückzuhalten und die Krankheit in der Öffentlichkeit zu bagatellisieren oder zu verneinen. Aus dieser Haltung ließe sich auch ihre entschiedene Ablehnung der Kehlkopfentfernung erklären, die, wenn sie nicht tödlich endete, einen behinderten Thronerben zurücklassen würde, dessen Regierungsfähigkeit sich damit erledigt hätte.

Während Mackenzie mit Billigung des unerschütterlich an ihn glaubenden Kronprinzenpaars seinen alten Kurs der Tatenlosigkeit und des sträflichen Optimismus beibehielt, gab es andere Äußerungen, die das glatte Gegenteil seiner Befunderhebungen bezeugten. Bei seiner ersten Untersuchung am 28. November fand Bramann nämlich »eine starke Schwellung oberhalb des linken Stimmbandes …« Außerdem hielt er fest: »Die Geschwulst links reichte von der vorderen Kommissur bis zur hinteren Wand und erstreckte sich nach oben wohl über den ganzen Schildknorpel.« Während sich der Befund bis zu seiner nächsten Untersuchung am 9. Dezember wenig geändert hatte, zeigte Bramanns Kehlkopfspiegelung am 23. Dezember, zu der er von dem Kronprinzen selbst aufgefordert worden war, eine erhebliche Verschlechterung, so dass sein Bericht mit der Bemerkung schloss, »daß in den letzten 14 Tagen eine derartige Veränderung eingetreten sei, daß wohl noch vor Ablauf des Semesters die Tracheotomie voraussichtlich in Frage kommen dürfte«. Auch Bramanns Vorhersage sollte eintreffen.

Der Luftröhrenschnitt

Nach einigen Tagen trügerischer Ruhe spitzte sich die Entwicklung Anfang Januar 1888 dramatisch zu. Die akute Verschlechterung des Allgemeinbefindens war besorgniserregend, die des Lokalbefundes nicht minder. Die linksseitige Kehlkopfschwellung hatte auf die rechte Seite übergegriffen, und zu den lokalen Symptomen, die nun mit zunehmender Atemnot und Stridor [pfeifendes Atemgeräusch] einhergingen, kamen allgemeine wie Kopfschmerzen und Fieber. Am 13. Januar 1888 erschien im »Reichsanzeiger« ein von den Ärzten Schrader, Krause und Hovell unterzeichnetes Bulletin, in dem es heißt: »Die Krankheitserscheinungen bei Sr. Kaiserlichen und Königlichen Hoheit dem Kronprinzen bestanden während der letzten zwei Wochen in etwas stärkerer Schwellung der linken Kehlkopfshälfte … Gleichzeitig war stärkere Schleimabsonderung vorhanden, welche, wie die Entzündung, jetzt wieder im Verschwinden begriffen ist …« Sicher entsprach diese Verlautbarung nur annähernd den Tatsachen, die sich weitaus ernster darstellten, hatte aber durch die Unterzeichnung der Ärzte, anders als das unsignierte Bulletin vom 12. November, einen offiziellen Charakter.

Am 17. Januar hustete der Kronprinz ein schon seit drei Tagen im Kehlkopf flottierendes nekrotisches Gewebsstück aus, das Virchow wieder zur histologischen Untersuchung übergeben wurde. Ein Teil dieses Präparats war schon vor Ort von einem in San Remo weilenden Warschauer Arzt, einem Dr. Hering, angesehen worden, so dass man Virchow nicht das unversehrte Material mehr anbieten konnte. Dessen Ergebnis wurde wieder gegen die Krebsdiagnose verwertet, obwohl es weder nach der einen noch nach der anderen Seite beweiskräftig war, so dass Virchow vor jeder weitergehenden Interpretation seines Befundes gewarnt hatte. Am 31. Januar hatte Kronprinzessin Victoria verunsichert an ihre Mutter geschrieben: »Sir Morell und unsere übrigen Ärzte hier, wie auch ich selbst wären keineswegs erneut beunruhigt, hätte Virchow nicht jetzt plötzlich geschrieben, er hege Befürchtungen und bilde sich ein, es wären doch Nestzellen krebsartiger Natur in dem letzthin ausgehusteten Stückchen Zellgewebe.« Wenn das allerdings der Fall gewesen wäre, hätte sie ihren Optimismus nicht weiter aufrechterhalten können. Aber Virchows schriftlicher Befund, der vom 29. Januar datiert war, enthielt wieder keinen eindeutigen Anhalt für Krebs und war damit für die Kronprinzessin ein neuerlicher Rettungsanker. Am 9. Februar hatte Virchow zu Ballhausen über die Krankheit des Kronprinzen gesprochen, so dass in dessen Tagebuchaufzeichnungen zu lesen ist: »Er [Virchow] halte die Sache nicht für Karzinom, sondern für Knorpelhautentzündung ... Wenn der Kronprinz wirklich diese schwere Krankheit überlebt, so wird es nur ein mehr oder weniger schweres Siechtum sein, was zurückbleibt.« Virchow hatte offenbar noch immer keinen ausreichenden Verdacht auf einen bösartigen Tumor, wobei eine Knorpelhautentzündung, die jetzt allgemein angenommen wurde, ein gleichermaßen ernstes Krankheitsbild war. Eine Knorpelhautentzündung auf dem Boden eines bösartigen Tumors hatte schon von Schrötter nach seiner ersten Untersuchung diagnostiziert.

Am 27. Januar hatte man beschlossen, Mackenzie zu rufen, der zwei Tage später in San Remo eintraf und dort umgehend Dr. Bramann aufsuchte, um mit ihm eine gemeinsame Untersuchung des Kronprinzen für den kommenden Tag zu vereinbaren. Als Mackenzie Bramann am nächsten Tag erklärte, dass sich die linke Seite entschieden gebessert habe, während die rechte eine stärkere Schwellung zeige, deren Natur aber entzündlich sei, fand Bramann dagegen eine weitere Verschlechterung des Befundes, der sich aus seiner Sicht so darstellte: »Die linke Seite und auch die hintere Wand zeigt eine stärkere Schwellung, als im Dezember, so daß das Kehlkopflumen um mehr als die Hälfte verengt ist ... Das rechte Stimmband selbst ist zweifellos sehr viel weniger beweglich als im Dezember. Damit hängt es wohl auch zusammen, daß die Stimme ganz tonlos ist und selbst bei Anstrengungen ein Ton, wie noch im Dezember, nicht hervorgebracht werden kann ... Auch beim Sprechen macht sich Luftmangel unzweifelhaft bemerkbar.«

Bei dieser ernsten Lage drängte Bramann, sofort von Bergmann zu rufen, da die Tracheotomie bei der kontinuierlich zunehmenden Atemnot jetzt jederzeit notwendig werden konnte. Sein Vorschlag fand bei Mackenzie aber immer noch kein Gehör. Über die teils unglaublichen Vorgänge in San Remo legte Bramann einen Bericht nieder, in dem es auszugsweise heißt: »Am 31. Januar sagte mir Mackenzie, als ich ihn aufsuchte, nach seiner Meinung würde die Tracheotomie in 2 bis 4 Wochen nothwendig werden, dann sollte ich sie machen. Ich verwahrte mich auf das Entschiedenste dagegen und bestand auf die von den Hohen Herrschaften mit Geheimrath von Bergmann getroffene Verabredung. Ich würde nur dann operiren, wenn die Atemnot plötzlich und unvorhergesehen zur Entwicklung käme. Bei langsam ansteigender Atemnoth müßte unter allen Umständen Geheimrath von Bergmann gerufen werden ...«, was aber trotz seiner Appelle nicht geschah. Obwohl Bramann darum bat, den Patienten wegen der sich abzeichnenden Notwendigkeit des Luftröhrenschnitts nun wenigstens häufiger sehen zu dürfen, wurde auch dem nicht stattgegeben, so dass er schreiben musste: »Dennoch wurde ich bis zum Tage der Operation nicht hinzugezogen, ja bekam bis dahin den Hohen Kranken nicht mehr zu sehen.«

Der »Reichsanzeiger« brachte am 1. Februar eine offizielle Verlautbarung, deren Unterschriften nun um Mackenzies Namen erweitert war. Dass die Situation ernst war, lässt sich trotz der immer noch erkennbaren Verschleierungstaktik aus dem Wortlaut herauslesen: »Es besteht jetzt bei Sr. Kaiserlichen und Königlichen Hoheit dem Kronprinzen eine beschränkte Verdickung des vorderen Theils der rechten Kehlkopfhälfte, dagegen hat sich durch Abstoßung einer abgestorbenen Partie die Schwellung der linken Seite vermindert. Das Allgemeinbefinden ist normal«, was immer das bedeuten mochte, denn auch der Allgemeinzustand des Kronprinzen war beeinträchtigt und ganz erheblich reduziert und verständlicherweise alles andere als normal.

Am 6. Februar wurde die Atemnot so hochgradig, dass Bramann von Bergmann telegrafierte: »Stridor auch bei ruhigem Athmen, halten Sie sich zur Abreise bereit.« Selbst als man in der Nacht zum 7. Februar eine beängstigende Zunahme der Schwellung beobachtete, wurde von Bergmann nicht gerufen, obwohl auch Schrader das energisch gefordert hatte. Am 8. Februar erfuhr Bramann von Schrader, dass Mackenzie ihn zur Morgenvisite erwarte, um anschließend die Berufung von Bergmanns festzulegen. Die Verzögerungstaktik Mackenzies, der immer wieder von Bramann gedrängt worden war, seinen Chef zu rufen, machte die allgemeine Stimmung noch gereizter, so dass von Kessel den Engländer entnervt anfuhr, ihn vor ein Kriegsgericht zu bringen, »wenn er nicht sofort den Chirurgen Bergmann aus Berlin herbeirufe«.

Was sich in diesen Tagen in San Remo zutrug, war würdelos und erbärmlich, besonders wenn man daran denkt, dass der Kronprinz der gereizten Atmosphäre um ihn herum hilflos ausgeliefert war. Der Brief der Kronprinzessin vom 8. Februar an ihre Mutter macht den bedauernswerten Zustand ihres Mannes deutlich: »Ich bin ganz elend, weil Fritz so unter Atembeschwerden leidet und diese furchtbare Tracheotomie über unseren Köpfen hängt: natürlich bin ich sehr dankbar, daß Virchows Bericht so gut ausgefallen ist ...« Virchow hatte mit Nachdruck darauf hingewiesen, dass man seinen Befund nicht fehl deuten dürfe, wie es bislang der Fall gewesen war. Im Übrigen fragt man sich natürlich, welchen Trost Virchows vermeintlich günstiger Befund angesichts der Erstickungsgefahr noch zu spenden vermochte. Medizinisch war das alles völlig unverständlich und nicht nachvollziehbar: Auf der einen Seite die harmlosen mikroskopischen Befunde Virchows, die keinen Krebs bestätigten und auf der anderen die hochgradige Luftnot des Kronprinzen und ständige Verschlechterung seines Allgemeinzustands. Nicht nur Mackenzie machte den Betroffenen etwas vor, sondern die Kronprinzessin sich selbst, wobei die ehrliche Meinung des Kronprinzen in diesen schweren Stunden weiterhin verborgen blieb.

Am 9. Februar wäre jedes weitere Abwarten unverantwortbar gewesen. Die Atemnot des Kronprinzen war bei unüberhörbar lautem Stridor so groß, dass man mit der Tracheotomie keinen Tag länger warten konnte. Damit war auch der Termin für das rechtzeitige Eintreffen von Bergmanns endgültig verstrichen. Bramanns tagelange Rufe waren ungehört verhallt. In dieser dramatischen Situation bat er nur noch darum, »den Hohen Patienten selbst zu beobachten«, bestand aber noch einmal auf der »sofortige[n] Herbeirufung des Herrn Geheimrath von Bergmann«, wobei ihn »Herr Oberstabsarzt Dr. Schrader auf das Energischste« unterstützte.

Die Querelen schienen selbst angesichts der medizinisch hochdramatischen Entwicklung immer noch kein Ende zu nehmen, denn Mackenzie bestand nun darauf, dass Bramann sofort die Tracheotomie ausführe und drohte damit, dass er im anderen Falle »jede Verantwortung ablehnen müsse«. Um 13 Uhr wurde Bramann zum Kronprinzen bestellt und sah, wie schwer der Kranke nach Luft rang. Seine Eindrücke und seinen Beschluss fasste er so zusammen: »Angesichts dieser Data und der vom Morgen bis zum Mittag selbst constatirten Zunahme der Atemnot schien mir die Möglichkeit ausgeschlossen, noch länger, geschweige noch zwei Tage bis zur Ankunft des Geheimrath von Bergmann warten zu können. Ich theilte deshalb Seiner Kaiserlichen Hoheit mit, daß ich es für gefährlich halte, die Operation aufzuschieben und rieth zu ihrer sofortigen Ausführung, womit Höchstderselbe auch sogleich sich einverstanden erklärte.«

Selbst um die eigentliche Tracheotomie hatte es zwischen Mackenzie und Bramann noch Streit gegeben, der sogar vor dem Patienten ausgetragen wurde. Bramanns Vorsicht, die Tracheotomie so weit wie möglich hinauszuschieben, wurde von Mackenzie in seiner Broschüre despektierlich kommentiert: »Dr. Bramann, welcher, aus Unerfahrenheit auf diesem besonderen Gebiete, die ganze Lage sich nicht vorstellen konnte, erklärte sich sehr für den Aufschub der Operation bis Prof. v. Bergmann ankommen könne.« Der Vorwurf der Unerfahrenheit Bramanns war eine ziemliche Unverfrorenheit Mackenzies, denn Bergmann hatte selbstverständlich nicht seinen letzten, sondern seinen ersten Assistenten nach San Remo gesandt, dessen Erfahrungen sich auf über vierhundert Tracheotomien bei Kindern und Erwachsenen beliefen. Aber Mangel an Erfahrung war ein Vorwurf, der Mackenzies Stil im Umgang mit Kollegen entsprach, die ihm nicht passten. Landgraf hatte sich von ihm Ähnliches bieten lassen müssen.

Auch um die Narkose war ein Streit entbrannt. Während sich Mackenzie energisch gegen die Anwendung von Chloroform aussprach, bestand Bramann auf der Chloroformnarkose und erklärte unnachgiebig, dass er die Tracheotomie nur so ausführen werde, wie er es gewohnt sei. Arend Buchholtz schrieb in seiner Bergmann-Biografie: »Mackenzie, Krause usw. protestierten gegen das Chloroform; auch die Kronprinzessin sagte: ›Unter keiner Bedingung gestatte ich Chloroform.‹ Da erklärte Bramann: ›Dann operiere ich nicht, ich bitte einen der andern Herren zu operieren.‹ Furchtbare Szene! Keiner will operieren, jeder erklärt, er könne es nicht. Mittlerweile ist Bramann zum Kronprinzen herangetreten und hat ihn

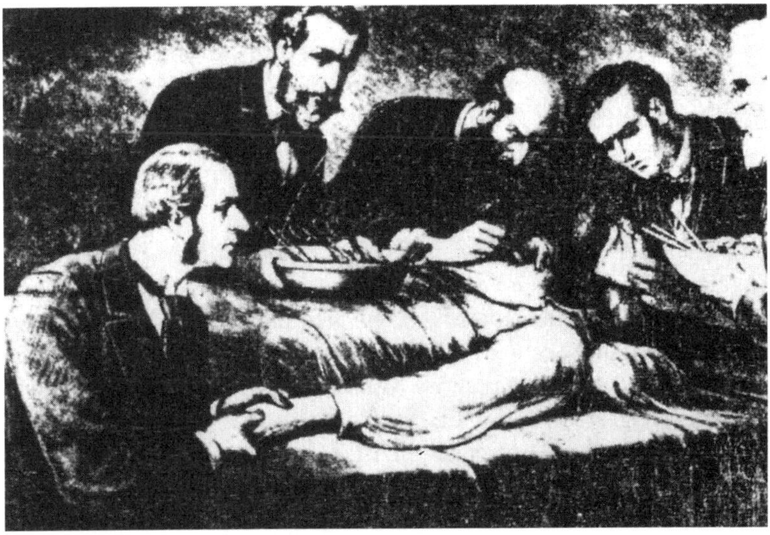

Die Ausführung des Luftröhrenschnitts durch Dr. Bramann. Ärzte von links nach rechts: Mackenzie, Krause, Bramann, Hovell und Schrader.

beredet. Das letzte Wort nimmt nun der Kronprinz: ›Operieren Sie mich gleich, ich gebe mich in Ihre Hände, operieren Sie so, wie Sie es für gut finden.‹«

Nach Mackenzies Gegendarstellung war er es, der den Kronprinzen überzeugte, in die Chloroformnarkose einzuwilligen, da er von Schrader erfahren haben wollte, »daß, da Bramann niemals die Tracheotomie ohne Chloroform vorgenommen habe, es seine Seelenstärke sehr auf die Probe stellen würde, falls er bei einem Falle wie dem vorliegenden dasselbe entbehren sollte«. Wieder – nach der Lesart Mackenzies – machte der Kronprinz seine Entscheidung von ihm abhängig und sagte: »Wenn Sie es billigen, Sir Morell, will ich Chloroform nehmen.«

Am Nachmittag des 9. Februar erfolgte nach dieser unwürdigen Vorgeschichte die Operation, die zwanzig Minuten später komplikationslos beendet werden konnte. In dem von Major von Kessel am Operationstag aufgenommenen und sechs Tage später an das Ministerium des Königlichen Hauses weitergeleiteten Bericht heißt es:

»Protokoll der nach der Operation versammelten Ärzte Seiner Kaiserlichen und Königlichen Hoheit des Kronprinzen. Es waren anwesend: Sir Morell Mackenzie, Oberstabsarzt Dr. Schrader, Dr. Krause, Dr. Bramann, Dr. Mark Hovell.

Die Operation wurde in Chloroform Narkose von Dr. Bramann in Gegenwart und Assistenz sämmtlicher anderer Ärzte ausgeführt und verlief ohne jede Störung. Beginn der Narkose 3 ½ Uhr, Ende der Operation 3 Uhr 50 Minuten.«

Darunter setzten alle fünf Ärzte ihre Unterschriften, dann schloss sich von Kessel an.

Das offizielle Bulletin erschien am 10. Februar 1888 im »Reichsanzeiger« und trägt folgenden Wortlaut: »Die in letzter Zeit aufgetretene und seit einigen Tagen ziemlich plötzlich angestiegene Atemnoth bei Sr. Kaiserlichen und Königlichen Hoheit dem Kronprinzen hat sich im Laufe des heutigen Tages in Folge beträchtlicher Zunahme der Schwellung der rechten Kehlkopfhälfte zu gefahrdrohender Höhe gesteigert. In Folge dessen ist die sofortige Ausführung des Luftröhrenschnittes unumgänglich geworden. Die Operation, von Dr. Bramann um 3 ½ Uhr Nachmittags ausgeführt, verlief in kürzester Zeit ohne jeden störenden Zwischenfall. Augenblicklich läßt das Befinden des Hohen Patienten nichts zu wünschen übrig.« Das von Mackenzie, Schrader, Bramann, Krause und Hovell unterzeichnete Bulletin war somit offiziell.

In Berlin hatte der notwendig gewordene Luftröhrenschnitt das größte Aufsehen erregt und mannigfache Gerüchte in Umlauf gebracht. Einerseits lag der Kronprinz schon im Sterben, andererseits war er bereits tot. Obwohl die Kronprinzessin anerkannte, dass Bramann den Luftröhrenschnitt gut und sicher ausführte, hielt sie unverbrüchlich an Mackenzie fest und schrieb am 10. Februar an Königin Victoria: »Er ist uns der größte Trost und die beste Hilfe in der Welt, der älteste, weiseste und gelehrteste Kopf in diesem Hause ... Morgen wird Professor Bergmann kommen, was ich mir nicht gerade wünsche.«

Von Bergmann hatte am 9. Februar drei Telegramme aus San Remo erhalten, die ihn zum sofortigen Kommen aufforderten. Außerdem hatte er an diesem Tag zwei Audienzen beim Kaiser, der ebenfalls seine Reise wünschte und ihn um regelmäßige Berichte bis zum Abschluss der chirurgischen Behandlung bat. Gemeinsam mit Graf Radolinski brach von Bergmann am 9. Februar in Berlin auf, um am 11. abends in San Remo einzutreffen, wo drei Tage später zwischen ihm und dem Engländer schon der erste Streit entbrannte. Die chirurgische Nachbehandlung fiel in von Bergmanns Zuständigkeit. Außerdem unterbreitete er den Vorschlag, dass Mackenzie den Hals des Kronprinzen zwei Wochen in Ruhe lasse, um durch seine Kehlkopfuntersuchungen den Gewebszerfall nicht zusätzlich zu provozieren. Freilich hielt sich Mackenzie nicht daran, der weiterhin seine Untersuchungen vornahm, sobald er allein mit dem Patienten war.

Da der Auswurf des Kronprinzen am 14. Februar Blutbeimengungen enthielt, kam es darüber zur ersten heftigen Diskussion. Mackenzie führte diese Beobachtungen auf ein Druckgeschwür an der Hinterwand der Luftröhre zurück, das sich angeblich durch die Kanüle Bramanns gebildet hatte, während von Bergmann dagegen deren Vorzüge hervorhob. Für ihn handelte es sich bei dem blutigen Auswurf um nekrotische Tumoranteile, so wie der Kronprinz sie am 17. Januar schon einmal ausgehustet hatte.

Unnötigerweise berichtete Mackenzie der Kronprinzessin umgehend von der angeblichen Unzweckmäßigkeit der Bergmannschen Kanüle und bediente aufs Neue zuvorkommend die Presse, die sich nun über die Streitigkeiten in der chirurgischen Nachbehandlung ebenso ausließ wie über die Feststellung oder Behauptung Hovells und Mackenzies, dass der Operateur bei seinem Luftröhrenschnitt nicht die Mittellinie getroffen habe, so dass die Trachealkanüle rechts von derselben lag. Selbst die Verordnungen für den Patienten, die im Ärztekreis besprochen und festgelegt wurden, stieß Mackenzie um, der den Chirurgen nur die Wunde von der Tracheotomie, nicht aber den Kehlkopf überlassen wollte, dessen Begutachtung und Behandlung ihm auch weiterhin allein oblag. Bedauerlich war natürlich, dass diese Diskrepanzen schon wenige Tage später im »British Medical Journal« standen, wohin Hovell sie lanciert hatte.

Am 16. Februar brachte der »Reichsanzeiger« den erwähnten Artikel von Mackenzie, um, wie er eingangs schrieb, »einige ungenaue Mittheilungen, welche mir zugeschrieben worden sind, zu berichtigen«. Darin führte er aus: »Zu Ende Oktober und Anfang November traten neue Symptome auf, und die örtliche Erkrankung zeigte die Ansicht, welche mit der Diagnose ›Krebs‹ vereinbar erschien … Mitte Dezember waren diese ungünstigen Zeichen verschwunden, und nun waren klinische Symptome, welche auf Krebs deuteten, nicht mehr vorhanden.« Unter Betonung der Übereinstimmung seiner Ansicht mit den mikroskopischen Ergebnissen Virchows schloss Mackenzie, »daß in diesem Augenblick die medizinische Wissenschaft mir nicht gestattet zu behaupten, daß irgend eine andere Krankheit vorhanden ist als eine chronische Entzündung des Kehlkopfes, verbunden mit Perichondritis«.

Eines Kommentars bedarf es nicht, weil die Geschichte hier oft genug kommentiert wurde. Wenn im November Krebs vorlag, wie

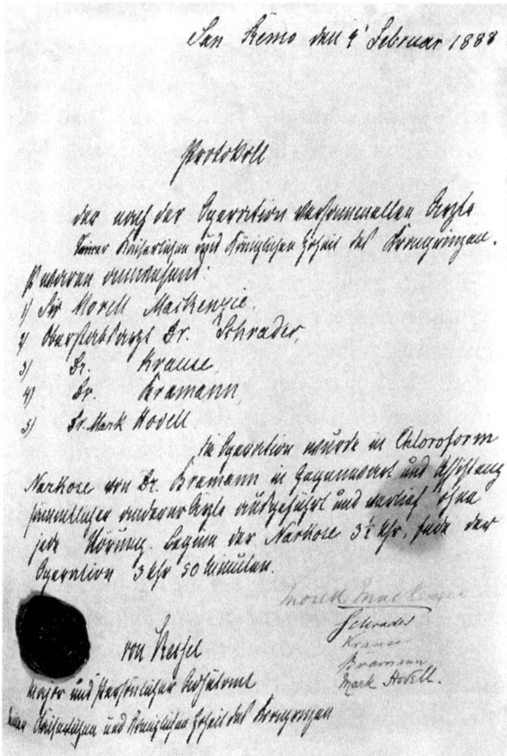

San Remo den 9' Februar 1888

Protokoll

der nach der Operation versammelten Aerzte
Seiner Kaiserlichen und Königlichen Hoheit des Kronprinzen.
Es waren anwesend:
1) Sir Morell Mackenzie.
2) Oberstabsarzt Dr. Schrader,
3) Dr. Krause
4) Dr. Bramann
5) Dr. Mark Hovell

Die Operation wurde in Chloroform Narkose von Dr. Bramann in Gegenwart und Assistenz sämmtlicher anderen Aerzte ausgeführt und verlief ohne jede Störung. Beginn der Narkose 3 1/2 Uhr, Ende der Operation 3 Uhr 50 Minuten.

Morell Mackenzie
Schrader
Krause
Bramann
Mark Hovell

von Kessel
Major und persönlicher Adjutant
Seiner Kaiserlichen und Königlichen Hoheit des Kronprinzen

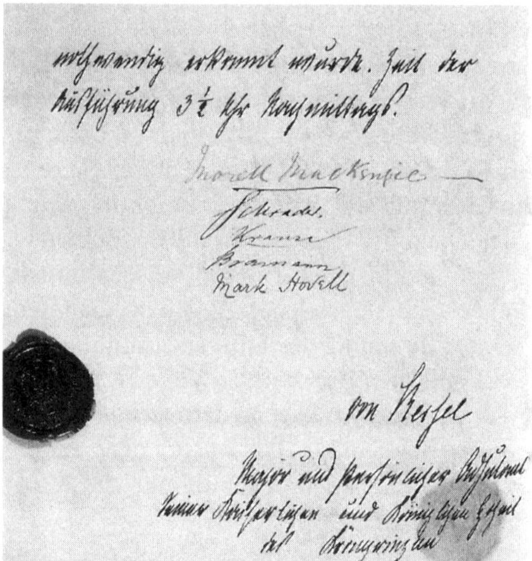

nothwendig erkannt wurde. Zeit der Ausführung 3 1/2 Uhr Nachmittags.

Morell Mackenzie
Schrader
Krause
Bramann
Mark Hovell

von Kessel
Major und persönlicher Adjutant
Seiner Kaiserlichen und Königlichen Hoheit des Kronprinzen

Protokoll von der Tracheotomie am 9. Februar 1888.

es der Verfasser am 16. Februar im »Reichsanzeiger« und schon am 20. November 1887 in der »Kreuzzeitung« geschrieben hatte, dann war der Krebs natürlich auch im Dezember und im Februar vorhanden und konnte sich nicht in eine »chronische Entzündung« aufgelöst haben, die lediglich als Begleiterscheinung des Grundleidens vorgelegen haben kann. Da von Mackenzie aber in der ganzen Zeit kein kurativer Behandlungsversuch unternommen wurde, war die bösartige Neubildung in der Zwischenzeit eher noch gewachsen.

Allerdings war für Mackenzie der Nachweis von Krebs nach wie vor noch nicht erbracht, denn auch die letzte Untersuchung Virchows war trotz der eingeschränkten Aussage wieder negativ verlaufen. Daher fertigten von Bergmann und Bramann am 15. Februar aus dem Auswurf des Patienten mehrere Präparate an und sahen nun überall unter dem Mikroskop die Krebszellen. Krause, der bislang immer an Mackenzies Seite gestanden hatte, bestätigte nach einem Blick in das Mikroskop sofort die Krebsdiagnose der Chirurgen, während sich Mackenzie und Hovell weigerten, die Präparate überhaupt anzusehen, weil sie sich, so ihre Auskunft, über histologische Befunde kein Urteil erlauben könnten. Mackenzie bat von Bergmann sogar, dass er sich nicht weiter um die Diagnose und die Behandlung des kranken Kronprinzen kümmern möge, da das allein seine Sache sei und bleibe. Überzeugt von der Richtigkeit der Diagnose und den Ergebnissen der eigenen mikroskopischen Untersuchung hatte von Bergmann geschrieben: »Für uns war aber hiermit auch derjenige Beweis für die Malignität der Kehlkopfserkrankung erbracht, den allein noch Mackenzie gefordert hatte, der anatomische.«

Da Mackenzie erklärt hatte, dass er das Urteil einer Autorität wie Virchow über die demonstrierten Präparate anerkennen werde, hatte der kaiserliche Leibarzt Leuthold den Anatomen Professor Wilhelm von Waldeyer-Hartz gebeten, die Präparate vor Ort durchzumustern, da Virchow in Ägypten weilte. Am 3. März abends traf Waldeyer in San Remo ein. Am Tag darauf untersuchte er die Präparate und bestätigte die Diagnose Krebs. Zu Mackenzie sagte er: »Es ist kein Zweifel möglich am Krebs, sicherere Beweise als die anatomischen gibt es nicht, und diese sind alle vorhanden.« Mackenzie antwortete darauf: »Gut, ich sehe es ein, daß es sich um Krebs handelt« und eilte sofort zur Kronprinzessin, um ihr die Diagnose mitzuteilen, wobei er aber nicht vergaß hinzuzusetzen, dass »er ja immer gesagt habe, daß es der Krebs sein könne«.

Nun hatte auch Mackenzie seine letzten Zweifel aufgegeben, da das Urteil des bekannten Anatomen für ihn schwerer wog als das der

Chirurgen. Zur Beruhigung von Bergmanns übergab Mackenzie ihm nun auch die schriftliche Zusicherung, dass er der Rückkehr des Kronprinzen nach Deutschland im Großen und Ganzen zustimmen werde und schrieb: »Ich Endesunterzeichneter verpflichte mich hiermit, bei Eintreten schwerer Symptome in der Krankheit Seiner Kaiserlichen und Königlichen Hoheit auf dessen schleunige Rückkehr nach Deutschland zu dringen, welche ich bei Eintritt der wärmeren Jahreszeit in jedem Falle befürworten werde. Morell Mackenzie.«

Vom 10. Februar bis zum 8. März erschienen nun täglich im »Reichsanzeiger« von den Ärzten signierte Bulletins, die nach dieser Zeit nur noch in zweitägigen Abständen herausgegeben wurden. Vor der Abreise von Bergmanns aus San Remo war von der letzten gemeinsamen Ärztekonsultation am 6. März im »Reichsanzeiger« ein Bulletin veröffentlicht worden, das die Wogen glätten sollte, aber verschiedene Deutungen zuließ, denn der wahre Zustand wurde sogar jetzt noch verschleiert: »Gegenüber den in der Presse verbreiteten Gerüchten von Meinungsverschiedenheiten unter den behandelnden Aerzten Sr. Kaiserlichen und Königlichen Hoheit des Kronprinzen ... erklären die Unterzeichneten, daß hinsichtlich der Natur und Beurtheilung der Krankheit eine Meinungsverschiedenheit unter ihnen nicht besteht. Ebenso wenig ist von ihnen die Nähe einer gefährlichen Wendung des Leidens behauptet worden ... An die Zeitungen des In- und Auslandes richten die Aerzte noch einmal im Interesse des Hohen Kranken ... die Bitte, sich jeder Diskussion über die Krankheit Höchstdesselben ... zu enthalten ...«

Für von Bergmanns Vorschlag, das Gutachten Waldeyers geheim zu halten, »nachdem so oft dem Hohen Patienten versichert worden war, daß die Aerzte am 9. November sich geirrt« hätten, dankte Mackenzie ihm ausdrücklich. Diesmal gelang es tatsächlich, die Presse auszuschalten und Waldeyers Gutachten nicht an die Öffentlichkeit zu bringen.

Unentwegt hatte Mackenzie nach der Tracheotomie versucht, die von Bramann eingesetzte Kanüle gegen seine eigene auszutauschen, was weder Bramanns noch von Bergmanns Beifall fand, für den Mackenzies Röhre lediglich ein »höchst unpraktische[s], vor fünfundzwanzig Jahren von ihm konstruierte[s] Instrument[e] [war], das damals schon, als es geboren wurde, veraltet war«. Aber der Streit um die Kanüle schwelte weiter. Auf Druck der Kronprinzessin musste von Bergmann schließlich am 20. Februar gestatten, Mackenzies Kanüle wenigstens probeweise einzusetzen, die aber keine Besserung brachte, so dass der Kronprinz auf einen Zettel schrieb: »diese Ka-

»Deutscher Reichsanzeiger und Königlich Preußischer Staats-Anzeiger«, 12. Februar 1888

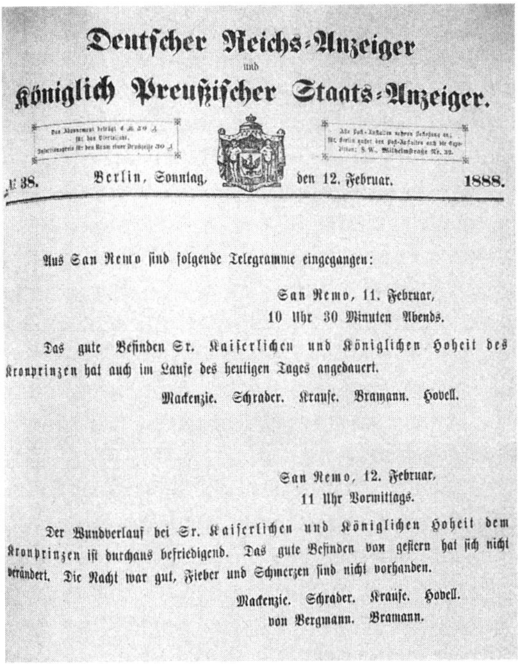

Deutscher Reichs-Anzeiger
und
Königlich Preußischer Staats-Anzeiger.

№ 38. Berlin, Sonntag, den 12. Februar. 1888.

Aus San Remo sind folgende Telegramme eingegangen:

San Remo, 11. Februar,
10 Uhr 30 Minuten Abends.

Das gute Befinden Sr. Kaiserlichen und Königlichen Hoheit des Kronprinzen hat auch im Laufe des heutigen Tages angedauert.

Mackenzie. Schrader. Krause. Bramann. Hovell.

San Remo, 12. Februar,
11 Uhr Vormittags.

Der Wundverlauf bei Sr. Kaiserlichen und Königlichen Hoheit dem Kronprinzen ist durchaus befriedigend. Das gute Befinden von gestern hat sich nicht verändert. Die Nacht war gut, Fieber und Schmerzen sind nicht vorhanden.

Mackenzie. Schrader. Krause. Hovell.
von Bergmann. Bramann.

nüle [von Bergmanns] ist viel besser, bitte lassen Sie das Wechseln und entscheiden Sie, daß ich diese behalte.«

Die Spannungen unter den Ärzten in San Remo waren inzwischen unerträglich geworden. Natürlich war das nicht nur ein dankbares Thema für die Presse, sondern auch für die Hofkreise in Berlin. Unter Bezugnahme auf diese Situation hatte Waldersee am 21. Februar in seinem Tagebuch festgehalten: »Gestern kam Prinz Wilhelm zu mir, um mir zu erzählen, daß vom Kronprinzen sehr schlechte Nachrichten da seien; Dr. Bergmann hat Krebs konstatiert und damit das ganze Lügengewebe der englischen Ärzte zerrissen. Die Zustände in San Remo sollen haarsträubend sein. Die Kronprinzeß hält zähe daran fest, daß die englischen Ärzte ausgezeichnet, die deutschen Schwindler seien ... Die Stimmung ist hier in allen Bevölkerungskreisen auch derart, daß sie jedwede Sympathie verscherzt; sie wird gut tun, sich nicht zu zeigen ...« Ballhausen wusste am 20. Februar zu berichten: »Mackenzie bleibt noch in San Remo und hält seine Prognose auf völlige Genesung aufrecht. Vielleicht um das Vertrauen des Patienten zu erhalten und auf Instanz der Prinzeß. Gegen sie herrscht große Erbitterung ... So soll der Kronprinz schon neun

Tage vor der Operation an steigender Atemnot gelitten haben, in den letzten zwei Tagen so, daß man das Röcheln zwei Stuben weit hörte! Trotzdem ließ man Bramann erst am Morgen der Operation zu ihm ...« Einen Tag später klagte er: »Unter den Ärzten herrsche eine Feindschaft, die sich in nicht zu glauben roher Weise äußere«, um am 25. Februar das Thema mit der Feststellung fortzusetzen: »Die Ärzte sollen sich streiten wie Hund und Katze!« Aufhorchen lässt Ballhausens Formulierung von der »Instanz der Prinzeß«, die er sicher ganz bewusst wählte. Sogar von Bergmann musste dieser Instanz weichen und am 20. Februar Mackenzies Kanüle akzeptieren. Natürlich beinhaltete der Begriff Instanz weit mehr und hatte wohl auch etwas mit der Aufrechterhaltung der anfänglichen Prognose Mackenzies zu tun und mit der Schuld, die für Ballhausen eindeutig die Kronprinzessin traf.

Wegen der häufig zu beobachtenden Blutbeimengungen und des sichtbaren Kräfteschwunds hielt von Bergmann inzwischen eine Lungenmitbeteiligung nicht mehr für ausgeschlossen und schlug vor, Professor Adolf Kußmaul aus Straßburg als Sachverständigen herbeizuziehen, was Mackenzie nicht für nötig hielt, von der Kronprinzessin diesmal aber für richtig befunden wurde. Am 25. Februar traf Kußmaul in San Remo ein. Nach seiner Untersuchung war die Lunge ohne pathologischen Befund. Er kam »zu dem Schlusse, daß der rothe Auswurf nicht aus den Lungen oder Bronchien stammt«. Mackenzie gegenüber verhehlte Kußmaul nicht, dass er die Geschwulst im Kehlkopf für bösartig halte, der das zwar nicht bestritt, aber ebenso wenig eingestand, denn um diese Zeit hatte Waldeyer sein Urteil noch nicht abgegeben. Da Kußmaul nur der Lunge wegen gerufen worden war, die klinisch keine Auffälligkeiten bot, reiste er zwei Tage später wieder ab.

Die Kronprinzessin hatte der Konsultation Kußmauls zwar zugestimmt, seine Meinung aber, soweit sie nicht die Lunge, sondern den Kehlkopf betraf, stimmte sie nicht nachdenklich. Am 26. Februar teilte sie daher ihrer Mutter mit: »... wie ich voraussah, ließen sie den armen alten Prof. Kußmaul aus Straßburg nur kommen, um ihrer Ansicht mehr Rückgrat zu verleihen ... Das Hauptresultat war folgendes: Er erklärt, daß Fritz absolut nichts an der Lunge hätte ... Kußmaul sagte, daß Krebs ohne jeden Zweifel vorläge und so gut erkennbar sei, daß er keine anderen Beweise brauche. All dem kann Sir Morell nur erwidern: ›Der erste Pathologe der Welt hat nichts Derartiges gefunden. Was ich vom Kehlkopf sehe, läßt das Gegenteil vermuten – beides zusammen macht es mir unmöglich, zu bestätigen, daß Krebs vorliegt … Virchows mikroskopische Untersuchung scheint mir vertrauenswürdiger als die Diagnose Bergmanns, Bramanns, Krauses und Schröders!«

Eine gute Woche später kam die Wahrheit dann ans Tageslicht, als Waldeyer die Präparate durchmusterte und das letzte Gegenargument Mackenzies fiel. Nach dessen histologischer Untersuchung schrieb Kronprinzessin Victoria dennoch unbeirrt an ihre Mutter: »Du wirst gehört haben, daß Prof. Waldeyer aus Berlin, den ich nicht gesehen hatte und nicht kenne, behauptet, unzweifelhafte Beweise für Krebs gefunden zu haben … Das überzeugt Bergmann, Bramann, Schröder und Krause, da es bestätigte, was Kußmaul sagte. Mich kann es absolut nicht anderer Ansicht machen, obgleich es die Meinung der anderen Seite bestärkt. Aber trotzdem bleibt die Tatsache bestehen, daß Virchow der größte Pathologe und Mikroskopist ist und … keinen solchen Beweis gefunden hat … Außerdem rechtfertigen die anderen Anzeichen von November bis jetzt nicht die Krebstheorie; ich bin deshalb nicht frei von Zweifel, obgleich ich zugebe, daß die Möglichkeit besteht …« Noch immer sträubte sich die Kronprinzessin, die schlimme Diagnose anzunehmen und stellte selbst den Befund Waldeyers infrage. Welcher Beweise bedurfte es denn noch, wenn selbst Mackenzie Waldeyers Krebsdiagnose anerkannte? Vielleicht war es weniger die Diagnose als deren Konsequenz, die für sie niederschmetternd war. So kurz vor dem Ziel, auf das sie jahrzehntelang gewartet hatten, durfte das nicht geschehen! Der Krebs durfte nicht stärker sein als der Thronfolger und sie, vor allem nicht schneller wachsen!

Zunächst aber mussten die Wogen in San Remo geglättet werden. In von Bergmanns Nähe fühlte sich Mackenzie in seinem Handlungsspielraum eingeengt. Er beklagte sich, dass die Behandlung ganz in den Händen der deutschen Ärzte liege, die seinen Rat grundsätzlich ausschlügen. Am 16. Februar hatte er verbittert an Sir James Reid geschrieben: »Ich bleibe nur auf dringenden Wunsch der Kronprinzessin, denn ich bin mit der Art und Weise der Behandlung gänzlich unzufrieden.« Dagegen notierte von Bergmann am 18. Februar: »Ich weiß ja, daß ich, um es nicht zu Szenen kommen zu lassen, nachgeben muß, aber ich versuche wenigstens mein Möglichstes zu tun, um diesen entsetzlichen Kollegen in den Grenzen des ärztlichen Anstandes zu halten, die er in wahrhaft zynischer Weise täglich in der Presse überschreitet.«

Schließlich bat Mackenzie die Kronprinzessin, mit von Bergmann zu sprechen, weil er mit seiner eigentlichen Behandlung erst dann beginnen könne, wenn dessen Mission abgeschlossen sei. Am 27. Februar 1888 suchte die Kronprinzessin das Gespräch und sagte zu von Bergmann: »Mackenzie will mit seinen Mitteln gegen die Perichondritis nicht anfangen, solange Sie dabeistehen … Er hat mir gesagt, daß, solange Sie da sind, er nicht gut beginnen könne.« »Gut, Kaiserliche Hoheit, ich werde nicht dabei sein.« »Ja, das genügt nicht, Sie haben ja alles erreicht, was Sie wollten: Kußmaul ist gekommen, nach vierzehn Tagen sollen Sie wiederkommen, jetzt nehmen Sie mir doch nicht durch Ihr Bleiben die Hoffnung, daß Mackenzie doch noch meinen Mann kuriert; ich fürchte, er geht fort oder kommt gar nicht zur Konsultation, wenn Sie bleiben.« »Zu Befehl, ich werde in Berlin um meine Abberufung bitten.«

Am 28. Februar wurde er entlassen, erhielt aber noch an diesem Tag ein kaiserliches Telegramm, das ihn bis zur Ankunft Prinz Wilhelms am 2. März in San Remo festhielt, wodurch für ihn eine unglückliche Situation entstand, da er als behandelnder Arzt des Kronprinzen bereits seinen Abschied erhalten hatte. Der Kaiser hatte Prinz Wilhelm den Auftrag erteilt, den Kronprinzen zur Heimkehr zu bewegen und darauf gedrängt, »ein bindendes Versprechen hinsichtlich einer baldigen Rückkehr des Hohen Kranken nach Berlin durchzusetzen«, was freilich nicht gelang. Mackenzie hatte von Bergmann zwar schriftlich zugesichert, der Rückkehr des Kronprinzen nach Deutschland zuzustimmen, aber doch nur, wenn schwerere Symptome auftreten würden. Vorerst wollte er nun aber seine eigenen Mittel gegen diese Krankheit anwenden, von der er seit Waldeyer definitiv wusste, dass es sich tatsächlich um Krebs handelte. Was seine Mittel beinhalteten und bewirken sollten, wusste niemand zu sagen. Allerdings hätte er mit seiner Behandlung nun beginnen können, denn am 7. März war auch von Bergmann aus San Remo aufgebrochen und stand ihm nicht mehr im Wege.

Prinz Wilhelm bewegte sich in diesen Tagen gewissermaßen zwischen zwei Sterbelagern, dem des kaiserlichen Großvaters in Berlin und des kronprinzlichen Vaters in San Remo. Jedenfalls kehrte er am 7. März mit von Bergmanns Voraussage nach Berlin zurück, dass sein Vater höchstens noch sechs Monate zu leben habe. Ebenso ernst wie die Nachrichten aus San Remo klangen sie inzwischen auch aus Berlin, wo Kaiser Wilhelm I. im Sterben lag. Unter dem 7. März ist in Ballhausens Tagebuchaufzeichnungen zu lesen: »So lange man auf diese Möglichkeit hat gefaßt sein müssen, so erschütternd wirkt doch ihr Eintritt. Man fühlt sich doppelt bestürzt durch den Gesundheitszustand des Kronprinzen. Prinz Wilhelm war heute früh von San Remo zurückgekehrt und hat seitdem das Palais nicht verlassen. Er ist so von einem Totenbett zum anderen geeilt ...«

Nach einer Sitzung des Staatsministeriums am 8. März sandte Bismarck dem Kronprinzen ein Telegramm und empfahl ihm im Interesse des Staates und der Dynastie seine sofortige Rückkehr nach Berlin. Außerdem richtete er an ihn die Frage, ob er im Falle des Todes Kaiser Wilhelms I. vorerst die Geschäfte als Ministerpräsident weiterführen solle, wozu er die Vollmacht erhielt. Am selben Tag war auch die Stellvertretungsorder vom 17. November 1887 in Kraft getreten. Am 9. März heißt es in Ballhausens »Bismarck-Erinnerungen« dann: »Soeben, 8 ½ Uhr, ist Se. Majestät verschieden!« Im Alter von fast 91 Jahren war Kaiser Wilhelm I. am 9. März 1888 um 8.22 Uhr gestorben. Unmittelbar nach Eintritt des Todes hatte Prinz Wilhelm Telegramme an seinen Vater in San Remo und an seine Großmutter, die Königin Victoria, aufgegeben.

Als Bismarck am 9. März 1888 im Reichstag den Tod Kaiser Wilhelms I. verkündete, führte er aus: »In Folge dieses Ereignisses ist die preußische Krone und damit nach Artikel 11 der Reichsverfassung die deutsche Kaiserwürde auf Seine Majestät Friedrich III., König von Preußen, übergegangen.« Mit dieser eindeutigen Formulierung brachte er zum Ausdruck, dass der Nachfolger primär König von Preußen und nicht Deutscher Kaiser sei. Bei aller Reichsemotion des neuen Kaisers, die jeder kannte, hatte die preußische Staatsräson Priorität, selbst wenn sich Friedrich III. »für den wiedererstandenen Barbarossa halten mochte«. Bismarck, der davon ausgehen konnte, in seinem Amt zu bleiben, führte weiter aus, dass auch die Rechte der verbündeten Fürsten und der freien Städte Bestand hätten, wofür er selbst bürgen wolle. Ausdrücklich betonte er, dass er allen unitarischen Bestrebungen für einen zentralistischen Machtstaat, der dem nationalliberal gesinnten Kaiser möglicherweise vorschweben könnte, entgegentreten werde. Es würde also alles beim Alten bleiben.

Nach seinem Morgenspaziergang im Park der Villa Zirio erhielt der neue Kaiser an diesem 9. März das Telegramm mit der Adresse »An Seine Majestät den Deutschen Kaiser und König Friedrich Wilhelm«. Der Kaiser, den er nach seinem Aufbruch aus Berlin nicht wiedersehen sollte, war gestorben. Dem hochbetagten Vater folgte nun sein todkranker Sohn, der im tracheotomierten Zustand zwei Tage später abends um 23 Uhr mit seinem Sonderzug in Berlin eintraf, wo es kalt war und schneite. Fürst Bismarck, die Chefs des Zivil- und Militärkabinetts sowie die Staatsminister waren dem neuen Kaiser wunschgemäß bis Leipzig entgegengefahren, um ihn zu begrüßen. Bismarck ergriff das Wort, und »Se. Majestät vollzog willig alle Vorschläge, nachdem mit einiger Schwierigkeit Tinte und Feder gefunden war«, wie Ballhausen am 12. März notierte.

Um sich wegen seines hilflosen Zustandes vom Publikum, soweit das überhaupt möglich war, fernzuhalten, wurde Schloss Charlottenburg und nicht das Kronprinzenpalais Unter den Linden bezogen. In seiner Tagebucheintragung am 9. März hatte der neue Kaiser auf das Telegramm seines ältesten Sohnes Bezug genommen und notiert: »Wilhelm kündigt mir darin an, daß ich keinen Vater mehr besitze! So habe ich denn den Thron meiner Väter und den der Deutschen Kaiser bestiegen! Gott wolle mir beistehen, meine Pflichten gewissenhaft und zum Wohle meines engeren wie des weiteren Vaterlandes zu erfüllen.« An diesem Tag des Thronwechsels telegrafierte der neue Kaiser an seine Schwiegermutter: »In diesem Augenblick tiefer Bewegung und Sorge … drängt mich mein Gefühl tiefer Verehrung für Dich, Dir bei meiner Thronbesteigung meinen aufrichtigen und ernsten Wunsch für eine enge und dauernde Freundschaft zwischen unseren beiden Nationen zu wiederholen.« Das klang wie ein Leitmotiv, welches er seiner Politik zugrundelegen wollte, ein Richtungswechsel, den viele Deutsche nach seiner Thronbesteigung zwar ersehnt, aber womit sie nach den Erfahrungen der letzten Jahre nicht mehr gerechnet hatten. Das liberale Europa, das große Hoffnungen in den neuen Deutschen Kaiser gesetzt hatte, musste enttäuscht und traurig zur Kenntnis nehmen, dass in Berlin nur noch ein Sterbender auf den Thron gelangt war.

Als Deutscher Kaiser nannte sich Kronprinz Friedrich Wilhelm nun Friedrich III. Es war ein Kompromiss gewesen, denn vorgeschwebt hatte ihm der Name Friedrich IV., weil er gern die Reihe der römisch-deutschen Kaiser fortgesetzt hätte und es im 15. Jahrhundert einen Kaiser Friedrich III. aus dem Hause Habsburg gegeben hatte. Nach den Ratschlägen engster Vertrauter und der Kronjuristen widersprach die Berufung auf diese alte Reichstradition aber »der preußischen Staatsräson wie der neuen deutschen Reichsräson«, und Bismarck, der »außer sich« geriet, als er diese Mitteilung des neuen Kaisers las, meinte, »daß zwischen jenen Kaisern und ihm nicht der geringste Zusammenhang bestehe«. In Friedrich III. konnten die königstreuen Preußen den Nachfolger Friedrichs II. des Großen sehen und die Reichsromantiker, wenn sie es wünschten, sogar den Nachfolger des Stauferkaisers Friedrichs II.

Selbst wenn die neue Kaiserin kurzzeitig mit dem Gedanken spielte, dass sie mit der Regentschaft betraut werden könnte, so musste sie schnell erkennen, dass das illusorisch war. Das würde schon am Widerstand des Reichskanzlers scheitern, und auch der neue Kronprinz und sein Bruder Heinrich verhehlten nicht, dass »die Hohenzollern, Preußen und das Deutsche Reich sich nicht von einem Weibe leiten lassen dürften«. Die maßgeblichen Kreise hätten das immer verhindert, selbst wenn der neue Herrscher sich mit dem Gedanken getragen haben sollte. Nach Röhl war aus der deutschen Führungsschicht im Grunde niemand bereit, eine aktive Regierung des neuen Kaiserpaars als legitim anzuerkennen.

Eine Kaiserkrone für 99 Tage

Am 12. März 1888 erschien im »Reichsanzeiger« ein Bulletin mit folgendem Wortlaut: »Se. Majestät der Kaiser haben trotz der angreifenden Reise und der Gemüthsbewegung eine sehr gute Nacht gehabt und fühlen heute keine Beschwerden. Die Respiration ist unbehindert und die örtlichen Erscheinungen sind unverändert.« Als Mackenzie den Kaiser an diesem Tag sah, war er erfreut, »daß die Reise ihm wenig oder gar nicht geschadet hatte«, so dass er damit beginnen konnte, das tägliche Arbeitspensum zu erledigen.

Die Intervalle, die ihm dafür blieben, wurden von Tag zu Tag kürzer, denn die Zerstörung des Kehlkopfs durch die Krebskrankheit schritt unaufhaltsam fort. Er rang nach Luft, sobald er ruhte. Die Nahrungsaufnahme auf natürlichem Wege wurde immer schwieriger, bis sie am Ende ganz unmöglich war. Schwächeanfälle meldeten sich als Vorboten des Todes. Der Kaiser bot ein Bild des Jammers.

Der neuen Kaiserin, die selbst »von Geschäften aller Art, wichtigen und unwichtigen Dingen« überhäuft wurde, war im Unterschied zu Mackenzie nicht entgangen, wie sehr ihrem Mann die lange Reise geschadet hatte und wie der Wechsel aus dem Leben eines Kranken zu einem Leben voller Geschäftigkeiten an ihm zehrte. Auch sie hätte gern mehr Ruhe für sich gehabt, um in seiner Gegenwart Hoffnung und Zuversicht ausstrahlen zu können und ihm ihre Zeit zu widmen. Am 13. März 1888 klagte sie ihrer Mutter: »... Fragen, Briefe, Telegramme, Besuche stürmen auf mich ein, während ich alle meine Zeit für Fritz aufsparen möchte.« Trotzdem war und blieb sie von nun an mehr denn je seine Stütze und Hilfe. Sie war seine Ratgeberin, wenn es ihm in Phasen der Schwäche und besonders starker Schmerzen schwer fiel, Entschlüsse zu fassen und Entscheidungen zu treffen. Sie war seine Sprecherin, wenn es galt, Wünsche an den

Kanzler heranzutragen und durchzusetzen. Sie redete für ihn, wenn ihn die Kraft verließ, sich über Sprechzettel verständlich zu machen, und sie führte die Gespräche mit dem Kanzler, bevor dieser vom Kaiser zum Vortrag empfangen wurde. Sie war seine »Dolmetscherin«, nicht nur in seinem Austausch mit dem Kanzler, sondern auch mit den Ministern und mit Wilmowski und Albedyll, den Chefs des Zivil- und Militärkabinetts sowie mit allen Besuchern.

Trotz der von allen Seiten aufgebrachten Rücksichtsnahme auf seinen hilflosen Zustand und der gleichbleibenden Hilfeleistung seiner Frau war die vor dem Kaiser liegende Regierungszeit von drei Monaten ein reines Martyrium, das in noch stärkerem Maße, als es bisher notwendig gewesen war, von seinen Ärzten begleitet werden musste, was eine Fortsetzung und Intensivierung der Leidenszeit von San Remo bedeutete. Den Ton gab weiterhin Mackenzie an, der noch am Tag der Thronbesteigung zum kaiserlichen Leibarzt ernannt worden war, im Grunde nur eine neuerliche Bestätigung seiner bisherigen Position, nun allerdings mit dem Attribut kaiserlich. Noch in San Remo hatte ihm der Kaiser auf einen Sprechzettel geschrieben: »Ich danke Ihnen, daß Sie mein Leben so weit verlängert haben, daß ich imstande bin, den heroischen Mut meiner Gattin zu belohnen.«

Nachdem Waldeyer die Krebsdiagnose mikroskopisch gestellt hatte, erwog Mackenzie plötzlich die totale Kehlkopfentfernung, was erneut für Verwirrung sorgte. Ihm aber schien angeblich nur noch auf diesem Wege eine Heilung möglich. Allerdings sprachen viele Argumente gegen seine Überlegungen, wie die tödliche Gefahr, die diesem Eingriff innewohnte, der reduzierte Kräftezustand des Kaisers und die ausgesprochen hohe Rezidivgefahr, ganz zu schweigen von dem elenden Zustand, in dem die Überlebenden nach dieser schrecklich verstümmelnden Operation zurückblieben. Glücklicherweise ließ man den Gedanken an diese schwere Operation bald fallen, denn schließlich war der Tumor schon im November 1887 von den Ärzten in San Remo als nicht mehr operabel angesehen worden. Hinzu kam auch das überzeugende Argument, »daß Ausschneidung des Kehlkopfes das Leben noch bestimmter abkürzt, als die durch operative Eingriffe nicht gestörte Weiterentwicklung des Krebses.«

Möglicherweise war es aber ein ganz anderer Grund, der Mackenzie von der Kehlkopfentfernung wieder Abstand nehmen ließ. Da er nämlich erneut zu seiner früher angenommenen Krankheit einer Knorpelhautentzündung zurückgekehrt war, ließ er die Krebsdiagnose wieder einmal fallen. Die Ursache für diesen neuerlichen Wandel in seiner Diagnose konnte damit zusammenhängen, dass der Kaiser am 23. März ein nekrotisches Gewebsstück ausgehustet hatte, worin Mackenzie ein günstiges Symptom erkannte. In seiner Tagebuchnotiz am 25. März ging Ballhausen auf diesen überraschenden Umschwung ein und schrieb: »Sr. Majestät soll es sehr gut gehen. Es habe sich ein starkes Knorpelstück gelöst, was bei Krebs nie vorkäme. Auswurf und Husten seien ganz gering. Die Zeitungen sprechen wieder so, als stehe eine völlige Rekonvaleszenz in Aussicht, während die deutschen Ärzte an ihrer pessimistischen Auffassung festhalten.«

Während Mackenzies Presse ungeniert berichtete, dass die Grundkrankheit des Kaisers heilbar sei, ging ein Funken neuer Hoffnung auch auf den Patienten über, der nach den Aufzeichnungen von Bergmanns bei einem Spaziergang mit General Winterfeld auf einen Zettel schrieb: »... ›Seit Donnerstag ist eine Krisis eingetreten, die meine Ärzte wieder das Beste hoffen lassen‹! Also noch einmal«, so fuhr Bergmann fort, »die Rückkehr zu der so oft ›mit voller Überzeugung‹ aufgegebenen Diagnose!« Sogar am 8. April bestritt Mackenzie noch die Krebsdiagnose. Wie schon so oft schien es ihm noch einmal gelungen zu sein, die Bewunderung auf sich zu lenken, so dass die Professoren Hermann von Helmholtz und Emil du Bois-Reymond ihm zu Ehren sogar ein Bankett gaben, weil er dem todkranken Kaiser jetzt noch helfen konnte. In Wirklichkeit nahm die Krankheit unaufhaltsam ihren Lauf, und der Kaiser hatte längst seinen letzten schweren Gang angetreten.

Jahrzehnte hatten er und seine Frau auf den Augenblick des Thronwechsels gewartet und Pläne für die Zeit seiner Regierung geschmiedet. Wenn er es auch nie in all den Jahren an Loyalität seinem Vater gegenüber fehlen ließ, so hatte er doch insgeheim mit seinem Schicksal oft genug gehadert, das ihm eine so lange Wartezeit auferlegte. Verbittert und resigniert hatte er seinem Tagebuch an seinem 50. Geburtstag anvertraut:

»... Selbstüberwindung über ein Menschenalter gewöhnt, verurteilt, die besten Jahre untätig zuzubringen, während Stück für Stück die Riesen Errungenschaften von 1870/71 schwinden, Bismarcks Laune und Willkür waltet, an der Macht und dem Ansehen der Krone rüttelt, während S. M. ihn voll gewähren lassen muß. Und dabei bin ich mir bewußt, allseitig im Reich mit Erwartungen für meine Zukunft derartig bedacht zu sein, daß nicht 1/4 davon erfüllbar ist. Ich altere fühlbar u. hätte ich nicht Frau und Kinder als mein Alles – längst wünschte ich aus der Welt zu sein.«

Nach dem am 31. Dezember 1885 beschriebenen Blatt in seinem Tagebuch finden sich an versteckter Stelle Bleistiftnotizen des Kronprinzen, die seine Auffassungen vom Kaisertum widerspiegeln und den Kurs nach seiner Thronbesteigung sowie seinen künftigen Regierungsstil beinhalten. Besonders geht es dabei um sein Verhältnis zu Bismarck als Reichskanzler und preußischer Ministerpräsident, um die Rolle des Königs von Preußen als Deutscher Kaiser sowie um das Verhältnis zu den Bundesfürsten. »Bei aller Anerkennung seiner [Bismarcks] Leistungen«, heißt es in kaum verdecktem Groll, »soll er in vergoldeter Weise fühlen, daß seiner Allmacht ein Ziel gesetzt ist ... Bezug nehmen auf B[ismarck] Rede im R[eichs]-Tag, daß in Preußen die Könige stets selbst die Politik bestimmt hätten. Meine eigene Auffassung muß in den Hauptfragen zum Ausdruck kommen. Meine Grundsätze müssen eine dauernde Regierungspolitik tragen u. zugleich die Verständigen wie die Mehrheit der Parteien hinter mich stellen, so daß ich mich zu denselben bekenne u. in entsprechender Weise den Partei-Anhang des Kanzlers mindere, so daß ich der Herr des Reichskanzlers bin, der fortan wohl mein Minister, aber nicht mehr als ein solcher sei.« Er wollte, dass Bismarck von seinem »Aktenstück« Kenntnis erhielt und war bereit, seinen Wünschen entgegenzukommen, allerdings nicht um jeden Preis, denn in seinen Gedankengängen heißt es weiter: »Es ist zu berücks[ichtigen], daß Fälle eintreten können, in denen ohne B[ismarck] u. wenn es sein muß gegen den (Ex) Kanzler u. seine Partei regiert werden muß. Daher ist die Regierung so zu componiren, daß die ausschlaggebenden Kreise in Preußen Vertrauen zu derselben haben. Dementsprechend Personenwahl schon jetzt treffen.«

Der Kronprinz ließ damals keinen Zweifel daran, dass er das preußische Königtum innerhalb des Deutschen Kaiserreichs zu stärken gedachte. Bei seinem Regierungsantritt würde es keine Proklamation des Kaisers an das deutsche Volk, wohl aber eine des Königs von Preußen »An mein Volk« geben, die indirekt das ganze deutsche Volk ansprechen und mit umfassen sollte.

Als Kaiser Friedrich III. drei Jahre später die Nachfolge seines Vaters antrat, fielen seine Gedanken und Pläne von 1885 kaum noch ins Gewicht. Für den Todkranken begann ein Wettlauf mit der Zeit. Seine einstigen Visionen verloren ihre Konturen und verschwanden hinter der grauen Kulisse des von schwerer Krankheit überschatteten Alltags. Seinem alten Lehrer und Freund Ernst Curtius gegenüber hatte der Kronprinz seine Krankheit noch im November 1887 als »eine peinliche Störung meiner Gesundheit« bezeichnet. Zeitweilig schien es tatsächlich so, als wären ihm seit dem Regierungsantritt neue Kräfte zugewachsen, die zu bestätigen schienen, dass alle Befürchtungen offenbar grundlos waren. Aber die Zeit der auf Schonung des Kranken bedachten Fürsorge war vorüber, und der Alltag des Kaisers forderte seinen Tribut, den er nur unter Aufbietung seiner letzten Kräfte leisten konnte.

Erste Anordnungen traf Friedrich III. für die Landestrauer um den verstorbenen Kaiser, wobei er auf eine Festlegung von Einzelheiten verzichtete, weil er es jedem Deutschen überlassen wollte, »wie er angesichts des Heimgangs eines solchen Monarchen seiner Betrübnis Ausdruck geben, auch die Dauer der Einschränkung öffentlicher Unterhaltungen für sachgemäß erachten will«.

Dass Bismarck bei einem Thronwechsel im Amt bleiben sollte, um »Hand in Hand mit ihm die Geschäfte fortzuführen, so daß keine Unterbrechung fühlbar würde und wir beide nur für das Wohl des Staats sorgend handelten«, hatte der Kronprinz trotz aller Vorbehalte bereits 1885 entschieden, als der Gesundheitszustand Kaiser Wilhelms I. die Regierungsübernahme in greifbare Nähe rückte. Am 12. März 1888 bestätigte der neue Kaiser dem Reichskanzler die frühere Absprache. Der »Reichsanzeiger« veröffentlichte an diesem Tag den Aufruf »An mein Volk« sowie den »Erlaß Seiner Majestät des Kaisers und Königs an den Reichskanzler und Präsidenten des Staats-Ministeriums«, von dem die Liberalen, die eine Weiterentwicklung in demokratischen Formen erwartet hatten, überwiegend enttäuscht waren. Der neue Monarch hatte kein fortschrittliches, sondern eher ein konservatives Regierungsprogramm verkündet, was viele befremdete.

In einem Handschreiben legte der Kaiser Bismarck die Grundsätze seiner Regierung dar. Zu diesen Grundsätzen gehörten die Pflege der öffentlichen Wohlfahrt, die ungeschwächte Erhaltung der Wehrkraft, die religiöse Duldung, das wirtschaftliche Gedeihen bei Milderung möglicher Missstände, die Pflege von Erziehung und Bildung der Jugend, die Durchsetzung von Verwaltungsreformen bei Verminderung der Zahl der Bediensteten sowie die Förderung von Kunst und Wissenschaften. »Zur Verwirklichung dieser Meiner Absichten rechne Ich auf Ihre so oft bewiesene Hingebung und auf die Unterstützung Ihrer reichen Erfahrung«, heißt es im Brief des Kaisers an den Kanzler. An den Grundlagen, auf denen der preußische Staat bisher sicher geruht hatte, sollte aber nicht gerührt werden, wobei die verfassungsmäßigen Rechte aller verbündeten Regierungen ebenso gewissenhaft zu achten waren wie die des Kaisers. Welchen Anspruch Friedrich III. an seine Regierung stellte, ließ er Bismarck in seinem Schlusssatz wissen: »Unbekümmert um den Glanz ruhmbringender Großthaten, werde Ich zufrieden sein, wenn dereinst von Meiner Regierung gesagt werden kann, sie sei Meinem Volke wohlthätig, Meinem Lande nützlich und dem Reiche zum Segen geworden.«

Bismarcks Verbleiben im Amt des Reichskanzlers war mithin nicht nur ein aus der gegenwärtigen Not und aus der krankheitsbedingten eingeschränkten Handlungsfähigkeit des Kaisers geborener Entschluss, sondern entsprach der seit langem gewachsenen Einsicht, dass dieser ihm und seiner Frau gleichermaßen wenig sympathische Mann nicht zu ersetzen war und dass nur mit ihm das Regierungsprogramm so oder so verwirklicht werden konnte. Auch Bismarck wusste, dass sich die zwischen ihnen bestehenden Gräben nicht nivellieren ließen und dass das »Englische« im Denken der Kaiserin fortbestehen und ihm Schwierigkeiten bereiten würde, denn »Ihr Einfluß auf ihren Gemahl war zu allen Zeiten groß und wurde stärker mit den Jahren, um zu culminiren in der Zeit, wo er Kaiser war«, schrieb Bismarck später in seinem Erinnerungswerk. Vielleicht arrangierten sich Kanzler und Kaiser in der niemals offen ausgesprochenen Erkenntnis, dass es sich nur um eine begrenzte Zeit handeln würde. In sein Tagebuch hatte der Kaiser an diesem Tag geschrieben: »Bismarck zum Vortrag, ist einverstanden mit meinem Proklamationsentwurf ›An mein Volk‹ wie mit dem an ihn gerichteten Erlaß.«

Als der Sarg des verstorbenen Kaisers am 16. März nach der Trauerfeier im Berliner Dom in das Mausoleum nach Charlottenburg überführt wurde, wo schon die Eltern des Verstorbenen, Königin Luise und König Friedrich Wilhelm III., ihre letzte Ruhestätte gefunden hatten, fühlte Kaiserin Victoria wie viele Zeitgenossen, dass mit dem Tode des alten Kaisers ein Zeitabschnitt zu Ende gegangen war. So empfand das auch der neue Kaiser, der dem Trauerzug auf Anraten Mackenzies fernbleiben musste und nur vom Fenster seines Schlosses aus Abschied von seinem Vater nehmen konnte. Voller Sorge um die Zukunft schrieb Kaiserin Victoria an diesem Tag an ihre Mutter: »... Zu spät! Der furchtbare Gedanke verfolgt mich Tag und Nacht. Ja, wir sind jetzt unsere eigenen Herren, aber sind wir nicht dazu bestimmt, die Arbeit ungetan zu lassen, welche wir so lange und sorgfältig vorbereitet haben? Werden wir die Möglichkeit haben, das Richtige zu tun? Wird uns Zeit gelassen werden, nützliche Maßnahmen, nötige Reformen einzuführen? Jeder wohlmeinende Deutsche legt sich diese Frage mit bitterem Schmerze vor! Es ist hart und grausam! ... Vorsicht und Klugheit sind jetzt notwendig, da frische und kräftige Erneuerung vieler verbrauchter und veralteter Dinge wünschenswert gewesen wäre ... Fürst Bismarck war höflich und nett und fühlt sich, glaube ich, ganz wohl.« Das Letzte waren neue Töne. Tatsächlich war es so, dass die Beziehungen der Kaiserin zu dem »Eisernen Kanzler« nach der Thronbesteigung besser waren als jemals zuvor, wobei auch Bismarck sich der Kaiserin gegenüber versöhnlich gab.

Hätte Kaiser Friedrich III. unter normalen Umständen einen Wandel der verfassungsmäßigen und sozialen Zustände einleiten können, so wie er und Victoria es über Jahre hinweg geträumt hatten? Dass ihm durch Sachzwänge ganz regulär Grenzen gesetzt waren, erfuhr er bereits in den ersten Tagen nach dem Thronwechsel. Der Lauf der »Regierungsmaschine« war nicht durch den Wunsch eines Einzelnen, auch nicht durch den des Kaisers zu ändern oder gar zum Stillstand zu bringen. Mehr als er sich eingestehen wollte, musste der Kaiser dem Kanzler ihre Leitung überlassen. Dagegen bemühte sich Bismarck diplomatisch-taktvoll, dem seiner Sprechfähigkeit Beraubten nicht das Gefühl völliger Hilflosigkeit zu geben und ihn, soweit das möglich war, an den Staatsgeschäften teilhaben zu lassen, indem er ihn in Charlottenburg und später in Schloss Friedrichskron [umbenanntes Neues Palais bei Potsdam] regelmäßig zum Vortrag aufsuchte.

Im Übrigen hatte sich Bismarck nach dem Tode Kaiser Wilhelms noch vor Antritt der Reise nach Leipzig am Vormittag des 11. März »bei Geheimrat Bergmann ohne Umschweife erkundigt«, wie lange der neue Kaiser noch zu leben haben werde. Als Bergmann erwiderte, »er würde den Sommer nicht überleben«, wurde er von Goßler, der bei dem Gespräch zwar nicht zugegen war, kritisiert, einen Termin genannt zu haben. Bismarck aber war von der menschlichen Tragik berührt und richtete sich und sein Verhalten danach aus.

Die Vorsicht, mit welcher er gegenüber dem Kaiser, dem Kronprinzen und der Kaiserin operiere, sei unübertrefflich, bescheinigte ihm Ballhausen nach einer Sitzung des Preußischen Staatsministeriums am 13. März und notierte in seinem Tagebuch: »Man müsse Se. Majestät vor Gemütsbewegung, Aufregung, Ärger hüten, aber genug zu tun geben »to feel himself occupied«. Den Hauptgegenstand der vertraulichen Besprechung des Staatsministeriums bildete die Eidesleistung des Kaisers vor den versammelten Kammern. Bismarck führte dazu aus, dass er es bei dem Gesundheitszustand des Kaisers nicht für ratsam halte, von ihm das verfassungsmäßig vorgeschriebene eidliche Gelöbnis in Gegenwart des Preußischen Landtags zu erwarten, was alle Seiten akzeptierten. Stattdessen wurde am 19. März vor dem Landtag eine Botschaft mit dem Gelöbnis Friedrichs verlesen, dass »die Verfassung Unseres Königreichs fest und unverbrüchlich« gehalten und in Übereinstimmung mit ihr und den Gesetzen regiert werden sollte. Niemand erhob gegen diese Form der Eidesleistung Einspruch, auch nicht die Gruppe derer, die Friedrichs Thronverzicht für richtiger gehalten hätte. Eine ähnliche Botschaft richtete der Kaiser an den Reichstag.

Von besonderer Dringlichkeit war die Regelung der schon erwähnten Stellvertretung des Kaisers, die selbstverständlich dem neuen Thronfolger, Kronprinz Wilhelm, zufallen musste. Prinz Wilhelm war auf Wunsch Kaiser Wilhelms I. und Bismarcks schon 1886 in einzelne Zweige der Verwaltung eingewiesen worden. Dass er aber ohne Absprache mit seinen Eltern bereits so gründlich auf die Regierungsgeschäfte vorbereitet wurde, hatte das Kronprinzenpaar damals sehr verletzt. Das Verhältnis zwischen den Eltern und dem Sohn war und blieb belastet, was auch den Tagebuchnotizen des Kronprinzen entnommen werden kann, die ebenso wie die Berichte der Kronprinzessin nach England Enttäuschung und Bitterkeit zum Ausdruck bringen. Besonders bitter waren die Anzeichen, wie sehr der Sohn nur auf den Tag der Thronbesteigung wartete und wie die Zahl seiner Anhänger schon unaufhörlich wuchs. Zutreffend hatte Kaiserin Victoria am 16. März ihrer Mutter geschrieben: »Ich glaube, wir werden im allgemeinen nur als vorüberhuschende Schatten angesehen, die bald in der Wirklichkeit durch Wilhelms Gestalt ersetzt werden sollen. Ich kann mich irren, aber es kommt mir so vor, als ob die Partei, die sich uns so lange widersetzt und uns so schlecht behandelt hat, es kaum der Mühe für wert hält, ihre Haltung sichtbar zu ändern – da sie mit einer ganz anderen Zukunft rechnet.«

Später, im Jahre 1889, schrieb die Kaiserin-Witwe über die Ereignisse des Vorjahres und reflektierte über die Partei des Kronprinzen: »... Nur was konservativ, Hof, Militär, gouvernemental – kurz Clique ist, schart sich um Wilhelm, tobt, verleumdet, räsonniert, intrigiert und sucht die Leiden meines geliebten Engels stets in einem schlimmeren Licht darzustellen.« In ihrer Schilderung über die Regierungszeit Kaiser Friedrichs fuhr sie fort: »Er ist trotz allem von seinen Pflichten und seinem Beruf ganz absorbiert und denkt kaum an seine Krankheit. Er arbeitet, schreibt, liest, läßt sich Vorträge halten. Wieviel Gutes könnte er stiften, wenn nicht Hof und Ministerium, überzeugt, seine Tage seien gezählt, alles täten, um ihm Stöcke in die Räder und zwischen die Füße zu werfen ... Die Absicht ist, die Regierungsmaschine stillzuhalten, zu verhindern, daß irgendein Schritt in liberaler, moderner, aufgeklärter Richtung geschieht ... Gegen mich werden wahre Kabalen angestellt, man schimpft und schilt laut auf mich ...«

Die Kaiserin hatte längst zu ihrer Umgebung kein Vertrauen mehr, von Ausnahmen natürlich abgesehen. Da sie Indiskretionen aus den Tagebüchern des Kaisers sowie aus ihren eigenen Schriften befürchtete, trug sie sich mit dem Gedanken, ihre Privatpapiere und Briefe sicher vor jedem Zugriff zu verwahren und sandte am 2. Mai mehrere Kisten mit diesen Unterlagen an ihre Mutter.

Die Atmosphäre bei Hofe war und blieb vergiftet. Bei der allgemein bekannten Missstimmung zwischen den Eltern und dem ältesten Sohn konnte es im Ernst niemanden überraschen, dass der Allerhöchste Erlass vom 21. März 1888 über die Stellvertretung des Kaisers durch den Kronprinzen Einschränkungen erkennen ließ, wonach sich der Kaiser vorbehielt, über die jeweilige Bearbeitung oder Erledigung eines Vorgangs durch seinen Vertreter persönlich zu befinden. Er entschied auch, dass wichtige und prinzipielle Vorgänge, die die einzelnen Ressorts ohne vorheriges kaiserliches Einverständnis dem Kronprinzen zur Bearbeitung übergeben wollten, grundsätzlich ihm vorzutragen seien. Immerhin erreichte es Bismarck, dass die Minister wenigstens über das Gewicht einer Sache entscheiden konnten, und auch Prinz Wilhelm gab klugerweise zu erkennen, dass ihm nicht daran gelegen war, Aufgaben zu übernehmen, die ihm an sich nicht zustanden.

Bismarck hatte es für ratsam gehalten, aus Rücksicht gegen den Kaiser die Zahl der öffentlichen Akte, bei denen sein Erscheinen erwartet wurde, so weit wie möglich einzuschränken. Aber die Vereidigung des Staatsministeriums fand auf ausdrücklichen kaiserlichen Befehl als Sitzung des neu gebildeten Kronrats im Charlottenburger Schloss statt. Unter dem 23. März notierte er: »Vereidigung des Staatsministeriums in G[egenwart] Wilh[elms] u. Heinrich's, indem Bismarck mich anredete, das Gelöbnis für die R[egierung] sprach und mir die Hand küßte, was alle anderen taten.« Den Akt der Huldigung, die ihm als Träger der preußischen Königskrone galt, durfte er im vollen Bewusstsein erleben. Schon 1885 hatte er sich schriftlich über sein dynastisches Selbstverständnis geäußert: »Meine Aufgabe wird dabei sein, mir die wichtigste Karte nicht aus dem Spiel nehmen zu lassen, d.h. der einzig berechtigte Vertreter des Preußischen Königtums zu sein, welche in den vielhundertjährigen Wurzeln unserer Macht im märkischen Boden ruht, wo sie unerschütterlich angelegt sich befindet ...«

Die ersten Wünsche des neuen Kaisers gingen dahin – für einen vermeintlich Liberalen schon etwas merkwürdig –, mehr Freiherren, Grafen und Fürsten zu schaffen, so dass sein konservativer Kanzler ironisch kommentierte: »... um den Haß zwischen Adel und Bürgertum abzustellen, möge Se. Majestät sein ganzes Volk adeln«. An Standeserhöhungen beabsichtigte der Kaiser, fünf Fürsten- sowie zweiundzwanzig Grafen- und Freiherrntitel zu verleihen. Mit Bismarcks Zustimmung wurde auch Graf Radolinski in den Fürstenstand erhoben, der sich nicht mehr Radolinski nannte, sondern Fürst Radolin, was deutscher klang.

Die Kaiserin wurde mit dem Schwarzen Adlerorden ausgezeichnet, der außerdem noch dem Justizminister Friedberg verliehen wurde, einem langjährigen Freund und Berater des Kronprinzenpaars, der als ein Mann mit liberaler Gesinnung galt. »Die Verleihung«, so notierte Waldersee am 13. März, »soll ein Programm sein, sie offenbart das Bestreben, sich bei den Liberalen und Juden populär zu machen.« Außer Friedberg hatte Friedrich III. den Schwarzen Adlerorden dem ehemaligen Reichstagspräsidenten und gegenwärtigen Präsidenten des Reichgerichts, Geheimrat Dr. Martin Eduard von Simson, verliehen, der wie der Justizminister Friedberg ebenfalls jüdischer Abstammung war. Der Hofprediger Adolf Stöcker, der Führer der so genannten Kreuzzeitungspartei und des äußersten rechten Flügels der Konservativen, ging dagegen leer aus. Das judenfreundliche Verhalten des Kaisers missfiel der Berliner Hofgesellschaft, so dass die gegen ihn eingestellte Partei ihn insgeheim schon »Cohn I., den Judenkönig« nannte. Die vom Kaiser beabsichtigte Amnestie wollte Bismarck keineswegs so generös gehandhabt wissen wie die Ordensverleihungen. Aus politischen Gründen Inhaftierte kamen nicht in den Genuss dieses Gnadenerweises, wofür Bismarck sorgte.

Kritiker des Regierungsstils des neuen Kaisers sparten nicht mit Kommentaren, und auch die Presse nahm sich dieses Themas an, die wichtige und weniger wichtige Vorkommnisse immer wieder in einen Zusammenhang mit den Bulletins über den wechselnden Gesundheitszustand des Kaisers stellte. »Fritz war ... entrüstet ... über den Zeitungskrieg und Kampf über seine Krankheit. Er sagte oft, ich werde mir selbst zum Ekel, wenn ich das alles lesen muß. Wir konnten ihm die Zeitungen nicht oft vorenthalten, ohne ihn zu beunruhigen und mißtrauisch zu machen«, schrieb Kaiserin Victoria in ihrem Rückblick auf die 99-tägige Regierungszeit.

Zu den Reichsgesetzen, die Kaiser Wilhelm I. nicht mehr vollziehen konnte, gehörten die vom Reichstag im Februar 1888 verabschiedeten Verordnungen über die Verlängerung der Legislaturperiode des Reichstags von bisher drei auf fünf Jahre und über die Verlängerung des Sozialistengesetzes. Bismarck wollte die Legislaturperiode verlängern und entsprach damit dem Wunsch der Konservativen, die sich davon eine Erleichterung ihrer Herrschaft versprachen, während die Liberalen darin einen Rückschritt sahen. Beide Gesetze legte der Chef des Geheimen Zivilkabinetts, Karl Freiherr von Wilmowski, am 18. März dem neuen Kaiser zur Ausfertigung vor. Der aber lehnte die Unterzeichnung aus politischen Bedenken ab, was mit der Reichsverfassung jedoch nicht in Einklang stand, da sie ein Vetorecht des Monarchen nicht vorsah. Wieder schaltete sich Bismarck ein und setzte der Kaiserin am 21. März auseinander, dass der Nichtvollzug der beiden von den Parlamentariern mit großer Mehrheit angenommenen Gesetze eine völlige Umkehr der bisherigen Regierungspolitik bedeuten könnte und dass, nachdem die preußische Stimme abgegeben worden sei, der Kaiser seine Unterschrift nicht verweigern könne. Es gelang Bismarck, die Kaiserin zu überzeugen, so dass auch Friedrich seine Bedenken aufgab und die Gesetze unterzeichnete.

Der gleiche Vorgang wiederholte sich, als es um die Verlängerung der Legislaturperiode des Preußischen Landtags von drei auf fünf Jahre ging. In diesem Fall stand dem König tatsächlich ein Vetorecht zu, und er verweigerte seine Unterschrift mit dem Hinweis, dass er in der Verlängerung der Legislaturperiode eine Beschränkung der Wahlfreiheit erblicke, die für die Liberalen eine Benachteiligung und für die Konservativen eine Begünstigung wäre. Als es dem zuständigen Innenminister Robert von Puttkamer nicht gelang, den Kaiser von der Notwendigkeit dieses Gesetzes zu überzeugen, unternahm Justizminister von Friedberg am 27. Mai einen weiteren Versuch, der die Bedenken des Kaisers zerstreuen konnte, wenn sich das Inkrafttreten des Gesetzes durch eine ungeschickte, aber wohl gezielte Bemerkung Bismarcks auch verzögerte, weil der Kaiser nunmehr gegen die Publikation des von ihm bereits unterschriebenen Gesetzes Einwände erhob, was viel Staub aufwirbelte und die Presse damals tagelang beschäftigte, weil sogar von einer »Ministerkrisis« die Rede war. Bismarck hatte Friedrich aufgefordert, »einmal zu zeigen, daß er der

König sei, und daß ihn weder Ministerium noch Kammern etwas angingen«. Auf einem Zettel antwortete ihm der Monarch: »Dann möge man das Gesetz nicht publizieren«, was etwas später freilich doch geschah.

Dass das Schicksal »hart und grausam« mit dem Kaiserpaar verfuhr, wie es Victoria am Tage der Beerdigung ihres Schwiegervaters an ihre Mutter geschrieben hatte, musste der Kaiser in bis dahin nicht gekannter Härte am 12. April erfahren, als er plötzlich zu ersticken drohte. Die Nacht zu diesem verhängnisvollen Tag war schon durch ein auffallend erschwertes Atmen schlecht gewesen. Da die Einführung der inneren Kanüle am nächsten Morgen nicht gelingen wollte, nahm die Atemnot dramatisch zu. Gegen Mittag hatte Kriegsminister von Bronsart beim Kaiser einen Termin und fand nur noch einen »nach Luft Ringenden und nur mühsam noch Atmenden« vor. Als General von Albedyll sich zwei Stunden später zum Vortrag bei ihm einfand, bekam er einen so starken Hustenanfall, dass Albedyll befürchtete, er werde in seinem Beisein ersticken und sofort ärztliche Hilfe rief. Gegen 15 Uhr empfahl Generaladjutant von Winterfeld Dr. Wegner, der am 12. März sein Amt als Leibarzt wieder angetreten hatte, umgehend von Bergmann zu rufen, dem um diese Zeit von einem Depeschenreiter der folgende Brief Mackenzies überbracht wurde: »Dear Professor von Bergmann. We have difficulties with the canula and I shall be glad if you will see the Emperor with me as soon as possible.« [Wir haben Schwierigkeiten mit der Kanüle, und ich werde mich freuen, wenn Sie so bald als möglich mit mir nach dem Kaiser sehen.]

Von Bergmann, der über die akute Verschlechterung schon seit dem Morgen informiert war, brach mit Bramann sofort auf und wurde von Generalarzt Wegner in Empfang genommen, um anschließend Mackenzie aufzusuchen, der gerade damit beschäftigt war, ein Bleirohr zu krümmen, um dasselbe in die Luftröhre des Kaisers einzuführen. Von Bergmanns Vorschlag, seine Trachealkanüle zu versuchen, zumal sie die erforderliche und auch von Mackenzie gewünschte Krümmung trug, fand dessen Zustimmung, so dass sie sich gemeinsam zum Kaiser begaben. Bei dessen Anblick hielt von Bergmann wörtlich fest: »Ich war erschreckt, als ich den Hohen Patienten, auf einem Stuhle sitzend, im Ersticken fand. Die Wangen und Lippen blau, ein Stridor bei der Inspiration, den man im Nebenzimmer hörte … Mir schien es, als ob in wenig Minuten der Erstickungstod eintreten würde.« Zunächst ließ Bergmann Dr. Bramann rufen und inspizierte gemeinsam mit ihm die Wunde, wobei sie sahen, dass Granulationen [Körnelungen] aus der Tiefe und von den Seiten »den Weg zur Trachealöffnung« vollständig verlegten. Die Luftnot wurde hör- und sichtbar größer, die Situation zusehends dramatischer, vor allem, weil es ihnen nicht gelang, die Kanüle einzuführen, wodurch der Zustand immer bedrohlicher wurde. Beherzt nahm Bergmann einen Finger, um nach Beseitigung der Granulationen den Weg zur Trachealöffnung freizumachen und die Wundhaken einsetzen zu können, eine Blutung dabei in Kauf nehmend. Danach gelang es Bramann, die Kanüle ohne größere Schwierigkeiten in die Luftröhre einzuführen. Er hatte dieselbe Kanüle genommen, die er schon bei seinem Luftröhrenschnitt am 9. Februar einsetzte. Sofort atmete »der Kaiser leicht und frei«. In wenigen Minuten war die Prozedur erfolgreich beendet und der Kaiser vor dem drohenden Erstickungstod gerettet.

Dieser hochdramatischen Geschichte liegt von Bergmanns Schilderung zugrunde, die mit Mackenzies Darstellung wenig Ähnlichkeit erkennen lässt. Aus dessen Sicht haben sich die Vorgänge ganz anders zugetragen. Mackenzies Äußerungen waren in erster Linie Beschuldigungen von Bergmanns, die einer kritischen Betrachtung jedoch schwer standhalten können. In den »Aufzeichnungen« Wegners, die dieser seit dem Tag der Wiederaufnahme seines Dienstes bis zum Tode des Kaisers anfertigte, heißt es unter dem 12. April: »Von 1 Uhr Nachts an und im Laufe des Tages Athemnoth. Vormittags 12 Uhr ging ich zur Kaiserin und bat von Bergmann kommen zu lassen. Darauf schickte Mackenzie … einen Boten zu v. Bergm[ann]. Dieser kam um 4 Uhr mit Bramann … Der Athem war stark behindert. Bergmann suchte zuerst eine Tamponcanüle einzuführen, was wegen ihrer Stärke nicht gelang, es blutete dabei. Dann brachte er mit Bramanns Assistenz eine von den früher gebrauchten Canülen ein. Der Athem wurde darauf viel freier …«

»Wir fanden den hohen Patienten«, so berichtete Mackenzie, »mit Schreiben beschäftigt, das Einatmen war deutlich hörbar, aber außer diesem war nicht das geringste Anzeichen irgend einer Atembeschwerde vorhanden …« Nach Bergmanns erfolglosem Versuch, eine Kanüle einzusetzen »folgte ein gewaltiger Hustenanfall und eine starke Blutung. Jetzt ergriff Prof. v. Bergmann eine mit einem Schwamm versehene Tampon-Kanüle … und versuchte dann, die Kanüle in die Luftröhre zu stoßen. Abermals kam keine Luft durch die Kanüle und es war klar, daß dieselbe anstatt in den Luftkanal einzudringen, mit Gewalt vor der Luftröhre nach unten gedrückt worden war und daß sie die zarten Gewebe daselbst wie mit einem Pfluge aufriß und in dieser Weise einen technisch sogenannten »falschen Weg« machte ... Zu meinem Entsetzen stieß dann Prof. v. Bergmann seinen Finger tief in die Wunde hinein und als er denselben wieder herauszog, versuchte er abermals, eine andere Kanüle einzusetzen ...«

Walter Weller schrieb schon 1929, dass es schwer sei, in Mackenzies Bericht, der sich zu den Aufzeichnungen von Bergmanns diametral verhält, »das objektiv Richtige von dem tendenziös Uebertriebenen zu sondern«. Bei dem Kanülenwechsel waren nur die beiden Parteien Bergmann-Bramann und Mackenzie-Hovell zugegen, so dass möglicherweise in den Beschreibungen hier wie dort Abstriche erforderlich sind. Dass allerdings an diesem 12. April eine große Gefahr bestand und die Erstickung drohte, scheint auch durch die Zeugnisse der kaiserlichen Generäle gesichert zu sein und nicht allein durch den Bericht von Bergmanns. Außerdem hat auch Generalarzt Wegner in seiner Aufzeichnung vom 12. April von einer starken Behinderung der Atmung gesprochen. Auf keinen Fall war die Situation so harmlos, wie sie Mackenzie darzustellen suchte, wonach zu keiner Zeit der geringste Grund zu einer Besorgnis bestand.

Was nun von Bergmanns Manipulation mit dem Finger betraf, die Mackenzie mit »Entsetzen« sah, so blieb ihm angesichts der großen Gefahr der Erstickung, die durch die Verlegung der Luftwege jeden Augenblick eintreten konnte, offenbar keine andere Wahl. In Ermangelung der richtigen Instrumente, mit denen die Granulationen auszuräumen gewesen wären, entschloss er sich in dieser dramatischen Situation beherzt für das Richtige. Der Kaiser quittierte diese Erlösung mit freudiger Handbewegung und mit einem dankenden Händedruck. Das allerdings berichtete nur von Bergmann, denn nach der Aufzeichnung Mackenzies verhielt es sich auch hier ganz anders: »Eine halbe Stunde nach dem Fortgehen des Professors ließ mich der Kaiser rufen und fragte mich: ›Warum steckte Bergmann seinen Finger in meinen Hals?‹ Ich erwiderte: ›Ich weiß nicht, Majestät.‹ Se. Majestät sagte dann weiter: ›Ich hoffe, Sie werden Prof. v. Bergmann nicht mehr erlauben, irgend weitere Operationen an mir vorzunehmen.‹ Ich erwiderte: ›Majestät, nachdem, was ich heute gesehen habe, erlaube ich mir ergebenst zu sagen, daß ich nicht länger die Ehre haben kann, Eure Majestät weiter zu behandeln, wenn es Prof. v. Bergmann noch weiter gestattet sein soll, Ihren Hals künftig zu berühren.‹«

Auch hier stehen sich wieder zwei unterschiedliche Aussagen gegenüber. Es ist schwer vorstellbar, dass beide Darstellungen frei erfunden sind. Fest zu stehen scheint, dass von Bergmann dem Kaiser helfen konnte. Wie er es bewerkstelligte, war letztlich seine Sache. Die Hauptsache war, dass er ihn aus großer Not befreite. Da das aber gelungen war, ist andererseits schwer nachvollziehbar, warum sich der Kaiser gerade von dem Arzt trennen sollte, dem er möglicherweise sein Überleben verdankte. Auch diese Aussage Mackenzies muss bezweifelt werden, zumal man weiß, dass von Bergmann erst volle drei Wochen nach dem 12. April seinen Abschied als behandelnder Arzt des Kaisers nahm und zwar aus freien Stücken und nicht wegen angeblich ungeschickter Manipulation.

Nach der Darstellung Mackenzies kam der Kaiser noch oft auf von Bergmanns Rohheit zurück und drückte seine Unzufriedenheit mit dessen Behandlung angeblich noch einmal in einem Schriftstück aus, das er drei Tage vor seinem Tode niederlegte. In den »Briefe[n] der Kaiserin Friedrich« wurden später zwei Sätze veröffentlicht, auf die sich nach Weller Mackenzies Aussage bezogen haben kann, die von dem Kaiser tatsächlich am 12. Juni »als Antwort auf eine Bemerkung über seine Medizin, oder eine Frage in dieser Hinsicht« auf einen Zettel geschrieben worden sind. Der erste lautet: »Ich habe so einen merkwürdigen Geschmack im Kehlkopf.« Aus diesem Satz die Unzufriedenheit des Kaisers mit von Bergmanns Behandlung herauslesen zu wollen, ist abwegig, um nicht zu sagen abenteuerlich, weil nicht einmal ein Bezug zu den Vorgängen am 12. April erkennbar ist. Ein wenig nachdenklicher dagegen stimmt der zweite Satz, dem offenbar eine andere Frage zugrunde lag: »Dasselbe, das Hovell versuchte, ehe Bergmann mich so mißhandelte.« Ob sich dieser Satz auf die Vorgänge am 12. April bezog, ist ebenso unsicher und keinesfalls geklärt. Es war Mackenzie, der am 12. April versuchte, die Kanüle einzusetzen und nicht Hovell, bevor von Bergmann eintraf. Auch ist die Bedeutung des Wortes »mißhandelte«, die an sich keine Missverständnisse aufkommen lässt, im konkreten Fall nicht ganz so sicher, da ein Patient, der sich seinem Arzt gegenüber zu Dank verpflichtet fühlt, scherzhafterweise gelegentlich von »schlecht behandeln« oder »malträtieren« spricht, was Weller zu bedenken gab. Welche Bedeutung der zweite Satz auch haben mag, fest zu stehen scheint, dass er zu einem Vorwurf gegen von Bergmann nicht berechtigt und nichts beweist.

Wenn man die Tagebuchnotiz des Kaisers vom 13. April liest, ist man eingedenk des Vortags allerdings erstaunt, wenn dort steht: »Spazierfahrt mit Frauchen nach Berlin, wo, obwohl ich ganz unerwartet kam, wieder rührende Kundgebungen der Freude stattfanden.« Diese Ausfahrt wurde auf ausdrücklichen Wunsch des Kaisers und gegen den Einspruch seiner Ärzte unternommen und hatte vornehmlich psychologische und politische Gründe, da so allen Gerüchten, die sich schnell um den 12. April ranken würden, wirkungsvoll entgegengetreten werden konnte.

Unter allen Vorwürfen Mackenzies konnte einer ganz konkret widerlegt werden. Er hatte behauptet, dass von Bergmann bei seinem Versuch, die Kanüle einzusetzen, einen so genannten »falschen Weg« gebahnt hätte, um den sich als »verhängnisvolle Komplikation« eine »akute eitrige Entzündung«, ein Abszess, entwickelte, den von Bergmanns »Aufsgeratewohl-Stoßen« angeblich verursachte. Der Abszess hatte sich nach Mackenzies Beobachtung vor der Luftröhre gebildet, wo Bergmann die Kanüle hineingestoßen haben sollte und so den »falschen Weg« bahnte. Da Mackenzie noch weiterhin an seiner Behauptung festhielt und sie sogar in seiner im Oktober 1888 erschienenen Erwiderungsschrift abdrucken ließ, kam es zu einer gemeinsamen Erklärung Virchows und Waldeyers, die diese Behauptung widerlegte. Die von Virchow und Waldeyer unterzeichnete Erklärung vom gleichen Tag widerlegt eindeutig die Behauptung Mackenzies, da in dem Sektionsprotokoll vom 16. Juni 1888, wie sie schrieben, »von einer Absceßhöhle gar keine Rede ist«. Außerdem stellten sie fest, »daß aus dem Obductionsprotokoll nicht gefolgert werden kann, es habe jemals eine Absceßhöhle bestanden«. Unter Punkt 4 ihrer gemeinsamen Erklärung heißt es, »daß dasjenige Gewebe, in welchem nach Sr. Morell Mackenzie's Bericht ... die Kanüle auf falschem Wege liegen und der fragliche Absceß vorhanden gewesen sein soll, bei der Section als normal und ohne narbige Veränderungen vorgefunden wurde«. Virchow und Waldeyer hatten in dieser Region nur normale Gewebsstrukturen gefunden. Für Mackenzies Behauptung, die nun auch noch von jedermann nachzulesen war, fehlte jegliche Grundlage.

Allerdings hatte dieser bewusste 12. April die Konsequenz der neuerlichen Parteienbildung. Während von Bergmann und seine Anhänger der festen Überzeugung waren, den Kaiser vom Tod gerettet zu haben, gab Mackenzie ihm die Schuld an seinem frühzeitigen Ende. Die unerfreulichen Streitigkeiten wurden schließlich dadurch abgebrochen, dass von Bergmann um seine Entlassung aus dem Dienst des Kaisers nachsuchte, dem stattgegeben wurde. Am 30. April 1888 nahm der Charité-Professor für Chirurgie, Heinrich Adolf von Bardeleben, seine Stelle ein, der erschüttert war, als er den Kaiser sah, weil er noch nie, wie er erklärte, einen Krebskranken so leiden sah. Aber diese Anstrengungen, besonders nach den dramatischen Ereignissen des Vortags forderten ihren Tribut. Nach einem Besuch des Schlosses Bellevue im Tiergarten stellten sich am folgenden Tag Schüttelfrost und hohes Fieber ein, Symptome, die sich am 15. April noch erheblich verstärkten und den Kaiser für mehrere Wochen ans Bett fesselten. Erst wieder am 19. Mai konnte er mit ärztlicher Zustimmung eine Ausfahrt im offenen Wagen unternehmen.

Der Zustand des Kaisers war in diesen Tagen so bedrohlich, dass Bismarck jederzeit mit seinem Ende rechnete. Über den Eindruck, den er von seinem Besuch beim Kaiser am 16. April von ihm gewann, berichtete Ballhausen an diesem Tag: »Um 3 Uhr Mittags Sitzung beim Fürsten. Er sagte: Es geht zu Ende! Ich komme eben von Charlottenburg, wo ich den hohen Herrn in Uniform leidlich aussehend fand, aber mit glühend heißen Händen! Erst als er aufstand und mir voraus nach der Tür eilen wollte, sah ich, wie schwach und schwankend sein Gang war, so daß ich die Arme ausstreckte, ihn aufzufangen ... Bismarck erwartet das Ableben innerhalb vierundzwanzig Stunden! Die englischen Ärzte benehmen sich faul und frivol ... Über die Rohheit der englischen Ärzte sind alle empört. Mackenzie hat heute die sofortige Auszahlung von sechzigtausend Mark verlangt, welche ihm von seiner letzten Reise nach San Remo noch zuständen. Er hat wohl das Gefühl, auf heißem Boden zu stehen.«

Der allgemeine Zustand des Kaisers blieb nun einige Wochen stationär, wenn seine Kräfte auch kontinuierlich schwanden. Anfang Mai trat sogar noch einmal eine vorübergehende Besserung ein, so dass er nach einem Monat wieder durch den Park gehen und am 21. Mai eine Spazierfahrt nach Berlin unternehmen konnte. Aber gefahrenreich waren auch solche Unternehmungen, wie es Robert Dohme in seinen »Erinnerungen an Kaiser Friedrich« überliefert hat: »Auf diesen Fahrten passierten gelegentlich furchtbare Dinge. Eines Tages verstopfte sich durch Schleimpartikelchen die Kanüle, man mußte in den Park von Bellevue einlenken, um dort die Kanüle zu entleeren, so mußte der in Todesgefahr kommende Fürst in die Stube eines einfachen Arbeiters gebracht werden, wo die Operation vorgenommen wurde. Auf der Heimfahrt dasselbe noch einmal mitten im Ort Charlottenburg. Hier ließ man ihn seine offene Kalesche mit dem verschlossenen Wagen der ihm folgenden Prinzessinnen Töchter wechseln und nahm die Sache im Wagen vor.«

Am 29. Mai fand die erste und zugleich letzte Truppenparade vor dem Kaiser statt, ein Vorschlag, den der Kronprinz ihm unterbreitet hatte. Unter Ausschluss des Publikums nahm der Oberste Kriegsherr von seinem Wagen aus die Parade der Regimenter am Charlottenburger Schloss ab, die sein Sohn, Generalmajor Kronprinz Wilhelm, befehligte.

Offenbar spürte der Kaiser wie ernst es um ihn stand. Nun hatte er den Wunsch, in das Neue Palais, das in Schloss Friedrichskron umbenannt worden war, nach Potsdam überzusiedeln und brach am 1. Juni »zum letzten Male von dem Jubel seines Volkes begrüßt« an Bord seiner Yacht »Alexandra« dorthin auf. In diesem Schloss war er geboren worden und hatte dort die glücklichsten Jahre seines Lebens verbracht. Hierhin wollte er sich, wenn seine letzte Stunde schlagen sollte, zurückziehen. Das Bulletin, das der »Reichsanzeiger« am 6. Juni brachte, nahm auf die Übersiedlung am 1. Juni Bezug und ließ nichts Gutes ahnen: »Se. Majestät der Kaiser und König haben Sich zwar nach der Uebersiedlung von Charlottenburg nach Schloß Friedrichskron einige Tage angegriffen gefühlt, befinden Sich aber zur Zeit wieder ziemlich wohl. Der Kräftezustand ist befriedigend.«

Am 5. Juni hatte sich Friedberg ein zweites Mal wegen des Legislaturperioden-Gesetzes auf den Weg machen müssen, um erneut mit dem Kaiser die Lage zu erörtern, wozu er nun nach Potsdam reisen musste. Diesmal gab ihm der Kaiser sein Einverständnis für die Publikation des Gesetzes, schrieb dabei aber auf einen Sprechzettel: »Das wird eine bittere Enttäuschung für die Freisinnigen sein« und vermerkte auf einem zweiten Blatt: »Sprechen Sie mit meiner Frau.« Bismarck hatte seinem Unmut über die nach seiner Ansicht unnötige Verzögerung des preußischen Legislaturperioden-Gesetzes im privaten Kreis Luft gemacht, die er dem Einfluss der Kaiserin auf ihren Mann zuschrieb. Sie habe wohl, meinte der Kanzler, ihren fortschrittlichen Freunden ein Opfer bringen wollen, weil sie in gewissen Dingen nicht »compos mentis« [bei Sinnen] sei. Dieses »Sprechen Sie mit meiner Frau« durchzog die Regierungszeit des stimmlosen Kaisers, so dass sie zur entscheidenden Instanz in seinen Befugnissen wurde. So richteten sich die Blicke auf sie, die oft genug zum Ziel böswilliger Unterstellungen wurde, zumal man ihr auch die Gelassenheit übel nahm, mit der sie über die Krankheit ihres Mannes sprach. Ihre schwer erkämpfte Haltung wird in den persönlichen Briefen an ihre Mutter deutlich, die über ihre Befindlichkeiten Aufschluss geben.

Graf Waldersee sprach sicher aus, was viele damals dachten, als er am 30. Mai notierte: »Die Kaiserin regiert jetzt das Land. Kanzler und Kabinettschefs befinden sich in einer höchst unbequemen Lage; ihr Pflichtgefühl sagt ihnen, daß der stumme, sehr schwache und gar nicht arbeitsfähige Kaiser, bei dem die Vorträge doch nur in allerkürzester Art stattfinden können, eigentlich nicht regierungsfähig ist …« Er resümierte, dass man jetzt überall hoffnungsvoll auf den Kronprinzen blicke. Wie solche Dinge eben zu gehen pflegen, wandte man sich rechtzeitig der aufgehenden Sonne zu.

Im Zusammenhang mit dem Legislaturperioden-Gesetz kam es Anfang Juni zur Demission des erzkonservativen preußischen Innenministers Robert von Puttkamer. Obwohl der Kaiser bei seinem Regierungsantritt keinerlei Personalveränderungen gewünscht hatte, überraschte diese Entlassung doch nur wenige. Im Übrigen hatte auch Bismarck gegen die Entlassung Puttkamers nichts einzuwenden. Mit seiner Billigung konnte er einerseits unter Beweis stellen, dass er durchaus nicht überall anderer Meinung als der Kaiser war, andererseits befreite der ihn von einem unbequemen Minister, was er ungern selbst vollzogen hätte. Das Verdienst am Sturz Puttkamers, das das Kaiserpaar für sich in Anspruch nahm, schrieb sich auch der machtbewusste Politiker und Mitbegründer der Freisinnigen Partei, Ludwig Bamberger, zu, der in Opposition zu Bismarck stand. Aber die Kaiserin war ehrlich genug einzuräumen, dass die einzige liberale Regierungshandlung in diesen 99 Tagen nicht einer Kraftanstrengung des Kaisers, sondern einem Schwächeanfall Bismarcks zu verdanken war.

Iselin Gundermann hat für den Ausstellungskatalog 1988 »Kaiser Friedrich III.« aus der Aktenüberlieferung, den Nachrichten des »Reichsanzeigers« sowie nach Niederschriften des Kaiserpaars und von Persönlichkeiten seiner Umgebung ein Kalendarium der 99 Regierungstage erstellt, das den folgenden Ausführungen zugrunde liegt. Die Tage wurden von Arztbesuchen, Vorträgen des Reichskanzlers und der beiden Kabinettschefs sowie von Besuchen der Kinder und Verwandten bestimmt. Mit Mackenzies Einverständnis verließ der Kaiser am 28. März zum ersten Mal seine Räume des Charlottenburger Schlosses und notierte an diesem Tag: »Endlich wieder frische Luft eingeatmet.« Die erste Ausfahrt im offenen Wagen unternahm er, von der Kaiserin, Mackenzie und seinem Adjutanten begleitet, am Tage darauf. Unter dem 30. März, dem Karfreitag 1888, findet man in seinem Tagebuch folgende Notiz: »Mit Frauchen zum ersten Mal nach Berlin seit Juni 1887. Fahrt im offe-

Schloß Friedrichskron, 13. Juni 1888,
9 3/4 Uhr früh.

Bei Sr. Majestät dem Kaiser und König ist nach einer guten Nachtruhe das Athmen leicht und ruhig. Die Ernährung geht leichter von Statten und der Kräftezustand ist besser.

Mackenzie. von Wegner. Leyden. Senator.
Bardeleben. Krause. Hovell.

Bulletin vom 13. Juni 1888.

nen Wagen unter den rührendsten Zeichen der Freude seitens der großen Menge Menschen Unter den Linden und auf der [Charlottenburger] Chaussee. Zu Mama und somit das Palais der Eltern zum 1. Mal seit Papas Heimgang wieder betreten, auch durch alle seine Zimmer u. das Sterbezimmer gegangen ... Auf der Rückfahrt ebenso herzlich begrüßt von der mittlerweile stark angewachsenen Bevölkerung auf den Straßen, was mich tief bewegte.«

Eine zweite Fahrt nach Berlin, die wegen des schlechten Wetters nur im geschlossenen Wagen möglich war, unternahm das Kaiserpaar am Ostersonntag, um in seiner Wohnung, dem Kronprinzenpalais Unter den Linden, »mit allen Kindern, auch Wilhelms« zu speisen. Danach heißt es im Tagebuch am 7. April erst wieder: »Ausgefahren 12 Uhr mit Frauchen«. Die Ärzte rieten immer wieder wegen des kühlen Wetters von längeren Aufenthalten im Freien ab. Nach dem Vorfall vom 12. April fuhr das Kaiserpaar erst am 19. Mai wieder im offenen Wagen bis in den Grunewald. Drei Tage später suchte das Kaiserpaar offiziell die Botschafter von Großbritannien und Russland in ihren Berliner Residenzen auf. Als am 28. Mai ein Baugerüst am Schauspielhaus zusammenbrach, wobei einige Arbeiter zu Schaden kamen, eilte das Kaiserpaar zur Unglückstelle und bekundete mit dem Besuch seine persönliche Teilnahme. Am 30. Mai unternahmen beide ihre letzte gemeinsame Fahrt in die Hauptstadt, die wieder von »unglaublichem Jubel« der Berliner begleitet wurde. Im Rückblick erscheint diese Fahrt wie ein Abschiedsbesuch.

In den 99 Tagen ihrer Regentschaft trat die Kaiserin allein nur selten in der Öffentlichkeit in Erscheinung. Am 26. März begrüßte sie die Vorstände der Wohltätigkeitsvereine, am 9. April stattete sie den von einer katastrophalen Überschwemmung der Weichsel heimgesuchten Menschen einen Besuch ab, am 3. Mai unternahm sie einen weiteren Besuch in ein Hochwassergebiet, der sie diesmal an die Unterelbe führte. Seit ihrer Übersiedlung nach Potsdam widmete sich die Kaiserin überwiegend der Pflege ihres Mannes und unternahm mit ihm gelegentliche Ausfahrten nach Bornstedt, Bornim, Lindstedt und Alt-Geltow, wo auf ihre Anregung hin bauliche Veränderungen an den Kirchen vorgenommen wurden, die sie auch schon in Bornstedt veranlasst hatte. Obwohl sie in diesen schweren Tagen nicht von seiner Seite wich, musste sie, wenn auch nur wieder für einen Tag, am 8. Juni, noch einmal in das westpreußische Überschwemmungsgebiet reisen.

Am 7. Juni hatte Bismarck von Bergmann zu einer weiteren Unterredung gebeten. Arend Buchholtz gibt in seiner Bergmann-Biografie dessen Brief an seine Frau wieder, in dem es heißt: »Ich hatte ein einstündiges Gespräch mit diesem wunderbaren Manne ... Im Nachgeben wolle er bis an das Äußerste gehen, denn er sehe in dem Kaiser seinen von Gott ihm gegebenen Herrn ... andererseits möchte er seine Kräfte nicht ganz erschöpfen, weil er glaube, daß sie dem Nachfolger nützlich sein könnten ... Folglich müsse er wissen, wie lange er das zu ertragen haben werde. Mackenzie hätte andern gegenüber – er spräche nicht mehr mit ihm – gesagt: noch ein Jahr. Das sei für ihn Grund, jetzt abzutreten, denn das übersteige die Kräfte seiner dreiundsiebzig Jahre. Ich blieb in meiner Antwort auf dem Termin, den ich am 11. März, also vor drei Monaten, ihm genannt ...« Bismarck wusste Bescheid. Der Sommer brach in zwei Wochen an.

Einen Tag später hielt Wegner in seinen »Aufzeichnungen« fest: »In der letzten Nacht und heute früh floß beim Trinken die Milch aus der Luftröhrenwunde und aus der Kanüle, was den Verdacht auf einen Durchbruch aus der Luftröhre in die Speiseröhre begründet ...«, den auch Bardeleben in seinem Bericht an diesem Tag bestätigte, auch wenn er meinte, dass die Durchbruchstelle »im Bereiche des Kehlkopfes oder an der Grenze zwischen Kehlkopf und Luftröhre zu suchen« sei. Damit war es offenbar zu einer Fistel, zu einer Verbindung zwischen Luft- und Speiseröhre gekommen, die eine normale Ernährung ausschloss, da die aufgenommene Nahrung nun von der Speiseröhre in die Luftröhre fließen konnte und bei jeder Einatmung die Erstickung drohte.

Am 9. Juni musste Wegner den Verdacht vom Vortag bestätigen und schrieb: »Es ist noch mehr anzunehmen, daß eine Fistel zwischen der Luft- und der Speiseröhre gebildet ist, weil auch dickflüssige Substanz [Eigelb] aus der Luftröhre beim Schlucken dringt ...

Mackenzie sagte mir gegen 1 Uhr heute, er glaube nicht, daß es eine Fistel sei, weil das Schlucken zuweilen gut gehe. Er hält es für eine ›Unempfindlichkeit des Kehlkopfs‹.« Für Bardeleben stand dagegen am 10. Juni fest: »Es kann somit kein Zweifel sein, daß der Durchbruch, wenn überhaupt, oberhalb der Kanüle erfolgt sein muß.« Auch nach seiner Tagesnotiz flossen Milch und Eigelb aus der Fistel.

Dass diese schlimmste Komplikation, die durch die Zerstörung der Luftröhren- oder der Kehlkopf- und der Speiseröhrenwand eingetreten war, der Öffentlichkeit nicht in ihrem vollen Ausmaß mitgeteilt wurde, war verständlich, denn das Bulletin Wegners vom 10. Juni, das sich mit dem Text im »Reichsanzeiger« deckt, war schon ohne die Mitteilung des tatsächlichen Zustands schlimm genug: »Bei Sr. Majestät dem Kaiser und König sind in den letzten Tagen von Neuem leichte Schlingbeschwerden aufgetreten, jedoch hat dies keinen wesentlichen Einfluß auf das Allgemeinbefinden gehabt.« Außerdem notierte Wegner: »Es ist ganz sicher, daß ein Durchbruch des Carcinoms vom Kehlkopf nach der Speiseröhre stattgefunden hat. Es wird künstliche Ernährung durch Schlundsonde in Aussicht genommen sobald die Schlingfähigkeit noch mehr behindert würde ...«

Das Ende war entsetzlich, denn nun gelang die Ernährung des Kaisers nur noch über eine Sonde, ganz abgesehen von den anhaltenden Schmerzen, die selbst durch entsprechende Mittel schwer zu beeinflussen waren. Zwei Tage vor Eintritt des Todes schrieb die Kaiserin in unverbrüchlicher Treue zu Mackenzie an ihre Mutter: »Sir Morells wundervoller Geschicklichkeit ist es gelungen, ihm mit einer Guttapercha-Röhre Nahrung einzuflößen, so daß er nun genug zu sich nehmen kann ... Er ist ein wahres Skelett und sein schönes, dichtes Haar ist ganz dünn geworden. Sein armer Hals bietet einen so schrecklichen Anblick, daß ich es kaum über mich gewinnen kann, ihn anzusehen, wenn er verbunden wird ...« Dass die Tage des Kaisers nun gezählt waren, wusste auch die Kaiserin.

Am 12. Juni schrieb Wegner: »... Beim Trinken von Milch läuft ein gutes Theil derselben aus der Wunde ... Bei dem zunehmenden Verfall der Kräfte wird in der ärztlichen Consultation beschlossen, den Versuch der Ernährung durch eine Schlundröhre zu machen, den Dr. Mackenzie ausführen will, nachdem der Schlund durch Cocain unempfindlich gemacht ist ...« Die täglichen Bulletins wurden jetzt immer offener, wenn es in Wegners »Aufzeichnungen« an diesem Tage heißt: »Bei Seiner Majestät dem Kaiser und König haben die Schlingbeschwerden zugenommen, so daß die Ernährung schwie-

Das Sterbezimmer Friedrichs III. mit in den Fußboden eingelassenem schlichten Holzkreuz und Büste des Kaisers – heutiger Zustand.

rig wird. In Folge dessen fühlt Sich Seine Majestät schwächer als bisher.«

Am 13. Juni erschien der Reichskanzler zu seinem letzten Vortrag im Schloss Friedrichskron, wobei der todkranke Kaiser von ihm Abschied nahm. Mehrfach drückte er beide Hände Bismarcks und brachte nur noch mühsam etwas zu Papier. Bei dieser letzten Begegnung ergriff er Bismarcks Hand, um sie in die Hände seiner Frau zu legen. Es war, als wenn der Sterbende ahnte, welche Probleme sich zwischen der Kaiserin und seinem Nachfolger auftun würden, so dass er sie dem Schutze Bismarcks vor seinem Sohn anzuvertrauen wünschte. Die letzte Begegnung zwischen Kaiser und Kanzler ist auch in Ballhausens »Bismarck-Erinnerungen« nachzulesen: »Eine auf heute nachmittag angesetzte Sitzung des Staatsministeriums ist abbestellt worden, weil Bismarck nach Friedrichskron fährt. Eine gleichzeitig ausgegebene Depesche sagt: ›Der Zustand Sr. Majestät hat sich seit gestern abend wesentlich verschlimmert. Die Kräfte sind im Sinken.‹« Ein fast gleichlautendes Bulletin erschien am 14. Juni im »Reichsanzeiger«. Ballhausen am 14. Juni: »Es geht also anscheinend schnell zu Ende, und das ist dem armen Dulder zu gönnen ... Bismarck ... erzählte, der Kronprinz habe ihm gesagt, er wolle die Regierung im Sinne seines Großvaters führen und Puttkamer reaktivieren. Bismarck bestätigte Friedbergs Ansicht, daß das ein Akt der Impietät sein würde gegen seinen Vater, welcher seiner Regierung einen falschen Stempel aufdrücken werde ...«

»Victoria, ich und die Kin...« – das waren die letzten Worte, die der völlig entkräftete Kaiser an seinem Sterbetag noch zu Papier brachte. Dass in seiner Sterbestunde kein Geistlicher zugegen sein würde, hatte Holstein schon am 17. April vermutet, weil die Kaiserin angeblich verlauten ließ: »Man kommt ohne Geistlichen zur Welt und kann auch ohne Geistlichen wieder hinausgehen.«

Am 15. Juni 1888 um 11.15 Uhr starb Kaiser Friedrich III. im Schloss Friedrichskron, seinem Geburtshaus, in Potsdam. Auch in seiner Sterbestunde, in der sich die ganze königliche Familie um sein Bett versammelt hatte, war Kaiserin Victoria seine treue Begleiterin. Nach qualvollen Monaten war der Kaiser mit 56 Jahren seinem Krebsleiden erlegen. Generalarzt Wegner hielt in seinen »Aufzeichnungen« am Sterbetag des Kaisers fest: »Die Nacht war unruhig, jedoch war der Kaiser bei Bewußtsein und verlangte Rheinwein zu trinken ... Das Gesicht zeigte noch mehr Verfall. Bardeleben war die Nacht über hier geblieben. Um 9 Uhr kamen Leyden, Senator, Krause. Um 9 ½ Uhr wurde auf Befehl der Kaiserin ein Bulletin ausgegeben: ›Seine Majestät der Kaiser und König liegt in leichtem Schlummer, welcher von Zeit zu Zeit unter deutlichen Zeichen des Bewußtseins, ohne irgend eine Schmerzensäußerung, unterbrochen wird. Puls und Athmung sind sehr schwach!‹« Dieser Wortlaut ist identisch mit dem letzten in Schloss Friedrichskron ausgegebenen

Bulletin, das am Sterbetag im »Reichsanzeiger« veröffentlicht wurde.

Wegner setzte seine »Aufzeichnungen« von diesem Tag noch fort: »Ihre Majestät die Kaiserin verbot im Sinne des Kaisers jede Section oder Entnahme eines Theils vom Körper. Nur eine conservirende Flüssigkeit soll zur Vermeidung schneller Verwesung durch den Professor Hartmann, von der Carotis aus, eingegossen werden, wie es auch bei dem hochseligen Kaiser Wilhelm geschehen ist. S. Kaiserl. Hoheit war damit einverstanden.« Nach einem Absatz heißt es bei Wegner weiter: »Der Tod ohne Kampf und ganz sanft erfolgte um 11 ¼ Uhr V[or] M[ittags]. Friedrichskron, den 15. Juni 1888 vWegner.«

Das Jahr 1888 ist als Drei-Kaiser-Jahr in die Geschichte eingegangen, denn nach dem Tod Wilhelms I. wurde der 29-jährige Kronprinz Wilhelm im Augenblick des Todes Kaiser Friedrichs III. Deutscher Kaiser und König von Preußen, Summus Episcopus und Oberster Kriegsherr.

Nachdem die Trauernachricht in England eingegangen war, erhielt der neue Kaiser noch am Todestag seines Vaters das Telegramm seiner königlichen Großmutter aus Balmoral: »Mein Herz ist gebrochen. Hilf und tue alles, was in Deinen Kräften steht, für Deine arme, liebe Mutter. Suche in die Fußstapfen Deines besten, edelsten und gütigsten Vaters zu treten. Großmama Victoria I. R.«

Das allerdings waren fromme Wünsche, denn der Konflikt des neuen Kaisers mit seiner Mutter war längst vorprogrammiert, und von den edlen Eigenschaften seines Vaters, die Königin Victoria als vorbildlich für ihren Enkel herausgestrichen hatte, fehlte ihm jede Spur. Dazu ähnelte er viel zu sehr seiner Mutter, so ungern sie sich das auch eingestand.

Generalarzt von Wegner beendete am 16. Juni 1888 seine »Aufzeichnungen«, die er noch an demselben Tag an das Ministerium des Königlichen Hauses sandte, mit dem Kommentar: »Der Tod erfolgte an den Folgen von Kehlkopfkrebs, nämlich Blutvergiftung, große Schwäche nach Unfähigkeit zum Schlucken, so daß nur Milch durch eine Schlundröhre eingegossen werden konnte. Zuletzt Lungenlähmung. Zu letzterer hatte das Herabfließen von jauchiger Absonderung der Krebsbildung in die Luftwege Veranlassung gegeben.

Um 5 1/2 Uhr fand durch Professor Hartmann die Einbalsamirung statt.

Friedrichskron, den 16 Juni 1888 vWegner.«

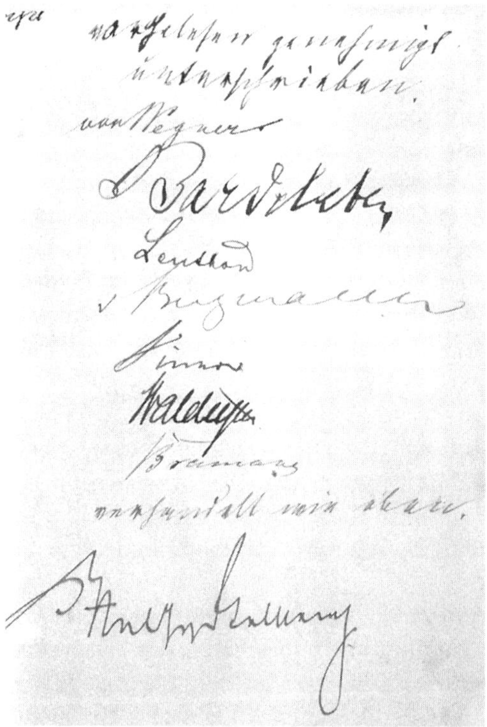

Unterschriften unter dem Sektionsprotokoll vom 16. Juni 1888.

Im Begleitschreiben für die Übergabe seines Protokolls vom 12. März bis zum 15. Juni 1888 an das Hausministerium hatte der kaiserliche Leibarzt noch erwähnt: »Ich bemerke noch, daß auch in Charlottenburg und in Friedrichskron Seine Majestät Allerhöchstseine ärztliche Behandlung dem englischen Spezialarzt für Halskrankheiten Dr. Morell Mackenzie und dessen Gehülfen Hovell übertrug. Consultiert wurden noch außerdem die Geheimräthe und Professoren Dr. von Bergmann, Leyden, Senator, Bardeleben und als Assistent des Dr. Mackenzie der Spezialist für Halskrankheiten Professor Dr. Krause, welcher ebenfalls an den Consultationen theilnahm.«

Die Probleme mit ihrem ältesten Sohn, die der verstorbene Vater vorausgesehen hatte, traten schon am Tag des Thronwechsels zu Tage. Händeringend, aber vergeblich hatte Victoria versucht, die Obduktion des heimgegangenen Kaisers zu verhindern, der sogar eine schriftliche Verfügung hinterlassen hatte, in der er den Gedanken an eine Sektion verabscheute. Das Schriftstück hatte er Lyncker übergeben, der es angeblich verlegte und erst nach Jahren wiederfand. Nach von Wegners Aufzeichnungen vom 15. Juni hatte der Kronprinz seiner Mutter am Sterbebett seines Vaters zugesichert, dass keine Obduktion stattfinden werde. Dennoch stimmte der neue Kaiser gegen den ausdrücklichen Wunsch des Verstorbenen und unter dem Protest seiner Mutter der Obduktion am Ende zu. In diesem Zusammenhang schien ein gerade eingetroffener Brief Semons den Ausschlag gegeben zu haben, in dem er die Obduktion des Leichnams empfahl, um die Krebsdiagnose mit völliger Sicherheit festzustellen. Mit diesem Brief Semons begab sich von Bergmann zu dem jungen, ihm wohl geneigten Kaiser, der daraufhin die Sektion anordnete.

Noch am 15. Juni hatte der neue Kaiser aus dem Schloss Friedrichskron an den Hausminister Graf Stolberg geschrieben und ihn um eine Stellungnahme der Ärzte über den gesamten Krankheitsverlauf des verstorbenen Kaisers gebeten: »Ew. Erlaucht. Ich halte es im Interesse der deutschen Wissenschaft und unserer Aerzte sowohl als wie auch für unser Archiv von Wichtigkeit, daß Sie oder Ihr Stellvertreter die Aerzte protokollarisch über Entstehung, Verlauf etc. der Krankheit vernehmen – besonders auch ihre jeweilige subjective Stellungnahme zu derselben in ihren verschiedenen Phasen. Die Herren sind noch alle hier.

Wilhelm I. R.«

Am 16. Juni brachte Wegner noch einmal den ausdrücklichen Wunsch der Kaiserin zum Ausdruck und schrieb: »Ihre Majestät die Kaiserin und Königin Victoria hat gestern beim Tode Seiner Majestät des Hochseligen Kaisers Friedrich Allerhöchstihren Willen dahin ausgesprochen, daß an der Leiche nichts vorgenommen werden solle als die Eingießung der conservirenden Flüssigkeit. Dieser Befehl ist von mir gestern befolgt worden.«

Schon am Todestag, an dem der junge Kaiser die Obduktion angeordnet hatte, gingen er und Bismarck energisch gegen Mackenzie vor, der angesichts der bevorstehenden Sektion nichts mehr verheimlichen oder leugnen konnte. Noch am 15. Juni forderte ihn Bismarck auf, eine Erklärung abzugeben, wofür er und Mark Hovell die Krankheit des verstorbenen Kaisers gehalten hätten. Mackenzies Bericht vom 16. Juni, dem Hovell sich anschloss, beginnt mit dem Satz: »In my opinion that the disease from which the Emperor Frederick III died was Cancer ...« [Meiner Meinung nach war die Krankheit, an welcher der Kaiser Friedrich III. starb, Krebs].

Die Kaiserin-Witwe Friedrich.

Die von Mackenzie angegebene Todesursache wurde bei der Sektion, die am 16. Juni im Sterbezimmer des Kaisers vorgenommen wurde, bestätigt. In einem Aktenvermerk von Graf Hans Viktor von Unruh, Geheimer Oberregierungs- und Vortragender Rat im Ministerium des Königlichen Hauses, heißt es zur Durchführung der Sektion: »Nachdem des Kaisers und Königs Majestät zu befehlen geruht hatten, daß die Untersuchung der sterblichen Hülle Seiner Majestät des in Gott ruhenden Kaisers und Königs vorgenommen werden solle, hatten sich zu diesem Zweck heute Nachmittag 3 Uhr eingefunden von denjenigen Aerzten, welche Seine Majestät behandelt haben, die Herren Generalarzt Dr. von Wegner, Leibarzt Seiner Majestät, Geheimer Ober Medizinalrath Generalarzt Dr. Bardeleben, Sir Morell Mackenzie, Mr. Hovell. Sodann waren erschienen Herr Geheimer Medizinalrath Professor Dr. von Bergmann, Herr Generalarzt Professor Dr. Leuthold, Herr Geheimer Medizinalrath Professor Dr. Virchow, Herr Geheimer Medizinalrath Professor Dr. Waldeyer, Herr Dr. Bramann …«

Die Sektion nahm Virchow vor, die Untersuchung einiger aus dem Körper entnommener Teile Waldeyer. Das von allen Ärzten sowie von Graf Stolberg-Wernigerode unterzeichnete Sektionsprotokoll schließt mit den Worten: »… Die makroskopisch wahrgenommenen Veränderungen wurden von den Herren Waldeyer und Virchow folgendermaßen zusammengefasst: Krebsige Zerstörung des Kehlkopfes mit sekundärer Erkrankung einer größeren Lymphdrüse am Halse links unten und einem cutanen Knoten rechts neben der Wunde. Speiseröhre unversehrt. Brandige Zerstörung des oberen Theils der Luftröhre und der Nachbarschaft …« Tochtergeschwülste wurden nicht gefunden. Dennoch hatte eine Streuung des Kehlkopfkrebses wahrscheinlich doch schon eingesetzt, wie es eine fragliche Lymphknotenmetastase vom Hals und ein »Hautknoten von der rechten Seite der Halswunde« zeigten. Diese Ergebnisse wurden noch durch mikroskopische Untersuchungen, die Virchow und Waldeyer vornahmen, bestätigt.

Mit diesem Sektionsbericht waren die deutschen Ärzte vollkommen gerechtfertigt, was im ganzen Land mit Genugtuung aufgenommen wurde. Ballhausen fasste mit seinem Kommentar am 17. Juni noch einmal die leidliche Vorgeschichte zusammen und schloss seine Eintragung mit der Bemerkung, die wohl von vielen gleich empfunden wurde: »Man hat durch die amtliche Sektion offenbar dem weiteren Lügengewebe vorbeugen wollen, als sei der Kaiser Friedrich nicht an Krebs, sondern an der Ungeschicklichkeit der deutschen Ärzte gestorben.«

Am 18. Juni wurde Kaiser Friedrich III. zu Grabe getragen. Sein Nachfolger hatte ein militärisches Leichenbegängnis angeordnet, mit dem der Sarg des Verstorbenen zur Friedenskirche in Potsdam geleitet und dort beigesetzt wurde. Die Kaiserin-Witwe folgte dem Sarg wegen des militärischen Gepränges nicht. Sie und ihre Töchter Sophie und Margarethe hatten am frühen Morgen dieses Tages von dem in der Jaspisgalerie des Schlosses aufgebahrten Toten Abschied genommen. In der kleinen Kirche von Bornstedt hielt Pfarrer Stechow für sie, ihre Töchter und ihre Begleitung eine Andacht. Im Bornstedter Garten, wo sie in guten Zeiten »so oft und so harmlos« gesessen hatten, vernahmen sie aus der Richtung der Potsdamer Friedenskirche nun die »entsetzlichen Salven«. Im Anschluss daran fuhren sie im geschlossenen Wagen zur blumengeschmückten Friedenskirche, in der noch die Kerzen von der inzwischen beendeten Trauerfeier strahlten. »Persius«, der von der Kaiserin besonders geschätzte Potsdamer Pfarrer, »betet mit uns am Sarg, der Chor sang aus Psalmen, die Orgel spielte – O Gott – wie konnte ich es durchmachen – Es war viel – zu viel!«, hielt sie über diesen Tag der Erniedrigung fest.

Dass weitere Probleme durch den neuen Kaiser nicht lange auf sich warten lassen würden, dessen war sich Victoria ziemlich sicher. So wusste sie, dass auch Schloss Friedrichskron, das nun wieder seinen alten Namen »Neues Palais« erhielt, nicht länger mehr ihr Wohnsitz bleiben würde. Selbst diese Demütigung blieb ihr nicht erspart. Verzweifelt schrieb sie am Tage der Beisetzung ihres Mannes an ihre Mutter: »Ich verschwinde mit ihm, meine Aufgabe war bei ihm, für ihn und für sein liebes Volk dazusein. Sie liegt in demselben Grabe, in das er heute gesenkt werden wird! Meine Stimme wird für immer verstummt sein! ... Wir hatten eine Mission, das fühlten und wußten wir – wir waren Papas und Deine Kinder! Wir waren dem treu, was wir als Recht erkannt hatten, an das wir glaubten. Wir liebten Deutschland – und wünschten es stark und groß zu sehen, nicht nur durch das Schwert, sondern in allem, in dem Gerechtigkeit, Kultur, Fortschritt und Freiheit zu finden sind. Wir wünschten das Volk glücklich und frei ... zu sehen ... Wohin ich gehen soll, wo mein Heim sein wird, weiß ich nicht und kümmere mich auch nicht darum. Ich bin seine Witwe, das genügt mir! ...« Mit einem politischen Resümee von der Vision des verstorbenen Kaisers schloss sie ihre Zeilen an Königin Victoria: »... Er liebte und bewunderte England, war stolz, dort populär und Dein Schwiegersohn zu sein. Er wäre ein wahrer treuer Freund und Bundesgenosse gewesen, sein eifrigstes Bemühen war, die beiden Länder einander so nahe als möglich zu bringen ...«

Als »Kaiserin Friedrich«, wie sich Victoria zu Ehren des verstorbenen Kaisers nun nannte, versuchte sie das Andenken an ihn und an seine politischen Ansichten zwar wach zu halten, aber auf die politische Entwicklung Deutschlands hatte sie keinerlei Einfluss mehr, und ihre Vorstellungen von einem guten deutsch-englischen Verhältnis waren nicht mehr gefragt. Die Wirklichkeit sah anders aus, denn schon kurz nach der Thronbesteigung Kaiser Wilhelms II. erreichten die Beziehungen zwischen Berlin und London einen neuen Tiefpunkt. Allen wurde schlagartig klar, dass der Versuch der Eltern, Wilhelm zu einem liberalen und anglophilen Monarchen zu erziehen, kläglich gescheitert war, was im Ernst niemanden überraschte.

Illustrirtes Familienblatt. – Begründet von Ernst Keil 1853.

Kaiser Friedrich todt!

Wohl sah ich Herrscher steigen von den Thronen
Gebeugt von pflichterfüllter Jahre Last,
An Ehren reich, beweint von Millionen,
Und sah den Tod mit unwillkommner Hast
Die Knochenhand ausstrecken nach den Kronen
Auf Häuptern, blühend in der Jugend Glast,
Doch keinem ward im langen Lauf der Zeiten
Ein Los, wie Dir, Friedrich dem Todgeweihten!

Schneestürme rasten, als in winterkalter
Lenznacht Du einzogst in des Reichs Gebiet,
Ein Kaiser Du im stolzen Mannesalter –
Da stand er, dem kein Sterblicher entflieht,
Schon hinter Dir, der dürre Sensenhalter,
Doch keiner Muskel banges Spiel verrieth,
Wie er Dir drohte mit geschwungner Hippe;
Hell blieb Dein Aug', es lächelte die Lippe.

Und ob er gleich schon an dem Purpur zerrte,
Hinüberdeutend nach der nahen Gruft,
Und ob er gleich in mitleidloser Härte
Des Bettlers Gut, die freie Gotteslust
Dem Kaiser Dir, dem Gottgesandten, sperrte,
Doch festen Schritts am Rand der dunklen Kluft,
Wie je ein Held auf glanzerhellten Bahnen,
Stiegst Du empor zum Throne Deiner Ahnen.

Wir kannten Dich! Bei der Trompete Tönen
Zum Sieg oft rief uns Deiner Stimme Laut,
Stolz überhallend der Geschütze Dröhnen;
Und ach wie mild, wie freundlich und wie traut
Klang sie zum Preis des Edlen und des Schönen,
Was Friedenskunst erschaffen und erbaut,
Im Scherz wie hell, daß alle Sorgen schwanden –
Nun wie ein Hauch aus fernen Geisterlanden!

Doch frei noch hob Dein edler Geist die Schwingen,
Frei schlug Dein Herz, und was in kühnem Flug
Der Geist ersann, in mühevollem Ringen,
Womit das treue Herz sich sorgend trug,
Daß es den Völkern Segen möge bringen,
Thatst Du's uns kund mit festem Federzug:
Ein Friedensfürst zu sein gleich dem Verklärten,
Das war der Ruhm, den Geist und Herz begehrten.

Du warst es uns – so mochte Gott es fügen –
Schon schwebt Dein Geist empor zu seinem Thron,
Schon athmest Du in vollen, durst'gen Zügen
Die Himmelsluft, die Deines Duldens Lohn.
Dort nur ist Friede, seliges Genügen,
Dort grüßt der Vater den geliebten Sohn,
Und all' die edlen, tapfern Zollernsprossen
Empfangen Dich, den würdigen Genossen.

Doch du, Germania, ob aus frischer Wunde
In Strömen auch hinfließt dein theures Blut,
Ertrage sie, die Prüfung dieser Stunde,
Wie er sie trug mit ungebroch'nem Muth!
Daß er die höh're Sendung dir bekunde,
Schickt dir der Himmel solche Thränenfluth;
Wenn je im Kampf die Kräfte dich verließen,
So wird aus Gräbern neue Kraft dir sprießen!

Carl Hecker.

»Die Gartenlaube« – Titelblatt mit einem Gedicht auf den Tod des Kaisers.

Weitsichtig hatte Holstein schon am 15. Mai 1888 in seinen »Tagebuchblättern« festgehalten: »Die Kaiserin erntet heute das, was sie gesäct hat mit ihrer demonstrativen Verachtung alles dessen, was deutsch ist. Die Leute aber, welche heute die Kaiserin unnötig kränken, werden die Entschädigung von Wilhelm II. erhalten, welcher ihnen beibringen wird, was ein Monarch ist. Das ist die Nemesis der Weltgeschichte.« Wie Recht hatte Holstein mit seiner Prognose – zweiundzwanzig Monate vor dem Sturz Bismarcks und zweiunddreißig vor der Entlassung Waldersees als Generalstabschef!

Seit dem 15. Juni führte Victoria das von ihrem Mann begonnene Tagebuch und hielt alles, was sie bewegte, darin fest. Trost suchte sie oft an seinem Sarg, der in einer kleinen Kapelle rechts vom Altar der Friedenskirche Platz gefunden hatte. Schon beschäftigte sie sich mit Plänen für ein Mausoleum und notierte am 9. August: »Raschdorff soll es bauen etwa nach dem Plan der kleinen Heil[igen] Grab Kapelle in Innichen bei Toblach in Tyrol, welche mich damals interessierte u[nd] mir als malerisch u[nd] ungewöhnlich auffiel. Vielleicht macht dann Begas die liegende Statue von unserem geliebten Fritz auf dem Sarkophag ruhend, wie wir ihn zur letzten Ruhe betteten, seinen Säbel im Arm.« Alles wurde so ausgeführt. Am 18. Oktober 1888, dem 57. Geburtstag Kaiser Friedrichs III., traf Victoria mit ihren Töchtern zur Grundsteinlegung des Mausoleums zusammen, um mit Gebet, Chorgesang und einem Trostwort von Persius des verstorbenen Kaisers zu gedenken. Das Mausoleum neben der Potsdamer Friedenskirche wurde auch die letzte Ruhestätte der Kaiserin Friedrich.

Ein Blick zurück in die Zukunft

Mit einem gesunden Kaiser Friedrich – so die immer wiederkehrenden Spekulationen – wäre es nicht zum Ausbruch des Ersten Weltkriegs gekommen; demzufolge hätte es auch keine Weimarer Republik gegeben und erst recht kein Drittes Reich, von der Teilung Deutschlands nach 1945 ganz zu schweigen. Aus Deutschland wäre unter Kaiser Friedrich möglicherweise eine konstitutionelle parlamentarische Monarchie geworden, die heute noch als Kaiserreich bestehen könnte, wenn sie sich den Liberalismus an ihre Fahnen geheftet hätte, wie es die Engländer vorgemacht hatten. Mit solchen Spekulationen erhält die Krankheit des Kaisers eine historische Dimension von epochalem Charakter. Den Beweis für solche gewagten Prognosen müssen ihre Verfasser schuldig bleiben, so reizvoll und faszinierend sie auch sind. Aber zu beantworten sind sie leider alle nicht, obwohl sie letztlich, wie der Historiker Rüdiger vom Bruch es vor etwa 20 Jahren schrieb, »den eigentlichen Reiz jeder Beschäftigung mit dem 99 Tage-Kaiser« ausmachen.

Kaiser Wilhelm I. und Bismarck versuchten einen Krieg unter allen Umständen zu vermeiden. Nichts fürchtete der Kanzler so wie einen Zweifrontenkrieg, dessen Ausbruch er durch eine komplizierte und riskante Bündnispolitik zu verhindern trachtete. Der Thronwechsel von Kaiser Wilhelm I. zu Kaiser Friedrich III. ließ politisch grundsätzlich zwei Möglichkeiten zu: den nahtlosen Übergang der Politik Bismarcks oder die mögliche Veränderung des autoritär regierten Deutschlands in eine Monarchie nach englischem Muster.

Jetzt sah sich Friedrich Wilhelm unausweichlich vor die Entscheidung gestellt, ob er als Kaiser und König nach einem eigenen Konzept die Weichen zu stellen gedachte oder sich, in Ermangelung eines solchen, Bismarck unterwerfen wollte. Dieses Problem hatte sich 1885 bereits ergeben, als die Ermattungsanfälle und der Kräfteschwund des alten Kaisers den bevorstehenden Thronwechsel anzukünden schienen. Bismarck hatte damals, wie bereits erwähnt, unter zwei Bedingungen zugesagt, sein Amt weiterzuführen, die 1888 noch die gleiche Aktualität hatten: keine Parlamentsregierung und kein ausländischer Einfluss in der deutschen Politik. Dem hatte Friedrich Wilhelm zugestimmt, wohl wissend, dass mit dem Ausland England gemeint war. Dass er sich beim Thronwechsel eines Tages schwer von Bismarck trennen würde, daran ließen auch seine Tagebuchaufzeichnungen von 1885 keinen Zweifel, denn von »liberalen Hoffnungen« war da keine Rede, sondern »nur von autokratischer, gegen das Parlament gerichteter kaiserlicher Gewalt«, was natürlich in das Konzept Bismarcks passte. Wie sollte der Kaiser seine Meinung aber gerade jetzt noch ändern, im Würgegriff des Krebses?

In einem Gespräch mit dem Kronprinzen hatte ihm Bismarck die Zukunft in den schwärzesten Farben gemalt und ihm klarzumachen versucht, dass er »auf die schiefe Ebene kommen« und »bald in die Republik hineinsausen« würde, falls er mit »Forckenbeck und Genossen« regieren wollte. Wenn »Forchow und Wirkenbeck« – so Bismarcks ironischer Namensdreher aus Forckenbeck und Virchow – ans Ruder kämen, würde nach seiner Meinung alles wieder auseinander fallen. Dennoch wurde der freiheitliche Weg von Kaiser Friedrich im Ausland wie im Inland angenommen. Das aber zeigte nur, wie wenig man den neuen deutschen Herrscher kannte, der auch als gesunder Kaiser alles andere als ein Garant für Liberalismus gewesen wäre und dem bei aller Kritik an Bismarck dessen staatsmännisches Format und politische Erfolge imponierten.

Der Schriftsteller Hermann Eulenburg meinte nach dem Ende der Monarchie: »Ob Friedrich III. ... der erste wahrhaft freiheitlich gesonnene Volksherrscher geworden wäre, erscheint ... sehr fraglich.« Ein gutes halbes Jahrhundert später kam Rüdiger vom Bruch zu dem Schluss, dass sich »Friedrich ... schlecht für die Vorstellung eines Bannerträgers des parlamentarischen Liberalismus« eignet.

Auch Kaiser Friedrich war vom Scheitel bis zur Sohle ein echter Hohenzoller, und in der Prioritätenliste der Pflichten und Rechte in einer konstitutionellen Monarchie rangierte der König weiterhin für ihn an erster Stelle und nicht etwa der Landtag oder der Reichstag mit ihren unterschiedlichen kleinlichen und engen parteipolitischen Positionen und wichtigtuerischen parlamentarischen Debatten. In dieser Haltung – auch in der Kaiser Friedrichs – lag der Keim zum Untergang der Monarchie, zumal Wilhelm II. die Selbstherrlichkeit des Kaisers noch auf die Spitze treiben sollte und dem Reichstag lediglich eine nachgeordnete Rolle zugestand. Damit entfernte sich die deutsche Monarchie immer weiter von einem konstitutionell-parlamentarischen Regierungssystem, in dem der Souverän in erster Linie Repräsentationspflichten wahrzunehmen hatte.

Vielleicht war Kaiser Friedrich tatsächlich ein wenig toleranter und fortschrittlicher als der übrige Berliner Hof. Auch der Umstand, dass er einigen liberalen Zeitgenossen zugetan war und den Gedankenaustausch mit ihnen pflegte, ist ziemlich belanglos und sollte nicht fehlgedeutet werden. Bezeichnender ist dagegen, dass sich seine ehemaligen Anhänger und Vertrauten wie Roggenbach und Stosch in den letzten Jahren seiner Kronprinzenzeit enttäuscht von ihm abwandten. Roggenbach erklärte 1886 bitter, »daß der immer indolenter werdende Kronprinz jeden Gedanken einer Erschütterung der Stellung Bismarcks aufgegeben habe« und befürchtete »von dem künftigen Regimente den Charakter eines Schattendaseins«. Auch Gustav Freytag konstatierte bei Friedrich Wilhelm den »Verbrauch der Lebenskraft« und erwartete von ihm als Kaiser nur noch Harmlosigkeiten und belanglose Entscheidungen.

Wagen wir am Ende eine Prognose nach dem Drei-Kaiser-Jahr 1888, die angesichts der völlig anders verlaufenen Geschichte nur eine Gedankenspielerei sein kann und will. Nehmen wir an, Friedrich III. wäre bis 1905 oder 1910 Deutscher Kaiser gewesen. Die bilateralen Beziehungen zwischen Deutschland und England hätten sich wahrscheinlich normalisiert und wären kontinuierlich ausgebaut worden. Damit hätte sich auch der englisch-russische Antagonismus ausgleichen lassen, zumal Deutschland durch Bismarcks Vorarbeit – denken wir nur an den von ihm geschlossenen Rückversicherungsvertrag – Russland nicht feindlich gegenüberstand und eine Vermittlerrolle zwischen beiden Mächten übernehmen konnte. Einer deutschen Westeinbindung stand Russland immer misstrauisch gegenüber, so dass es diplomatischen Geschicks bedurft hätte, die Russen zu überzeugen, dass dadurch ihre Interessensphäre nicht berührt würde. Für den Reichsaußenminister Bismarck hatten die Beziehungen zu seinem östlichen Nachbarn immer Vorrang.

Einen Krieg zwischen Deutschland und England hätte es unter Anerkennung des Status quo wahrscheinlich nicht mehr gegeben. Die Beziehungen zwischen Deutschland und England hätten sich normal und spannungsfrei entwickelt, ein Wunsch, den Kaiser Friedrich schon kurz nach seiner Amtsübernahme seiner Schwiegermutter, Königin Victoria, gegenüber zum Ausdruck gebracht hatte, so dass es auf beiden Seiten nicht an guten Vorsätzen fehlte. Mit einem gesunden Kaiser Friedrich würde Europa wahrscheinlich keinen Ersten Weltkrieg kennen, weil dem Kaiser von Haus aus eine Anglophilie eigen war, unabhängig von allen politischen Erwägungen, vielleicht nicht so unabhängig von seinen familiären Bindungen.

Angesichts einer solchen Entwicklung war auch die Monarchie in Deutschland nicht zwangsläufig zum Untergang verurteilt, für deren Überleben allerdings ein liberales Bekenntnis des Kaisers nötig gewesen wäre, das es in dieser Form nicht gab.

Jedoch der Kaiser starb nach 99 Regierungstagen, und sein Sohn, den seine Jugend, aber auch eine gewisse Sorglosigkeit daran »hinderten, eine echte Welterfahrung zu erwerben«, wie es Prinz Louis Ferdinand, sein Enkel, sah, hat alles zerschlagen, was er ererbte und zu bewahren und zu mehren angetreten war.

Wenn vor Ausbruch der Krankheit Kaiser Friedrichs ein klares politisches Programm vorgelegen hätte, das durch seinen frühen Tod nicht umgesetzt werden konnte, dann hätte seine Krankheit fraglos Geschichte gemacht, vielleicht auch Weltgeschichte. Davon konnte aber keine Rede sein, und zu Abstrichen von der Krone zugunsten einer Parlamentsherrschaft war auch Kaiser Friedrich nicht bereit.

Der Historiker Erich Eyck war der Meinung, dass der Kaiser in der Entwicklung des Deutschen Reiches die Lücke überbrückt hätte, die sich als besonders verhängnisvoll erweisen sollte; weil sie bis zum heutigen Tage nachwirkt, ist das ein diskutabler Gesichtspunkt. Hätte anstelle des jugendlichen Kaisers nämlich ein reifer Mann gestanden, »der den Wert der Freiheit und die Worte der Menschlichkeit gesprochen hätte«, wäre der Gang der deutschen Geschichte anders verlaufen. Damit wird der Krankheit des Kaisers für das Überspringen oder Ausfallen seiner Generation eine politische Bedeutung beigemessen, die wir nicht teilen, weil das Ausbleiben der freiheitlichen Ideale nicht allein eine Folge seiner Krebserkrankung war, sondern auch andere Gründe hatte.

Mit dem frühen Tod des Kaisers blieben alle Hoffnungen für Deutschland und Europa, die dem 20. Jahrhundert sicher einen anderen Verlauf gegeben hätten, unerfüllt. Was blieb, war nur eine Illusion und für die Nachgeborenen Stoff für Spekulation. Bei den Spekulationen aber darf nicht außer Acht gelassen werden, dass das Ausbleiben einer politischen Neuorientierung Deutschlands nicht allein die Folge der schweren Krankheit des Kaisers war. Die Ursachen dafür lagen in seiner Persönlichkeit begründet. Fraglos war Kaiser Friedrich ein nobler und ritterlicher Fürst von aufrechtem Charakter, der sich wegen seiner Liebenswürdigkeit und seines Takts sowohl in der Bevölkerung als auch in den gehobenen Gesellschaftsschichten allgemeiner Beliebtheit und Wertschätzung erfreute. Was er nicht war, war eine Herrschernatur, deren der Thron in der Zeit nach Bismarck bedurft hätte.

Glossar

Arteria carotis communis	gemeinsame Kopfschlagader
Asphyxie	Erstickung; wörtlich: Pulslosigkeit
Ätiologie	Lehre von den Krankheitsursachen
ätiologisch	ursächlich
Benignität	Gutartigkeit
Biopsie	Gewebsentnahme zum Zweck der histologischen Diagnostik
chronisch rezidivierend	langsam beginnende und langsam verlaufende Krankheit; sich wiederholend
CO2-Laser	Einsatz in der Laserchirurgie, gute Schnittwirkung
degeneriert	sich rückbildend
Dignität	Wertigkeit; gebraucht im Sinne von Krankheitswert wie gutartig oder bösartig
endogen	im Körper selbst entstanden, nicht durch äußere Einflüsse
endolaryngeal	von innen, vom Munde aus
endoskopisch	Ausleuchtung und Inspektion von Körperhohlräumen mit Hilfe eines Endoskops
Epidemiologie	Lehre von den epidemischen Erkrankungen
Epithel	oberste Zellschicht der Haut
Epitheliom	aus Epithelzellen bestehende Geschwülste; gutartige und bösartige Tumoren nach histologischem Bild
exogen	von außen wirkend (Gegensatz zu endogen)
Exstirpation	völlige Entfernung eines Organs
Exzision	Ausschneidung
Fibromatose	diffuse Bindegewebsvermehrung
Geschwulst	Tumor, gut- oder bösartig nach histologischem Bild
Gießbeckenknorpel	paariger Kehlkopfknorpel
Histologie	Lehre von den Geweben des Körpers
histologisch	feingeweblich
Indikation	medizinisch anerkannter Grund für Maßnahmen wie Diagnostik und Therapie; Heilanzeige
indiziert	angezeigt, ratsam
kanzerogen	krebserzeugend
Karzinom	vom Epithel ausgehende bösartige Geschwulst; Krebs im engeren Sinne
Kehlkopfexstirpation	vollständige Kehlkopfentfernung
Kokain	Schleimhautbetäubungsmittel; Rauschgift
Kongestion	lokale Blutstauung
Konsiliarius	zur Beratung herangezogener Arzt
kontagiös	ansteckend, übertragbar
kurativ	heilend
Laryngektomie	Kehlkopfentfernung
Laryngofissur	Kehlkopfspaltung
Laryngologe	Kehlkopfspezialist
Laryngologie	Lehre von den Kehlkopfkrankheiten
Laryngoresektion	Teilentfernung des Kehlkopfs
Laryngoskop	Kehlkopfspiegel zur Inspektion des Kehlkopfs

Laryngoskopie	instrumentelle Inspektion des Kehlkopfs mit Laryngoskop; Kehlkopfspiegelung
laryngoskopisch	den Kehlkopf mit Spiegel untersuchend
Laryngotomie	Kehlkopferöffnung
laryngotomisch	Kehlkopferöffnung von außen, vom Halse aus
Metastase	Tochtergeschwulst
metastasierend	Tochtergeschwülste bildend; an andere Körperstellen verschleppte Geschwulstzellverbände
Mikrolaryngoskopie	Inspektion des Kehlkopfs unter Verwendung eines mit einem Auflichtmikroskop verbundenen Kehlkopfspiegels, ermöglicht endolaryngeale mikrochirurgische und laserchirurgische Eingriffe
moribund	im Sterben liegend
multifaktoriell	aus vielen Faktoren bestehend; eine Krankheit oder Fehlbildung kann durch mehrere Erbfaktoren und verschiedene Umwelteinflüsse entstehen.
Nekrose	Absterben von Geweben und Organen
Ödem	Schwellung; Gewebswassersucht
Onkologie	Geschwulstlehre
onkologisch	die Geschwülste betreffend
palliativ	lindernd; gegen die Symptome, aber nicht gegen die Ursache einer Erkrankung wirkend
Papillom	gutartige Haut- und Schleimhautgeschwulst
Papillomatose	multiple Papillome der Haut und Schleimhäute
Pathologie	allgemeine Lehre von den Krankheiten
pathologisch	die Pathologie betreffend, krankhaft
Perichondritis	Entzündung der Knorpelhaut
Perichondrium	Knorpelhaut
Pharynx	Rachen, Schlund
Plattenepithelkarzinom	Stachelzellenkrebs; bösartiger Tumor der Haut und Schleimhaut
Polyp	gestielte, meist gutartige Neubildung, vorwiegend der Schleimhäute
Rezidiv	Wiederkehren von Krankheiten; Rückfall
Schildknorpel	größter Kehlkopfknorpel
Spätsyphilis	etwa 5 Jahre nach der Infektion auftretende Erscheinung der Syphilis III an Haut und Schleimhäuten
Stridor	pfeifendes Atemgeräusch
subglottisch	unter der Stimmlippe gelegen
Trachealkanüle	speziell geformtes Rohr, das nach Durchführung einer Tracheotomie die Atmung unter Umgehung des Kehlkopfs ermöglicht
Tracheostoma	Verbindung des Luftröhrenlumens mit der Körperoberfläche nach einer Tracheotomie
Tracheotomie	Luftröhrenschnitt; Eröffnung der Luftröhre bei Erstickungsgefahr
Trigeminusneuralgie	anfallartig, meist einseitig auftretende Gesichtsschmerzen im Versorgungsgebiet des V. Hirnnerven (Nervus trigeminus)
Ulzeration	an Haut oder Schleimhaut entstandener Gewebsdefekt;

Literatur

Arden, Dorothee: Kronprinzessin Victoria Kaiserin Friedrich (1840-1901). Eine Frau fördert Kunst und Frauenbildung im 19. Jahrhundert, Frankfurt am Main 2000.

Becker, Walter: Zum Thema Kehlkopfkrebs und Historie. HNO-Informationen 1/1987, S. 25-27.

Bedürftig, Friedemann: Kaiser unter Bismarck. Einhorn Magazin 1988, S. 23-29.

Bennett, Daphne: VICKY Princess Royal & German Empress, London 1971.

Bergmann, Klaus: 100 Jahre SEMON-ROSENBACHsches Gesetz. HNO-Praxis 10 (1985), Heft 4. Leipzig 1985, S. 285-290.

Bismarck, (Otto von): Gedanken und Erinnerungen, Stuttgart und Berlin 1898.

Bismarck-Erinnerungen des Staatsministers Freiherrn Lucius von Ballhausen, Stuttgart und Berlin 1920.

Bismarck, Otto von: Dokumente seines Lebens 1815-1898. Hrsg. von Heinz Wolter, Leipzig 1986.

Bramann, Constantin von: Kaiserin Friedrich und die deutschen Ärzte. Dtsch. med. J. 14. Jg. Nr. 7, 5. 4. 1963. S. 202-207.

Briefe, Bulletins, Epikrisen, Konferenzprotokolle, Telegramme und Tagebuchaufzeichnungen: Auszüge aus der medizinhistorischen Literatur, aus den im Königlichen Hausministerium niedergelegten Berichten der Ärzte, aus Fachzeitschriften, Tageszeitungen und illustrierten Journalen über die Krankengeschichte Kaiser Friedrichs III.

Briefe, Reden und Erlasse des Kaisers und Königs Friedrich III. Hrsg. von Georg Schuster, Berlin 1907.

Brugsch, Theodor: Arzt seit fünf Jahrzehnten, Berlin 1986.

Buchholtz, Arend: Ernst von Bergmann, Leipzig 1911.

Bunsen, Marie von: Die Welt in der ich lebe. Erinnerungen aus glücklichen Jahren 1860-1912, Leipzig 1929.

Büsch, Otto (Hrsg.): Friedrich Wilhelm IV. in seiner Zeit. Beiträge eines Colloquiums, Berlin 1987.

Casper, Bernd: Carl Gerhardt 1833-1902. (Inaug.-Diss.), Berlin 1993.

Cawthorne, Sir Terence: Two Historical Tracheotomies. Proc. Roy. Soc. Med. 61, 1968, 1169.

Chalat, Ned. I.: Sir Morell Mackenzie revisited. Laryngoscope, Vol. 94, October 1984.

Colledge, Lionel: The Laryngeal Disease of the Emperor Frederick. Journal of Laryngology & Otology 34, 1936, 31.

Conte Corti, Egon Caesar: Wenn ... Sendung und Schicksal einer Kaiserin, Graz 1954.

Curtius, Ernst: Ein Lebensbild in Briefen. Hrsg. von Friedrich Curtius, Berlin 1903.

Denkwürdigkeiten aus dem Leben Leopold v. Gerlachs. Herausgegeben nach seinen Aufzeichnungen von seiner Tochter. Band 1, Berlin 1891.

Denkwürdigkeiten aus dem Leben des General-Feldmarschalls Kriegsminister Grafen von Roon. Band 2, Breslau 1897.

Denkwürdigkeiten des Fürsten Chlodwig zu Hohenlohe-Schillingsfürst. Hrsg. von Friedrich Curtius. Bd. 1, Stuttgart/Leipzig 1907.

Die Gartenlaube. Illustrirtes Familienblatt. Gegründet von Ernst Keil 1853. No. 11, 1888.

Die geheimen Papiere Friedrich von Holsteins. Hrsg. von Norman Rich und M. H. Fisher. Deutsche Ausgabe von Werner Frauendienst. Erinnerungen und politische Denkwürdigkeiten (Band I), Göttingen Berlin Frankfurt 1956. – Tagebuchblätter (Band II), Göttingen Berlin Frankfurt 1957.

Die Krankheit Kaiser Friedrich des Dritten dargestellt nach amtlichen Quellen und den im Königlichen Hausministerium niedergelegten Berichten der Aerzte. Berlin 1888.
Dohme, Robert: Erinnerungen an Kaiser Friedrich. In: Deutsche Revue 157, 1922.
Dölemeyer, Barbara: Victoria in Kronberg und Homburg. In: Victoria Kaiserin Friedrich (1840-1901). Hrsg. von Rainer Prinz von Hessen, Frankfurt/Main 2002, S. 114-133.
Donelan, James: Morell Mackenzie Father of British Laryngology. Journal of Laryngologie & Otology. 34, 1936, 31.
Eichler, Inge: Victoria als Malerin, Sammlerin und Mäzenin. In: Victoria Kaiserin Friedrich (1840-1901). Hrsg. von Rainer Prinz von Hessen, Frankfurt/Main 2002. S.134-150.
Epkenhans, Michael: Victoria und Bismarck. In: Victoria Kaiserin Friedrich (1840-1901). Hrsg. von Rainer Prinz von Hessen. Frankfurt am Main 2002. S. 151-178.
Freund, Michael: Das Drama der 99 Tage, Köln Berlin 1966.
Freytag, Gustav: Der Kronprinz und die deutsche Kaiserkrone, Leipzig 1889.
Friedrich III. Deutscher Kaiser und König von Preußen. Aus: Ueber Land und Meer. Deutsche Illustrirte Zeitung. Berlin Wien 15. Juni 1888.
Gall, Lothar: Bismarck. Der weiße Revolutionär. 2. Aufl., München 2002.
Geheimes Staatsarchiv Preußischer Kulturbesitz (GStA): Tagebuchaufzeichnungen des Kronprinzen und Kaisers (Exzerpte) von 1861-1888.
Genschorek, Wolfgang: Wegbereiter der Chirurgie. Lister Bergmann, Leipzig 1984.
Gerhard, Ute: Verhältnisse und Verhinderungen. Frauenarbeit, Familie und Rechte der Frauen im 19. Jahrhundert. Frankfurt am Main 1978.
Gerlach, Joachim: Epilog zum Kehlkopfkrebs Kaiser Friedrichs III. HNO-Informationen. 2/1988, S. 16-18.
Gestalten der Bismarckzeit. Herausgegeben von Gustav Seeber, Berlin 1986.
Göttert, Margit: Victoria und die deutsche Frauenbewegung. In: Victoria Kaiserin Friedrich (1840-1901). Hrsg. von Rainer Prinz von Hessen, Frankfurt/Main 2002, S. 94-113.
Gundermann, Iselin: Kaiser Friedrich III. (1831-1888). Ausstellungskatalog. Ausstellung des Geheimen Staatsarchivs Preußischer Kulturbesitz anläßlich der 100. Wiederkehr des Dreikaiserjahres 1888, Berlin 1988.
Gundermann, Iselin: Die Regierungszeit Kaiser Friedrichs III. In: Victoria Kaiserin Friedrich (1840-1901). Hrsg. von Rainer Prinz von Hessen, Frankfurt am Main 2002, S. 196-207.
Haffner, Sebastian: Preußen ohne Legende. 2. Aufl., Hamburg 1979.
Hausner, Hans Erik (Hrsg): Bismarck. Zeitbild 1865. Das historische Nachrichten-Magazin, Wien Heidelberg 1981.
Heinrich, Gerd: Geschichte Preußens. Staat und Dynastie, Frankfurt/M Berlin Wien 1984.
Herre, Franz: Kaiser Friedrich III. Deutschlands liberale Hoffnung. Biographie, Stuttgart 1987.
Hintze, Otto: Die Hohenzollern und ihr Werk. 7. Aufl., Berlin 1915.
Höcker, Oskar: Kaiser Friedrich als Prinz, Feldherr und Herrscher. 3. Aufl., Berlin o. J.
Hübner, Joachim: Bismarck und Kaiser Friedrich III. Inaug.-Diss. Kiel 1953.
Jahnke, Volker: Bösartige Tumoren des Larynx. In: Oto-Rhino-Laryngologie in Klinik und Praxis. Hrsg. von Karl Heinz Naumann, Jan Helms, Claus Herberhold und Ernst Kastenbauer. 3. Band. Hrsg. von Claus Herberhold, Stuttgart New York 1990, S. 388-421.
Jessen, Jarno (Ps. F. Anna Michaelson): Kaiserin Friedrich, Leipzig 1907.
Kaiser Friedrich III. Das Kriegstagebuch von 1870/71. Hrsg. von Heinrich Otto Meisner, Berlin und Leipzig 1926.

Kaiser Friedrich III. Tagebücher von 1848-1866. Hrsg. von Heinrich Otto Meisner, Leipzig 1929.
Kaiser Wilhelm II.: Aus meinem Leben 1859-1888. 4. Aufl., Berlin und Leipzig 1927.
Kaiserin Victoria. (hrsg. von Karl-Heinz Otto): Legendäre Gutsherrin des Krongutes Bornstedt. Märkische Reisebilder. Potsdam 2002.
Kalkschmidt, Eugen (bearb. für die DB): Bismarcks Reden, Berlin o. J.
Knopp, Werner: Der stumme Kaiser. Erinnerung an Kaiser Friedrich III. (1831-1888). Jahrbuch Preußischer Kulturbesitz 18, 1981, S. 337-354.
Krause, Andreas: Charakterstark und taktlos. Ausstellung und Festakt geben der »Kaiserin Friedrich« fragwürdigen Glanz. Berliner Zeitung 8. 8. 2001.
Lange, Helene: Lebenserinnerungen, Berlin 1925.
Lange-Eichbaum, Wilhelm und Wolfram Kurt: Genie, Irrsinn und Ruhm. 6. Aufl., München Basel 1966.
Leinhaas, Gustav A.: Kaiserin Friedrich – ein Charakter- und Lebensbild, Dießen 1914.
Loysa, Rainer u. Karl-Heinz Noack: Ein Kehlkopfkarzinom vor einhundert Jahren. Medizinische und politische Aspekte der Krankheit Friedrichs III. HNO-Prax. 13, 303-307, Leipzig 1988.
Ludwig, Emil: Wilhelm II. Erweiterte Neu-Ausgabe, München Berlin 1976.
Mackenzie, Sir Morell: Bericht über den Verlauf der Krankheit Sr. K. K. Hoheit des Kronprinzen, solange Höchstderselbe sich in der ausschliesslichen Behandlung von Dr. Mackenzie befand. Berl. klin. Wschr. Nr. 47 (21. November 1887), 897-898.
Mackenzie, Sir Morell: The Fatal Ilness of Frederick the Noble, London 1888.
Mackenzie, Sir Morell: Friedrich der Edle und seine Ärzte. Antwort auf die Berliner Broschüre: »Die Krankheit Kaiser Friedrich III.«, Styrum (Rheinland) und Leipzig 1888.
Meisner, Heinrich Otto (Hrsg.): Denkwürdigkeiten des General-Feldmarschalls Alfred Grafen von Waldersee. Erster und Zweiter Band, Stuttgart und Berlin 1922.
Minnigerode, Bernhard: The disease of Emperor Frederick III. Laryngoscope. Vol. 96, 1986. S. 200-203.
Mommsen, Wolfgang J.: Bismarck ließ verbreiten, die Engländerin habe eine Meise im Ohr, Frankfurter Allgemeine Zeitung 4. 6. 2001.
Müller, Harald: Friedrich III. Ein Schattenkaiser. In: Gestalten der Bismarckzeit. Herausgegeben von Gustav Seeber, Berlin 1986. S. 399-419.
Müller-Bohn, Hermann: Kaiser Friedrich der Gütige. Hrsg. von Paul Kittel. 3. Aufl., Berlin o. J.
Neumann, Hans-Joachim: War Sir Morell Mackenzie ein Versager? Z. ärztl. Fortbild. 81 (1987), S. 139-143. Jena 1987.
Neumann, Hans-Joachim: Weltgeschichte im Spiegel von Krankheiten, München 1991.
Neumann, Hans-Joachim: Erbkrankheiten in europäischen Fürstenhäusern, Augsburg 2002.
Pakula, Hannah: Victoria in Deutschland. Politische Zielvorstellungen der jungen Kronprinzessin. In: Victoria Kaiserin Friedrich (1840-1901). Hrsg. von Rainer Prinz von Hessen, Frankfurt/Main 2002, S. 69-79.
Pflanze, Otto: Bismarck. Band 1. Der Reichsgründer, München 1997.
Philippson, Martin: Das Leben Friedrichs III., Wiesbaden 1900.
Ponsonby, Sir Frederick: Briefe der Kaiserin Friedrich, Berlin 1929.
Richter, Werner: Friedrich III. Leben und Tragik des zweiten Hohenzollern-Kaisers. 2., überarb. und neu beb. Aufl.. Hrsg. von Rüdiger vom Bruch. München 1981.
Rodd, Rennell: Friedrich III. als Kronprinz und Kaiser, Berlin 1888.
Röhl, John C. G.: Wilhelm II. Die Jugend des Kaisers 1859 1888, München 1993.

Röhl, John C. G.: Die Kaiserinwitwe als Kritikerin der Persönlichen Monarchie Wilhelms II. In: Victoria Kaiserin Friedrich (1840-1901). Hrsg. von Rainer Prinz von Hessen, Frankfurt am Main 2002, S. 208-224.
Schellbach, Karl: Erinnerungen an den Kronprinzen Friedrich Wilhelm von Preußen, Breslau 1890.
Schleich, Carl Ludwig: Besonnte Vergangenheit. Lebenserinnerungen 1859-1919, Leipzig 1977.
Schoeps, Hans-Joachim: Preußen. Geschichte eines Staates, Frankfurt/M Berlin 1966.
Semon, Felix: Zur Frage der Radikaloperation bei bösartigen Kehlkopfneubildungen. Arch. Laryng. Rhinol. 6, 1897, 375-427.
Semon, Felix. Hrsg. von Henry C. Semon & Thomas McIntyre. Autobiographie, London 1926.
Sinclair, Andrew: Victoria, Kaiserin für 99 Tage, Frankfurt 1983.
Stieda, A.: Zum Gedächtnis an Friedrich Gustav v. Bramann (25.9.1854-21.4.1913). 1. Teil. Med. Klin. 1963 Nr. 50, S. 2056-2060.
Stieda, A.: Zum Gedächtnis an Friedrich Gustav v. Bramann (25.9.1854-21.4.1913). (Schluß). Med. Klin. 1963 Nr. 51, 2098-2101.
Thorwald, Jürgen: Das Weltreich der Chirurgen, Stuttgart Zürich Salzburg 1957.
Unruh, Hans Vikor von: Erinnerungen. Hrsg. von Hermann von Poschinger, Stuttgart 1895.
Victoria Kaiserin Friedrich (1840-1901). Mission und Schicksal einer englischen Prinzessin in Deutschland. Hrsg. von Rainer von Hessen, Frankfurt/Main 2002.
Virchow, Rudolf: Über Pachydermia laryngis. Berl. klin. Wschr. 24, 1887, 585-589.
Virchow, Rudolf: Gutachten über die Neubildung, welche Dr. Mackenzie am 29. Juni d. J. aus dem Kehlkopfe Seiner K. H. des Kronprinzen entfernt hat. Berl. klin. Wschr. 25 (20. Juni 1887), 1887, 519.
Virchow, Rudolf: Gutachten über ein aus dem Kehlkopfe Sr. K. K. Hoheit des Kronprinzen entleertes Gewebsstück vom Geh. Medicinalrath Herrn Prof. Dr. Rudolf Virchow. Berl. klin. Wschr. No. 8. (20. Februar 1888), 137-138.
Weller, Walter: Mackenzie als Arzt Friedrichs III. (Inaug.-Diss.). Tübingen 1929.
Winau, Rolf: Morell Mackenzie – der letzte Leibarzt Kaiser Friedrichs III. Einhorn Magazin. Reinbek/Hamburg 1988. S. 39-42.
Wolf, Hans Joachim: Die Krankheit Friedrichs III. und ihre Wirkung auf die deutsche und englische Öffentlichkeit. Inaug.-Diss. Göttingen 1956.

Personenregister

Abbildungsnachweis

Archiv des Autors: S. 21, 34, 53, 68, 114, 120, 130, 139, 148, 151, 157, 168, 174, 177, 186, 189, 192, 195, 215, 231, 234, 237, 262, 268, 270, 273; Bildarchiv Preußischer Kulturbesitz: S. 39; Hans-Joachim Neumann: S. 14, 41, 91, 92, 119; Stiftung Preussische Schlösser und Gärten Berlin-Brandenburg: S. 144, 265.

Editorischer Hinweis

Textstellen in eckigen Klammern sind stets kommentierende Hinweise des Autors, Textpassagen in runden Klammern gehören zum Zitat.